united
p.c.

Alle Rechte der Verbreitung, auch durch Film, Funk und Fernsehen, fotomechanische Wiedergabe, Tonträger, elektronische Datenträger und auszugsweisen Nachdruck, sind vorbehalten.

Für den Inhalt und die Korrektur zeichnet der Autor verantwortlich.

© 2014 united p. c. Verlag

Gedruckt in der Europäischen Union auf umweltfreundlichem, chlor- und säurefrei gebleichtem Papier.

www.united-pc.eu

Helmut Hasenohr

So war Es,

So ist Es,

So wird Es auch bleiben

Vier Jahre Ausgesessen und nichts hat sich getan

Unser Staat, die Politiker AG, ist Deutschlands größte Firma, mit Zweigstellen, Filialen, und verschiedene Institutionen, mit dem Hauptsitz in Berlin unter der Glaskuppel.

Bevor wir auf die Tätigkeiten unsere Politikerinnen und Politiker kommen, einen kleinen Überblick welche, für die Bevölkerung, an unbekannten Einrichtungen (Institutionen, Anstalten) und Aufgaben es alles gibt, die durch Steuergelder finanziert werden.
Zu den Institutionen werden so unterschiedliche Dinge wie Märkte, Gesetze, Bräuche, und Sitten der einzelnen Parteien gezählt.
Gesellschaft für Technische Zusammenarbeit, sie unterstützt die Bundesregierung bei der Verwirklichung ihrer entwicklungspolitischen Ziele.
Die Bundesnetzagentur hat zum Beispiel die überwachende Aufgabe über das Elektrizitätsversorgungsunternehmen.
Netzentwicklungsplangesetzagentur, Energieleitungsausbaugesetz ist ein deutsches Gesetz.
Das Gesetz regelt den beschleunigten Ausbau von 24 Leitungsbauvorhaben im Höchstspannungs-Übertragungsnetz, sowie die Einführung von Technologien wie der Hochspannungs-Gleichstrom-Übertragung und die Förderung von Speichertechnologien.
Bundesbedarfsplanagentur, unterhält Maßnahmen, die in zehn Jahren für ein sicheres und zuverlässiges Übertragungsnetz erforderlich sind.

Exportinitiative Energieeffizienzagentur, Ziel der Exportinitiative ist ein konzertiertes Vorgehen in den Politikbereichen Klimaschutz, Außenwirtschaftsförderung und Entwicklungspolitik, um die deutsche Exportinitiative Energieeffizienz Technologien international stärker zu verbreiten und eine deutliche Steigerung des Anteils erneuerbarer Energien an der globalen Energieversorgung zu erreichen.

Zu diesem Zweck sollen staatliche und im öffentlichen Auftrag tätige deutsche Institutionen sowie Wirtschaftsakteure aus diesem Bereich vernetzt, bestehende Förderaktivitäten zu einem konsistenten, strategisch ausgerichteten Instrumentarium entwickelt werden.

Bundesanstalt für Geowissenschaften und Rohstoffe, die Bundesanstalt für Geowissenschaften und Rohstoffe hat die Aufgabe in der Entwicklungszusammenarbeit auf dem Geosektor tätig zu sein.

Sie führt im Auftrag des Bundesministeriums ca. 50 bilaterale, regionale und sektorale Projekte durch. Darunter fallen Entwicklungsländer, Staaten, die einen Entwicklungsrückstand aufweisen, indem einerseits das erzielte Wohlfahrtsniveau niedrig ist, andererseits die Funktionsfähigkeit des Wirtschaftssystems auf die Erzeugung wohlfahrtsrelevanter Leistungen mangelhaft ist. Schwellenländern sind Staaten, die traditionell noch zu den Entwicklungsländern gezählt wird und nicht mehr deren typische Merkmale aufweist.

Betroffen sind Bergbau und die Umweltgeologie des Georessourcenmanagements, wie zum Beispiel: Wasser, Boden, Mineralische und Energierohstoffe, sowie der Umgang mit Geogefährdungen und Risiken zur Armutsbekämpfung und wirtschaftlichen Entwicklung, zum Umweltschutz und Ressourcenschutz, sowie zum nachhaltigen Ressourcenmanagement, sozialen Gerechtigkeit und zur Konfliktprävention. Bundesministerium für Umwelt, Naturschutz und Reaktorsicherheit, gliedert sich in sechs Abteilungen für fachlichen und inhaltlichen Schwerpunkte: Abteilung für Angelegenheiten des Umweltschutzes, Abteilung Klimaschutz, Umwelt und Energie, erneuerbare Energien, sowie internationale Zusammenarbeit, Abteilung Sicherheit kerntechnischer Einrichtungen, wie Strahlenschutz, nukleare Versorgung und Entsorgung, Abteilung Wasserwirtschaft, Abfallwirtschaft, Bodenschutz, Abteilung Umwelt und Gesundheit, Immissionsschutz, Anlagensicherheit und Verkehr, Chemikaliensicherheit, Abteilung Naturschutz und nachhaltige Naturnutzung.
Diese Abteilungen verschlingen jährlich Milliarden Euro an Steuergelder.
Da wundert es einem nicht, das sich unsere Politikerinnen und Politiker auf den Handel und die Verwaltung mit Steuergeldern spezialisiert hat.
Verschieben, Verschleiern, Verstecken, Verschwenden, Veruntreuen.
So auch das Robert-Koch-Institut, dies ist ein Bundesinstitut für Infektionskrankheiten und nicht übertragbare Krankheiten in Berlin und eine zentrale Überwachungseinrichtung und

Forschungseinrichtung der Bundesrepublik Deutschland.
Das Robert-Koch-Institut ist ein Bundesinstitut im Geschäftsbereich des Bundesministeriums für Gesundheit, das nur dafür zu sorgen hat, dass die Steuergelder zweckentfremdet werden, die Menschen mit falschen Statistiken belügen, wie zum Beispiel die ganzen sinnlosen Impfungen.
Den einzigen Vorteil hierbei hat die Pharmaindustrie, die durch die Panikmacherei der Politikerinnen und Politiker einen verstärkten Umsatz machen, was wiederum, sich natürlich auch an der Mehrwertsteuer und Umsatzsteuer auswirkt, und der Staat somit kräftig mitverdient. Stellt sich einmal heraus dass die teuer erforschten Impfstoffe wirkungslos sind, kommt ja öfters mal vor, oder sie haben nicht den gewünschten Verkaufserfolg und bleiben dadurch liegen, bis das Verfalldatum abgelaufen ist, werden diese auf kosten der Steuerzahler verbrannt (entsorgt), oder ins Ausland verschoben (verkauft).
Dies ist nur ein Beispiel von vielen Steuergeldverschwendungen, bei dem nur der Staat verdient und die Steuerzahler die Unkosten bezahlen müssen.
Durch diese Steuergeldverschwenderischen Institutionen und Anstalten sind auch die Rentner betroffen, weshalb man einen Nachhaltigkeitsfaktor sprich Riester Faktor eingebaut hat, um somit der Steuergeldverschwendungssucht unserer Politikerinnen und Politiker teilweise auszugleichen.

Seit Frau Merkel an der Regierung ist, wird die Ungerechte Behandlung der West Rentner immer weiter vorangetrieben.
Die im Ost bekommen mehr an Rentenerhöhung als die im West, dies ist ein bewusstes gegeneinander auszuspielen zwischen den neuen und alten Bundesländern und hat mit der Rentenanpassung nichts zu tun.
Der Nachhaltigkeitsfaktor beziehungsweise der Riesterfaktor muss abgeschafft werden damit die Renten wieder exakt der Lohnentwicklung im West angepasst werden kann.
Es darf auch nicht sein, dass bei jeder Rentenerhöhung, unsere Politikerinnen und Politiker gleich neue Gesetz Erfinden, still, heimlich und hinterhältig natürlich, um durch solche Steuererhöhung,
die minimale Westrentenerhöhung, gesetzlich wieder aus der Tasche zu ziehen.
Aber die Diäten und Pensionen unserer Politikerinnen und Politiker, steigen ständig, ohne Verluste.
Ein Arbeiter, bekommt wenn er anstatt mit 60 Jahre in Rente geht und nicht mit 67 Jahre,
das wären 5 Jahre Mehrarbeit, lediglich ca. 0,3 Prozent monatlich mehr angerechnet.
Aber dafür besteht die Chance, das der Arbeiter vorher Stirbt, und der Staat die Rente einstreichen kann.
Was aber bei der gut Ernährten und nur vom feinsten und teuersten Essen, versorgten, Politikerinnen und Politiker nicht basisieren kann.
Das Absinken des Rentenniveaus hat auch den Nachteil, dass mehr Versicherungsjahre benötigt

werden, um eine Renten zu erhalten, die knapp über der Armutsgrenze liegt.
Dadurch verliert der gesetzliche Rentenanspruch ihre Wirkung einer Lebensstandardsicherung.
Das Rentenniveau vor Steuern ist seit 1985 schrittweise gesunken, aber die Pensionen unserer Politikerinnen und Politiker steigen ständig, bezahlen muss die Pensionen unserer Politikerinnen und Politiker die Deutsche Bevölkerung.
Der im Arbeitsleben erreichte Lebensstandard kann nur dann beibehalten werden, wenn die Arbeiter in Zukunft eine betriebliche oder private Altersvorsorge abschließen, um nicht im Alter an der Armutsgrenze leben zu müssen. Die einzigen, die etwas davon haben, sind unsere Politikerinnen und Politiker, denen die Realität verloren gegangen ist, denen die Demokratie verloren gegangen ist, und auf dem besten Wege ist, eine Diktatur einzurichten.

Wie viel Politikerinnen und Politiker sind schon auf kosten der Steuerzahler zum Millionär aufgestiegen!

Beispiel wie viel mehr an Rente (Pensionen) die Politikerinnen und Politiker beziehen:
Ein Bundespräsident erhält nach Ende seiner Amtszeit weiterhin sein Gehalt von
ca. 17.000,00 Tausend Euro monatlich.
Karl-Theodor zu Guttenberg, war lediglich sieben Jahre im Bundestag tätig, er hat nach aktuellem Stand zum Renteneintritt, Anspruch auf 1 630,00 Euro.

Ca. 4 200,00 Euro würde Familienministerin Ursula von der Leyen bei Renteneintritt nach derzeitigem Stand kassieren.
Umweltminister Sigmar Gabriel würden derzeit Rentenansprüche
zwischen 3 560,00 Euro für die Tätigkeit als Bundesminister und 9 160,00 Euro aus der Summe aller Ansprüche zu stehen.
Das Grund-Ruhegehalt beträgt nach vier Jahren Ministerdasein rund 28 Prozent des Ministergehaltes, also 3 560,00 Euro. Danach steigt es mit jedem weiteren Amtsjahr um 2,4 Prozent bis zum Höchstsatz von rund 72 Prozent.
Wolfgang Schäuble stünden derzeit für 37 Jahre Bundestagsangehörigkeit und insgesamt rund zehn Jahre als Minister verschiedener Ressorts, also 40 Jahre, ca. 9 300,00 Euro Pension zu.
Angela Merkel ist jetzt 55 Jahre alt.
Sie wäre bereits jetzt pensionsberechtigt.
Ihr würden ab sofort 9 570,00 Euro Rente zustehen.
Darin ist die Nebentätigkeit unserer Politikerinnen und Politiker nicht mit einberechnet.

Wie viele Bundeskanzler und Bundeskanzlerrinnen, benötigen wir noch, die sich um das Wohle,
gerechte Gesetze, gerechte Steuergeldverteilung, gerechte Renten, oder einer Demokratie, in Deutschland kümmern und dafür sorgen, dass es im eigenen Land, gerecht und demokratisch zugeht, anstatt sich nur um das Ausland, Europa und die Milliarden Steuergeldverschwendung im Inland und Ausland zu kümmern. Wie viele Milliarden Euros an Steuergelder müssen noch Verschleudert

werden, um den Keil, zwischen Arm und Reich, in dem eigenen Land, Deutschland, tiefer zu treiben.
Gibt es nicht genügend Arme, Bedürftige, fehlende Kindergartenplätze, fehlende Lehrer an den Schulen, fehlende Sozialeinrichtungen, Rentner und Jugendliche die an der Armutsgrenze leben und noch vieles mehr, wohin das Steuergeld investiert werden könnte!
Aber solange wir nur Politikerinnen und Politiker in der Regierung haben, die sich nur um das eigene Wohlergehen sorgen, und die Gleichstellung der Asylanten mit den Harz IV Empfänger vorantreiben, immer mehr Asylanträge genehmigen, immer mehr Ausländer nach Deutschland holen, die Steuergelder in das Ausland verschieben, und den Graben zwischen Arm und Reich noch tiefer und Breiter aufreisen, wird es in Deutschland keine Demokratie geben.
Hätten wir in Deutschland eine Volksabstimmung, würde manches anders Aussehen.
Die Deutsche Politik, besteht aus vielen Betrieben, Staatsfirmen, Parteizentralen, Staatsbanken, wohin die Steuergelder verschoben werden, damit man der deutschen Bevölkerung die überhöhten Ausgaben in einer verfälschten Statistik vorlegen kann.

Der Begriff „Politik" bedeutet eigentlich,

Führung und Erhaltung eines Gemeinwesens.
In Deutschland bedeutet dies aber, Machtsucht, Herrschsucht, Steuergeldeintreibung und Steuergeldverschwendungssucht, sowie Führung und Erhaltung der eigenen Partei, Parteizentralen,

die nichts anderes sind als Firma und Zweigstellen.
Deutschland, der Staat mit den vielen Firmen, oder
auch Zweigstellen (Partei, Parteizentralen),
der die Steuergelder eintreibt, die Bevölkerung
ausnützt und die Milliarden von Steuergeldern für
seine Gunsten einsetzt.
Die Deutsche Bevölkerung benötigt endlich eine
Mitbestimmung über die Verwendung und gerechte
Ausgaben ihrer Steuergelder, und über die
Einführung neuer Gesetze, wie zum Beispiel, eine
Einheitsrente für alle.
Um dies zu erreichen, muss die Deutschen
Bevölkerung auf die Straße gehen und solange auf
der Straße sitzen bleiben, bis eine allgemeines
Mitbestimmungsgesetz oder auch Volksentscheid
erwirkt wird.
Die Politikerinnen und Politiker haben mehr
Interesse an den bankrotten Ländern, an den
Kriegseinsätzen im Ausland, an Europa und dem
erhalt des Euros, an der Einfuhr von billigen
Asylanten, billigen Arbeitskräften für die Wirtschaf
und an der Förderung eines neuen Modernen
Babylon-System.
Spiegelt den Ausdruck für das herrschende
politische Gesellschaftssystem, das als korrupt und
unterdrückend wahrgenommen wird, anstatt die
Steuergelder gerecht für die deutsche Bevölkerung
einzusetzen.
Wir haben schon lange keine Demokratie mehr in
Deutschland, unsere Wirtschaft, bekommt
Milliarden von Steuergeldern geschenkt, auch
bekannt unter dem Namen Subventionen, um den
Aufbau einer Wirtschaftsdiktatur zu unterstützt, mit
der Ausrede, geht's der Wirtschaft gut, geht es auch

den Politikerinnen und Politikern Gut, sie
Verdienen dann an der Mehrwertsteuer,
Umsatzsteuer,
Milliarden an Spenden und die Bevölkerung muss
schauen, wie sie zu Recht kommt.
Wer Regiert das deutsche Volk, nicht die
Politikerinnen und Politiker, nein unsere
Wirtschaftsbosse und das europäische Parlament
geben den Ton in Deutschland an.
Hinter verschlossenen Türen, wird mit den
Wirtschaftsbossen, die Förderung der Reichen
ausgehandelt, die Minijobs und Mindestlöhne
besprochen, die Höhe der Billiglohnausländer für
die Wirtschaftsbetriebe bestimmt, was sich
wiederum negativ bei der Rentenauszahlung
bemerkbar macht, die Subventionshöhe für die
Wirtschaft besprochen, und das Abzogen der
Armen und Rentner bestimmt.
Sind wir überhaupt noch ein „Deutschland" mit
deutschen Bürgern, in dem die Gesetze für alle
gleich sind, für Arme und Reiche, für Ausländer
und Asylanten, für Politikerinnen und Politiker und
die Bürger, für den Osten und Westen, wobei die
im Osten mit Milliarden Steuergelder vom Westen
gefördert werden, und immer eine deutlich höhere
Rentenerhöhung bekommen, als die im Westen.
Mit einem so großen Anteil von Ausländern, mit
der ungerechten Verteilung der Steuergelder
zwischen Westdeutschland und Ostdeutschland,
mit den Milliarden Steuergeldzahlungen an das
Ausland, mit der Steuergeldverschwendungssucht
unserer Politikerinnen und Politiker, wohl nicht,
ehr ein Modernes Babylon, mit herrschende
Wirtschaftsbossen, Europaabgeordneten und einem

herrschenden politischen Gesellschaftssystem, das viele Sprachen spricht und eines Tages daran zerbricht.
Man sollte Deutschland einen neuen Namen geben „Internationales – Land".
Wir sind kein Land von Deutschen mehr, wir sind ein Land besetzt von Ausländern,
regiert von der Wirtschaft und dem Europaparlament.

Dabei sind diejenigen Ausländer, die in Deutschland geboren sind, natürlich ausgenommen, die Leben und Arbeiten auch wie die Deutschen und Zahlen Steuer wie die Deutschen.

Wir haben, Türken, Italiener, Polen, Russen, Ukrainer, Afrikaner, Slowenen, Tschechen, Chinesen, Japaner, Syrer, Spanier, Griechen, Menschen aus Kosovo, Menschen aus Bulgarien und noch viele mehr.
Vielleicht haben unsere Politikerinnen und Politiker die Hoffnung, dass durch diese die Wahlbeteiligung ansteigt, denn die Deutsche Bevölkerung, hat das Wählen, der nur nach Machtgier, Steuergeldverschwendungssüchtigen, mit Wahllügen behafteten und betrügenden Politikerinnen und Politiker, schon lange nachgelassen.
Diese Steuergeldeintreiber und Steuergeldverschwenderischen Politikerinnen und Politiker,
Marionetten der Wirtschaft und dem Europaparlament, haben nur eines im Sinne,

Ausbeutung der Armen, Abschaffung der
Mittelschicht, Fördern der Reichen und Wirtschaft,
erzwingen ein gemeinsames Europa, öffnen der
Grenzen für billige Arbeitskräfte,
herabsetzen der Rentenhöhe, Förderung der
Geringverdiener, wie Minijobs und Mindestlöhne,
das abkassieren der überhöhten Pensionen, sowie
die Einführung einer schleichenden Diktatur.
Unsere Politikerinnen und Politiker sind sozusagen
auch nur das verlängertes Sprachrohr der
Wirtschaftsbosse und des Europaparlamentes.

Staatsmann, Bundespräsident, Bundeskanzler oder
Bundeskanzlerin, Politikerinnen und Politiker,
die für das Wohlergehen der deutschen Bürger
zuständig sein sollte und für die Erhaltung einer
Demokratie sorgen sollten, gibt es in Deutschland
schon lange nicht mehr.
Welche Politikerin, Politiker, oder Staatsoberhaupt,
hat noch Interesse an der deutschen Bevölkerung,
außer, an der Eintreibung der Steuergelder, oder bei
den anstehenden Wahlen, wo nur Gelogen wird,
das sich die Balgen biegen, neue Steuergesetze
Erfinden, wie man der Bevölkerung noch mehr
Steuergelder aus der Tasche ziehen kann, oder
Gesetze, wie man eine Rentenerhöhung oder
Lohnerhöhung, staatlich ausgleichen kann, zum
Beispiel durch steigende Lebenshaltungskosten,
Spritpreiserhöhung, Mietnebenkosten, wie Strom,
Gas, Wasser, was wiederum mehr Umsatzsteuer
und Mehrwertsteuer in die Staatskasse spült, und
somit die Rentenerhöhung, Lohnerhöhung und die
angeblichen verfälscht bezeichneten
Steuererleichterungen wieder ausgleichen.

Ein Staatsmann, eine Politikerin oder Politiker, so wie sie von der Bevölkerung gewählt wurden, sollten die Interessen der Deutschen Bevölkerung vertreten.
Nicht um sonst, werden die Politikerinnen und Politiker auch als Unterhändler oder Marionetten der Wirtschaft, Industrie und dem Europarat, bezeichnet.
Politikerinnen und Politiker, das sind solche Menschen, die in der Wirtschaft, in einer Firma, einem Großkonzern, oder bei einem Geldinstitut im Vorstand sitzen und durch ihre Nebentätigkeit, Hunderttausende Euros, wenn nicht sogar Millionen Euros dazu verdienen, nach Macht streben, eine inoffizielle Firma oder Anwaltskanzlei betreiben, und sich somit in der Politik für die Bevölkerung,
nicht neutral einsetzen oder verhalten können.
Unseren Politikerinnen, Politiker, Kanzlerinnen, Kanzler, Ministerrinnen, Minister, ist es im Bundestag, wenn einmal zufällig über die Belange der Bevölkerung diskutiert wird, so langweilig, dass sie sich mit Häkeln, Stricken, Zeitungslesen, Kreuzworträtsel lösen, Handyspielen beschäftigen, oder ein kleines Nickerchen machen und dafür auch noch Bezahlt werden. Sie sitzen in ihren von Steuergeldern, teuer bezahlten Luxusbüros ausgerüstet mit den teuersten Utensilien, gelangweilt herum und warten nur darauf, bis sie endlich einen Besuchen bei ihrer Zweigstellen, Behörden, Ministerien, Ämter, Gemeinden, Kommunen, Einweihungsfeiern, an irgendeiner Neueröffnungen, einer Veranstaltung, oder eine Auslandsreise unternehmen können.

Sie erfinden unnötige, sich gegenseitige Aufhebende Gesetze, fördern eine sinnlose Bürokratie,
bei der sie selber den Durchblick verloren haben, Erfinden Steuererleichterungen für die Wirtschaft, die Reichen und im Gegenzug, Gesetze für Steuererhöhungen, der Arbeiter, Rentner und für die Armen.
Die Wahlversprechen werden ausgesessen, auf die nächsten vier Jahre hinausgeschoben, vergessen, oder in einer Schublade im Schreibtisch abgelegt.
Ihre Hauptaufgaben bestehen darin, Steuererleichterungsgesetze so zu erfinden, das man dem Bürger ein drittel zusagt, aber auf der anderen Seite zwei drittel wider abnimmt, dafür aber der Wirtschaft, die Industrie und den Reichen, sowie den Bankrotten Euroländer, Milliarden von Steuergeldern zusteckt.
Sie sind Befürworter der teueren Benzinpreise, damit sie 2 drittel vom Benzinpreis kassieren können, dafür muss sich der Bürger das dumme Gelabere um die Kilometerpauschale anhören.
Aber unsere Politikerinnen und Politiker, fahren mir ihren Spritschluckenden Luxuslimousinen, auf kosten der Steuerzahler durch die Landschaft.
Wenn der Staat auf 20 Cent Benzinsteuer verzichten würde, hätten alle Bürger etwas davon, auch die Rentner und die Armen unter der deutschen Bevölkerung. Somit könnte man sich das ganze sinnlose Gerede und die von Steuergeldern Millionenschweren Erfindungen, wie Markttransparenzstelle zum Benzinpreisvergleich ersparen.

Die wesentlichen Preisbestandteile der Kraftstoffe sind die Steuer und der Ölbörsenpreis.
Die Politikerinnen und Politiker können und wollen dies nicht ändern. Daran wird das Markttransparenzstellegesetz auch keinen Einfluss nehmen.
Deshalb hilft das neue Gesetz bei den hohen Kraftstoffpreisen nicht weiter, im Gegenteil, es verursacht zusätzliche Kosten, die der Verbraucher (Steuerzahler) obendrein auch noch mitbezahlen muss und so gesehen wird der Kraftstoffpreis noch teuerer.
Steuergeldverschwendungssucht wird so mit aller Gewalt vorangetrieben, was nicht nur Milliarden Euros an einmaligen kosten verursacht, diese neue Institutionen oder auch Anstalten kosten dem Steuerzahler, jährlich Milliarden an Euros.
Das gleiche Spiel, haben unsere Wirtschaftsbosse mit unseren Politikerinnen und Politiker,
in Bezug auf die Einführung des Euros
Ausgeknobelt.
Wir erinnern uns, zuerst wurde dem Bürger auf verlogener Art versprochen, das der Euro zur Deutschen Mark im Verhältnis 1:2 umgerechnet wird.
Unsere Wirtschaftsbosse haben aber, zusammen mit unseren Politikerinnen und Politikern,
bei der Einführung des Euros, nach geheimer Absprache und hinter verschlossenen Türen, sowie einer Langzeitberechnung, für einer jährliche schrittweise Anpassung des Euros,
im Verhältnis 1:1 ausgerechnet.

Damit die Milliarden Gewinne, durch die Einnahmen der Umsetzer und Mehrwertsteuer, die Staatskasse auffüllt.
Die Bevölkerung bezahlen dafür durch die schleichenden, monatlichen Erhöhungen, der Lebenshaltungskosten, vor allem Lebensmittel, Benzinpreise, Strom, Mietpreiserhöhungen, Gaspreiserhöhung, eben alles, wovon der Bürger abhängig ist, beziehungsweise was die Bevölkerung im alltäglichen Leben benötigt um überlebensfähig zu bleiben.
Aber die Rente und die Löhne, werden nicht angepasst.
Die Bevölkerung bezahlt, damit unsere Wirtschaftbosse, Industriebosse, Geldinstitute und vor allem unsere Politikerinnen und Politiker, im Reichtum, leben können.
Im Grund ist es auch nicht viel anders, als wie im alten Rom.
Ein Reich, mit vielen unterschiedlichen Völkern, Sprachen, Religionen und den Wohlhabenden.
An der Spitze standen die Herrscher, die Landbesitzer, Geschäftsleute, Finanzminister, und solche,
die politisch am einflussreichsten waren.
Sie wohnten in luxuriöse Tempel und Paläste. In der heutigen Zeit, regieren und Herrschen die Wirtschaftsbosse, und die Reichern, zusammen mit den machtbesessenen Steuergeldverschwenderischen diktatorischen Politikerinnen und Politikern.
Sie Regieren in einem überdimensionalen, großen Schloss wie zum Beispiel Schloss Bellevue auf

kosten der Steuerzahler, allein die Angestellte für diese eine Person,
den Bundespräsidenten mit seiner Freundin, kosten dem Steuerzahler jährlich 18 000 000,00 Millionen Euro.
Im Jahre 2006 wurde das Schloss Bellevue, für 24 000 000,00 Millionen Euro saniert,
natürlich auf kosten der Steuerzahler.
Da gäbe es viel Platz für die neu ankommenden Ausländer und für die Flüchtlinge aus Syrien.
Sie Regieren in einem Reichstagsgebäudes der mit einer futuristischen Glaskuppel ausgestattet wurde, oder renovierten Schößern, neue Behörden einrichten.
Dies sind nur drei kleine Beispiele, der Herrschaftsgebäude, in denen sich unsere Politikerinnen und Politiker aufhalten und dem Steuerzahler Milliarden Euro an Steuergeldern kosten.
Allein die Reparatur von Schäden an den Berliner Bundesbauten verschlingt
ca. 70 000 000,00 Millionen Euro, auch hier wir der Steuerzahler gezwungen, sich an den Kosten zu beteiligen.
Unser Politikerinnen und Politiker sind keine Vertreter des Volkes, sie sind Vorteil schaffende Angestellte der Wirtschaft, Europa, Geldinstituten und der Reichen, sowie Steuergeldereintreibende Diktatoren die über die Deutsche Bürger mit aller Gewalt Herrschen wollen.
Für was benötigen wir eigentlich einen Bundespräsident!
Für was ist der eigentlich nützlich?

Um das Deutsche Volk noch stärker auszunützen, dem Bürger noch mehr Geld aus der Tasche zu ziehen, um auf kosten der Steuerzahler die Welt zu bereisen, oder mit seiner Freundin ein Luxusleben auf kosten der Steuerzahler zu Führen?
Man bedenke, er war 1967 Pastor der Evangelisch-Lutherischen Landeskirche, ist noch Verheiratet, hat vier Kinder, und lebt seit 1991 von seiner Ehefrau getrennt, ließ sich jedoch nicht scheiden Seit 2000 lebt er mit der Journalistin Daniela Schadt zusammen, auf kosten der Steuerzahler.
Um Deutschland zu repräsentieren benötigen wir solche steuergeldverschwenderische Heuchler bestimmt nicht.
Vergessen ist auch noch nicht Christian Wilhelm Walter Wulff, der den Steuerzahler ein Vermögen gekostet hat, und auch in Zukunft ein Vermögen kosten wird.
Wenn man einmal das Luxusleben gewohnt ist, möchte man es nicht mehr Vermissen.
Es ist wie erwähnt, wie im alten Rom, nur etwas Moderne.
Die Politikerinnen und Politiker werden zwar vom Volk gewählt, aber die Wirtschaftsbosse, Geldinstituten, das Europaparlament und die Reichen regieren.
Unsere Politikerinnen und Politiker spielen dabei nur die Marionetten, die dafür zu Sorgen haben, das Deutsche Volk ruhig und in Zaum zu Halten.
Die Vorschläge aus der Wirtschaft und dem Europaparlament, werden dann so raffiniert umgesetzt, dass der Bürger davon ausgeht, dass der neue Gesetzesentwurf von der Regierung und den Parteien ausgedacht wurde, dabei wurde dieser

Gesetzesentwurf mit Einklang und hinter verschlossenen Türen, zum Nachteil der Bevölkerung ausgearbeitet.
Das gleiche Spiel treiben unsere Politikerinnen und Politiker auch hinter verschlossenen Türen, wenn es nach den Wahlen darum geht, wer letztendlich Mitregieren soll und auf seine Wahlversprechen verzichten muss.
Die Versprechungen und Zusagen an die Deutsche Bevölkerung, werden dann Aufgehoben mit allerlei Ausreden.
Zur Ablenkung der Wähler werden neue Sinnlose und Haltlose Gesetzesvorschläge eingebracht, wie zum Beispiel der Mindestlohn, Rente mit 63 Jahren, Bildung- Aneignungs- Gesetz, Harmonisierungsgesetz, Feiertagsschutzverordnung, Fahrradfahrverbot auf Helgoland, Bundeswehrkindergarten, damit die Bevölkerung auf andere Gedanken kommt.
So wie die laienhaft, unerfahrene und ideenlose Darstellerin und Soldatenministerin Mutti Ursel von der Leyen aus der Bundeswehr einen Kindergarten schaffen möchte.
Sie war schon als Bundesministerin für Arbeit und Soziales eine ideenlose und hilflose Person, die Milliarden Steuergelder kostete, das gleiche Spiel treibt sie auch als Bundesministerin der Verteidigung.
Ist die Familientauglichkeit wirklich das erste was verbessert werden sollte bei einem unternehmen das einerseits immer kleiner gemacht wird und andererseits Milliarden an Steuerngeldern verschluckt.

Eines ist sicher, auf der nächsten Babymesse sind
Kampfanzüge und Schnuller für die kleinsten,
in Nato-Olive bestimmt der Renner.

Reichskanzler Otto von Bismarck sagte einst:
Wer weiß, wie Gesetze und Würste gemacht
werden, kann nachts nicht mehr ruhig schlafen.

Noch Beispiel Automobilindustrie:
Damit die Bevölkerung mehr neue Autos kauft, um
die Wirtschaft anzukurbeln, wird mal schnell die
Kraftfahrzeugsteuer für ältere Fahrzeuge erhöht,
macht in den Städten Fahrverbote und führt
Feinstaubplaketten ein, oder erfindet eine
Abwrackprämie für die Besserverdiener, obwohl
unsere Politikerinnen und Politiker genau wissen,
das die Einführung der Umweltplakette keine
Wirkung in Bezug auf die Luftverbesserung in den
Städten hat, die normale Arbeiterschicht sich kein
neues Auto leisten kann und die Abwrackprämie
nur etwas für die Reichen ist.
Das gleiche Spiel betreibt auch die
Wirtschaftsindustrie mit der Garantie - Zeit.
Die Waren werden so Produziert, dass diese nach
einer gewissen Laufleistung,
kurz nach Ablauf der Garantiezeit,
kaputt gehen.
Oder wenn man kein Originalteil einbaut, wird ein
Defekt am Gerät angezeigt, und somit wird man
gezwungen ein teueres Originalteil zu Kaufen.
Nur keiner will diese Machenschaften, der
Wirtschaft wahr haben, und schon gar nicht unsere
Politikerinnen und Politiker, denn sie Verdienen

daran, wenn der Kunde ständig neue Gegenstände kauft, anstatt sie Reparieren zulassen.
Würde die Wirtschaft bei allen Geräten die Garantiezeit nur um ein Jahr verlängern, könnten die Bürger, ca. 400 000 000,00 Milliarden Euro jährlich einsparen.
Durch den Einbau von entsprechenden Zerstörungscodes, von den Konstrukteuren, was in den Forschungslaboren der Wirtschaftsbetrieben nachweislich auch erforscht und dann in die Geräte eingebaut wird, wird deren Lebensdauer bewusst verkürzt.
Die Reparatur Lohn sich deswegen nicht, weil die Kosten für einen Ersatzteilwechsel, von vornherein schon so Konstruiert sind, dass es den Neupreis für ein Gerät übersteigen würde. Und da die Wirtschaft und der Staat, an einem neuen Gerät mehr Verdient als an der Reparatur, werden diese Geräte so Konstruiert, dass sie nach einer gewissen Laufleistung, nach der Garantiezeit den Geist aufgeben.
Ob Handmixer oder Luxuslimousine, Drucker oder Handy, die Laufzeit kann berechnet werden und somit ist es auch sehr Wahrscheinlich, das sich nach überschreiten der festgelegten Betriebstauer der Zerstörungschip einschaltet und dafür sorgt, das man sich einen neuen Gegenstand kaufen muss.
Auch so kann die Wirtschaft angekurbelt werden.
So ist es auch bei den Wahlversprechen, die Garantie ist schon kurz nach der Wahl abgelaufen und die Deutsche Bevölkerung muss einmal wieder mehr Steuererhöhung in kauf nehmen, als ihr Versprochen wurde.

So sieht zum Beispiel ein Wahlversprechen der Reisekanzlerin Angela Merkel und vorbelasteter Volksbetrüger Wolfgang Schäuble, ihrem Finanzminister aus.
Noch nie wurde ein Wahlkampfversprechen, gleich nach den Wahlen so schnell gebrochene, wie von der Bundesreisekanzlerin Angela Merkel, was in das Guinness-Buch der Rekorde aufgenommen werden sollte.
Noch im Wahlkampf hatten Europabundesreisekanzlerin Angela Merkel und Wolfgang Schäuble versprochen, dass bei künftigen Bankenrettungen in Europa die Steuerzahler geschont werden sollten.
Klammheimlich haben beide eine Rückzieher vollzogen, auf kosten der Steuerzahler.
Ganz offensichtlich setzt Europabundesreisekanzlerin Angela Merkel und ihr vorbelasteter Steuergeldunterschlager, Bundesfinanzminister Wolfgang Schäuble auf die Vergesslichkeit der Wähler, beziehungsweise, das bei der Bankenrettung die Deutsche Bevölkerung sowieso nicht genau hinschauen, oder Verstehen.

Ca. 1 000 000 000,00 Billion Euro Steuergelder an Kosten der Bankenrettungen kommen auf die Bundesbürger zu, weil den europäischen Banken ca. 1 000 000 000,00 Billionen in der Kasse fehlt.
Das sind ca. 1 000 000 000,00 Billion Euro Steuergelder.
Eine Summe für die man jährlich ca. 3 000 000 Sozialpflegekräfte bezahlen könnte, das sind siebenmal mehr als zurzeit in Deutschland beschäftigt sind.

Mit anderen Worten:
Der Steuerzahler muss wieder einmal für die irrsinnigen Schulden Aufkommen.
Warum?
Weil unsere Politikerinnen und Politiker eine Ausnahmeregelung für die Unterstützung der Schulden verursachenden Banken eingebaut haben nur mit dem Unterschied, dass diese Ausnahmeregelung aber nur für gesunde Banken gelten, damit diese vor der Pleite, ihre Kassen auffüllen können.
Dieses hinterhältige faule Gesetz ist nur ein weiterer Steuergeldbetrug an der Deutschen Bevölkerung und zeigt wieder einmal die Verlogenheit unserer Politikerinnen und Politiker.
Die Billionen Euro Steuergelder fliesen eben nur ein paar Monate früher, eben kurz vor der Insolvenz.
Diese Ausnahmeregelung öffnet die Türen für gesunde Banken, die sich in den Ruin gewirtschaftet haben.
Warum benötigt eine gesunde Bank, wenn sie ein tragfähiges Geschäftsmodell hat, Hilfszahlungen von den Steuerzahlern?
Das ist zehnmal so viel wie das Budget der Europäischen Union.

So werden die Steuerzahler belogen, betrogen, verarscht und hinter das Licht geführt.

Ist die Deutsche Wählerschaft so unwissend, gedankenlos und unklug dass sie immer wieder auf die Gleichen undurchführbaren, haltlosen und nicht

richtig zu Ende gedachten Sinnlosen Wahlversprechungen unserer Politikerinnen und Politiker reinfällt!
Die Bezeichnung „marionettenhafte Geschäftsführer" der Wirtschaft und dem Europaparlament wäre eine passende Bezeichnung für unsere Politikerinnen und Politiker.
Sie unterstützen die Wirtschaft und Lenken deren Bedürfnisse so geschickt, dass der Bürger überzeugt sind, das all die Vorschläge, von unserer Regierung, beziehungsweise von den einzelnen Parteien,
von denen haben wir ja genug und viel zu viele, erstellt wurden.
Es soll ja nicht der Gedanke in der Bevölkerung erweckt werden, unser Staatsdiener Arbeiten nichts. Übrigens, Arbeiten bedeutet für unsere Politikerinnen und Politiker zum Beispiel: Stundenlang darüber zu Diskutieren, ob es der Gott oder doch besser das Gott heißen soll, oder über Frauenquoten, wie viele Frauen müssen und sollen an die Führungsspitze eines Wirtschaftsbetriebes oder in der Regierung.
Solche Beispiele gibt es genügend, über die unsere Politikerinnen und Politiker jahrelang Diskutieren und Streiten, aber sich für die Bevölkerung einsetzen, scheint für unsere Staatsdiener ein Fremdwort zu sein. Und wenn sie mit ihrer Aufgabe nicht klar kommen, wird es extern vergeben, was auch wiederum der Steuerzahler bezahlen muss.
Sie sorgen dafür dass die Milliarden Euros an Steuergelder in der Wirtschaft bleiben und nicht all zu viel an den Bürger zurückfließt, schließlich

müssen die Manager und unser Politikerinnen und Politiker,
mit ihren hohen Prämien, Gehälter, Abfindungen und ihren überhöhten Diäten und Pensionen versorgt werden.
Unserer Politikerinnen und Politiker, die zum Teil als Vorstand, oder im Aufsichtsrat, in der Wirtschaft, Geldinstituten und Industrie mitentscheiden, können auch nicht mehr neutral, und gerecht der Bevölkerung gegenüber Urteilen.
Ein solcher gewählte Volksvertreterin oder der Volksvertreter, die so einem Vorstand angehört, oder eine eigene Firma besitzt, Verdienen zusätzliche Millionen von Euros.
Der Grund, warum unsere Wirtschaft die Politikerinnen und Politiker mit einbeziehen, ist ganz einfach zu Erklären.
Sollte ein grober fahrlässiger finanzieller Fehler passieren, können die Wirtschaftsbosse, Geldinstituten, Atomkraftwerke, Stromprotzenden und all die anderen, den Milliarden Schaden, auf die Bevölkerung abwälzen, diese müssen mit ihren Steuerabgaben diese Schulden begleichen.
Man nennt dies Schadensersatzforterungen wegen grob fahrlässiger Überwachungspflichten, so wie zum Beispiel der neue Bahnhofbau in Stuttgart, der neue Flughafen in Berlin, Atommülllager Atomkraftrückständelager, überteuerte Bauprojekte, Ankauf von überteuerte Strombetreibern,
wie der von der EnBW- Affäre und so weiter und so weiter.

Die jahrelangen Prozesse muss der Steuerzahler dann auch noch Bezahlen.
Der Bürger zahlt, für die Fehler unserer Politikerinnen und Politiker, Wirtschaft, Geldinstituten, Industrie, bankrotte Euroländer und die Staatsdiener wurschteln weiter.
So ist es aber mit allen Volksvertretern, der Wirtschaftsbossen, Großunternehmern, Geldinstituten, Europaparlament und Industriebossen.
Nur wenn der normal sterblichen Bürger solch eine Straftat begehen würde (Missbrauch von fremden Geldern), dem würde man alles Pfänden, in den Knast stecken, er müsste sein Leben lang Bezahlen und er hätte keine Arbeit mehr.
Warum werden diese Politikerinnen und Politiker nicht so bestraft wie der normale Bürger auch?
Haben sie besondere Privilegien?
Nein, aber besondere Gesetze, sie können so viel Scheiße bauen wie sie wollen, sie sind Unantastbar, bekommen teuere Anwälte zur Seite gestellt und somit können die meisten Politikerinnen und Politiker, für ihre Dummheit und Betrügereien nicht bestraft werden, oder sie machen untereinander einen Deal aus, was sich ein normalsterblicher auch nicht leisten kann.
Egal ob diese Staatsdiener als Möchtegern Aufsichtsrat bei einer Bank, Post, Krankenkasse, oder in einem anderen Wirtschaftbetrieb, oder Industriebetrieb sitzen, wir Bürger bezahlen für Ihre betrügerischen Fehler.
Auch für die Brücken, die mitten in der Landschaft stehen ohne Verkehrsanbindung, oder die falsche Planung einer zu teuer gewordenen

Umgehungsstraße, teuere Schienenverbindungen, Fehlkalkulationen bei Bahnhöfen und Flughafen und was für einen Murks unsere Staatsdiener sonst noch anstellen.
In allen Bereichen sind sie sehr Agile, Ausredengewand, Hinterhältig, ob es da um eine stille und heimliche Absprache für eine Steuererhöhung geht, oder um die Verschiebung der versprochenen Steuererleichterung, Kindergeldbetreuung, Rentenerhöhung und vieles mehr.

Die Rentenerhöhung berechnet sich übrigens aus dem Lohn – Index, der von der Wirtschaft gesteuert und geregelt wird, damit der Staat eine geringere Rente auszahlen muss.
Nur bei den Diäten da ändert sich nichts, die werden immer höher.
Egal was noch alles heimlich getrickst wird und wie viele hinterhältige Gesetze erfunden werden und zum Nachteil der Bevölkerung hinter verschlossenen Türen besprochen wird, an die Öffentlichkeit kommt nur dass, was zum angeblichen Wohle und für das gut Ansehen nach Außen hin, für unserer Politikerinnen und Politiker wichtig ist, notfalls werden die Statistiken geschönt, gefälscht oder mit einer neuen Bezeichnung tituliert, wie die von Harz IV Empfänger, damit man eine geringere Arbeitslosenzahl der Bevölkerung präsentieren kann.
So ist es auch, wenn es um die Erhöhung ihre Diäten, Freibeträge und sonstigen Vergünstigungen unserer Politikerinnen und Politiker geht.

Alle Jahre wieder wird kurz und schnell erwähnt dass sie ihre Diäten erhöhen, damit unsere, von den Bürgern gewählten Volksvertreter auch einen gehobenen Lebensstandart auf kosten der Steuerzahler führen können. Da wird keine Rücksicht auf eine Staatsverschuldung genommen, keine Rücksicht auf unsere Rentner, keine Rücksicht auf die Armen Bürger, keine Rücksicht auf die Kranke, keine Rücksicht auf die Jugendlich, sozial Schwachen und auf die Arbeitslosen und Harz IV Empfänger schon gar nicht.
Die Haupttätigkeit unserer Politikerinnen und Politiker ist die interne Machtsucht, Steuergeldgeldgier, Veruntreuung der Steuergelder, neue Steuergesetze erfinden und das intime zusammen Spiel mit der Wirtschaft, Geldinstituten und dem Europaparlament, die Löhne niedrig halten, damit die Renten der Bürger nicht zu hoch ausfällt.
Aber billige Arbeitskräfte aus dem Ausland besorgen, weil die Arbeitsämter nicht im Stande sind, die Harzt IV Empfänger, Arbeitslosen und Langzeitarbeitslose in der Wirtschaft unter zu bringen, scheint ihnen sehr viel Freude zu bereiten. Aber solange unsere Möchtegerne Politikerinnen und Politiker sehr Gut auf kosten der Steuerzahler Leben können und die Bevölkerung sich nicht zu Wehr setzt und immer wieder auf die nicht einhaltbaren Lügen bei den Wahlen hereinfällt, haben Politikerinnen und Politiker auch ein leichtes Spiel.

Beispiel Diäten und Arbeitslohn:
Ein Arbeiter der seinen monatlichen Beitrag gezwungenermaßen vom Staat für die Rente abgezogen bekommt, hat eine durchschnittliche Rente von ca. 1000,00 Euro.
Ein Politiker der nichts einbezahlt, bekommt eine Pension (sprich Rente) von ca. 8000,00 Euro, monatlich auf sein schon überfülltes Konnte überwiesen, ohne körperliche und geistige Leistung zu erbringen. Für was benötigt solch eine Politikerin oder Politiker, der schon eine überhöhte Diät
von monatlich ca. 15 000,00 Tausend Euro ohne zusätzliche Nebeneinkommen, kassiert,
so viel für seine Pension?

Die Politikerinnen und Politiker habe es versäumt, rechtzeitig Vorsorge zu treffen,
Die Pensionen werden noch aus dem laufenden Haushalt bezahlt.
Neben den Kreditzinsen für die Schulden und den Personalausgaben für aktive Beamte und Angestellte werden die Pensionszahlungen in wenigen Jahren der größten Haushaltsposten im Etat der Bundesländer sein.
Die Höhe von fast 2 000 000 000 000,00 Billionen Euro Steuergelder,
das sind 2000 Milliarden Euro an Steuergelder, die der Steuerzahler aufbringen muss,
die Pensionskassen sind leer und müssen in den folgenden Jahren gefüllt werden, damit die Pensionen bezahlt werden können.

Kommt Deutschland deshalb nicht von seinen Schulde weg.

Nehmen wir nur einmal die Lohnsteuer, die ja auch vom Staat eingezogen wird, wie alle anderen Steuern auch.
Monatlich werden vom Staat ca. ein drittel vom Lohn eines Arbeiters einbehalten.
Alleine im Jahre 2013 wurden ca. 600 Milliarden Euro von der Deutschen Bevölkerung bezahlt.
Rechnet man noch die Benzinsteuer hinzu, bei dem der Staat zwei drittelt kassiert und die Tabaksteuer, kann sich jeder Bürger etwa Vorstellen, wie Viele Billionen Steuergelder der Staat vereinnahmt.
Nur wo fliesen all diese Billionen hin!
Darin sind all die anderen Einkünfte, wie Gewerbesteuer, Umsatzsteuer, Schwarzgeld Spenden und so weiter, nicht enthalten.
Der Staat kassiert so viele Billionen von Steuergeldern und hat trotzdem Billionen von Schulden.
Warum!
Mit diesen Billionen Steuergeldern, versorgen sich zuerst unsere Staatsdiener,
dann die Wirtschaft und Geldinstituten, ein Teil wird an die Asylanten weitergereicht,
ein teil ins Ausland verschoben, viele unnötigen Milliarden dem Europaparlament überwiesen, gespendet, verschenkt, bankrotte Euroländer mir Milliarden Euro an Steuergelder unterstützt,
die Wirtschaft und Reichen subventioniert, oder auch als Kredit verliehen, um diese hohen Krediten nach einigen Jahr auf kosten der Steuerzahler zu erlassen.

Fehlplanungen und Fehlinvestitionen finanziert, Atomlager subventioniert und alles auf Kosten der Steuerzahler.
Da bleibt für den deutschen Bürger nichts mehr Übrig.
Das nachsehen haben die Westrentner, die Jugendliche, die Arbeitslosen, die Pflegebedürftigen,
die Hartz IV Empfänger, die Schulen, die Kindergärten, die Altenpflegheime, das Pflegepersonal,
die Lehrer und so weiter.
Außer große Versprechen, die unsere Politikerinnen und Politiker, dann kurz vor einer anstehenden Wahl, den Bürgern Vorgaukeln und Millionen in eine Wahlpropaganda stecken, um eine große Wahlbeteiligung zu erhalten, bei deren Wahl es nur um interne Machtgier und neue hinterhältige Steuererhöhungen gehen, haben unsere Politikerinnen und Politiker zu der Wahl nichts Neues beizutragen und die meisten Bürger Glauben dies immer und immer wieder.

Die Millionenschwere Webung die da betrieben wird damit sich unsere Politikerinnen. Politiker und ihre Parteiengenossen auf den Meterhohen Plakaten Pressentieren können, ist nur eine Gefährdung und Ablenkung im Straßenverkehr. Diese Plakate und Werbemittel werden alle nach einigen Tagen wieder mit einem Millionenaufwand an Steuergeldern vernichtet und verschwinden wie viele der Wahlversprechen in der Recyclinganlage.
So verschwenderisch gehen unsere Staatsdiener mit den Geldern der Steuerzahler um, die schwer dafür

Arbeiten müssen und für was alles, damit unsere Politikerinnen und Politiker, nach den Wahlen, einen internen Machtkampf auf gut bezahlte Pöstchen ausführen können, wobei es ihnen hauptsächlich nur darum geht, während den nächsten vier Jahren,
ein luxuriöses, nutzloses Dasein führen zu können.
Wo sind die Unbestechlichen Buchprüfer und Kontrolleure, die den Fluss der Steuergelder Überprüfen, Überwachen und dafür Sorgen, das die Steuergelder auch an den richtigen Ort ankommen.
Von unseren Politikerinnen und Politikern können wir keine ehrliche Antwort darüber erwarten,
denn diese haben die deutsche Bevölkerung schon zu oft Belogen und Betrogen.
Solange diese Bürger, diesen diktatorischen, marionettenhaften, bürgerfeindlichen Politikerinnen und Politikern ihre Stimme geben, wird sich auch nichts Ändern.
Die meisten Ideen die dann bei der Wahlpropaganda hervorgebracht werden, sind schon Uralt und liegen Verstaubt in den Schubladen unserer Politikerinnen und Politiker, sie werden nur neu Benannt.
Ausländergesetz wurde durch die Bezeichnung Aufenthaltsgesetz umbenannt.
Landesheimgesetz wurde durch die Bezeichnung Gesetz über das Wohnen mit Assistenz und Pflege in Einrichtungen umbenannt.
Krankenschwester wurde durch die Bezeichnung Gesundheits- und Krankenpflegerin umbenannt.
Ballungsraumgesetz wird durch die Bezeichnung Metropolregion Gesetz umbenannt.

Alte Autokennzeichen werden wieder eingeführt, damit sich die Kassen der Kommunen und Städte füllen läst.
Dies ist nur ein kleines Beispiel, wie die Hilflosigkeit und Ideenlosigkeit unsere Volksvertreter aussieht, wenn sie selber einmal eine, aus Langeweile geprägte Gesetzesentwurf hervorbringen.

Gute Gesetze zeichnen sich durch Klarheit, Einfachheit und Eleganz aus, was für unsere Politikerinnen und Politiker aber ein Fremdwort ist. Mittlerweile ist es schon so weit, dass nicht einmal die Damen und Herren in der Politik die Vielfalt des Gesetzesdschungel verstehen, die sie neu Benennen,
 neu Umbenennen, oder neu Bezeichnen.
Umso einfacher die Gesetze für den Normalbürger zu Verstehen wären, umso besser würde der Normalbürger, die Widersprüchlichkeit dieser Gesetze verstehen, sowie die Nutzlosigkeit einiger unserer Politikerinnen und Politiker.
Wobei zu Bemerken ist, dass viele neue innerdeutsche Gesetze auf europäischen Entscheidungen basieren, ein großer Teil der deutschen Innenpolitik wird also in Brüssel gemacht. Damit ist auch bestätigt, dass viele Politikerinnen und Politiker in Deutschland nur ihre Jahre absitzen,
 um ein luxuriöse überhöhte Pension einzustreichen.

Wo fliest die viele Milliarden Steuergeld eigentlich hin, wo verschwindet diese Milliarden von Steuergeldern und wo sitzen die Drahtzieher, die

dafür sorgt, dass alles vor dem Bürger geheim gehalten wird.
Wer erstellt die geschönten und verfälschten Bilanzen und Statistiken, die an die Öffentlichkeit getragen werden, um die Bevölkerung zu Täuschen und ruhig zu Halten, damit alles so schön in Deutschland aussieht.
Diese Schönmalerei dient auch nur, um von den internen Problemen, der Berufsunerfahrenheit und Ideenlosigkeit unserer Politikerinnen und Politiker abzulenken.
Warum müssen die Bürger immer für das Fehlverhalten und die Milliardenschulden die von Wahlperiode zu Wahlperiode immer höher wird, gerade stehen, die von unseren Politikerinnen und Politiker getätigt wurden,
Das gleich gilt auch für die ganzen Fehlkalkulation eines Staatsbediensteten, wie zum Beispiel Stuttgart Bahnhof, Berlin Flughafen, oder Fehlinvestition in Milliardenhöhe, falsche Planung von Brücken und Straßen, Rückstelllager für den Atommüll.

In Deutschland gibt es an den Bundesstraßen allein schon ca. 4000 Brücken die nicht genutzt werden und in der freien Natur sinnlos herum steht.
Wer bezahlt dies!
Nicht unsere politischen Fehlplaner, alles muss der Steuerzahler aufbringen.
Diese Hirnrissige Steuergeldverschwendung, ist nur ein kleines Beispiel dafür, wofür unsere Machtbesessene und Steuergeldgierige marionettenhaften Politikerinnen und Politiker gewählt wurden.

Sollte dies einem Angestellten, oder Arbeiter in der freien Wirtschaft passieren, würde man ihn endlassen und zur Rechenschaft ziehen und wenn nötig auch noch vor das Gericht bringen, er bekäme keine Gehaltsweiterbezahlung, keine Abfindung, keinen anderen Posten und müsste sich als Arbeitslos melden.
Die Staatsdiener haben da aber Narrenfreiheit, im schlimmsten Fall würde man diese versetzten, bis Gras darüber gewachsen ist, aber seine überhöhte Diät und Pensionen, bekommt er weiter bezahlt.
Die Staatsdiener haben ja ihre dummen Bürger, die dazu gezwungen werden, die grob fahrlässigen Fehler von Milliarden Euro an Steuergeldverschwendung zu bezahlen.
Diese Milliarden von verschwendeten Steuergeldern, fliesen dann auch noch in die positive Bewertung in der guten wirtschaftlichen Situation in Deutschland, mit hinein, aber die Abrisskosten,
werden in der gefälschten Statistik nicht erwähnt.
Da werden Aktienanteile von Milliarden Euro, von einem überteuerten Stromproduzenten kauft, die Differenz bezahlt am Ende die deutsche Bevölkerung und die Verantwortlichen Politiker dürfen dann weiterhin, ihre Unfähigkeit und Steuergeldverschwenderisches Dasein, in der Politik,
bis zur Pensionierung Aussitzen, auch auf kosten der Steuerzahler.
Auch so kann man die Wirtschaft ankurbeln und wer weis schon,

ob dies nicht auch eine „Stille und Heimliche"
Absprache mit der Wirtschaft ist.
Dies ist nur ein kleines Beispiel dafür, woher die
Milliardenlöcher kommen, die jährlich in der
Staatskasse entstehen und davon gibt es in unserem
Staatsbetrieb viele.
Der Steuerzahler, wird dann Innoffiziell, dazu
gezwungen, durch versteckte Steuererhöhungen,
dieses Milliardenloch wieder auf zu fülle.

Da reden unsere Staatsdiener, beziehungsweise die
Finanzminister immer vom Sparen, aber dieses
Wort scheint für viele in der Politik ein Fremdwort
zu sein, nur wenn es darum geht die Deutsche
Bevölkerung zum Sparen zu Zwingen, ist es für
unsere Politikerinnen und Politiker kein Fremdwort
mehr.
Für unsere Politikerinnen, Politiker und unsere
Staatsdiener ist es auch ein leichtes Spiel, immer
und immer wieder, zig Billionen Euros Schulden zu
macht, denn sie werden dafür nicht Bestraft und sie
müssen diese auch nicht Zurückzahlen.
Da braucht man sich auch nicht Wundern, dass
unser Staatsdiener, beziehungsweise unsere
Politikerinnen und Politiker durch die überhöhten
Diäten, Pensionen und Abfindungen, oder als
Aufsichtsratvorsitzender, mit einer zusätzlichen
Prämie, die sie auch in wirtschaftlichen schlechten
Zeiten erhalten, schon Millionäre sind und die die
es noch nicht sind, werden es spätestens bei ihrer
Pensionierung, auf kosten der Steuerzahler
geschafft haben.
Im Gegenzug dafür, wird aber dann eine
verfassungswidrige Neuverschuldung, in

Milliardenhöhen angestrebt und hinter verschlossenen Türen, still und heimtückisch, wie es sich für unsere Politikerinnen und Politiker gehört, ausgeheggt und die Deutsche Bevölkerung wird dann mit geschönten Statistiken und billigen und faulen Ausreden beruhigt.
Was macht die Deutsche Bevölkerung, sie Schimpfen und Meckern am Stammtisch, aber bei der nächsten Wahl lassen sie sich wieder Belügen und Betrügen, anstatt auf die Straße zu gehen und sich zur Wehr setzen.
Die Politikerinnen und Politiker, Ministerpräsidentin, Ministerpräsident, Finanzministerin, Finanzminister und wie sie sich alle gerne Nennen, ob von der CDU oder CSU, von SPD oder die GRÜNEN, setzen sich dann nach Feierabend an den Politikerstammtisch, der wird natürlich auch von den Bürgern bezahlt, Beziehungsweise als Spesen abgerechnet und lachen sich eins wie sie den Bürger durch ein neues Steuergesetz, wieder einmal über den Tisch gezogen haben.

Beispiele:
Die Kunst unserer Politikerinnen und Politiker der Steuergeldeintreibung, besteht darin, die Bürger so zu Endkleiden, dass sie möglichst nicht Nackt dastehen.
Die Kunst, unserer Politikerinnen und Politik neue Steuererhöhungen zu Erfinden, besteht darin, neue Gründe für neue Steuererhöhungen, ohne das dies die Bevölkerung bemerkt, auszutüfteln.

Neue Steuererhöhungsgesetze dienen dazu, die deutschen Bürger so zu entlasten, dass sich die Staatskasse dabei füllt.
Der politische Staat hat mehr Finanzministerinnen und Finanzminister zu Lügnern gemacht als es Eheschließungen gibt.
Die Steuereintreibung ist für unsere Politikerinnen und Politiker ein erlaubter Fall von Diebstahl.

Das Faszinierende an den Staatsschulden ist, dass immer wieder neue Staatsschulden gemacht werden, obwohl die Bürger die alten nicht zahlen können.
Genauso lächerlich und unvorstellbar ist es, das in einem sehr guten Wirtschaftsjahr, in dem die Steuereinnahmen nur so Sprudel, die Steuerschulden immer höher werden, die Wirtschaft immer reicher, die Anzahl der Millionäre und Milliardäre zunimmt, die Diäten und Pensionen unserer Politikerinnen und Politiker immer höher werden, die Staatsschulden immer größere Dimensionen annehmen und die Anzahl der Armen und Slums (Elendsviertel), immer höher wird.
Ist dies eine moderne Diktatur, die da von unseren Politikerinnen und Politiker betrieben wird,
oder ist dies eine neue Art einer europäischen Wirtschaftsdiktatur, in der die Wirtschaft und das Europaparlament vorgibt, welche Aufgaben unsere Politikerinnen und Politiker zu Lösen haben, um die Bevölkerung zu Unterdrücken.
Denn jetzt schon werden viele neue innerdeutsche Gesetze der deutschen Innenpolitik in Brüssel ausgehegt.

Sind unsere Politikerinnen und Politiker Marionetten der Wirtschaftsbossen und dem Europaparlament, die sich von der Europäischen Kommission in Brüssel, des Rats und des Parlaments in Brüssel,

durch ihre Dummheit auch noch vorsagen lassen müssen, wie das Deutsche Volk zu Regieren ist, wie viele Ausländer die Deutschen aufnehmen müssen und von der Deutschen Bevölkerung bezahlt werden sollen.
Gibt es deshalb keine Volksabstimmung, weil unsere Wirtschaftsbosse und das Europaparlament den Ton angeben, weil sich unsere Mutlosen und gelangweiten Politikerinnen und Politiker nicht getrauen zur Deutschen Bevölkerung zu stehen. Haben unsere Politikerinnen und Politiker Angst sie würde die Macht über die Deutsche Bevölkerung verlieren, Angst vor den Entscheidungen der Bürger, weil dadurch verhindert werden könnte, das das normale Deutsche Volk Einfluss auf die Politik und die Machenschaften in unserer Staatsregierung und in Brüssel, nehmen könnte.
Oder ist es die Angst unserer Politikerinnen und Politiker, dass sie in der Machtbesessenheit und Steuergeldverschwendungssuchtgier eingeschränkt werden!
Oder ist es die Angst der Wirtschaftsbosse und unseren Politikerinnen und Politiker, das man die intern gemachten Schulden nicht mehr auf den Bürger abwälzen kann!

Zur Erinnerung: Jahresgehalt aller Parlamentarier

ca. 8 000 000,00 Millionen Euro die zu Lasten der Deutschen Bevölkerung gehen.
Die Aufnahme der Ausländer kostet der Deutschen Bevölkerung nochmals so viel.
Die Ungerechte Rentenerhöhung geht auch auf die kosten der Westdeutschen Bevölkerung.

Sehr wahrscheinlich kommt der Volksentscheid erst dann, wenn es nichts mehr zu entscheiden gibt, siehe Stuttgart 21 Bahnhof, siehe Flughafen Berlin, siehe die Einführung des Euros, siehe Vereinfachung der Steuergesetze, siehe Abfalllager Atommüll, siehe Steuergeldverschwendung und vieles mehr.
Oder hätten dann die Marionetten der Wirtschaftsbossen und Untertanen der Brüsseler, Angst, dass sie nicht mehr in der Politik tätig sein könnten, oder hätten sie Angst davor, dass die Steuergelder gerechter Verteilt werden würden!
Warum haben wir in Deutschland so ein hoch kompliziertes Steuersystem!
Damit die Wirtschaftsbosse durch teuer bezahlte Steuerberater, was sich der normal Bürger
nicht leisten kann, das komplizierte Steuergesetz so geschickt umgehen können und Abschreibungen so geschickt erstellen können, damit sie nichts an Steuern bezahlen müssen,oder die eingezahlten Steuergelder wieder zurückbekommen.
Da werden HiTech Bahnhöfe gebaut, aber diese Staatsfirma ist nicht einmal im Stande,
auf normale Bahnhöfe für Toiletten zu sorgen.
Bei einer Volksabstimmung würden auch nur die Politikerinnen und Politiker gewählt werden,

die eine Leistung für das Volk erbringen und die Politikerinnen und Politiker die keine Leistung erbringen, könnten sich nicht mehr auf den fetten Diäten und Pensionen ausruhen.
Beispiel Diäten im Vergleich zur Bevölkerung: Alleine die Bezüge der Bundestagsabgeordneten belaufen sich monatlich wie folgend:

Jahresgehalt aller Parlamentarier
79 100 000,00 Millionen Euro.
Bevölkerung
82 400 000,00 Millionen Euro.

Dazu kommen noch die einzelnen Landtage:

Landtag Baden Württemberg
Jahresgehalt aller Parlamentarier
9 600 000,00 Millionen Euro.
Bevölkerung
10 700 000,00 Millionen Euro.

Bayern
Jahresgehalt aller Parlamentarier
19 500 000,00 Millionen Euro.
Bevölkerung
12 500 000,00 Millionen Euro.

Berlin
Jahresgehalt aller Parlamentarier
6 800 000,00 Millionen Euro.
Bevölkerung
3 400 000,00 Millionen Euro.

Landtag Brandenburg
Jahresgehalt aller Parlamentarier
5 300 000,00 Millionen Euro.
Bevölkerung
2 600 000,00 Millionen Euro.

Bremen
Jahresgehalt aller Parlamentarier
2 900 000,00 Millionen Euro.
Bevölkerung
1 000 000,00 Millionen Euro.

Hamburg
Jahresgehalt aller Parlamentarier
4 000 000,00 Millionen Euro.
Bevölkerung
1 700 000,00 Millionen Euro.

Hessen
Jahresgehalt aller Parlamentarier
9 400 000,00 Millionen Euro.
Bevölkerung
6 100 000,00 Millionen Euro.

Landtag Mecklenburg – Vorpommern
Jahresgehalt aller Parlamentarier
5 000 000,00 Millionen Euro.
Bevölkerung
1 700 000,00 Millionen Euro.

Niedersächsischer Landtag
Jahresgehalt aller Parlamentarier
14 100 000,00 Millionen Euro.
Bevölkerung
8,000 000,00 Millionen Euro.

Landtag Nordrhein – Westfalen
Jahresgehalt aller Parlamentarier
21 300 000,00 Millionen Euro.
Bevölkerung
18 100 000,00 Millionen Euro.

Rheinland-Pfalz
10 000,000,00 Millionen Euro.
Bevölkerung
4 100 000,00 Millionen Euro.

Saarland
Jahresgehalt aller Parlamentarier
3 500 000,00 Millionen Euro.
Bevölkerung
1 100 000,00 Millionen Euro.

Sachsen
Jahresgehalt aller Parlamentarier
8 100 000,00 Millionen Euro.
Bevölkerung
4 300 000,00 Millionen Euro.

Landtag von Sachsen – Anhalt
Jahresgehalt aller Parlamentarier
6 400 000,00 Millionen Euro.
Bevölkerung
2 500 000,00 Millionen Euro.

Landtag Schleswig – Holstein
Jahresgehalt aller Parlamentarier
6 800 000,00 Millionen Euro.
Bevölkerung
2 800 000,00 Millionen Euro.

Thüringer Landtag
Jahresgehalt aller Parlamentarier
5 900 000,00 Millionen Euro.
Bevölkerung
2 300 000,00 Millionen Euro.

Summe aller
Jahresgehälter der Parlamentarier und
Bundestagsabgeordneten
215 000 000,00 Millionen Euro.
(nur der Parlamentarier und
Bundestagsabgeordneten).

Bevölkerung
165 000 000,00 Millionen Euro.

Darin sind aber die Fahrer unserer Staatsdiener,
kleinere Angestellte, Putzfrauen, Sonderausgaben,
Flüge, Sitzungsgelder, Bahnfahrten,
Auslandsaufenthalte, teuere Gepanzerte
Luxuslimousinen, Kraftstoffkosten, Stromkosten,
Miete für Kanzlerbungalow, Miete für Schloss des
Bundespräsidenten, Feste und Partys,
Veranstaltungen und noch vieles mehr,
was sich unsere Staatsdiener auf kosten der
Steuerzahler noch leisten, nicht enthalten.

Was sagte der Bundespräsident Herr Gauck, der 73 Jahre alt wird, nicht geschieden ist, aber mit seiner Freundin schon 12 Jahre zusammenlebt, auf kosten der Steuerzahler, im Schloss Bellevue seinen Lebensabend verbringt und als Aushängeschild für Deutschland gilt,
an seiner Weihnachtsansprache 2012.
„Deutschland gehe es Gut und er wünsche sich viel Nächstenliebe"
Aber in der Realität und inoffiziell, geht es Deutschland nicht Gut und von Nächstenliebe ist nichts zu spüren, auch nicht unter den Politikerinnen und Politiker, was die ständigen Streitereien, das Postengeschachere, die Intrigen und Skandalen beweisen.

Deutschland geht es Gut stimmt auch nicht, würde man die gefälschten und geschönten Statistiken korrigieren, die Aufteilung der verschiedenen Bezeichnungen und Ämter, wie zum Beispiel: Arbeitsamt, Kommunale Arbeitsförderung, Landratsamt für Leistungsbewilligung, Arbeitslose, Hartz IV, oder die Gesamtschulden des Staates der Kommunen, Städte und Gemeinten zusammenfassen, würde Bundespräsident Herr Gauck wieder zurück in den Osten ziehen und eine Mauer um sich Bauen.
Die Tatsache, wenn man einmal von den Arbeitslosen ausgeht sieht anders aus.
Alle Bürger die in Deutschland ohne Arbeit sind, belaufen sich zusammengefasst auf
ca. 6 000 000 Millionen bis 8 000 000 Millionen.
Das gleich gilt auch für die Schulden, wenn man diese alle Zusammenfassen würde,

kommt man auf
ca. 3 000 000 000 000,00 Billionen, wenn nicht noch mehr und in jeder Minute kommen
ca. 200 000,00 Tausend Euro Zinsen hinzu.
Aber die Wahrheit tut weh und kann für eine Politikerin oder einen Politiker tödlich sein, in Bezug auf seinen Posten den er innehat.
In der Diktatur, wie diese zurzeit in Deutschland bestand hat, werden unbequeme Tatsachen bedenkenlos gefälscht und unterdrückt, verschleiert, oder wie man so schön Sagt, geschönt dargestellt.
Und was Sagte die Bundeskanzlerin, Angela Merkel in ihrer Ansprache,
diese Bundesregierung ist die erfolgreichste seit der Wiedervereinigung.
Fragt sich nur wo!
Liegt dies daran, weil noch nie so viele Steuergelder von den im Westen lebenden Steuerzahler,
für den Wiederaufbau, in den Osten verschoben wurden, weil die ungerechte Rentenerhöhung im Osten immer um ca. 3,50 Prozent höher waren als die im Westen, weil im Osten alles neu Gebaut wurde und keiner benötigt dies.

2013 wurden die im Westen mit einer Rentenerhöhung von sagenhaften 0,25 Prozent beglückt,
2013 wurden die im Osten mit einer ungerechten Rentenerhöhung von 3,75 Prozent beschert.

Dies ist eine betrügerische Gaunerei der Merkleschen CDU Regierung, die nicht

ungerechter dem Westen gegenüber sein kann,
obwohl die im Westen wesentlich mehr dafür
gearbeitet haben,
als die im Osten, werden die Westrentner regelrecht
bestohlen und um ihre Rente Betrogen.
Dies gilt auch für die im Westen lebenden
Steuerzahler, die für den unnötigen Neuaufbau im
Osten herhalten müssen.
Da Fragt man sich, wo gehen die Milliarden Euro
Steuergelder hin, die durch den Soli eingenommen
wurden?
So ist es auch mit dem Lohnniveau von West zu
Ost.
Die wenigsten Westbürger wissen es gar nicht, dass
vom Statistischen Bundesamt das Lohnniveau
der letzten Jahre für Ostdeutschland, auf
betrügerische Art und Weise, still und hinter
verschlossenen Türen, auf kosten der Rentner im
Westen, nach oben korrigiert wurde, obwohl ein
jeder weis, dass die im Osten nicht soviel Verdient
haben wie die im Westen und deshalb bekommen
die im Osten, eine wesentlich höhere
Rentenerhöhung als die im Westen, man nennt dies
dann Rentenanpassung.
Aber eine Leistungsbezogene Diätenanpassung für
unsere Politikerinnen und Politiker wurde noch
nicht eingeführt, im Gegenteil sie genehmigen sich
eine Diätenerhöhung,
zwischen 850,00 bis 1 000,00 Euro, ohne
Nebenkosten, das ist mehr, als manch ein Rentner
in Deutschland an monatlicher Rente vom Staat
ausbezahlt bekommt.
Frau Merkel, die Reisekanzlerin aus dem Osten, die
sich mehr um die Erhaltung des Euros, Europas,

Europaparlament und andere Länder, den Osten in
Deutschland und die internen selbst gemachten
Skandale kümmert, hat keine Zeit für die Bürger
im Westen.
Deshalb wird sie sich auch weiterhin Geschickt und
bewusst von allen nicht eingelösten
Versprechungen an die Westdeutsche Bevölkerung
heraushalten.

Reisen von Frau Merkel im Jahre 2012:

25. Januar   Davos
Teilnahme am Weltwirtschaftsforum.

30. Januar   Brüssel
Teilnahme am informellen Treffen der Mitglieder
des Europäischen Rates

1. und 2. Februar   Peking und
Guangzhou
Treffen mit dem chinesischen
Staatspräsidenten Hu Jintao, dem Vorsitzenden
des Nationalen Volkskongresses
Wu Bangguo sowie Ministerpräsident Wen Jiabao.

6. Februar   Paris
Teilnahme am 14. deutsch-französischen

Ministerrat.

1. und 2. März   Brüssel
Teilnahme am Europäischen Rat.

13. März   Rom
Treffen mit Ministerpräsident Mario Monti und
Präsident Giorgio Napolitano.

3. April   Prag
Treffen mit Ministerpräsident Petr Nečas
und Präsident Václav Klaus.

18. und 19. Mai   Camp David
Teilnahme am G8-Gipfel.

20. Mai   Chicago
Teilnahme am NATO-Gipfeltreffen.

23. Mai   Brüssel
Teilnahme informellen Abendessen der
EU-Staats- und Regierungschefs

18. und 19. Juni   Los Cabos
Teilnahme am G20-Gipfel.

22. Juni   Rom
Arbeitstreffen mit dem italienischen
Ministerpräsidenten Mario Monti,
dem französischen Präsidenten François Hollande,
sowie dem spanischen Ministerpräsidenten
Mariano Rajoy.

28. und 29. Juni   Brüssel
Teilnahme am Europäischen Rat.

4. Juli   Rom
Deutsch-italienische
Regierungskonsultationen.

8. Juli   Reims
Teilnahme am 50. Jubiläum der Messe
in der Kathedrale von Reims an der Bundeskanzler
Konrad Adenauer und der französische Präsident
Charles de Gaulle teilgenommen hatten. Die Messe
gilt als Symbol für die Verbesserung der deutsch-
französischen Beziehungen.

9. bis 11. Juli   Jakarta
Treffen mit dem indonesischen Staatspräsidenten
Susilo Bambang Yudhoyono. Besuch des Tsunami-
Frühwarnzentrums und der Istiqlal-Moschee, sowie
Treffen mit indonesischen und deutschen
Wirtschaftsvertretern.

15. und 16. August   Ottawa
Treffen mit dem kanadischen
Premierminister Stephen Harper.

22. August   Chișinău
Erster Besuch eines Deutschen
Regierungschefs in Moldawien; Treffen mit dem
moldawischen Ministerpräsidenten Vladimir Filat.

29. und 30. August   Peking
Treffen mit dem chinesischen
Ministerpräsidenten Wen Jiabao
und dem Vizepräsidenten Xi Jinping.

6. September   Madrid
Treffen mit Ministerpräsident
Mariano Rajoy und Teilnahme
am Deutsch-Spanischen Unternehmertreffen.

7. September   Wien
Treffen mit Bundeskanzler Werner Faymann.

9. Oktober   Athen
Treffen mit Ministerpräsident Andonis Samaras.

18. und 19. Oktober   Brüssel
Teilnahme am Europäischen Rat.

7. November   Brüssel
Grundsatzrede zur Europapolitik
vor dem Europäischen Parlament.

7. November   London
Arbeits-Abendessen mit Premierminister
David Cameron.

12. November   Lissabon
Treffen mit Staatspräsident
Aníbal Cavaco Silva und Ministerpräsident
Pedro Passos Coelho, Teilnahme am deutsch-
portugiesischen Unternehmertreffen.

16. November   Moskau
Teilnahme an den 14. Deutsch-russischen
Regierungskonsultationen;
Rede am Petersburger Dialog.

22. und 23. November Brüssel
Teilnahme am Sondergipfel des Europäischen
Rates zum Mehrjährigen Finanzrahmen der EU,
Treffen mit dem Präsidenten des
Europäischen Rates Herman Van Rompuy.

10. Dezember Oslo
Teilnahme an der Verleihung des
Friedensnobelpreises
an die Europäische Union.

13. und 14. Dezember Brüssel
Teilnahme am Europäischen Rat.

Bis zur Chilereise im Januar 2013 besuchte Angela
Merkel 68 Staaten:
Afghanistan, Ägypten, Algerien, Angola,
Äthiopien, Belgien, Bahrain, Brasilien, Bulgarien,
Chile, China, Dänemark, Estland, Finnland,
Frankreich, Georgien, Griechenland, Indien,
Indonesien, Irland, Israel, Italien, Japan, Jordanien,
Kanada, Kasachstan, Katar, Kenia, Kolumbien,
Kroatien, Kuwait, Lettland, Libanon, Liberia,
Litauen, Luxemburg, Malta, Mexiko, Moldawien,
Mongolei, Niederlande, Nigeria, Norwegen,
Österreich, Peru, Polen, Portugal, Rumänien,
Russland, Saudi-Arabien, Schweden, Schweiz,
Serbien, Singapur, Slowakei, Slowenien, Spanien,
Südafrika, Südkorea, Tschechien, Türkei, Ukraine,
Ungarn, Vereinigte Staaten, Vereinigte Arabische
Emirate, Vereinigtes Königreich, Vietnam, Zypern,
und die Palästinensischen Autonomiegebiete.

Darin nicht enthalten sind die Sportlichen Veranstaltungen
(Beispiel: Fußballweltmeisterschaften) und sonstige Feste und Partys, die Ansprachen im Fernsehen, Fototermine für neue Wahlplakate Auftritte im Bundestag, Gespräche hinter verschlossener Tür mit Wirtschaftsvertretern und Bankmanager und natürlich auch ihren Urlaub.
Viele Reisen werden auch doppelt und dreifach durchgeführt, weil es unserer Kanzlerin und den Ministerinnen und Ministern, in Deutschland zu langweilig ist.
Irgendwie müssen sie die Zeit ja absitzen, für die sie von der Deutschen Bevölkerung gewählt wurden.

Dies geschieht dann folgender maßen:
Zuerst Reiste der Bundesverteidigungsminister De Maizière, jetzt wider Bundesminister des Innern wie schon in den Jahren von 2009 bis 2011, in die Türkei, danach Frau Merkel, und zuvor war auch schon Herr Westerwelle einige male in der Türkei gereist.
Solche unverschämten und unnötigen steuergeldverschwenderische Fliegereien unserer Politikerinnen und Politiker, haben in der Regierung nichts zu suchen, zumal es in Deutschland genügend Probleme gibt, wofür man die Millionen Euros, die diese Auslandsreisen kosten, einsetzen könnte.
Diese Auslandsreisen, werden nur aus Langeweile, Zeitvertreib und zur sinnlosen Steuergeldverschwendung begonnen.

Müssten unsere Politikerinnen und Politiker diese unnötigen Reisen, selber Bezahlen, würde manch eine Politikerin oder Politiker auf diesen staatlich geförderten Urlaub verzichten.
Etwa weitere 500 Beschäftigte in der Berliner Regierungszentrale, gehen außer Frau Merkel auch noch zusätzlich auf Dienstreisen.
Man bedenke, eine Flugstunde (1 Stunde) mit einer Regierungsmaschine kostet über 10.000 Euro.
Wer bezahlt diese unnötigen Luxusreisen, dieser Verwöhnten Möchtegerne Staatsdiener, die Bevölkerung und die wird wiederum zum Sparen gezwungen, damit diese Weltenbummler das Jahr über,
auf kosten der Steuerzahler beschäftigt sind.
Beispiel Deutschland nach Türkei:
5 Stunden, für einen Flug, kosten ca. 50 000,00 Tausend Euro Steuergelder ohne Extras.
Durch die zu vielen Politikerrinnen und Politiker, die nicht wissen was sie mit ihrer teuer Bezahlten Zeit anfangen sollen und damit sie sich nicht gegenseitig auf die Füße treten, wurde diese ABM (Arbeitsbeschaffungsmassnahme) von der Regierung eingeführt und muss vom Steuerzahler bezahlt werden.
Das nennt man eine politische Hausgemachte Steuergeldverschwendung.

Den Keil zwischen Arm und Reich, in der Merkelära wurde noch nie so Tief getrieben. Das einzige was in der Merkelära erreicht wurde, ist die Tatsache, dass die Anzahl der Reichen in Deutschland erheblich angestiegen ist und dass man denen im Westen alles wegnimmt um in den Osten zu investieren. Es scheint als hätte Frau Merkel aus der diktatorischen Herrschaft aus ihrer der DDR Zeit nichts gelernt, für den Osten mag das vielleicht eine erfolgreiche Merkelära gewesen zu sein, aber nicht für die im Westen lebenden normalsterblichen Steuerzahler. Das große Desinteresse an der West Bevölkerung und das erlernte aus Kohlszeiten wie man die Bevölkerung belügt und betrügt, sowie die Steuergeldaffäre hat sie sehr gut übernommen.

Der private Reichtum in Deutschland wird insgesamt immer größer, wovon die Reichen in erster Linie profitieren und mit Unterstützung unserer Politikerinnen und Politiker immer reicher werden.
Sie besitzen 53 Prozent des Gesamtvermögens, der unteren Bevölkerungsschicht bleibt 1 %.
Bei der Lohnentwicklung zeigt sich die gleiche ungerechte Verteilung, wobei die obere Lohneinkommensschicht der Bevölkerung immer größer wird, die der arbeiteten vollzeitbeschäftigten Arbeiter, haben nach Abzug der Inflationsverluste, immer weniger im Geldbeutel. Frau Merkel und ihre Parteigenossen sind darüber genaustes informiert, das solch eine Einkommensentwicklung das Gerechtigkeitsempfinden der Bevölkerung verletzt und sie halten mit aller härte dagegen, das die Löhne entsprechend angepasst werden, im Gegenteil, sie sind nicht einmal fähig und mutig genug, um der Wirtschaft die Billiglohntreiberei zu untersagen.

Wie sollten sie auch, schließlich gehören diese Staatsdiener auch zu den 53 % der obern Schicht und da die Wirtschaft und das Europaparlament das Sagen hat und die Politikerinnen und Politiker nur als Marionettenspieler der Wirtschaft fungieren, werden sie auch weiterhin die Steuergeldverschwendungssucht der Wirtschaft und Reichen unterstützen und Fördern.
Das Zeigt sich auch daran, dass wir bis Heute noch keine funktionierende Bundesregierung haben.
Die Aufgaben unserer Politikerinnen und Politiker werden extern vergeben, weil viele auf einem Posten sitzen, oder gezwungenermaßen nach vierjähriger nutzloser Amtszeit auf einen anderen Posten abgeschoben wurden, von dem sie keine Ahnung haben.
Vielen fehlt das Wissen, weil sie es werter theoretisch, oder praktisch gelernt haben.
Wir haben auch keine harmonisch arbeitende Koalition und keine erfolgreiche Regierung, wir haben immer noch dieselben Machthungrigen und Steuergeldgierigen marionettenhaften Politikerinnen und Politiker und wir haben immer noch dieselbe Regierung, die den Bürger viel Verspricht, aber das Versprochene nichts einhält.

Beispiele ihr für gibt es genügend:

Pflegereform wurde so wie sie Versprochen wurde nicht eingehalten und zu einem Reförmchen degradiert, die Rentenreform für Niedrigverdiener löste sich in Luft auf, die Bildungsreform war eine Seifenblase und die Forderung für die flächendeckenden Mindestlöhne wurde gleich in

die unterste Schublade abgelegt, auch der geplante Abbau der Bürokratiekosten, in ihrer Regierung und vor allem in den zigtausend Ämtern die wir unnötiger weise in Deutschland haben, wurde nicht abgeschafft, im Gegenteil, er ist Angestiegen.
Wenn die Ausgaben höher sind als die Lohnkosten und immer nur darauf gezahlt werden muss, wie zum Beispiel bei den Arbeitsämtern, ist dies eine Hausgemachte Steuergeldbetrügerische Verschwendungssucht und eine Arbeitsbeschaffungsmaßnahme der Beamten, die den Steuerzahler nur Milliarden an Euros kostet.
Aber dafür wurden die familienpolitischen Grundsätze für ein Betreuungsgeld auf den Weg gebracht,
das nur von der CDU und dessen Erfinderin, zu begreifen ist, es ist unlogisch und ein Ablenkungsmanöver, um die Hausgemachten familienpolitischen Fehler zu vertuschen.
Die Staatsschulden wurden immer höher, trotz Umverteilung, damit die Statistik nach Außen hin schöner dargestellt werden kann, aber dafür hat jetzt alleine der Bund,
mehr als 1 000 000 000 000,00 Billion Euro Schulden, bei den Banken, für die der Steuerzahler aufkommen muss.
Auch für die 509 000 000 000,00 Milliarden Euro für ausländische Schulden haften die deutschen Steuerzahler. Was in der Gesamtschuldenpräsentation für die Bevölkerung nicht erwähnt wird.

Für die, denen es noch nicht bewusst ist, das Monatsgehalt für die Euroreisebundeskanzlerin,

oder Bundeskanzlers beträgt über 18 000,00 Euro monatlich,
wobei die Nebenkosten und sonstigen Vergünstigungen darin nicht enthalten sind.
Allein daran sieht man, wie Steuergeldgierig und Machtbesessen, diese Marionettenhafte Politikerinnen und Politiker sind, denen die monatlichen Pensionen wichtiger sind,
als die belangen der Bevölkerung.

Der arbeitenden Bevölkerung wird durch solch machtbesessenen Politikerinnen und Politikern immer mehr wegnehmen und die versteckten Steuereintreibung immer stärker vorangetrieben, die Lebenshaltungskosten steigen immer höher, die Löhne werden im dazu Verhältnis immer weniger, die Rente immer Westen immer niedriger und wenn nichts mehr da ist, was machen unsere Politikerinnen und Politiker dann, leihen wir uns dann die Milliarden vom Ausland, oder kommt es dann wie 1914 bis 1923, Inflation einer großen Wirtschaftsnation!
Unsere Politikerinnen und Politiker sind keine Politiker der Bevölkerung, nein sie sind staatlich angestellte Geschäftsleute in eigener Sache, die, die Bevölkerung nur für ihre Zwecke und ihren persönlichen Reichtum ausnützen.
Für die Politikerinnen und Politiker zählen nur die Mittel, die nötig sind, um an die Macht zu kommen, wie lügen und Intrigen, um sich dann solange wie möglich an der Macht festzuklammern, um für sich und die Wirtschaft, den nützlichsten und Steuergeldreichsten Weg zu ebnen.

Die Gesetze sind politische Verträge, die, die Bevölkerung mit unseren Volksvertretern gezwungenermaßen eingehen muss.

Beispiel Aufwandsentschädigungen.
Neben ihrer Kostenpauschale erhalten die Abgeordneten noch eine monatliche Aufwandsentschädigung für Fahrten zum Landtag, zwischen 1687,37 Euro
und 2355,30 Euro (abhängig von der Entfernung ihres Wohnorts).

Welcher normale Bürger, der nicht im Staatsdienst tätig ist, bekommt eine solche Aufwandsentschädigung, zwischen Wohnort und Arbeitstelle?
keiner,

Die Deutschland Diktatur ist eine Herrschaftsform für Politikerinnen und Politiker, die sich durch eine regierende Gruppe von Personen, also von Partei, Landtagen und so weiter, mit unbeschränkter politischer Macht auszeichnet, um über die Bevölkerung zu Herrschen, aber sich nicht mit ihr Gleichzustellen möchte.

Reich zu Reich, Arm zu Arm.

Eine kleine Aufstellung über die Ausgaben der Steuergeldeintreiberei und Machtbesessenheit unserer Politikerinnen und Politiker:
Gehen wir einmal davon aus, dass das Land Bayern,

10 Parlamentarier haben, die zu einem Landtag angehören. Diese erhalten eine Aufwandsentschädigung
von ca. 270 000,00 Tausend Euro
bis 380 000,00 Tausend Euro.

Wir haben in Deutschland 16 Landtage mit
ca. 10 Parlamentarier, dann kommen wir auf eine Aufwandsentschädigung von
ca. 2 700 000,00 Euro bis
ca. 3 800 000,00 Euro
(Dreimillionenachthunderttausend Euro).
Diese Aufwandsentschädigungen werden durch das Eintreiben der Steuergelder, von der Bevölkerung bezahlt, nach dem Motto, diejenigen, die schon genug haben, denen muss noch mehr gegeben werden, die die nichts haben, denen wird es weggenommen.

Bekommen wir Bürger vielleicht eine Aufwandsendschädigung in dieser Größenordnung!

Wir erinnern uns vielleicht noch an die Kilometerpauschale, Kilometerpauschale wird auch als
Pendlerpauschale sowie offiziell Entfernungspauschale genannt und kann mit lächerlichen 30 Cent als Werbungskosten geltend gemacht werden. Kein Wunder also, dass die Politikerinnen und Politiker immer Reicher werden und das Volk immer Ärmer.

In einer Demokratie würde man Sagen gleiches Recht für alle.

Unsere Politikerinnen und Politiker, Wirtschaften konzeptlos und verschwenderisch, mit den eingetriebenen Steuergeldern, sie finanzieren sich und ihre Parteien, Landtage und ihr luxuriöses Dasein und Wohlbefinden während der Arbeitszeit, auf kosten der Steuerzahler.
Die großen Parteien bekommen den größten Brocken an Steuergeldern und unternehmen am wenigsten für die deutsche Bevölkerung.

Jetzt wir der Bevölkerung vielleicht auch verständlich warum sich unsere Politikerinnen und Politiker so gegen eine Volksabstimmung wehren, obwohl dies in einer Demokratie üblich wäre, weil sie genau wissen, das es dann mit ihrem luxseriösem Lebensstiel aus wäre und das all ihre Fadenscheinigen und Steuergeldverschwenderischen Vorhaben sowie ihre Machtsucht und Herrschsucht, von der Bevölkerung abgelehnt werden würde.
Alle ihren neuen statistischen betrügerischen und geschönten Taschenspielertrick,
die sie Schritt für Schritt zur falschen Wiedergabe an die Bevölkerung einbauen, wären dahin.

Stuttgart 21, der Milliarden überteuerte Bahnhof, wäre dahin. Flughafen Berlin, der Milliarden an Steuergelder kostet, wäre dahin, teuere Umgehungsstrassen die das Doppelte kosten als Veranschlagt (siehe B 28 zwischen Oberkirch und Oppenau),
anstatt 30 000 000,00 Millionen Euro, kostete der fertige Bau 60 000 000,00 Millionen Euro.

Teure Anbauten und Umbauten am Bundestagsgebäude und anderen Staatlichen Gebäude, sowie Milliardenschwere Staatsprojekte, die durch unsere unfähigen Politikerinnen und Politiker angegangen wurden, würden durch eine Volksabstimmung ein ganz anderes Bild bekommen.
Unseren Politikerinnen und Politikern muss endlich bewusst werden, dass sie mit fremdem Geld wirtschaften,
Steuergelder der Deutschen Bevölkerung,
solange dies unseren marionettenhaften Möchtegerne Politikerinnen und Politikern nicht bewusst ist, werden sie weiterhin verschwenderisch damit umgehen.

Und wenn sich die Deutsche Bevölkerung nicht endlich zur Wehr setzt,
wird es nie eine steuergeldverschwendungsfreie herrschsüchtige Demokratie geben.

Würden all die sinnlosen verschwenderisch Billionen Euro an Steuergelder, die per Gesetz der Deutschen Bevölkerung weggenommen werden, das eigene verdiente Geld unserer Politikerinnen und Politiker und Staatsdiener sein, würden diese bestimmt anders mit den Geldern Umgehen.
Unsere Politikerinnen und Politiker haben die Wirklichkeit zur Realität und den Wert des Geldes schon lange verloren.
Aber wie heißt es so schön, Hast du Geld, hast du die Macht.

Die Parteien benötigen in erster Linie die Steuergelder zuerst einmal für sich selber, für die externen Firmen die ihre Aufgaben erledigen, für den bürokratischen undurchschaubaren und den irrsinnigen überteuerten politischen Staatshaushalt. Alleine die Landtagswahlen verschlingen eine Unmenge von Millionen an Steuergeldern sowie Millionen Euro Steuergelder an Werbung. Steuergeldverschwenderische Landtage gibt es in
Hamburg,
Sachsen-Anhalt,
Baden-Württemberger,
Rheinland-Pfalz,
Bremen,
Berlin,
Mecklenburg-Vorpommern,
Niedersachsen,
Brandenburg,
Thüringen,
Schleswig – Holstein,
Saarland,
Niedersächsischer Landtag,
Nordrhein Westfalen,
Hessen,
Bayern,
Sachsen.

Wenn dann die Wahlen und das Postengeschachere vorbei sind, wird erst einmal Aufgeräumt und ein Ministerpräsidenten gewählt. Die Büros werden auf kosten der Steuerzahler neu renoviert, die alten Gegenstände, die noch zu gebrauchen wären, fliegen Raus, das Personal wird erneuert oder aufgestockt.

Jetzt schlägt die Stunde der Machtsucht und
Steuergeldgier. Jetzt müssen die neuesten und
teuersten Fühlhalter bestellt werden, neue
Bürostühlen,
neue Schreibtisch, neue Gemähte zur Dekoration
an der Wand, neuer Anstrich, beziehungsweise
neue Tapete, neue Teppiche, neue Luxuslimousine
und so weiter und so weiter.
Über die Kosten in Millionenhöhe an Steuergeldern
müssen sich die neu Gewählten
Steuergeldverschwender keine Sorgen machen, die
Bevölkerung bezahlt.
Die Wahlen egal welche, ob Landtagswahl,
Bundestagswahl, Kommunalwahl, Europawahl,
ist ein Schauspiel von Feigheit, Missachtung der
Gesetze, Verlogenheit, Betrügereien,
Darstellung von geschönten Statistiken und
Postengeschachere das in seiner Erbärmlichkeit
unbeschreiblich Dimension annimmt.
Um nur einige schwerwiegenden
Gesetzesmissachtung unserer Politikerinnen und
Politiker zu nennen
sind die Schmiergeldzahlungen und
Spendenaffären!
Diese Praxis ist Heute noch gang und gebe, nur
wird diese anders bezeichnet und gehandhabt.
Denn solch ein Milliardengeschäft, geben unsere
Politikerinnen und Politiker nicht so schnell aus der
Hand.
Wichtig dabei ist nur, es darf nicht an die
Öffentlichkeit kommen.
Wie zum Beispiel die Spendenaffäre von der
Kohlpartei, als der Azubi Angela Merkel
noch bei Herr Kohl ausgebildet wurde.

Auch durch Spenden an Parteien, die nicht den Vorschriften der Offenlegung des Parteiengesetzes entsprechen, entsteht im Prinzip Schwarzgeld. Und wie viele Spenden wurden in der Zwischenzeit schon wieder angenommen und nicht veröffentlicht!

Kurze Einführung zur Spendenaffäre.
Es wurden Millionen von Euros verdeckter Spendengelder und illegal Parteispenden Angenommen und an den Büchern der Partei, von Herr Hohl CDU vorbeigeschleust und sehr wahrscheinlich untereinander aufgeteilt.
Die Namen der Spender nannte Kohl nicht, er habe den Spendern sein Ehrenwort gegeben, ihre Namen nicht zu verraten, trotz der bitte von seiner Frau Hannelore Kohl die Namen der Parteispender zu nennen, schweigt ihr Mann Herr Kohl bis zu Schluss.

Und was Versprechen die Bundeskanzlerin und der Bundeskanzler unter Eid?

Ich schwöre, dass ich meine Kraft dem Wohle des deutschen Volkes widme, seinen Nutzen mehren, Schaden von ihm wenden, das Grundgesetz und die Gesetze des Bundes wahren und verteidigen, meine Pflichten gewissenhaft erfüllen und Gerechtigkeit gegen jedermann üben werde.
So wahr mir Gott helfe.

Das war vielleicht auch ein Grund für Frau Kohl, „Vermutung"

abgesehen von ihrer schweren, schmerzhafte
Augenkrankheit und einsamen Leben,
sich das Leben zu nehmen.
Diese Uneinsicht und Verlogenheit und der Betrug
an der Bevölkerung, das von Herrn Kohl ausging,
war für Frau Hannelore Kohl nicht mehr zu
ertragen.

Schnell fand er wieder eine neue Freundin, bekam
den Nobelpreis und wurde Ehernvorsitzender der
CDU, mit einer dicken fetten luxuriöse Pension auf
kosten der Steuerzahler.
Wenn diese Straftat von einem Normalbürger
begangen worden wäre, würde dieser bestimmt
noch im Gefängnis sitzen und man hätte ihm, alles
was er an Vermögen besitzen würde,
beschlagnahmt,
aber er hätte bestimmt keinen Nobelpreis
bekommen.

Bei den Ministerinnen und den Ministern sieht es
auch nicht anders aus.

Nach der Wahl Beschwören diese:
Wir haben einen Dienst für dieses Land und die
Bevölkerung zu leisten und nicht Herrschaft über
das Deutsche Volk auszuüben.

Es ist schon schwer zu ertragen, wie die
Ministerriege, ihre Situation ausnutzt, und mit einer
besonderen Art den diktatorischen Führungsstils
der Deutschen Bevölkerung aufdrücken, noch
schlimmer ist es, wie sich die Deutsche
Bevölkerung dies gefallen lässt.

Diese Ministerinnen und Minister, haben vor lauter Skandale und Postengeschacher auch keine Zeit mehr zum Regieren.

Es sind ja nicht nur Spenden, Schmiergelder, Steuergeldunterschlagungen, Mistrauen, die Berufliche Unwissenheit und Unfähigkeit, da geht es um Waffenproduktion, Vorteilsnahme bei Aktiengeschäften und Aufkauf solcher, Vorteilnahme bei Gesetzentwürfen der Wirtschaft, diese zahlreiche Schattenkonten, Innerparteilicher Korruption, und Vetterliswirtschaft.
Man Denke nur an die sinnlose, Jahrelange Debatte über den Mindestlohn, oder die Einführung der Maut, wie sich unsere marionettenhaften Politikerinnen und Politiker verhalten und von der Wirtschaft erpressen lassen.
Etwa fünf Millionen Menschen Arbeiten in Deutschland für weniger als acht Euro die Stunde.
Auch im Bundestag, Arbeiten die Mensch wie zum Beispiel Serviererinnen, Taxifahrer, Hausmeister, Putzfrauen, um nur einige zu Nennen, für einen Billiglohn.
Was für ein Milliardengeschäft für die Wirtschaft und unseren Staat, wenn es später einmal darum geht, die geringe Rente auszuzuahlen.

Ein kleines Beispiel für eine Spende:

Norfolk Stiftung,
ob wohl alle Parteimitglieder wussten, dass dies eine Schwarzkonto beziehungsweise ein Schattenkonto ist, tauchten diese Konten nicht auf den vorgeschriebenen

Rechenschaftsbericht auf und dienten nur zur Verschleierung illegaler Parteispenden.
Die darauf eingezahlten Gelder werden anschließend zur Finanzierung für das Luxusleben unserer Politikerinnen und Politiker ausgegeben.

Vielleicht ist es besser, wenn die Bevölkerung nicht alles weis, was unsere Politikerinnen, Politiker und Staatsdiener so alles hinter den verschlossenen Türen treiben und besprechen, oder wie viele Milliarden Euros an Steuergelder im laufe der Zeit schon Unterschlagen wurde und sie noch Unterschlagen werden.

Die Staatsdiener machen die Betrügereien und Straftaten vor und die Wirtschaft kopiert das ganze nur etwas sicherer, bestraft werden können sie allerdings nicht, sonst müsste man 90 % aller Politikerinnen und Politiker einsperren.

Beispiele hierfür gibt genügend.
Leuna – Affäre, Waffenhändler Karlheinz Schreiber, Provisionszahlung der Firma Thyssen, Parteispendenaffäre der hessischen CDU, auch Geld aus dem SED – Vermögen, nach dem Zusammenbruch der DDR, wurden diese Gelder unter den Parteien verteil.
Kiep - Spende mehrere Million DM.
Schreiber - Spende an Schäuble Hunderttausende von DM, lagen angeblich und unbewusst in der Schublade seines Schreibtisches,
Fraktionsspende von 600.000,00 DM.
Bayerische Bitumen-Chemie Tausende von DM.
Ferrero – Spende an die CDU von mehreren

Millionen DM.
Ehlerding – Spende 5 900 000,00 Millionen DM.
Spenden-Komplex Doerfert 325.000 DM, bei dem weitere Millionen unbekannter Herkunft, aus der Amtszeit Kohls entdeckt worden sind.
Die Spenden der Hessen – CDU. Schmiergelder gingen an Helmut Kohl, Wolfgang Schäuble, Franz Josef Jung Walter Wallmann
Und immer wieder freute sich die CDU, die den größten Brocken an illegalen Geldern bekommen hat und auch in Zukunft bekommen wird.
Auch in der heutigen Zeit wird es nicht anders sein. Damit nicht alles an die Öffentlichkeit kommt wird alles Parteiintern, soweit es noch möglich ist, verschwiegen und vernichtet, Beweismittel sind dann nicht mehr auffindbar, alles wird schnell verschleiert und so lange Hin und Her geschoben, das keiner mehr den Durchblick hat.
An Mangel von Beweisen wird dann alles Eingestellt und die Täter sitzen immer noch in der Regierung, haben ihren Ehrenvorsitz, oder wurden zum Präsident des Oberrheinrates ernannt.
Man muss sich einmal die Situation eines normalen Bürgers vorstellen, würde dieser solche Straftaten in der freien Wirtschaft oder in seiner Firma, in der er angestellt ist begehen, oder ein Schattenkonto aufbauen, um Millionen von Euros an Firmengelder zu unterschlagen, der bekäme einen ordentlichen Prozess, müsste alles mit seinem privaten vermögen zurückzahlen, und würde unter Umständen sogar Einsperrt werden.
Der Chef würde ihm bestimmt keine Abfindung Zahlen,

oder zum Ehrenvorsitzende in den Vorstand berufen.
Für solche Spielereien, die für die Straffreiheit unserer Politikerinnen und Politiker sorgen, gibt es andere Gesetze, andere Vorschriften und andere Bedingungen.
Würden all die Straftaten und Betrügereien unserer Politikerinnen und Politiker an die Öffentlichkeit gelangen, hätten wir kein Bundeskanzleramt in Berlin, dann hätten wir ein Bundeskanzlergefängnis für Politikerinnen und Politiker in Berlin.
Aber solange unsere Politikerinnen und Politiker mit einer Auszeichnung oder Versetzung, sowie einer Dicken und Fetten Diät belohnt werden, wird sich an dieser Ungerechtigkeit nichts Ändern.
Aber in der Politik funktioniert alles ein wenig anders, für die Milliarden Euros an Schulden, die im Laufe der Zeit durch die Politikerinnen und Politiker, an der Bevölkerung entstanden sind, müssen die deutschen Steuerzahler, die Rentner, der Arbeiter und die Angestellten, aufkommen.
Wir haben zu viele Politikerinnen und Politiker, die sich gegenseitig Decken, die sich nicht für Politik interessier und sich nur für die überhöhten Diäten und Pensionen in der Regierung aufhalten um in aller Gemütlichkeit ihrem Nebenjob ausüben zu können.
Immerhin Verdienen sie sich nebenbei noch ca. 600 000,00 Euro bis zu 1 000 000,00 Euro im Jahr noch dazu.
Allein 620 Parlamentarier beziehen Nebeneinkünfte, das bedeutet, in erster Linie einmal, dass wir in Deutschland zu viele davon in

der Regierung haben und diese beruflich nicht ausgelastet sind.
Diese 620 Politikerinnen und Politiker, konzentrieren sich nicht auf ihre Tätigkeit als Politiker, sondern nur um ihren Nebenjob, denn sie dann während ihrer Arbeitszeit im Bundestag, teilweise Ausüben können. Würde man diese entlassen, würde der Staat monatlich über 6 000 000,00 Millionen Euro einsparen.
Zum Vergleich:
Ein Arbeitsloser mit einem geringen monatlichen Arbeitslosengeld, von ca. 750 Euro darf höchstens ca. 160 Euro dazuverdienen, würde er mehr Dazuverdienen, würde man ihm diesen Betrag vom Arbeitslosengeld abziehen.
So geht es auch den Rentner und den Hartz IV Empfänger.
Wie ist dies in einer angeblichen Demokratie möglich?
Wo ist da die Gerechtigkeit?
Zu viele Institutionen, zu viele Parteien, zu viele Ämter, zu viele Staatsdiener, die nur zum Kaffeetrinken in ihr Büro gehen, nur ihrer Sitzungsgelder kassieren, zu viele Wirtschafts- und Firmenbosse, die in der Politik mitmischen und mitbestimmen, da kommt unterm Strich keine Demokratie zustande, höchstens eine politische Wirtschaftsdiktatur.
Deutschland hat Billionen von Schulde, Politikerinnen und Politiker die nur Interesse an ihrem Nebenjob haben und dadurch nebenbei Millionen von Euro verdienen, ein Steuergesetz das nur für die Wirtschaft und Reichen gemacht ist, die dadurch Milliarden Euro an Steuergelder und an

Subventionen erhalten, Geldinstitute die mit Steuergeldern saniert werden und für die Deutsche Bevölkerung bleibt da nichts übrig.
Für die Bevölkerung wird das Leben in Deutschland immer schwerer gemacht, die Lebenshaltungskosten steigen von Monat zu Monat, die Lohnerhöhungen werden durch Steuern, Staatsschulden und Inflation, den Arbeitern und Angestellten wieder weggenommen.
Die Aufwendungen für das Luxusleben unserer Politikerinnen und Politiker steigen jährlich in das unermessliche, wie sollen da die Staatsschulden weniger werden?

Beispiel Subventionen, die aus Steuergeldern finanziert werden:

Subventionen das sind materielle Vorteile ohne unmittelbare Gegenleistung, die von einem Staat an die milliardenschwere Wirtschaft, an Unternehmen, Vereinigungen oder andere Staaten geleistet werden.
Da fragt man sich,
wo ist da die Demokratie?
wo ist da die Gerechtigkeit?
was will einer mit so vielen Millionen?
was machen unsere Politikerinnen und Politiker mit ihren Millionen?
muss man den Armen immer mehr wegnehmen?
muss man den Rentnern im Osten eine Rentenerhöhung um ca. 10 % höher bezahlen, müssen die Lebenshaltungskosten immer teuerer werden!

müssen die Politikerinnen und Politiker eine Diätenerhöhung von 10 % sich selber bewilligen, eine Erhöhung von 8252,00 auf 9082,00 Euro, das sind 830,00 monatlich mehr, manch Rentner würde sich freuen, wenn er soviel an monatlicher Rente bekommen würde.
Während sich der Bundestag höhere Bezüge genehmigte, schauen Rentner und Beitragszahler in die Röhre.
Ein Sprichwort besagt,
Der Reichtum vernichtet die Menschheit.
Was machen unsere Politikerinnen und Politiker, unsere Wirtschaftsbosse,
unsere Firmenbesitzer,
unsere Millionäre,
unsere Milliardäre dann!
Sie vernichten sich gegenseitig.
Unsere Wirtschaft wird nicht nur mit unseren Steuergeldern gefördert, sie bekommen die Steuergelder größten Teils auch noch geschenkt.
Auch Griechenland und die anderen bankrotten Länder, die in die EU aufgenommen wurden und noch werden, bekommen die Milliarden von Steuergeldern, Gelder der Deutschen Bevölkerung, zum größten Teil geschenkt und der Deutsche Bürger hat das nachsehen.
Der Bund hat in den vergangenen vier Jahren insgesamt ca. 80 000 000,00 Millionen Euro Fördergeld für Forschung allein in Kassel gezahlt. So ist es auch mit den Fördergeldern für die arme Wirtschaft.
Großkonzern Aldi, der milliardenschwere Großkonzern Aldi erhält seit Jahren Subventionen aus Steuergeldern. Die Zuschüsse aus der

Staatskasse werden angeblich für Ausbildung und Weiterbildung der eigenen Mitarbeiter verwendet. Das ist nur die Stecknadel im Heuhaufen, wie viele Milliarden von Euros unsere Politikerinnen und Politiker, von den Deutschen Bürgern zweckentfremdet und jährlich gestohlen werden.

Durch eine große Parteispende, innerbetriebliche Umstrukturierungen, auch wenn nicht unbedingt nötig, durch Umbau oder Neubau, Bau in einem anderen europäischen Land. Es gibt so viele Steuertricks, die von der Wirtschaft und den Reichen, auf kosten der Steuerzahler auf hinterhältige Art und Wiese, von unseren Politikerinnen und Politikern, für die oben genannten, bewilligt, genehmigt und geleistet wird. Dass da für die deutsche Bevölkerung nicht mehr viel Übrig bleibt dürfte den Bürgern doch bewusst sein und wenn sich die Deutsche Bevölkerung nicht endlich selber zur Wehr setzt, geschlossen auf die Straße geht und dafür sorgt, dass die Gerechtigkeit wieder hergestellt wird, werden sie auch weiterhin ausgenützt werden.
Nehmen wir nur einmal die Betrügerei mit der Umsatzsteuer, die, die Wirtschaft, teilweise vom Staat zurückbekommt, hierbei handelt es sich um eine allgemeine Verbrauchssteuer, deren Ziel es ist, nur den Endverbraucher zu belasten, weil die Umsatzsteuer teilweise in die Verkaufspreise der Produkte einfließen, somit bezahlt der Kunde, also die Deutsche Bevölkerung, doppelt und dreifach und der Staat samt der Wirtschaft freuen sich, über diese Milliardenschwere Gewinne.

Auf gut Deutsch heißt dies, es findet keine direkte Besteuerung des Endverbrauchers statt, sondern dieser wird nur indirekt belastet und der Endverbraucher Zahlt die Umsatzsteuer teilweise und unbewusst mit.
Man muss sich einmal Vorstellen, wie oft der Bürger eine Steuer an einem Produkt bezahlt, bis dieses Produkt Verkaufsfertig ist und wenn der Kunde dieses Produkt dann verkaufsfähig kauft, zahlt er nochmals Steuern.
Steuern, die wir Bürger mitbezahlen:
Tabaksteuer, Mineralölsteuer, Einkommensteuer, Hundesteuer, Schaumweinsteuer, Biersteuer, Feuerschutzsteuer, Versicherungssteuer, Vergnügungssteuer, Zweitwohnsitzsteuer, Getränkesteuer, Alkopopsteuer, Schankerlaubnissteuer, Jagdsteuer, Fischereisteuer, Vergnügungssteuer, Einfuhrumsatzsteuer, Stromsteuer, Ökosteuer. In den meisten Fällen wird eine Steuer nicht abgeschafft, sondern einfach nur umbenannt und als neu verkauft.
Beispiel Umsatzsteuer:
Das Ziel der Umsatzsteuer ist es, die Abgabenlast entlang der gesamten Wertschöpfungskette zu verringern und somit den Profit unserer Wirtschaftsbosse und Firmenbosse zu steigern, sowie die gesetzlichen Auflagen bestmöglich zu umgehen.

Ein Beispiel von vielen:
Das Steuersystem der Regierungsparteien ist mit all seinen Schlupflöchern wie ein Fass voller Löcher oder wie ein Emmentaler, auch Schweizer Käse genannt, gemacht für Wirtschaft und Industrie,

durch die das Geld ins Ausland und auf die Konten der Oberschicht fliest.
Die gesamten Steuereinnahmen von Bund, Ländern und Gemeinden liegen Jahr für Jahr, laut Bundesfinanzministerium bei
ca. 540 000 000 000,00 Milliarden Euro, die tatsächliche Einnahmen werden verschwiegen.
Weil die Steuern, das Herzstück für die Staatsfirma ist, werden dessen Befürworter vor allem die etablierten Parteien CDU / CSU und die Wirtschaft, alles daran setzen, es mit extrem konstruierten Szenarien, sowie den komplizierten Steuergesetzen, über die unsere Politikerinnen und Politiker den Überblick schon lange verloren haben, mit unseriösen Rechnungen, Abschreibungen und Anträgen voll ausnützen.
In Deutschland gibt es 118 Steuergesetze, von denen die etablierten Parteien 111 Gesetze, allein während der Legislaturperiode 2002 – 2005, jeweils mehrfach zu Gunsten für ihre Partei und die Wirtschaft geändert haben und zum Nachteil der Bevölkerung.
Dazu kommen noch zusätzlich 96.000 Steuerverordnungen und 180 Einkommensteuerparagraphen, von denen allein 64 Ausnahmen definieren.
Wozu brauchen wir 60 Steuerarten und Abgabenarten?

Nur für die Wirtschaftbosse, die Firmenbosse, die Politikerinnen, Politiker und die Staatsdiener.

Das jetzige Steuersystem wurde absichtlich, kompliziert und Undurchschaubar gemacht, dass es die normalen Bürger, Rentner, Arbeiter und Angestellten, nicht verstehen können.

Das ist auch der Grund, dass zwei Drittel der Finanzgerichtsurteile, sich mit den Steuergesetze, Steuervorschriften, Steuerverordnungen, die unserer unfähigen und Berufsunerfahrenen Politikerinnen und Politiker erfinden, in Deutschland beschäftigt, und wer Zahlt all diese Richter, Prüfer und sonstigen unnützen Beamten? Das deutsche Volk.
Es liegt nicht daran, dass Experten und die etablierten Parteien auf der Suche nach einem möglichst gerechten Steuersystem wären, es liegt daran, dass unsere Politikerinnen und Politiker und vor allem die Finanzminister, mit Absprache der Wirtschaft, das Steuersystem immer komplizierter und ungerechter für die deutsche Bevölkerung erstellen.
Da Wundert es einem auch nicht, dass die deutsche Steuergesetzgebung, mit all ihren Gesetzen, Verordnungen und Durchführungsbestimmungen zu den größeren Textsammlungen der Menschheitsgeschichte gehört.
Denn längst geht es nicht mehr nur darum, die Bevölkerung durch Steuererleichterungen Aufzumuntern und an die Wahlurnen zu Locken, es soll von internen politischen Problemen abgelenkt werden.
Die Politikerinnen und Politiker haben das Steuersystem auch entdeckt, um ganz andere Ziele zu verfolgen.
Die Reichen, darunter Zählen mittlerweile auch unsere Politikerinnen und Politiker, verdienen mehr

Geld und können von ihren Einbezahlten Steuern auch noch den größten Teil absetzen.
Dies ist der Bevölkerung gegenüber schlicht demokratiefeindlich und führt, unterstützt durch hohe Abgaben für die Sozialversicherungen, zu milliardenschweren Steuerbetrug.
Die Behauptung, mehr Netto vom Brutto ist die größte Lüge, die bei jeder Wahl von unseren Politikerinnen und Politiker der Bevölkerung vorgelogen wird und trotzdem fallen die meisten der Wähler darauf herein.
Für eine Steuererleichterung, die uns die Politikerinnen und Politiker Versprechen, werden still und heimlich, andere Lebenswichtige Elemente, für die Bevölkerung, um das Dreifache erhöht.
Wie zum Beispiel,
Strompreis, Lebensmittel, Arzneimittel, Benzinpreis, Tabaksteuer und so weiter, wo ist nun die Steuererleichterung!
Rechnet man dann noch die Inflation und die Staatsschulden dazu, müssen die Arbeiter noch darauf Zahlen und das Loch im Geldbeutel, wird trotz Steuererleichterung immer größer.
Der Staat schenkt der Bevölkerung nichts, nur der Wirtschaft und den Reichen, und solange dies die normalsterbliche Bevölkerung nicht verstanden hat, werden sie weiterhin von unseren Politikerinnen und Politiker, Belogen und Betrogen.
Das Deutsche Steuersystem ist das größte Machtinstrument unseres diktatorischen Staates, was die Politikerinnen und Politiker, mit Absprache der Wirtschaft immer voll Ausschöpfen werden und sie auch dazu veranlasst, immer komplizierte

und undurchschaubarere neue Gesetze hervorzubringen. Dabei geht es um Milliarden von Steuergeldern, und Milliarden von Umsätzen für die Wirtschaft.
Steuererleichterungen, beziehungsweise, dass die Bevölkerung nach den Neuwahlen, mehr im Geldbeutel haben wird, wie es unsere Politikerinnen und Politiker gerne bei einer anstehenden Wahl versprechen, wird es nie geben, dies ist zwar eines der stärksten Mittel unserer Politikerinnen und Politiker um Wählerstimmen auf betrügerische Art und Weise zu kaufen, rein rechnerisch gesehen, ist dies aber ein Wahlbetrug. Der Deutsche Bürger ist auch noch so Naiv und Glaubt dies alle vier Jahre wieder.
Die Steuereintreibung an der Deutschen Bevölkerung können die Wirtschaftbosse, unsere Politikerinnen und Politiker in politisch gewollter Verhaltensweise lenken wie sie es Benötigen. Trotzdem wählen die Bürger immer wieder die Urheber, die etablierte Parteien, der marionettenhaften Möchtegernpolitiker, deren Erfindungsgeist für des irrsinnige Steuersystems Deutschlands keine Grenzen hat und immer undurchschaubarere Dimensionen annimmt, immer und immer wieder.
Wie Dumm und Gedankenlos, kann man sein um diese diktatorische, Machtbesessene und Unerfahrene Menschenrasse zu Wählen.
Obwohl die deutsche Bevölkerung sich über die Ungerechtigkeit und Leistungsfeindlichkeit, sowie die ungerechte Behandlung zwischen Arm und Reich und über das bürgerfeindliche Steuersystem unseres Staates bewusst ist, kommt

sie von der Sucht des Kreuzchen Machen, auf dem Wahlzettel nicht los, oder ist es die Wahlurnensucht, die der Deutschen Bevölkerung beflügelt, oder nur das Gesehen werden!
Wie ist es auch sonst möglich, dass es zwölf Millionen Menschen in Deutschland gibt, die mit ihrem Job finanziell kaum über die Runden kommen, weil sie nicht einmal über 10 Euro die Stunde verdienen, nur weil die Wirtschaft mit Absprache unserer Politikerinnen und Politiker, die Löhne so niedrig wie möglich halt, damit die Spitzenverdiener aus Wirtschaft und Politik, die ein Jahresgehalt eines Arbeiter im Monat verdienen, ein luxseriöses Dasein führen können.
Auch so kann man den Reichtum der Wirtschaft ankurbeln.
Auch der lächerliche Mindestlohn, von 8,50 Euro, würde nichts für die Deutsche Bevölkerung bewirken. Er liegt lediglich um ca. 100 Euro über der Armutsgrenze, was wiederum nur gut für unsere politischen Statistiken ist.
Insgesamt gesehen, reduziert dieser Mindestlohn, nur augenscheinlich die aktuelle Armut, und die Einkommensungleichheit. Eine Lohnuntergrenze von zehn Euro würde die Einkommensungleichheit nur um gut ein Prozent verringern.
Wie weit geht die Lohnungerechtigkeit in Deutschland noch so weiter!
Warum können sich die Politikerinnen und Politik nicht auf einen einheitlichen Mindestlohn verständigen?
Warum dauert diese Einführung des Mindestlohns Monate oder Jahre?

Beispiel Diätenerhöhung:
Nach nur einer Woche hat die große Koalition die Diätenreform durch den Bundestag geschleust. Mit der Verabschiedung des Gesetzes ist ein demokratieunwürdiges Gesetzgebungsverfahren zum Nachteil der Deutschen Bevölkerung wieder einmal beschlossen worden.
Diese Diätenerhöhungen, aus Steuergeldern finanziert, wird für die Bürger eine unvorstellbare Dimension erreichen, was natürlich auch eine Steuererhöhung für die Deutsche Bevölkerung bedeutet und nicht wie Versprochen, Steuererleichterungen.
Wo soll den das Geld für die Diätenerhöhung sonst herkommen?

Die Wirtschaft wird Reicher dank Billiglohn und Verlagerung in das billigere Ausland,
die Arbeitslosenzahlen in Deutschland steigen, weil die Arbeit in Deutschland weg fällt, und die Politikerinnen und Politiker werden Reicher, weil diese, sich durch das Volk bereichern.

Auch die billige Ausrede, dass ein gesetzlicher Mindestlohn Arbeitsplätze vernichtet ist Unwahr und dient nur zur Einschüchterung der Bevölkerung.

Eine Untersuchung hat ergeben, das die bestehenden Mindestlohnbranchen keine Beschäftigungsverluste haben wird, wenn eine Lohnanpassung auf über 10 Euro durchgeführt werden würde.

Dabei darf man auch nicht vergessen, dass viele Politikerinnen und Politiker in der freien Wirtschaft tätig sind oder wahren, durch ihre Nebenjobs verdienen sie nicht nur 10 Euro in der Stunde, sie Verdienen Millionen, Euros hinzu.
Durch diese Nebentätigkeit in der freien Wirtschaft, sind sie nicht nur befangen, sie können auch keine neutralen Entscheidungen treffen.
Diese Politikerinnen und Politiker, sollten sich besser um das Kümmern wofür das Deutsche Volk sie Gewählt hat, was auch ihre Hauptaufgaben sein sollte.

Wir Steuerzahler bezahlen diese Geldgierigen marionettenhaften und Machtsüchtigen Politikerinnen und Politiker, einmal mit den von der Regierung eingezogenen Steuergeldern, das sind dann die Diäten und Pensionen die sie erhalten und zum anderen Bezahlen wir wenn diese Politikerinnen und Politiker, von der Wirtschaft bezahlt werden, egal ob sie nur einen Vortrag halten, oder in irgendeinem Aufsichtsrat sitzen.
Da Spielt es für diese Politikerinnen und Politiker auch keine Rolle, ob es sich um Schwarzgeld, oder Schmiergeld handelt. Denn diese Unkosten für diese Politikerinnen und Politiker, werden auf den Verbraucher, also die Steuerzahlende Bevölkerung, umgelegt. Oder von den Steuern abgesetzt, was wiederum bedeutet, dass die Wirtschaft einen teilt, das sie diesem Politikerinnen und Politiker in die Tasche stecken, von den Steuern zurückbekommen.
Unsere Politikerinnen und Politiker bedienen sich nicht nur ungerecht an den einbezahlten Steuergeldern der Bürger, sie sind auch sehr gute

wegbereiter für Lügen, Intrigen, auch Innerparteiisch, wenn es um den Machtkampf geht. Erfinder für die moderne Art, Bestechungsgelder zu Bezahlen, faulen und hinterhältigen Erfinder für Steuergesetze zum Nachteil der Bevölkerung.
Auch die geschönten Statistiken, was alles manipuliert wird, bevor es an die Öffentlichkeit kommt.
Steuererleichterung fällt durch die Diätenerhöhung aus.

Von Manipulation spricht man dann, wenn die Annahme eines Angebots oder einer Ware und Dienstleistung nicht zum Vorteil der Deutschen Bevölkerung, sondern zu seinem Nachteil für die Deutsche Bevölkerung führt (Beispiel: die mit Steuergeld finanzierten Abgeordnetenpensionen).

Bestechungsgelder erhalten diejenigen, denen ein Missbrauch in einer Vertrauensstellung, ob in der Verwaltung, Wirtschaft, Politik oder auch in nichtwirtschaftlichen Vereinigungen oder Organisationen Versprochen und nicht Eingehalten werden, um einen materiellen oder immateriellen Vorteil gegenüber den Steuerzahlern zu erlangen (Beispiel: Diätenerhöhung).

Darunter fallen auch die vielen Wahlversprechen, obwohl die Politikerinnen und Politiker genau wissen, das sie diese Wahlversprechen, die sie der Deutschen Bevölkerung zusagen, nicht einhalten können, werden diese arglistigen und scheinheiligen Versprechungen nur getätigt, um Wählerstimmen zu Sammeln.

Es sind eben immer und immer wieder die gleichen Versprechungen von Steuererleichterungen, bei den Wahlkämpfen, unsere Politikerinnen und Politiker, die sie nicht einhalten, oder durch eine andere, nicht erwähnte Steuererhöhung, doppelt und dreifach, wieder dem Bürger abgenommen wird, was aber bei einer Wahl der Bevölkerung absichtlich vorenthalten wird.

Ein Beispiel für die politische, betrügerische und hinterhältige Steuergeldentfremdung an der Deutschen Bevölkerung ist die Pendlerpauschale.

Die teuer Bezahlten politischen Pendler, zwischen Bonn und Berlin, kosteten dem Steuerzahler jährlich, nur die reinen Flugkosten, ca. 23 000 000,00 Millionen Euro.
Alles zusammen, Auto, Bahn und Flüge, kommen unsere politischen Steuergeldverschwender auf über 200 000 000,00 Millionen Euro jährlich.
Die Pendlerpauschale für das arbeitende Volk liegt bei ca. 30 Cent ab dem zweiten Kilometer.

Aber die Wähler sind eben unbelehrbar und fallen immer wieder auf die betrügerischen Lügen der Politikerinnen und Politiker herein, anstatt geschlossen auf die Straße zu gehen und dafür zu Sorgen das die Gerechtigkeit wieder hergestellt wird.

Die Wähler müssen alles finanzieren.
Das bedeutet, ca. 50 % der Steuereinnahmen gehen für unsere Politikerinnen und Politiker und deren Luxusleben darauf, die andere 50 % werden an die

verteil die es nicht nötig haben, an die Reichen und an die Wirtschaft.
So dreht sich die Spirale, Monat für Monat, Jahr für Jahr, Legislaturperiode um Legislaturperiode, an der die vom Deutschen Volk gewählten, Politikerinnen und Politiker immer weiter drehen. Mit immer mehr Regelungen, Ausnahmebestimmungen, Steuererleichterungen für die Wirtschaft,
die Reichen, Ausnahmen von den Ausnahmen, Widerspruch vom Widerspruch, Lüge um Lüge.

Ein Paragraphendschungel für die Wirtschaft und Reichen, zum Nachteil der Bevölkerung.

Der Keil zwischen Arm und Reich muss so groß und tief sein, dass ein sichtbarer unterschied, ohne Gettomauern und ausgewiesenen Armenviertel, zwischen den Politikerinnen und Politiker, den Reichen, den Wirtschaftsbossen, Millionären und Milliardären, die sich durch die Vereinnahmung der Steuergelder reich gemacht haben, zu erkennen ist.
Für die Unterschicht gibt es keine Subventionen, keine Abschreibungsmöglichkeiten, keine Steuervergünstigungen, keine Steuergeschenke. Die Parteien, Wirtschaft und Gewerkschaften haben als Tarifpartner dazu beigetragen, das eine gewaltige Lohnschere in Deutschland entstanden ist, deshalb wäre es besser, wenn sie die ideologische Diskussion vom Mindestlohn einstellen würden, die bisher nur zur Verblendung der Deutschen Bevölkerung geführt hat. Das Grundproblem wurde dann wieder nicht gelöst, nur

bei den Diäten unserer Politikerinnen und
Politikern wird die ungerechte Erhöhung wieder
voran schreiten.

Schon in der heutigen Zeit sind
ca. 8 000 000 Millionen Menschen in Deutschland
arm trotz Arbeit.
Zum Vergleich, 20 von 27 Mitgliedsländern der
Europäischen Union haben Mindestlöhne, und in
Deutschland müssen die marionettenhaften
Politikerinnen und Politiker erst einmal ihre
überhöhten Diäten noch höher ansetzen, bevor sie
der Bevölkerung eine gerechte Mindestlohngrenze
gesetzlich zusagen.
Da wundert es einem auch nicht, wenn über die
Hälfte aller Rentner an der Armutsgrenze leben
muss.

Früher waren es die Machtbesessenen Könige und
Kaiser und in der Neuzeit sind es die Möchtegerne
Politikerinnen und Politiker mit der Wirtschaft
zusammen. Die Staatlich angestellten
Steuereintreiber die den armen alles wegnehmen,
hat es auch früher schon gegeben. Es hat sich nichts
geändert, es bekommt alles nur einen anderen
Namen.
Das Steuersystem ist hochgradig ungerecht und
unsere Staatsdiener beziehungsweise unsere
Finanzminister wissen das auch genau, aber sie
werden die Bevölkerung genau so ausbeuten, wie
es früher war.
Hinzu kommt das Informationsdefizit, das es früher
auch schon gab.

Je besser man sich im Steuerrecht auskennt, desto weniger Steuern zahlt man.

Dabei wäre es so einfach.
Zu den wichtigsten Aufgaben eines Bundesfinanzministers gehört es, die Finanzen auf eine sichere Grundlage zu stellen und eine geordnete Finanzverwaltung zu schaffen, vor allem gilt es,
ein modernes, einfaches, gerechteres Steuersystem für alle zu erstellen.
Die Steuerprivilegien für Wirtschaft, Politik und die Reichen müssen abgeschafft werden.

Was die Deutsche Bevölkerung einmal überdenken sollte, sie Arbeiten für ein Drittel ihres Lohnes, umsonst, damit die Politikerinnen und Politiker ein Sorgenfreies luxuriöses Leben führen können, die Wirtschaft Milliarden Euros an Steuern absetzen können und die Reichen noch reicher werden.

Das verrückte und idiotische an dem ganzen Steuersystem ist, dass die Finanzbeamten, die Finanzminister und der Bundesfinanzminister schon lang den Überblick und den Durchblick an dem kompliziertem Steuersystem verloren haben.
Die größten Steuergeldabzocker, außer unseren Politikerinnen und Politikern, sind die Großkonzerne, die Wirtschaft und Industrie, deren Steuerfinanzwirt überblicken das Steuersystem besser als die Finanzbeamten, Finanzminister, oder der Bundesfinanzminister.

Das hat wiederum zur Folge, dass die Wirtschaft, die Reichen und Industrie die riesigen Schlupflöcher, die unsere Politikerinnen und Politiker und deren Parteien erfinden, teils durch Hausgemachte Fehler, oder teils vorsätzlich, geschaffen haben, auch ausnützen, und das arbeitende Volk hat das Nachsehen.
Besonders groß ist die Trickkiste für internationale Konzerne, die ihre zu versteuernden Gewinne in andere Länder, wo die Steuersätze niedrig sind, einsetzen können.
Der normale Bürger, der sich die teuren Steuerfachwirte nicht leisten kann, wird dafür bestraft, in dem der Staat die verlorenen Steuereinnahmen von der Bevölkerung zurückverlangt, durch ständige versteckte Steuererhöhungen.
Wie die hausgemachten Schlupflöcher unserer Politikerinnen und Politiker funktionieren, ist am Beispiel eines telekommunikations- Anbieters sehr schön zu veranschaulichen.

Beispiele:

Vodafone verlagerte nach dem Ankauf der Mannesmannaktien, das gesamte Mannesmann Aktienpaket in die Steueroase Luxemburg.
Anschließend verglich man die Steuersparmöglichkeiten, aller infrage kommenden Länder.
Die besten Abschreibungsmöglichkeiten gab es in Deutschland.

Also wurde das Aktienpaket nicht an den eigentlichen Eigentümer, Vodafone in England, sondern an die Deutsche Niederlassung übertragen.
In England hätte man das Mannesmann Aktienpaket mit dem Steuergewinne verrechnen müssen und der Gewinn wäre wesendlich geringer ausgefallen.
In Deutschland kann man die Verluste und Gewinne gegenseitig Aufrechnen, Beziehungsweise die Verluste höher angeben um aus einem Verlustgeschäft, auf kosten der Steuerzahler, noch einen Milliarden Gewinn zu erzielen.
So funktioniert dies:
Man gibt einfach einen Phantasiekurs des Aktienvermögens an,
zum Beispiel ca. 200 000 000 000,00 Milliarden Euro.
In der Steuerbilanz macht man dann einige Zeit später eine Abschreibung von 50 Milliarden Euro geltend, weil der Werd der Aktie gefallen ist.
Man bezeichnet dies dann als Buchungsverluste, die aus der Übernahme des Mannesmanns-Konzerns, durch den britischen Mobilfunk-Unternehmen Vodafone getätigt wurden.
Bezahlen müssen diese bis
zu ca. 50 000 000 000,00 Milliarden Euro Steuergelder beziehungsweise diese Teilwertabschreibungen oder Steuerersparnisse eines Milliardenunternehmen, die Deutsche Steuerzahler durch verdeckte oder heimliche nicht bekannt gemachte Steuererhöhungen.
Genehmigt das Finanzamt den Plan, müsste Vodafone jahrelang keine Steuern mehr zahlen,

was dann die Deutsche Bevölkerung ausgleichen muss.

Vodafone kann man keinen Vorwurf machen, diese Milliardenschweren Steuergeschenke wurden von unseren Politikerinnen und Politiker vor allem den Finanzministern und Bundesfinanzminister Herr Schäuble, genehmigt und ausgetüftelt, zum Nachteil der Bürger in Deutschland.

Da kommt doch ab und zu der Gedanke auf, sind unsere Politikerinnen und Politiker wirklich so hinterhältige Steuereintreiber, die es nur auf das Geld der Mittelschicht abgesehen haben, oder Verdienen sie dabei ein Vermögen, durch Spendenzahlungen der Milliardenschweren Unternehmen, um ihre Private Lebenssituation. noch besser zu gestallten, oder ihre Parteikassen zu Füllen!
Warum müssen immer die Bürger für die Dummfehler unserer Politikerinnen und Politiker gerade stehen!
Warum müssen immer die Bürger die Milliardenverluste die bewusst und mit voller Absicht,
durch unsere Politikrinnen und Politiker gemacht werden, bezahlen!
Wann wird die Deutsche Bevölkerung endlich Wach und setzt sich zur Wehr, gegen dieses Ungerechte und betrügerische Verhalten unsere Politikerinnen und Politiker?
Beispiel hierfür gibt es genügend, wie der Deutsche Staat, der reichen Wirtschaft, Milliarden Euros schenkt und weiterhin auch schenken wird.

Von solchen Milliardenfreundlichen Geschenke für die Wirtschaft gibt es genügend Abnehmer, wie auch Daimler Chrysler, steueroptimiert durch Auslandszukäufe, Milliarden Euro Steuergeschenk durch unseren Bundesfinanzminister.

Deutsche Telekom,
steueroptimiert durch Verlustvorverträge Milliarden Euro Steuergeschenk durch unseren Bundesfinanzminister.
Und so wieder und so wieder.

Oder für was benötigen wir ein Busförderprogramm für die Omnibus Unternehmer, die mit ca..40 000 000,00 Millionen Euro Steuergeldern, für die Erst- und Ersatzbeschaffung von barrierefreien Neufahrzeugen gefördert werden.

Da braucht man sich auch nicht Wundern, wenn sich unsere Politikerinnen und Politiker, auf den teuren Veranstaltungen, Festen und Partys der Wirtschaftsbosse, der Reichen und Schönen amüsieren, wie immer, auf kosten der Steuerzahler. Dabei wäre es so einfach, gerechte und Sinnvoller, gezielt Steuern von Anteilseignern und den Beschäftigten mit hohen Einkommen zu erheben und damit Lohnabhängige und Verbraucher zu entlasten, da aber unsere Politikerinnen und Politiker auch höheres Einkommen beziehen, und somit anders Besteuert werden müsste, wird sich daran nichts ändern und somit wird man weiterhin die Masse und das ist eben die arbeitende Deutsche Mittelschicht, zur Kasse bitten.

Wenn man sich jetzt noch vorstellt, wie viele Wirtschaftsbetriebe, Industriebetrieb und Firmen, in Deutschland ansässig sind um sich steueroptimiert durch Auslandszukäufe Milliarden von Euros am Finanzamt vorbeischleusen, dann sind es Unsummen von Milliarden Euros, die unsere Finanzminister und der Bundesfinanzminister, den Reichen Jahr für Jahr schenkt, und den Armen monatlich nimmt.

Das dumme Getue mit dem schweizerischen Steuerparadies und der Ankauf von CDs der Steuergeldbetrüger, wohin die kleinen ihr Schwarzgelder anlegen, ist nur eine willkommene Ablenkung unserer Politikerinnen und Politiker, über die Unfähigkeit, ein einfaches, gerechtes und bürgerverständliches Steuergesetz zu erstellen, Was sind schon die bar Millionen, im Verhältnis zu den Milliarden, die die Deutsche Regierung den milliardenschweren Unternehmen bewusst und gewollt schenkt.

Es sind nicht die kleinen, die einen Milliarden Euro Steuergeld Schaden anrichten, es sind die Großen (zum Beispiel Mercedes, Telekom, Volkswagen, Bosch all die Geldinstituten die Telekommunitionsunternehmen und viele mehr).

Oder hat die Wirtschaft das Regieren übernommen und unsere Politikerinnen und Politiker zu ihren Marionetten deklariert!

Wie sollte man es sonst Erklären, das die Reichen auch in Zukunft immer Reicher werden und die Armen immer Ärmer.
Man Betrachte einfach einmal, wie unsere Politikerinnen und Politiker den Umgang mit der Unternehmenssteuer handhaben.
Unternehmenssteuern wurden in Deutschland und in vielen anderen Ländern in den letzten Jahren gesenkt, und unabhängig davon haben Wirtschaft, Banken und Industrie, durch zahlreiche Tricks, die per Gesetz von unseren Politikerinnen und Politikern gemacht wurden, ihre durchschnittliche Steuerbelastung zum Teil dramatisch senken können um Milliardengewinne zu erzielen. Den Wirtschaftskonzernen stehen durch unser ungerechtes Steuersystem mehrere Steuergeldschlupflöcher zur Verfügung, wie sie ihre Steuerzahlungen positiv optimieren können.
Sie können ihre steuerpflichtigen Erträge in Länder transferieren, wo niedrigere Steuersätze gelten, ganz legal, durch bilanzielle Gewinnverschiebung. Die im Ausland erzielten Gewinne werden vom Deutschen Finanzamt nicht angerührt.
Oder sie können ganz einfach, die durch unsere Politikerinnen und Politiker gemachten Steuergeldgeschenkgesetze besonders großzügig, mit legalen Steuertricks ausreizen, die das Hin- und Herschieben von Gewinnen und Verlusten so lange ermöglichen, bis von den Erträgen nicht mehr viel übrig zu sein scheint. Und somit brauchen diese Milliardenschweren Unternehmen keine Steuern zu Bezahlen.

Seit Jahren steigen laut volkswirtschaftlicher Gesamtrechnung die Unternehmensgewinne, während aber die tatsächlichen Einnahmen aus den Unternehmenssteuern sinken.

Ist die Deutsche Bevölkerung wirklich so gutgläubig!
Warum bemerkt dies die Bevölkerung nicht, dass sie von den Politikerinnen und Politikern nur verarscht und zum Zahlen verdammt ist.
Wie lange wird dieses Spiel der absichtlichen und gewollten Steuergeldverschwendung von unseren Politikerinnen und Politik noch so weitergehen!

Wie groß muss der Unterschied zwischen Arm und Reich noch werden!

Unsere Politikerinnen und Politiker werden auch in Zukunft nicht gegen die großen Steuergeldsünder herankommen, wenn die Deutsche Bevölkerung sich nicht zur Wehr setzt, die Milliardenschweren Unternehmen werden weiterhin mit Milliarden Euros an Steuergelder jonglieren, sie werden durch politische interne gemachte Steuerschlupflöcher beschenkt,
für die, die Bevölkerung aufkommen muss, indem man die Steuerabgaben wie zum Beispiel, Lebenshaltungskosten, Strom, Gas, Benzin, Kosten für Kindergardenplätze, Mieten für betreutes Wohnen, Lebensmittel, geringe Rentenerhöhungen im Westen, Bahnpreise und noch vieles mehr erhöht, damit der Staat die Steuergeldgeschenk an die Unternehmen und Reichen sowie die Steuergeldverschwendungen, unserer

Politikerinnen und Politiker wieder ausgleichen kann.

Der Gesamtschaden für die deutsche Bevölkerung beläuft sich, durch solche legalen Steuersparmodelle für die Reichen und die Wirtschaft auf ca. 110 000 000 000,00 Milliarden Euro jährlich. Die deutsche Bevölkerung zahlt nicht nur für das Luxusleben unserer Staatsdiener, sie Bezahlt auch für die Dummheit und die bewussten intern gravierenden, hausgemachten Fehler unserer Politikerinnen und Politiker.
Genau so ist es mit den ständigen Belügen Versprechungen und den gefälschten geschönt dargestellten Statistiken.

Nehmen wir nur einmal das Arbeitsamt.

Obwohl Arbeitsplätze in Deutschland erheblich abgebaut wurden, ist die Anzahl der Geringverdiener enorm angestiegen. Die Arbeitslosenzahl in Deutschland wurde kurzer Hand geschönt gerechnet, Angepasst oder Umbenannt, denn schlechte Meldungen kann die Bundesregierung nicht gebrauchen, Arbeitslose, Kranken, Eineurojob, die an Weiterbildungen teilnehmen, die, die älter als 55 Jahre sind oder die schwer Vermittelbaren, werden bereits seit längerem nicht als arbeitslos gezählt.
Fast alle Arbeitslose, erscheinen nicht in der offiziellen Statistik, nur damit das Arbeitsamt nach außen hin, eine schöne Bilanz aufweisen kann.
Hartz IV Empfänger in Deutschland

ca. 4 500 000 Millionen Menschen,
Arbeitslose
ca. 3 200 000 Millionen Menschen,
zusammen
ca. 7 700 000 Millionen Menschen.

Und somit können, durch die geschönten (falsche) Statistiken, unsere Arbeitsämter, der Deutschen Bevölkerung, eine jährlich sinkende Arbeitslosenzahl vorlügen.
Solange die Bevölkerung auch noch daran Glaubt, das unsere ehemalige Arbeitsministerin
Ursula von der Leyen, auch eine CDU-Politikerin, was Produktives für die Senkung der Arbeitslosen unternommen hat, wird jetzt bemerken, dass sie genau so wenig leistet, wie die anderen Ministerinnen oder Minister, die nach vier Jahren den Ministerposten wechseln müssen, damit andere weiter Wurstel können.
Ihr neuer Job als Bundesministerin der Verteidigung wird sie nach vier Jahren auch wieder Aufgeben, weil sie nur durch die Gegend fliegt und die eigentliche Aufgabe extern vergibt, was dem Steuerzahler noch mehr belastet.
Aber vielleicht kann sie ja die Statistiken, Beziehungsweise, die Aufteilung der Milliarden von Schulden des Vorgängers, in eine andere Gruppe aufteilen oder mit einem anderen Namen benennen.
Nicht nur die Umstellung des Organisationsapparats in zwei getrennte Einrichtungen hat enorm viel an Steuergelder gekostet, was der Bevölkerung verschwiegen wurde, es wird auch weiterhin hohe Kosten

verursachen, was die Personalkosten, die Bürokratiekosten und die Bezahlung der Externen Firmen anbetrifft, aber solang noch genügend Steuerzahler vorhanden sind um die Steuergeldverschwenderischen Tätigkeiten unserer Politikerinnen und Politiker zu zahlen, wird der Schwindel mit den falschen Statistiken und der Schönmalerei kein Ende nehmen.
Die Hilflosigkeit und Ideenlosigkeit unserer Berufsunerfahrenen Politikerinnen und Politiker verschlingen Milliarden Euro an Steuergeldern.

Welche Aufgaben und Zuständigkeiten der Bundesagentur für Arbeit haben, ist unten Aufgeführt.

Arbeitsvermittlung, Arbeitsmarktberatung, Berufsberatung für Jugendliche und Erwachsene in Berufsinformationszentren, Arbeitsmarktbeobachtung, Herausgabe des monatlichen Stellenindex BAX, Arbeitsmarkt- und Berufsforschung, Zahlung von Entgeltersatzleistungen, Arbeitslosengeld bei Arbeitslosigkeit berechnen, Arbeitslosengeld bei Weiterbildung, Insolvenzgeld, Kurzarbeitergeld, Saison-Kurzarbeitergeld, Transferkurzarbeitergeld, Eignungsfeststellung, Eingliederungszuschuss, Einstiegsgeld, Förderung der beruflichen Weiterbildung, Gründungszuschuss für Existenzgründer, Leistungen zur Eingliederung von Selbständigen, Lohnkostenzuschuss, Personal Service Agenturen, Strukturanpassungsmaßnahmen, Vermittlungsbudget, oder Unterstützung der

Beratung und Vermittlung durch Reisekosten zu Vorstellungsgesprächen oder Bewerbungskosten, Berufsvorbereitende Bildungsmaßnahmen, Ausbildungsbegleitende Hilfen, Ausbildung in außerbetrieblichen Einrichtungen, Einstiegsqualifizierung, Berufsausbildungsbeihilfe, Förderung von Wohnheimen für Auszubildende, Ausbildungsmanagement, Durchführung des Arbeitnehmerüberlassungsgesetzes, Erteilung einer Erlaubnis zur gewerblichen Arbeitnehmerüberlassung, Erteilung von Arbeitserlaubnissen,
seit 1. Januar 2005 Bestandteil des Aufenthaltstitels, den die kommunale Ausländerbehörde ausstellt. Gleichstellung von Frauen und Männern auf dem Arbeitsmarkt, Rehabilitationsleistungen, Schwerbehindertenrecht, Ferner tritt die Bundesagentur für Arbeit im Ausland als Partner in der internationalen Arbeitsvermittlung und Verwaltung auf.
Arbeitslose über 45 Jahre nicht mehr in Arbeit bringen, damit die jährlichen Zahlungen (Budget) erhalten bleiben.

Dies ist nur ein kleines Beispiel, wie in Deutschland die Gesetzesvielfalt in einem unbeschreiblichen und irrsinnigen Maß zugenommen hat.
Allein auf Bundesebene gibt es ca. 2.300 Gesetze mit knapp 47 000 Einzelvorschriften
und 3.300 Rechtsverordnungen mit fast 42.000 Einzelvorschriften und es kommen jährlich neue Gesetze hinzu.

Da Wundert es einem nicht, dass das kleine Deutschland, die umfangreichsten schriftlichsten Gesetzessammlungen weltweit hat.

Eines von solchen Gesetzen stand einmal im Guinnessbuch der Rekorde,

Rindfleischetikettierungsüberwachungsaufgabenübertragungsgesetz ist mit 63 Buchstaben eines der längsten gültigen und gebräuchlichen zusammengesetzten Hauptwörter der deutschen Sprache.

Und wenn sie gerade einmal nicht über Veränderungen der Gesetze Nachdenken, sinnlos durch die Gegend fliegen, oder auf Reisen sind, geht es zu einer der irrsinnigen, vielen Wahlen, mit denen sie dann ihre Zeit vertreiben, um anschließend, auf kosten der Steuerzahler, berauschende Feste zu feiern.
Wie zum Beispiel die Bundespräsidentenwahl, Landtagwahl, Kreistagewahl, Stadtvertretungswahl, Gemeindevertretungswahl, Bundestagwahl, Regionalversammlungswahl, Ortschaftsrätewahl, Ortschaftsbeiratswahl, Stadtratswahl, Gemeinderatwahl, Bürgerschaftswahl, Landtagswahl und die internen selbst gemachten Wahlen, und was es noch für sinnlose Wahlen gibt, womit die Politikrinnen und Politiker sich ihre Zeit vertreiben.
Mann bedenke, dass so eine Wahl über Monate andauert.
Kommen dann noch internen Machtkämpfe, Fehlverhalten, oder Ermittlungsverfahren durch die

Staatsanwaltschaft hinzu, was in der Deutschen Regierung gang und gäbe ist (zum Beispiel wegen Wahlmanipulation, Geheimnisverrat, Korruptionsprozesse, Bestechungsgelder u. s. w.), dauert die Arbeitsaufnahme dieser Staatsdiener natürlich länger.
Aber vorher müssen noch alle Minister, samt Bundeskanzlerin, durch Europa fliegen, damit sich die Steuergeldverschwendung auch rentiert.

Aber irgendwie, müssen sich unsere Politikerinnen und Politiker die Zeit vertreiben bevor sie sich mit der Deutschen Bevölkerung beschäftigen.
Schließlich stehen in vier Jahren wieder Neuwahlen an.
Wer die Wahlschlachten verfolgt, weis auch wie diese ablaufen.
Die Politikerinnen und Politiker haben bei den Wahlen nichts anderes zu tun, wie über ihre Kollegen und Kolleginnen zu lästern, sich gegenseitig zu beschimpfen, Machtkämpe auszutragen, über Steuererhöhungen zu Diskutieren, Misstrauensvotum über Kolleginnen und Kollegen zu Verhandeln und neue Gesetze für Ausländer zu erstellen.

Das soll aber nicht heißen, dass die Deutschen etwas gegen die Ausländer haben, es geht nur darum, das man sich in Deutschland mittlerweile, durch die neu geschaffenen Ausländeranpassungsgesetze
(besser Deutschländeranpassungsgesetz),
die Deutschen Bürger, sich den Ausländern anpassen müssen, damit ein Zusammenleben

zwischen den Ausländern und Deutschländern erträglich wird).

Das gleich gilt auch für das Westdeutschenanpassungsgesetz gegenüber dem Ostdeutschenanpassungsgesetz, was wiederum bedeutet, das sich die Westdeutschen mit finanziellen Abschlägen, Steuergelderentzug und Rentengeldeinbusen, für die Ostdeutschen herhalten müssen, Dank unserer Bundespräsidentin Frau Merkel, die besser bekannt ist unter dem Namen Europareisekanzlerin, Frau Angela Merkel.

Für solche sinnlose Spielereien, muss die Westbevölkerung Milliarden von Euros an Steuergelder hinblättern.

Schauen wir uns nur einmal die Wahlkosten an:

Allein die Neuwahlen in Nordrheinwestfalen kosten den Steuerzahler ca. 50 000 000,00 Millionen Euro an Steuergelder.

Die Bundestagswahl kostet dem Steuerzahler ca. 70 000 000,00 Millionen an Steuergelder,

Zählt man alle Wahlen der Parteien zusammen, kann man sich gut Vorstellen, wohin das Geld der Steuerzahler verschwindet.
Bei einer durchschnittlichen Wahlperiode von vier Jahren, liegt die Summe aller Ausgaben der Parteien nur an Wahlkosten bei ca. 1 500 000 000,00 Milliarden Euro an Steuergelder.

Und dies nur, um sich all die Lügen und Wahlversprechen die sich unsere Politikerinnen und Politiker wieder einmal ausgedacht haben, anzuhören, um dann nach vier Jahren festzustellen, dass alle Versprechungen wieder einmal nicht eingehalten wurden.

Ein kleines Beispiel wie die Wahlversprechungen unserer Politikerinnen und Politiker gehandhabt wird.

Schlagwort mehr Netto vom Brutto.

Was die Politikerinnen und Politiker uns immer wieder gerne versprechen, ist bislang noch nie in die Realität umgesetzt worden.
Im Gegenteil.
Durch mehr als 50 Einzelvorschriften, verteilt auf zwei Gesetze mit selbsterklärenden Namen wie die Haushaltsbegleitgesetz und das Jahressteuergesetz, bescheren den Bürgern vor allem zusätzliche Lasten.
Der Betrug an den Arbeitnehmerinnen und Arbeitnehmern:
Durch mehr Lohn, wie diese zurzeit von der Gewerkschaft und vom Staat angepriesen wird, haben die Arbeitnehmerinnen und Arbeitnehmer auch höhere Beiträge zu Bezahlen.
Alleine durch den erhöhten Abzug der Krankenkassenversicherung und Sozialversicherungen geht ein gewaltiger Teil des Einkommens drauf.
Gesetzliche Krankenversicherung
von 14,9 auf 15,5 Prozent. Krankenkassen dürfen

darüber hinaus Zusatzbeiträge erheben.
Arbeitslosenversicherung von 2,8 auf 3,0 Prozent.
Dann kommt noch die Inflation, Schulden und versteckte Steuererhöhungen hinzu, Pensionserhöhungen unserer Politikerinnen und Politiker, die ja auch von den Steuerzahler getragen werden müssen, steigende Lebenshaltungskosten, Benzinkosten, Heizkosten, fragt man sich,
wer hat da mehr Lohn in der Gehaltstüte, doch nur unsere Staatkasse, Politikerinnen und Politiker, Reichen, Wirtschaft und die Geldinstituten.

Die Arbeiterinnen und Arbeiter, sowie die Rentner und Steuerzahler, müssen wie immer darauf Zahlen und haben im Ende nicht mehr im Geldbeutel, sondern wesentlich weniger.
Was aber bei den Wahlen vergessen wird, diese Gegenrechnung dem Bürger mitzuteilen.
Auch wenn die Politikerinnen und Politiker immer wieder versuchen, auf diese hinterhältige verlogene Art und Weise, die Bevölkerung an die Wahlurne zu Locken, Steuergeldgeschenke, an die normale Bevölkerung wird es durch unsere marionettenhaften machtsüchtigen Politikerinnen und Politiker nie geben.

Geschenke gibt es nur für unsere Politikerinnen und Politiker, durch Diätenerhöhung und die damit verbundene Pensionsansprüche, Steuergeldgeschenke an die Wirtschaft, und an die Reichen, vor allem durch die internen und gewollten, Hausgemachten Steuerlöcher im Steuergesetz für Subventionszahlungen an die Wirtschaft und Reichen.

Und die Zweiklassenschicht hat das Nachsehen, zumal
die Politikerinnen und Politiker sich angewöhnt haben, Interessengegensätze zwischen oben und unten, Reich und Arm nicht als das zu erkennen und zu benennen, was sie in Wirklichkeit sind, harte steuergeldverschwenderische Verteilungskonflikte.
Da unsere Politikerinnen und Politiker zusammen mit der Wirtschaft, Banken und den Reichen, Steuerschlupflöcher in das Steuergesetz, für diese Großverdiener eingebaut haben, spricht doch dafür, dass diese steuerlichen Verrechnungsmöglichkeit absichtlich getätigt werden.
Für den Einbau der Steuerschlupflöcher in das Steuergesetz ist die Prüfung der Gesetzgebung, sprich Gesetzgebungsfunktion beauftragt, zuständig sind die Bundestagsfraktionen, sie hat auch die Aufgabe, Regierung und Verwaltung zu kontrollieren, Kontrollfunktion.
Alleine für diese irrsinnige Kontrollfunktion erhalten sie Steuergelder in Höhe von ca. 81 000 000,00 Millionen Euro jährlich.
Was wird da Kontrolliert!

Zur Gesetzgebungsfunktion wird auch das so genannte Budgetrecht gerechnet. Alljährlich muss der Bundeshaushalt verabschiedet werden. Hier werden die Finanzmittel für die diversen luxuriösen staatlichen Ausgaben, aber auch die wichtigsten Aufgaben der jeweiligen Bundesregierung festgeschrieben.   Die Bundesregierung ist es auch, die einen Entwurf des Haushaltes erarbeitet. Die Aufgabe des Bundestages ist es dann den Entwurf zu prüfen und ihn zu beschließen oder abzulehnen.

Budgetrecht:

Das Budgetrecht, also die Befugnis, zu entscheiden, wofür wie viel Steuergelder, das man der Deutschen Bevölkerung weg nimmt, ausgegeben wird, gilt traditionell als das "Königsrecht" der Politikerinnen und Politiker. Es umfasst die Prüfung, Änderung und Genehmigung des von der Regierung aufgestellten Haushaltsentwurfs für Löhne, Gehälter, Pensionen und Diäten, sowie die Subventionen und Steuergeldgeschenke für die Wirtschaft, Banken und die Reichen.

Dazu kommen dann noch die verbindliche, luxuriösen Sachausgaben. Nur das restliche Fünftel steht wirklich zur Debatte und kann in den parlamentarischen Beratungen für die Bevölkerung umgeschichtet werden.

Wenn man jetzt noch die Unkosten für die Einwanderer und Asylanten abzieht, die Milliarden Euros, die in die Bankrotten Euroländer fliesen, die Milliarden Euros für das Europaparlament, die Milliarden Euros für die Kriegseinsätze und die Milliarden Euros für den Wiederaufbau Ost und die Rentenanpassung Ost, kann sich der Westdeutsch ausmahlen, was dann noch übrig ist, und warum es keine Steuererleichterung geben wird.

Da die Steuer immer ein Bestandteil der Preiskalkulation ist, bedeutet dies, je höher unsere Politikerinnen und Politiker die Gewinne der Wirtschaft, Industrie, der Banken und der Reichen

besteuert, desto teurer werden die Produkte, auf die der deutsche Bürger nun einmal angewiesen ist, die Lebenshaltungskosten steigen und steigen und der Euro ist nicht mehr 1:2, sondern 1:1.
Dies war auch der gemeinsame Plan, bei der Einführung des Euros, natürlich besprochen, geheim und hinter verschlossenen Türen, zwischen unseren Politikerinnen und Politikern der Wirtschaft und den Banken, dass man den Euro nach einigen Jahren still und unbemerkt auf 1:1 verrechnet werde, um so satte Gewinn zu erzielen. Wer vergleicht den noch die Preise, doch nur die alte Generation. Die Jugend, wächst mit den teueren Euro auf.

Das Spiel mit der Umsatzsteuer ist dafür ein gutes Beispiel.
Die Umsatzsteuer die jedes Unternehmen zu zahlen hat zahlt der Kunde beziehungsweise der Verbraucher und dies ist eben die Bevölkerung.
Die Umsatzsteuer der Unternehmen wird auf ihre Leistungsempfänger abgewälzt.
Wenn ein Unternehmer einem anderen Unternehmer Umsatzsteuer in Rechnung stellt, so kann dieser sich durch den so genanten Vorsteuerabzug entlasten.
Mit dem Vorsteuerabzug wird die Summe der Umsatzsteuer reduziert, die an das Finanzamt zu zahlen ist.
Beim Vorsteuerabzug handelt es sich um das Recht, dieses Gesetz wurde von unseren Politikerinnen und Politiker ausgedacht, das der Unternehmer sich die Umsatzsteuer, die ihm ein Lieferanten und Verkäufer für Einkäufe berechnen,

zurückzuholen, beziehungsweise abziehen darf.
Unternehmen können somit günstiger einkaufen als Privatpersonen. Sie bekommen die Ware nicht nur günstiger, sie erhalten auch noch die volle Umsatzsteuer der Ware zurück.
Wer ist ihr wieder einmal der Dumme, die Deutschen Verbraucher.
Auf Deutsch bedeutet das soviel, er zahlte gar keine Umsatzsteuer auch wenn er dies beim Finanzamt geltend macht, die Umsatzsteuer wird auf das zu verkaufende Produkt aufgeschlagen, und somit bezahlt der Bürger die Umsatzsteuer automatisch mit.
Die Umsatzsteuer wird also wieder auf den Endverbraucher durchgereicht.
Auch unsere Bundesregierung hat dieses verfahren angewandt, um möglichst viel Steuergelder einzubehalten. In Deutschland sind es die Parteien, jede Partei hat einen Hauptsitz, an diesem Hauptsitz sind zahlreiche Zweigstellen und Niederlassungen angeschlossen, an diesen Niederlassungen und Zweigstellen, die in fast jeder Ortschaft vorhanden sind, vertreiben, oder Unterhalten sie sinnlose und nicht definierbare Ämter, damit die Steuergelder besser hin und her geschoben werden können und keiner mehr einen Überblick hat, wo all die Milliarden von Steuergeldern geblieben sind.
Die Wirtschaft verschiebt die Gewinne in das Verlustproduzierende Ausland und unsere Politikerinnen und Politiker, in die mit Verlust arbeitenden Ämter, beide sind darauf spezialisiert,

die tatsächlichen Gewinne, der Öffentlichkeit vorzuenthalten. Und somit werden bewusst Milliarden von Steuergeldern unterschlagen.

Fakt ist, die Wirtschaft, Industrie, Banken und die Reichen, die durch die hervorragend funktionierende Wirtschaftsdiktatur und deren marionettenhaften Freunde in der Politik und ihren selbst gemachte Steuergesetze, die zuvor mit unseren Finanzminister und Bundesfinanzminister hinter verschlossener Tür, zum Vorteil der Wirtschaft, Industrie, Banken und der Reichen abgesprochen wurden, die angeblich gezahlten Steuergelder, wie Umsatzsteuer, Vermögenssteuer und wie sie das alles Nennen, wieder zurückholen können.
Auch unser Staat hat die Praktiken der Wirtschaft übernommen, wie am folgenden Beispiel zu sehen ist.
Der Energiekonzern EnBW, der vom Land Baden – Württemberg und einem Verband schwäbischer Landkreise kontrolliert wird, wird von den Steuergeldern der deutschen Bevölkerung aufgekauft,
weil unsere dummen und machtbesessenen, der Wirtschaft unterstellten möchten gerne Politikerinnen und Politiker, durch schlaue und Intelligenten Geschäftsleute und Anwälte der Wirtschaftsmafia über den Tisch gezogen wurden, und das auch noch legal. Da spielt es dann auch keine Rolle, wenn nachweislich und absehbar, so ein herunter gekommener Stromkonzern am Rande der Wirtschaftlichkeit arbeitet.

Daran erkennt man auch, wie nah die Grenzen zwischen unseren Politikerinnen und Politikern, der Wirtschaft, der Banken und der Reichen gebaut sind.

Das ganze Verwirrspiel endet wie immer, in einem unterfangen, verwischte, manipuliertem,
mit voll gestopften Lügen und Intrigen, zu Recht geredetem Verwirrspiel, dass das deutsche Volk die Arbeiter, Angestellte, Rentner,
also die Unterschicht,
in unserer Zweiklassengesellschaft,
zum Bezahlen der Milliarden Verluste, gezwungen wird.
Nicht der Politikerinnen und Politiker der die Milliarden von Schulden absichtlich herbeigeführt hat wird bestraft, nein es ist wie immer, die Armen, Angestellten, Arbeiterinnen, Arbeiter, Rentner. eben all die, die zu der Unterschicht, sprich Zweiklassengesellschaft gehören.

Die Folge:

Sinkt der Ertrag der EnBW, müssen am Ende die Steuerzahler für den Kauf aufkommen.

Genauso hinterhältig und betrügerisch ist auch, dass die Investmentbank Morgan Stanley ohne Ausschreibung den Auftrag für die Abwicklung des Geschäfts und den Milliardenkredit für den Aktienkauf bekommen hat.
Denn der Deutschland-Chef dieses Geldinstituts ist Dirk Notheis einer der engsten politischen Freunde und Mitglied im CDU-Landesvorstand von

Mappus, der das Milliardenschwere Verlustgeschäft mit dem Finanzminister des Landes Baden-Württemberg Willi Stächele CDU Eingefädelt hat.
Deshalb ist es dringend nötig, eine Volksabstimmung einzuführen, damit nicht alles hinter den Verschlossenen Türen, still und heimlich, zum Nachteil der Deutschen Bevölkerung, zwischen Wirtschaftsbossen, Bankmanager, Politikerinnen und Politikern und dem Europarlament abgesprochen wird, wie viele Milliarden an Steuergelder, der Deutschen Bevölkerung unterschlagen wird.

Da es in unserem Steuergesetz so viele Schlupflöcher für die Wirtschaft, Banken und Reiche gibt,
gibt es bestimmt auch Schlupflöcher für Politikerinnen und Politiker um Unbeschaden und mit Gewinn aus der hausgemachten Affäre herauszukommen.
Sollte Herr Mappus doch als Sündenbock ausgemacht werden, wird es ihm besser gehen, als einem normalen deutschen Bürger, wenn er sich so verhalten hätte wie Herr Mappus.
Einer hat es Gut geschafft, Willi Stächele, war für die Steuerzahler auch nicht Billig.
Solche Politikerinnen und Politiker besitzen auch dann noch die Frechheit, dem deutschen Bürger weiß zu machen, das im Mittelpunkt ihres politischen Wirkens, immer das Wohl der Bürgerinnen und Bürger im Vordergrund gestanden hat.

Vom 11. Mai 2011 bis zum 12. Oktober 2011 war Willi Stächele, Präsident des Landtags von Baden-Württemberg. Von dieser Position trat er zurück, weil der Staatsgerichtshof für das Land Baden-Württemberg einige Tage zuvor geurteilt hatte, Willi Stächele habe mit seiner Unterschrift unter die Notbewilligung zum Ankauf der EnBW- Aktien ohne Beteiligung des Parlamentes gegen die Verfassung des Landes Baden-Württemberg verstoßen und somit dazu beigetragen, dass dem Steuerzahler wieder einmal stattlich, Hausgemachter Steuergeldverschwendungsbetrug in Milliardenhöhe aufgebrummt wurden.
Er ist Landtagsabgeordneter und wird weiterhin mit Geldern der Steuerzahler belohnt.

Hätten diese Politikerinnen und Politiker lieber einmal die Wahrheit gesagt und das Ausgesprochen was sie Denken, würde sich dies folgender Massen anhören.

Nur mein Wohl, meine dicken Pensionen und fetten Diäten, meine Machtsucht und Steuergeldunterschlagung, sowie Steuergeldverschwendung, steht im Vordergrund meine Regierungszeit, damit ich, wenn ich einmal in Pension gehe, mein Luxuriöses Leben weiterführen kann.
Normalerweise müssten diese Politikerinnen und Politiker, die die Bevölkerung so Betrügen und Belügen, genau so bestraft werden wie die normalen Bürger, Mandatsentzug, Entlassen, Schulden zurückzahlen, notfalls Pfänden wenn sie die Schulden nicht Bezahlen können und auf Hartz

IV setzen, damit ihnen bewusst wird, was für einen Schaden sie der Bevölkerung angerichtet haben

Die Geldgier unserer Politikerinnen und Politiker, hauptsächlich von CDU und CSU, nimmt kein Ende, wenn die Gerechtigkeit in der Politik nicht endlich Einzug erhält, wird die Bundesrepublik Deutschland, oder auch Vielvölkerstaat genant, ein böses Ende nehmen.

Alle in der CDU hatten ja einen sehr guten Lehrer, denn Herr Kohl hat ihnen gezeigt, wie mit Steuergeldern zu Wirtschaften ist.

Auch wenn so ein Vorgehen als Machtmissbrauch geahndet wird, haben unsere Politikerinnen und Politiker keine finanziellen Verluste zu befürchten. Es folgen monatliche Verhandlungen und Beschimpfungen, die zu Lasten des Steuerzahlers gehen, und am Ende wird nicht der Bestraft, der diesen Machtmissbrauch und Milliardenbetrug begangen hat, sondern die Deutsche Bevölkerung, die Arbeiterinnen, Arbeiter, Angestellte und die Rentner, oder wie es so schön von unseren Politikerinnen und Politikern
bezeichnend wird, die zwei Klassenschichten werden schon alles bezahlen.
Ohne Skrupel, ohne Rücksicht auf Verlust, nur aus Geldgier, Dummheit, Unwissenheit, und Unerfahrenheit, wird unsere Regierung weiterhin solche Milliardenverluste einfahren, ob im Straßenbau, Flughafenbau, Bahnhofbau, Tunnelbau, Ferngesteuerte Flugzeuge, Umgehungsstrassen, oder überteuerte

Hubschrauber, Ferngesteuerter Luftangriff Drohnen zum Kriegspielen, nur um einige gravierende Missglückte Objekte zu nennen, es wird immer mit einem Desaster für den Steuerzahler enden.

Alles was die Politikerinnen und Politiker in Auftrag geben und wenn es nur die kleinste Umgehungsstraße ist, wird immer teuerer, als man der Bevölkerung vorgaukelt.
Die fehlenden Milliarden in der Staatskasse und in den Parteikassen muss der Steuerzahler ausgleichen.
Durch Steuererhöhungen bei der Bevölkerung, werden unsere Politikerinnen und Politiker, diese Steuergeldverschwendung mit einem Lächeln hinnehmen.
Ein Gespräch in der Stammkneipe unserer Politikerinnen und Politiker, mit Wirtschaftsbossen, Bankmanagern und der Reichen, bei Wein und einem guten teuerem Essen,
dies Zahlt ja auch der Steuerzahler,
schließlich kann man diese Unkosten als Spesen geltend machen,
werden sie sich über die Deutschen Steuerzahler Amüsieren, Belustigen und Freuen, wie sie die Bevölkerung mit faulen hinterhältigen Steuergesetze und Steuererhöhungen verarscht haben.
Solange unsere Politikerinnen und Politiker nur vom großen Gewinn in der Staatskasse, Parteikasse und einem Luxusleben träumen, wird die Steuergeldgier und Steuerverschwendung kein Ende nehmen.

In einer Staatsdiktatur wird das Volk für die Dummheit unserer Politikerinnen und Politiker bestraft und muss den Milliardenschaden die durch unsere Politikerinnen und Politiker entstanden sind, durch Steuererhöhungen, bezahlen.

Der Politiker Herr Wulff, der nur 20 Monaten im Amt eines Bundespräsident war, bekommt monatlich ca. 17 000,00 Euro an Steuergelder, für das unangemessene Verhaltensweisen das er an den Tag gelegt hat, ausbezahlt.

Auch Herr Kohl, Bezieher von ca. 13.000,00 Euro Pension (Ruhegehalt) bezieht dies von den Steuerzahlern.
Er ist einer von denen, der durch Lügen und Intrigen an die Macht kam, das Volk betrogen und belogen hat, Straftaten und Steuergeldbetrug durchgeführt hat und nun auf kosten der Steuerzahler sich gut gehen lässt.

Ein nur schwer durchschaubares Dickicht von gesetzlichen Vorschriften regelt die Alterspension und andere Versorgungsleistungen der Politikerinnen und Politiker.

Beispiel für die Pension (Ruhegehalt) eines Ministers, der etwa eine Wahlperiode von vier Jahren im Amt war, bekommt mit 55 Jahren eine Pension von
ca. 3 720,00 Euro.
Der Höchstbetrag wird nach 22,4 Jahren mit
ca. 9 615,00 Euro im Monat fällig.

Deutlich höhere Summen gelten noch für solche
Minister, die schon vor 1990 im Amt waren.

Und was bekommt ein Rentner, der geistige und
körperliche 45 Jahre gearbeitet hat?
In Wirklichkeit ist es wohl immer so, dass die
Mehrheit unserer Politikerinnen und Politiker ein
gemeinsames Ziel haben, die Milliardenzahlungen
an sich selber (Diäten und Pensionen) und an die
Alten, und noch amtierenden Politikerinnen und
Politiker, und dafür zu Sorgen, dass diese
Selbstbereicherung durch Steuergelder, vor den
Wahlen, nicht an die Öffentlichkeit kommt, damit
der Urnengang für die Wahlen keine Einbusen
erleidet.
Bei einer Volksabstimmung würde es solch ein
betrügerischer Selbstbedienungsladen durch unsere
Politikerinnen und Politiker nicht geben.
Kein Wunder, das wir in Deutschland eine
Armutsgefährdungsquote haben,
die sich auf ca. 30 % beläuft, wenn die
Umverteilungswirkung von Sozialleistungen
wegfallen würde.
Unsere Politikerinnen und Politiker Debattieren,
Diskutieren, beschimpfen sich gegenseitig,
vollführen interne Intrigenspiele, interne
Machtkämpfe, führen ständig Neuwahlen durch,
gehen auf Auslandreisen,
veranstalten Feste, geben Partys, sind bei fast jeder
Neueröffnung, haben Fernsehauftritt,
Galaveranstaltungen, Opernbälle, führen
langweilige Reden und Diskussionen im
Bundestag, erfinden Steuergesetze die dem Bürger
still und heimlich belasten, geben Empfänge für

ausländische Staatobershäupter, präsentieren sich bei den Einweihungen von Schlössern, Strassen, alten Gebäuden,
die auf kosten der Steuerzahler renoviert wurden, halten Reden und Vorträge in den angrenzenden Euroländern, verteilen untereinender Uhrkunden und Auszeichnungen, entlassen Politikerinnen und Politiker wegen gefälschten Doktorarbeiten und führen neue Politikerinnen und Politiker in neue Ämter ein,
Erpressen sich gegenseitig wenn es um die Einführung neuer Gesetze geht, die dann in Monaten lange Verhantlungen ausarten, und wo bleibt eigentlich die produktive Arbeitszeit unserer gewählten Politikerinnen und Politiker, für das Volk!
Die haben sie dann nicht mehr, die Luft ist entwichen, und das Interesse an der Deutschen Bevölkerung ist nach den Wahlen so wie so verflogen.
Hauptsache die Bürger Zahlen die Steuern für die ungerechte selbstbedienerischen Pensionen und Diäten.
Unsere Politikerinnen und Politiker reisen zum G 8 Gipfel, nach Davos zum Weltwirtschaftsforum damit sie mit den Wirtschaftsbossen, Bankmanagern, Politik, ungestört eine ausgelassene Party feiern können, auf kosten der Steuerzahler.
Sie Reisen zum Papst um ihm die Hand zu Schütteln und zu Küssen, sie beschäftigen sich Monate lang mit dem Thema, wie sie Milliarden Steuergelder ans Ausland Verschenken, beziehungsweise den Bankrotten Euroländer zukommen lassen, oder in den Internationalen

Währungsfonds investieren ohne Rücksprache mit der Deutschen Bevölkerung.

Fakt ist, es muss eine Volksabstimmung her, damit sich unsere Politikerinnen und Politiker sich endlich um die belange, ein gerechtes Steuergesetz und gerechte Gesetzesvorlagen für die Bevölkerung kümmern und nicht nur für die Wirtschaft, Banken und die Reichen.

Nach außen hin, dem Bürger gegenüber und bei öffentlichen Reden, wird die heuchlerisch Scheinheiligkeit, unserer Politikerinnen und Politiker sichtbar und hörbar, wie sie angeblich über neue Gesetze mit den anderen Parteien verhandeln, aber in Wirklichkeit ist alles nur ein großes vorgetäuschtes Szenario, Theater und Selbstvorführung im Bundestag.

Dem muss endlich ein Riegel vorgeschoben werden, und dies geht nur, wenn sich die Deutsche Bevölkerung daran beteiligt, in dem man eine Volksabstimmung einführt.

Das Schauspiel und Theater unserer Politikerinnen und Politiker, muss ein Ende haben.
Es wird sonst auch nie, neue, dem Deutschen Bürger gegenüber, gerechte Gesetze geben, alles Versprochene wird nur aufgeschoben oder bis zur nächsten Wahlperiode verschoben.

Da wird gelogen was das Zeug hält, auf hinterhältiger und betrügerischer Art und Weise.

Das schlimme dabei ist, dass die Hauptdarsteller, unsere Politikerinnen und Politiker, mit den Drehbuchautoren, aus der Wirtschaft und der Geldinstituten, die Bevölkerung immer und immer wieder, heimtückisch und hinterhältig, durch ihre schauspielerische Darstellung, hinters Licht führen werden, wenn die Deutsche Bevölkerung nicht endlich geschlossen auf die Straße geht, um für eine gerechte Demokratie zu kämpfen.

Wenn man bei so einer Bundestagdebatte genauer hinsieht, erkannt man die gelangweiten Statisten, die da Herumsitzen, sie Häkeln, sie Stricken, lesen Zeitung, sie Gähnen, sie Schlafen, sie spielen an ihrem neuen, vom Steuerzahler bezahltes Handy oder iPad und Tabletts herum.

Darsteller für die stumme Bühnenrolle, wie sie desinteressiert an den Sitzungen teilnehmen, diese werden benötigt um die leeren Plätze zu besetzen und das ab und zu dann mal geklatscht und gelacht wird.

Schließlich bekommen sie ja auch für ihre dicken und fetten Diäten auch noch Sitzungsgeld was dem Bürger auch noch Millionen Euro Steuergelder im Jahr kostet.

Wenn ein normaler Angestellter oder Arbeiter, an einer Innerbetrieblichen Schulung, oder Besprechung teilnimmt, bekommt er kein Sitzungsgeld. Er kann nebenbei auch keine Zeitung lesen und Handys müssen Ausgeschaltet sein.

Die Themen in der Innerbetrieblichen Schulung bestehen immer aus einem neuen Gegenstand, weil die alten längst Abgearbeitet wurden.

Aber in der Politik, sind es im Grunde immer wieder dieselben alten Themen und weil unseren Politikerinnen und Politiker nichts Neues Einfällt, werden diese alten Angelegenheiten nur neu benannt, oder anders ausgelegt und einfach übernommen, aber der Inhalt ist immer wieder der gleiche, oder man greift alte Verordnungen wieder auf, um sie wider Einzuführen.

Dies alles geschieht, weil unsere Politikerinnen und Politiker nicht fähig sind, versprochene Gesetze einzuhalten, geschweige den auch Durchzusetzen.

Sie sind Gedankenlos, Berufsfremd und Ideenlos, weshalb auch so viele externe teuere Firmen und Spezialisten für unsere Politikerinnen und Politiker arbeiten müssen.
Die Politikerinnen und Politiker werden ausgesandt, den Wähler mit Wahlversprechen zu überzeugen. Doch viel bleibt nach der Wahl von dem Versprochenen nicht übrig und dabei schreiben sie ihre Reden nicht einmal selber, denn dafür gibt es die Redenschreibern, die auch von den Steuerzahlern bezahlt werden, denn jeder Bürger, der seine fünf Sinne beisammen hat, kann sich denken, dass eine Politikerin oder Politiker keine Lust hat, diesen Aufwand aufzubringen, um seine Reden selbst zu schreiben.
Die Politikerinnen und Politiker wissen auch, das was sie bei einer Wahlveranstaltung versprechen, das Versprochene kaum umsetzen können und auch nicht wollen.
Der Bürger weiß es auch, wenngleich er doch hofft, dass es zur Umsetzung kommen könnte.

Das Wahlversprechen vor der Wahl ist letztlich nichts weiter, als ein rhetorisches Stillmittel um die Aufmerksamkeit des Zuhörers zu erregen, ihn für die eigene Position zu gewinnen, ihn zu erfreuen und die eigene Beredsamkeit darzustellen, um Wahlergebnisse zu beeinflussen und Wählerstimmen zu sammeln, nach dem Motto: Morgen fragt keiner mehr danach.

Unseren Kindern bringen wir bei, dass man Versprechen halten muss und nicht lügen darf. Wenn sich aber die regierenden Köpfe und man sollte davon ausgehen, das das erwachsene Menschen sind, sich nicht an das Versprechen halten, dann stimmt in unserer politischen Staatsgesellschaft einiges nicht mehr.
Versprechen heißt auch, das Versprochene umzusetzen und nicht umzubenennen.

Wie zum Beispiel die Umbenennung des Gesetzes zur Vereinheitlichung und Beschleunigung von Planfeststellungsverfahren, dieses wurde nur umbenannt, und heißt jetzt Gesetz zur Verbesserung der Öffentlichkeitsbeteiligung und Vereinheitlichung von Planfeststellungsverfahren.

Oder die Pflegereform wurde auch nicht eingehalten wie versprochen.
Der Rechtsanspruch auf einen Kindergartenplatz für jedes Kind wurde nicht eingehalten, obwohl es schon heute nicht einmal für jedes dritte Kind einen Kindergartenplatz gibt.
Dafür wurde das Betreuungsgeld eingeführt.

Das Betreuungsgeld ist eine Geldleistung des Staates an die Eltern, die ihre Kinde, zu Hause betreuen, weil kein Kindergartenplatz zur Verfügung.

Energie-Gesetz:
Nicht der versprochene schnellstmögliche Ausstieg wie angekündigt wurde, ist eingehalten worden.
Kein Rentenkonzept, kein Armutsgesetz, an denen wird nur herumgebastelt, aber nichts Fruchtet.

Oder Schulpolitik,
kaum wird eine neue Schulministerin, Bildungsministerin und wie sie sich alle nennen, Gewählt, wird alles von der Vorgängerin oder Vorgänger geändert oder neu aufgelegt.
Bewährtes wird nicht vernünftig weiterentwickelt, sondern zerschlagen.
Leistung und Qualität werden nicht verbessert, sondern aufs Spiel gesetzt. Massive Schulschließungen und Lehrkräftekürzungen stehen an, aber die Schülerzahl in den einzelnen Klassen wird nicht reduziert.
Wie soll es auch anders sein, wenn wir eine Bundesbildungsministerin haben oder hatten, Annette Schavan auch von CDU, die nachgewiesenen Fehler in ihrer Doktorarbeit als nicht peinlich bezeichnet und deren Doktorarbeit eingezogen und aberkannt wurde.
Und so wird es dann auch sein, wenn sie Versprochene Gesetzesentwürfe, die sie der Bevölkerung versprochen haben, nicht zu Ende bringt, dies ist ihnen bestimmt auch nicht Peinlich.

Dafür wird Annette Schavan als neue Botschafterin der Bundesrepublik beim Vatikan belohnt.
Mit einem Botschafterposten würde die ehemalige Bildungsministerin in den höheren Dienst des Auswärtigen Amts aufsteigen. Voraussetzung dafür ist allerdings ein abgeschlossenes Hochschulstudium. Nach Aberkennung ihres Doktortitels steht Annette Schavan ohne Abschluss da.
Wird sie trotzdem an den Heiligen Stuhl nach Rom wechseln, verstieße die Entscheidung gegen die Vorschriften des Ministeriums.
Nach Informationen aus dem Auswärtigen Amt wäre Schavan dann die erste Botschafterin ohne Hochschulabschluss.

Solchen Politikerrinnen und Politikern geht es nur um ihre Machtsucht, überhöhten Pensionen, die der Steuerzahler bezahlen muss. Aber weh dem, wenn dies ein normaler Steuerzahler, passieren würde, der diesen gleichen Fehler machen würde, dieser bekämme bestimmt keine Weiterzahlung von ca. 11 000,00 Euro monatlich und schon gar keine Pension von fast ca. 7 000,00 Euro monatlich.

Diese Politikerinnen und Politiker, haben Narrenfreiheit, sie sitzen ihre Zeit aus, aber es kommt nichts dabei raus.
Alles was sich als gut bewährt hat wird verworfen und es beginnt wider einmal eine Jahrelange Diskussion und Streiterei unter den Genossen und Genossinnen, mit gegenseitigem Postengeschachere Erpressen, stimme meinem Gesetzentwurf zu, dann bekommt ihr meine

Stimme für eueren Gesetzesentwurf, wenn dies nicht ausreicht, werden interne Spielereien angezettelt, wie zum Beispiel Geheimnisverrat, Vorteilsnahme, Bestechlichkeit und vieles mehr. So gibt es viele Beispiele, der Topverdiener aus Politik, von Ministern und Ministerinnen, Bundeskanzlerinnen, Bundeskanzler und Bundespräsidenten, die nur eine hohe Pension und die Diät kassieren, ihre Zeit aussitzen, ihre eigentliche Aufgaben von externen Fachleuten erledigen lassen, eine ärmliche Politik betreiben und die Steuergelder sinnlos aus dem Fenster schmeißen. Sie bekommen nichts auf die Reihe, durch ihre Unerfahrenheit, in einem Beruf, von dem sie keine Ahnung und Erfahrung haben, weder Erlernt noch eine praktische oder theoretische Ausbildung mitbringen.

Wir haben viele davon,
Arbeitsminister, Außenminister, Bauminister, Bildungsminister, Bundesminister für besondere Aufgaben, Entwicklungsminister, Familienminister, Finanzminister, Forschungsminister,
Gesundheitsminister, Innenminister, Justizminister, Postminister, Schatzminister, Sozialminister, Umweltminister, Verkehrsminister, Verteidigungsminister, Vertriebenenminister, Wirtschaftsminister, Bundesfinanzminister, Landwirtschaftsminister, Minister für Angelegenheiten des Bundesrates, Minister für gesamtdeutsche Fragen,
Minister für innerdeutsche Beziehungen.

Allein im Merkel-Kabinett gibt es 15
Bundesminister was dem Steuerzahler
jährlich ca. 3 000 000,00 Millionen Euro kosten,
dazu die Diäten von Frau Merkel ca. 205 000,00
Euro,
die Dienstaufwandsentschädigung von unverändert
mindestens 1000,00 Euro monatlich,
und das sind nur 16 Regierungsmitglieder.
Darüber hinaus gibt es noch eine Ministerialzulage
von ca. 552,76 Euro.
Kabinettsmitglieder, die auch noch ein
Abgeordnetenmandat im Bundestag haben,
erhalten zusätzlich eine um 50 Prozent gekürzte
Abgeordnetenentschädigung in Höhe von über
ca. 3500,00 Euro dazu.

Was macht der Parlamentarische Staatsekretär,
er macht eigentlich das, was der Minister machen
sollte.
Die Parlamentarischen Staatssekretäre unterstützen
den Minister bei der Erfüllung seiner politischen
Aufgaben.
Dabei pflegen sie besonders die Verbindung zum
Bundestag und zum Bundesrat sowie zu deren
Ausschüssen, den Bundestagsfraktionen und deren
Arbeitskreisen und zu den politischen Parteien.
Der Minister legt fest welche Aufgaben der
jeweilige
Parlamentarische Staatssekretär für ihn
wahrnehmen soll, damit der Minister genügend
Zeit hat, seinem Nebenjob noch Nachkommen
kann, bei dem er auch noch 10 000,00 Euros, oder
mehr, pro Vortrag oder Rede verdient.

Da sind die monatliche Unkosten für einen Minister,
ca. 100 000,00 Euro für das Luxusmodell,
die Benzinkosten,
die Wartungskosten,
die Flugreisen,
die Übernachtungen,
die Büroangestellten,
die Putzfrauen,
die Unterhaltskosten für Büro und vieles mehr, die noch zu den Diäten dazu kommen.
Wenn wir alles aufzählen würden, welche Steuergeldkosten solch eine Politikerin und Politiker verursacht, würde sich manche Bürgerin und Bürger überlegen, ob sich der Gang zur Wählurne noch lohnt.
Man bedenke dass wir ca. 30 Minister oder mehr haben,
dies sind in einem Jahr mehr
als 10 000 000,00 Millionen Euro Steuergelder.
Wir haben dann noch ca. 100 000 Politikerinnen und Politiker, die uns monatlich nochmals
ca. 700 000 000,00 Euro kosten.
Die Gesamtzahl der Abgeordnete lässt sich auf seriös Art leider nicht bestimmen, da ja nicht alle Politiker Abgeordnete sind, sondern auch Parteifunktionäre dazu zählen.
Abgeordnete sind wichtige Bestandteil des Bundestages, sowie der Verlängerte Arm zur Wirtschaft und sitzen teilweise auch im Vorstand eines Wirtschaftsunternehmens.
Eine Politikerin oder Politiker ist ein leidenschaftlicher Prediger, so gründlich wie ein Steuereintreiber und so selbstlos wie eine

mystische Sagenfigur. Er regiert in einer Diktatur mit Mittelmäßigkeit, zum Nachteil des Gemeinwohls der Deutschen Bevölkerung. Rechnen wir jetzt noch die Milliarden Steuergelder dazu, die unsere Politikerinnen und Politiker ans Ausland verschenken, obwohl man diese im eigenen Land besser Unterbringen könnte, dazu noch die Steuergeldverschwendung die sie an den Tag legen, die Milliarden Euros von Fehlplanungen die sie genehmigen, die Millionen Euros an Abfindungen für gescheiterte Politiker die das Volk betrogen und belogen haben, die Zahlungen an das Europaparlament, dann können wir uns vielleicht in etwa vorstellen, welche enorme Summe zusammen kommt, und dass dann da nichts mehr für den Bevölkerung übrig bleibt, kann sich jeder an den eigenen fünf Fingern abzählen.
Dies nur zur Vorstellung was der Staat mit seinen unnützen Steuergeldverschwendeten, marionettenhaften Politikerinnen und Politiker, der Deutschen Bevölkerung monatlich kostet.

Da sind die Gehälter ihrer Ehegatten nicht mit eingerechnet.

Und was macht diese CDU Bundeskanzlerin!

Sie kann weder die Ziele ihrer Innenpolitik, noch die der Europolitik und Außenpolitik hinreichend erklären, sie wurstelt sich durch oder sitz es einfach aus, bis zur nächsten Bundestagswahl.
Ihr Wahlslogan besagt schon alles.
Wir brauchen Menschen die Arbeiten und vor allen dingen solche, die Steuern zahlen.

Hinter den verschlossenen Türen wird dann nur über ein Thema gesprochen.
Nach dem Wahltag kommt der Zahltag.

Die Wahlversprechen werden wir schnell Vergessen.

Die zu erledigenden Aufgaben, wenn es um brisante Themen geht, wie zum Beispiel Umweltschutz, Bioanbau, Abgase, beziehungsweise die Verringerung des CO_2 Ausstoßes, werden von teuer Bezahlten, externe Professoren und Ingenieure, aus der freien Wirtschaft erledigt, weil unsere teuer bezahlte Politikerinnen und Politiker, der Aufgabe nicht gewachsen sind.
Diese externe Professoren und Ingenieure, Prüfen und Testen so lange, auf Kosten der Steuerzahler, bis sich das Problem von selber gelöst hat.

Für die deutsche Bevölkerung wäre es besser, wenn unsere Politikerinnen und Politiker, Müll vermeiden würden, um dadurch Steuergeld zu Sparen, anstatt Müll zu Produzieren, um die Steuergeld zu Verschwenden.

Wenn wir gerade bei der CDU sind, um nur noch einen kleinen Bruchteil der Steuergeldverschwendung zu nennen.
Schauen wir uns eine von den fielen CDU Europaabgeordneten, die im Europaparlament tätig sind, an.

Diese Politikerinnen und Politiker arbeiten mit einem hinterhältigen Steuergeldverschwendungstrick.
Und dies geschieht folgender maßen.

Man sollte meinen, Fragen kostet nichts, diese alte Volksweisheit gilt aber nicht für das Europaparlament.
Ca. 1 400,00 Euro kostet eine schriftliche Frage eines CDU Europaabgeordneten, an die Kommission oder an den Rat der Europäischen Union.
Da der Betrag von 1 400,00 Euro nur geschätzt ist, könnte er auch höher liegen.
Denn offizielle Auskünfte, wie hoch die Kosten für die Beantwortung einer Frage aus dem Europaparlament sind, gibt es nicht.

Dafür haben wir ein kleines Beispiel:

Wir haben alleine von der CDU drei Hauptberufliche Fragesteller, die nichts anderes zu tun haben, als sich Gedanken zu machen, wie kann ich noch mehr Steuergelder verschwenden.
Deshalb ist auch die Anzahl der Fragen von Europaparlamentariern in den vergangenen Jahren extrem stark angestiegen.
Nach dem Moto, kostet mich nix, zahlt ja der deutsche Steuerzahler.
Und da unsere Europaparlamentarier sowie so nichts zu Arbeiten haben, außer Steuergelder auszugeben, stellen sie eben viele Fragen, um die Steuergeldverschwendung noch höher zu treiben.
Gehen wir einmal davon aus, das in einem Jahr

ca. 14000 bis ca. 15000 Fragen an das
Europaparlament gestellt werden.

In den Jahren 2004 bis 2009 waren es über 6000
Fragen und 2011 waren es über 12 094 Fragen.

Da die Fragen bis zu 1 400,00 Euro kosten, ergibt
dies eine Belastung der Steuerzahler,
wenn alle Fragen beantwortet werden,
von ca. 21 000 000,00 Millionen Euro.
Dies ist eine hausgemachte
Steuergeldverschwendungssucht unserer
Politikerinnen und Politiker ohne Rücksicht auf die
Steuerzahler in Deutaschland, um ihre diktatorische
Machtbesessenheit
gegenüber der Deutschen Bevölkerung zu
Demonstrieren.

Soviel zu dieser Geldverschwendung.

Für diese Steuergeldausgaben, müsste eine
Volksabstimmung eingeführt werden, denn erst
wenn es in der Bundesrepublik Deutschland keine
Armut gibt, keine Menschen die an der
Armutsgrenze leben müssen, alle Staatsschulden
bezahlt sind und eine Rücklage angelegt ist, sollte
durch eine Volksabstimmung entschieden werden,
wie die Steuergelder ausgegeben werden.

Es kann nicht sein, das trotz wirtschaftlicher
Spitzenwerte, in der Bundesrepublik Deutschland
immer mehr Menschen an der Armutsgrenze leben
und die Anzahl der Reichen immer höher wird.

Insbesondere Kinder und Jugendliche in der Bundesrepublik sind von der Armut betroffen.
Dafür ist die Anzahl der Wohlhabenden trotz Eurokrise, sehr stark angestiegen.
Nur in zwei Ländern der Welt gibt es mehr Dollarmillionäre als in der Bundesrepublik Deutschland.
Als Reich gelten Personen, die über ein Vermögen von mehr als einer 1 000 000,00 Million Dollar verfügen, davon ausgenommen sind Selbstgenutzte Immobilien, diese können auch mehrere Millionen werde sein, sowie teuere Sammlungen wertvoller Objekte, deren Wert auch die Millionengrenze übersteigen kann.
Dafür leben mehr als zwölf Millionen Menschen in der Bundesrepublik Deutschland an der Armutsgrenze. Circa 6,5 Prozent der Erwerbstätigen sind arm und mehr als 8 Prozent der Selbstständigen sind von Armut betroffen.
Die Anzahle der Armen stieg um satte 15 Prozent, das sind umgerechnet mehr als elf Millionen Menschen.
Wobei die Dunkelziffer der Armut wesentlich höher liegt, Schätzungsweise bei ca. 20 000 000 Millionen Menschen.
In die Gruppe der Armutsgefährdeten, fallen zudem besonders allein erziehende Erwerbslosente.
Da es nicht genügend Kindergartenplätze gibt, haben sie auch keine Möglichkeit, einer festen Arbeit nachzugehen. Dementsprechend leben Frauen häufiger an der Armutsgrenze als Männer.
In der Bundesrepublik Deutschland wächst jedes fünfte Kind in Armut auf.

Allein daran kann man schon erkennen, das in unserer Gesellschaft und ins besondere, zwischen dem Staat und der Bevölkerung etwas nicht stimmen kann.

An dieser Schieflage in Deutschland hat sich auch in den vergangenen vier Jahren nichts geändert und in den kommenden vier Jahren wird sich daran auch nichts ändern. Im Gegenteil, seit der Merkelpolitik und zuvor bei der Kohlpolitik wurden Milliarden in den Osten gepumpt ohne Rücksicht auf die Menschen im Westen deren Steuergelder man einfach Zweckentfremdet hatten, die Zahl der Reichen wurde durch die Merkelpolitik extrem gefördert und ist auch kräftig während ihrer Amtszeit angestiegen.
Der deutschen Bevölkerung wird absichtlich verheimlicht und verschwiegen, wie viele Milliarden an Steuergelder, von unseren Politikerinnen und Politiker, an die Wirtschaft, Banken und Reichen verschenkt wurde, und in Zukunft verschenkt wird.
Auch wie viel an die bankrotten Länder gezahlt wird und wie viel nach Brüssel fließt, wird es Wohl keine genauen Angaben durch unsere Politikerinnen und Politiker geben.
Es ist ein schleichender Umbau von der Demokratie in eine Diktatur.
Das die Reichen immer Reicher, die Armen immer ärmer werden, und die Wirtschaft das Sagen übernimmt, ist das beste Beispiel dafür, das wir in einer mit Marionetten besetzten Politik, einer Wirtschafts- und Europadiktatur entgegen gehen.
Allein im Jahr 2011,

gab es 430 000 Millionärshaushalte in der
Bundesrepublik Deutschland, das sind 23 Prozent
mehr als im Vorjahr und dazu zählt auch ein teil
unserer Politikerinnen und Politiker.

Dass wir eine Wirtschaftsdiktatur haben, sieht man
auch daran, dass die Wirtschaft seit Jahren kräftig
wächst und die Unternehmen, insbesondere die
Großkonzerne, immer weniger Steuern zahlen.
Die von ihnen zu zahlende Körperschaftssteuer
trägt immer weniger zur Finanzierung des Staates
bei.
Im Jahr 2006 erbrachten sie noch
ca.22 000 000 000,00 Milliarden Euro, obwohl sich
die Gewinne von den Auswirkungen der
Finanzkrise längst erholt hat, zahlten die
Unternehmen und insbesondere die Großkonzerne
im Jahr 2011 nicht einmal
mehr 16 Milliarden Euro.

Für den fehlenden Rest der Milliarden, wird die
Deutsche Bevölkerung zur Kasse gebeten.
Während die Armen, in Deutschland immer
zahlreicher werden und der Mittelstand weg bricht,
werden die Superreichen Millionäre und unsere
Politikerinnen und Politiker immer reicher,
auf kosten der Steuerzahler.
Egal wo man hinschaut oder hinhört, egal welche
Zeitung man aufschlägt, egal welche Nachrichten
man sich ansieht, alle Sprechen von der Irrsinnigen
Steuergeldverschwendung und von der steigenden
Armut in Deutschland.
Trotz dieser Warnungen wird durch unsere
Politikerinnen und Politiker nichts dagegen

unternommen, im Gegenteil, die Kasse der Staatsfirma und die der Steuergeldverwaltungen, werden weiterhin mit dem Steuergeld der Bevölkerung befüllt um die Wirtschaft die Geldinstituten und die Reichen zu beschenken.
So lange die Staatsfirma und Steuergeldverwaltung in der Gewalt unserer Politikerinnen und Politiker ist, und nur diese über die Steuergeldausgaben bestimmen, wird sich an dieser ungerechten Steuergeldverteilung nichts ändern.
Das gleich gilt auch für die Veröffentlichung der genauen Ausgaben von den Steuergeldern.
Aber dafür werden die gefälschten und geschönten Statistiken veröffentlicht und in das Internet gestellt, um das Volk zu beruhigen.
Solange das Steuergeld in Milliardenhöhe von Euros in die so berühmte Staatskasse fliest und anschließend in dunkle Kanäle versickert, geht es unseren marionettenhaften Möchtegerne Politikerinnen und Politiker, der Wirtschaft, den Geldinstituten und den Reichen immer Gut, nur der eigenen Deutschen Bevölkerung geht es immer schlechter, wie zum Beispiel der Mittelschicht, den Rentnern, den Kindern, den Arbeiten, den Kranken, den Armen, den Arbeitslosen, den Alleinerziehenden und so wieder und so wieder.

Da kommt dann auch die Frage auf, will der Staat die Armen ausrotten und nur die Reichen am Leben erhalten!

Die Statistik besagt, das Männer und Frauen im unteren dritteln der Einkommensverteilung etwa 6 Jahre kürzere Leben als die Menschen in der

obersten Einkommensverteilung. Also auf gut
Deutsch,
Arme leben nicht so lang wie die Reichen.

Was Gut für den Staat ist, eine schrittweise
Ausrottung der Armen würde auch bedeuten, dass
der Staat in absehbarer Zukunft viel Geld sparen
würde, was die Sozialkassen an betrifft, und er
könnte den größten Teil der Rentenauszahlung, für
sich behalten.

Die Armen können sich die teueren Medikamente
nicht leisten und müssen auf die Gute und Gesunde
Lebensmittel verzichten, vom Obst und Gemüse
können sie nur Träumen, weil die Biolebensmittel
zu teuer sind.
Früher wurden die Armen ausgestoßen und in
Gettos am Rande der Städte verband und in der
heutigen Modernen Zeit, wird dafür gesorgt, das sie
sich an den Guten und Lebensnotwenigen
Medikamenten, sowie an den gesunden
Lebensmittel, aus finanziellen Gründen, und durch
die Steuergeldgier unserer Politikerinnen und
Politiker nicht Leisten können und somit eine vom
Staat gesteuerte niedrigere Lebenserwartung haben.

Wie lang wird die Deutsche Bevölkerung noch
benötigen, biss sie bemerkt, das die ganze
Wahlpropaganda und die hinterhältigen
Wahlversprechen, nur auf Lügen aufgebaut ist,
das die Versprechungen die unsere Politikerinnen
und Politiker machen, nicht durchführbar sind,
diese Versprechungen auch nicht durchführen
wollen und wenn, dann werden sie erst einmal um

Jahre verschoben und kommen nur Tröpfchenweise bei der Bevölkerung an, sobald sie ein Gegenmittel gefunden haben.

Auch wenn diese Staatsdiener von Steuergeschenke an die Bevölkerung sprechen, wird es nie solche geben, man darf nicht vergessen, für eine Steuererleichterung kommen zwei Steuererhöhungen dazu.
Wäre dies nicht so, könnten unsere Politikerinnen und Politiker ihre übertriebenen und zu hohen Pensionen und Diäten nicht beziehen, die Wirtschaft und Geldinstituten ihre Subventionen, nicht erhalten und somit auch ihr Luxuriöses Leben, nicht bestreiten.

Und woher sollen die Politikerinnen und Politiker dann das Geld nehmen, damit sie sich weiterhin das luxseriöse Leben leisten können!

Die deutsche Bevölkerung muss endlich wach werden, bevor der große Knall kommt, den wenn nichts mehr da ist, trifft es zuerst die Unterschicht, die die sowie so nichts haben, die Luxus verwöhnten Politikerinnen und Politikern, die reichen Wirtschaftsbosse und die Manager der Geldinstituten setzen sich mit ihren Millionen und Milliarden auf eine sonnige Südseeinsel ab.

Der Deutschen Bevölkerung ergeht es wie in den Jahren von 1921 bis 1922.

In den Jahren 1921 und 1922 kam es zu einem weltweiten Konjunktureinbruch.

Die Inflation sorgte für einen Zusammenbruch der deutschen Wirtschaft.
Die Arbeitslosigkeit stieg, die Reallöhne fielen ins Bodenlose und die Kassen der Gewerkschaften waren inzwischen leer geräumt.
Wie sieht es Heute nach 93 Jahr aus, mit den Billiglöhnen, mit den Eineurojobs, mit den Billionen Euro Staatsschulden, Leitzins auf Rekordtief, Sparer sind die Leidtragenden, mit der immer ärmer werdenden Bevölkerung.

Der Verursacher einer Inflation ist immer der Staat, da er sich zur Deckung seiner Ausgaben und zur Erfüllung von Leistungsversprechen, immer mehr verschulden muss und damit letztlich das Vertrauen in die eigene Währung untergräbt.

Es wir nicht mehr lange gehen, bis das Wirtschaftswachstum in Südeuropa schwächer wird,
die Arbeitslosenzahl wird steigen, die private Konsumnachfrage wird einbrechen, der Staat muss über Jahre den Gürtel enger schnallen und dann haben wir sie, die Inflation.
Muss es denn soweit kommen?

Wir brauchen mehr Mitbestimmung durch die Bevölkerung, wir brauchen keine marionettenhafte Berufsunerfahrene, Ideenlose Politikerinnen und Politiker, die der Wirtschaft, dem Europaparlament und den Geldinstituten unterstell sind, die der Deutschen Bevölkerung vorschreibt was zu dun und zu lassen ist.

Wie benötigen auch keinen Finanzminister und schon gar keinen Bundesfinanzminister, die dafür sorgen, dass die Armen immer ärmer werden, die Reichen immer reicher und die Steuergelder der Deutschen Bevölkerung an das Ausland verschenken, oder für Kriegswaffen zum Kriegspielen ausgegeben.
Aber wir haben nicht nur unfähige und ungelernte Ministerinnen und Minister der Finanzen, die nicht mit dem Geld der Steuerzahler umgehen können, wir haben so viele, die nur darauf aus sind, einen Posten im Staat zu ergattern und nur an den hohen Diäten und Pensionen Interesse zeigen, aber von tuten und blasen keine Ahnung haben.
Es sollte nur Politikerinnen und Politiker in Positionen kommen, die inhaltlichen Ahnungen haben, von dem, was sie tun, und sollten dies auch erlernt haben.

Wie kann jemand zum Beispiel ein guter Finanzminister sein, wenn er nie in einer dieser Branche gearbeitet oder dies gelernt hat.

Es sitzen auf den richtigen Posten die falschen Politikerinnen und Politiker.

Und daran wird sich nichts ändern, solange unerfahrene, ideenlose, gedankenlose, nur nach Macht lechzende Möchtegerne Politikerinnen und Politiker auf dem Vormarsch sind und vom Gutgläubigen Volk gewählt werden.
Erst bei einer funktionierenden Politik, mit erfahrenen Politikerinnen und Politiker wird die Staatsfirma, zu einem Bevölkerungsfreundlichem

politisch demokratischen regierendem Staat, die eine gute Arbeitsleistung für die Bevölkerung anbieten können.
Aber aus reinem Selbsterhaltungstrieb, Machtsucht und Steuergeldgier, wie es dies Politikerinnen und Politik betreiben, können die Deutschen Bürger lange auf eine gute Arbeitsleistung von den oben genanten warten.

Es müssen die richtigen Leute auf den richtigen Posten.

Ein Arbeiter hat das Ziel Geld zu verdienen und investiert seine Zeit, in der er in einer Firma beschäftigt ist, in die Arbeit und muss die Arbeit auch in der vorgegebenen Zeit Erfüllen, ist der Kunde und der Chef zufrieden bekommt er seinen Monatslohn.
Die Politikerin oder der Politiker bekommen ihre Pensionen und Diäten ohne dass sie für die Deutsche Bevölkerung eine Leistung erbringen.
Der Kunde unserer Politikerinnen und Politiker ist nun mal die Deutsche Bevölkerung, aber die Politikerinnen und Politiker wollen und können die Bevölkerung nicht Zufrieden stellen, die Bevölkerung wird nur vertröstet und hingehalten.
Es wird mehr für das Europa und die bankroten Länder getan als für das eigene Volk.

So ist es mit allem, da wird auch keine Rücksicht auf die Kinder und Jugendliche genommen.

Denken wir einmal an die Schulpolitik, was sie sich da alles einfallen lassen, Grundschule,

Ganztagsschule, Gesamtschule, Hauptschule, Realschule, Gymnasium, Spezialschule, Förderschule, Internat, Waldorfschule, Privatschule, Montessorischule oder Gemeinschaftsschulen, Werksrealschule, es ist ein sinnloser und nicht überschaubarer Bildungsdschungel, Flickenteppich, Kleinstaaterei, dabei kommt es doch nicht darauf an was draußen draufsteht, sondern dass was drinnen mit den Schülern gemacht wird.
Wenn es um ernsthafte Themen geht versagen unsere Politikerinnen und Politiker und so auch in der Bildungspolitik.

Der größere Teil von ca. 3 000 000 Millionen anspruchsberechtigten Kindern kommt nicht zu ihrem Recht auf Sporttraining, Musikunterricht, Schulessen und Nachhilfe.
Da bemerkt man wie ahnungslos unsere Politikerinnen und Politiker sind.
Ideenlosen und Ahnungslose Politikerinnen und Politiker haben wir mittlerweile genug in der Regierung, dabei ist völlig egal, wie ein Schulsystem aussieht, entscheidend ist, was sich im Unterricht abspielt
und dafür benötigen wir bestimmt
keine 16 Bildungsbürokratien
und 2500 unterschiedliche Lehrpläne.
Dabei wäre es doch so einfach.
Hat eine Schule genügend viele gut motivierte und ausgebildete Schulsozialarbeiter, Schulpsychologen und Lehrer, dann würde einer individuellen Förderung von Schülern in keinem Schulsystem in Deutschland,

ob Baden Württemberg, Bayern, Hessen oder in den anderen Ländern, im Wege stehen.

Wird dagegen am Schulpersonal gespart, weil das Steuergeld für die Diäten und Pensionen, und für Subventionen an die Wirtschaft, Geldinstituten und der Reichen herhalten muss, bräuchte man nicht vier Klassen zu zwei Klassen zusammenlegen, damit eine Klasse mit 36 Schülern voll gestopft ist. Wird aber ständig am System gedreht, geschraubt und nichts zu ende gebracht, ist die funktioniert nicht mehr gegeben.

Wie soll es auch, wenn wir eine Bundesbildungsministerin, Annette Schavan aus der CDU haben, die als Vorbildfunktion, nur an das Abschreiben gewöhnt ist, da können keine eigene sinnvolle Ideen und Konzepte entstehen.

Das in unserer Regierung nichts mehr funktioniert und an der falschen Stelle gespart wird, bemerkt man auch an den Kindertagesstätten, viel zu wenige Plätze, viel zu wenige Kindergärten, viel zu wenigen Erzieherinnen und eine Vielzahl von Einrichtungen, wie zum Beispiel
Halboffene Kindergärten, Kinderkrippen, Krabbel- und Spielgruppen, Kindergarten normal, Regelkindergarten, Kindertageseinrichtungen, Montessorikindergärten, Sonderkindergärten, Heilpädagogischen Tagesstätten, Schulvorbereitende Kindergärten, Integrationskindergarten, Bewegungskindergarten, Freinet-Kindergarten, Kindergarten für Integrative Gruppen, Kneipp-Kindergarten, offener Kindergarten, Reggio Kindergarten, Waldkindergarten,

Kindergarten mit Waldorf-Konzept, Kindergarten Spielzeugfreies Modell, Kindertageseinrichtungen für Einzelintegration, Kindertageseinrichtungen mit erweiterter, großer beziehungsweise mit weiter Altersmischung, Kindergärten mit Kombinierten beziehungsweise Kooperationseinrichtungen Nestgruppen, Kinderhorte, Katholischen Kindergarten, Evangelischer Kindergarten, Betriebskindertageseinrichtungen, politischer Kindergarten für die Politikerinnen und Politiker, man kann es sich nicht vorstellen, aber diese gibt es alle.

In absehbarer Zeit kommen dann noch einige hinzu, so wie die SPD Landesvorsitzende Ute Vogt es gerne möchte, türkische Kindergarten, polnische Kindergarten, rumänischer Kindergarten, italienischer Kindergarten, ungarischer Kindergarten, griechischer Kindergarten, viel oder mehrsprachiger Kindergarten, syrischer Kindergarten und so weiter und so weiter. Dann kommen auch noch Zusatzfächer für die Deutschen Schüler wie zum Beispiel Türkischunterricht, oder wie es CDU Bundesfinanzminister Wolfgang Schäuble gerne möchte, islamischer Religionsunterricht, als Hauptfach an Deutschen Schulen.

Solche Hirnlosen Debatten, haben nur eines im Sinn, ablenken, von der Steuergeldverschwendung, von der Staatsverschuldung, von den Versprechen während den Wahlen, von der Unfähigkeit unserer

Politikerinnen und Politiker und von den internen
Problemen.
Man könnte noch vieles Aufzählen,
aber belassen wir es dabei.

Dem deutschen Volk muss endlich bewusst
werden, das unsere Politikerinnen und Politiker,
nur einen Hintergedanken haben, sie wollen
Schnell reich werden, Macht besitzen und die Zahl
der Armut immer höher treiben.
Wären unsere Politikerinnen und Politiker keine
diktatorische Marionetten der Wirtschaft,
Geldinstituten der Reichen und dem
Europaparlament, sondern hätten sie die Aufgaben
vor den Augen für das was sie von der Deutschen
Bevölkerung gewählt wurden, würde Deutschland
sehr Gut dastehen,
Schuldenfrei, die Armut wäre wesentlich geringer
und es hätte alle Arbeit.

Um die Macht des Deutschen Volk auszuüben,
wurden sie als Vertreter gewählt, damit diese, die
Interessen des Deutschen Volkes vertreten,
zusammen in Einklang mit der Bevölkerung zu
Herrschen.

Auch die Rentner dürften es schon lange gespürt
habe, vor allem die im Westen, das unsere
Politikerinnen und Politiker mit ihnen das gleiche
Spiel spielt.
Rentenerhöhung im Osten das Zehnfache, obwohl
die im Westen mehr einbezahlt haben.
So was nennt Frau Merkel Rentenanpassung.

Für die Rentner im Westen gibt es nur eine Rentenerhöhung von 0,25 Prozent.
Dieser Wert gleicht nicht einmal die Inflation von derzeit 1,7 Prozent aus. Von einer Rentenerhöhung 2013 für die betroffenen Rentner im Westen kann daher nicht gesprochen werden.
Was läst sich Frau Merkel für das Jahr 2014 einfallen!
Werden die im Osten wieder eine Dreizehnfache Rentenerhöhung und die Rentner im Westen wieder einmal eine Nullrunde geschenkt bekommen.
Die Renten werden für die Westrentner immer weniger und die Lebenshaltungskosten für die Westrentner immer teurer, so dass der größte Teil der Rentner an der Armutsgrenze leben muss.
Die Rentner und besonderst die Rentnerinnen, die am Existenzminimum leben sind auf Grundsicherung im Alter angewiesen.
Grundsicherung ist der neue Begriff für Sozialhilfe.
So etwas passiert, wenn eine unfähige Bundesarbeitsministerin, wie zum Beispiel Ursula von der Leyen, auch von der CDU das Sagen hat, aber Ahnungslos ist, deshalb wurde sie auch von alle Seiten über ihre Unfähigkeit kritisiert und zur Bundesministerin der Verteidigung abgeschoben.
Im Bundesministerium der Verteidigung wurde schon soviel Falsch gemacht und Steuergelder in Milliardenhöhe in den Sand gesetzt und mit Ursula von der Leyen wird sich das bestimmt Ändern, schließlich müssen die externen Fachkräfte ja auch beschäftigt werden.

Was hat sie als Bundesministerin für Familie, Senioren, Frauen und Jugend geleistet und vollbracht!

Die Zuschussrente war ein blamabler Reinfall, sie streute Sand in die Augen von Geringverdienern und Rentnern, sie sorgte für eine dreizehnfache Rentenerhöhung im Osten, für die im Westen lebenden Alleinerzieherinnen hat sie nichts vollbracht, so dass diese immer noch an der Armutsgrenze leben.
Die hohe Anzahl der Kinderarmut hat von der Leyen vergrößert. Die Menschen die ein unbefristetes Arbeitsverhältnis haben, oder für Minilöhnen arbeiten,
können nicht in die Rentenversicherung einzahlen, oder sich zusätzlich privat vorsorgen.
Eine gewollte absichtliche Regelung von der Leyen, um die Armut in Deutschland höher zu Treiben.
Es gibt ca. 2,5 Millionen Soloselbständige, die von einem Projekt zum nächsten leben.
Es gibt derzeit ca. 12 Millionen Teilzeitbeschäftigte in Deutschland.
Es gibt zurzeit ca. 7 Millionen Geringverdiener, die lediglich 4 oder 5 Euro in der Stunde verdienen.
Auch im Bundeskanzleramt und Bundesministerin für Familie, Senioren, Frauen und Jugend arbeiten Frauen und Männer für ein bar Euro,
Hauptsachen die Pension und Diäten von der Leyen sind sicher,
für eine mangelhafte abgelieferte Arbeit.

In Deutschland arbeiten ca. 25 000 000 Millionen Menschen die einen minderwertigen Lohn bekommen, gefördert von der ehemaligen Bundesministerin für Familie, Senioren, Frauen und Jugend, von der Leyen.
Wenn man aber bedenk was die Frau von der Leyen gelernt hat, braucht man sich auch nicht wundern, das unterm Strich nichts Gescheites herauskommt.
Sie war von 2003 bis 2005 Ministerin für Soziales, Frauen, Familie und Gesundheit.
Von 1977 bis zu ihrem Studienabbruch 1980 betrieb sie Volkswirtschaftslehre anschließendes Medizinstudium zur Ärztin.
Wäre sie lieber Ärztin geblieben, aber da wollte sie wahrscheinlich keiner.

Bei so vielen ungelernten und unfähigen Politikerrinnen und Politikern, braucht man sich auch nicht Wundern, wenn unsere Regierung auf kosten der Steuerzahler,
immer wieder auf externe Berater zurückgreifen, die sich in der Materie auskennen, entsprechende Aufgaben zu erledigen und entsprechende Berichte zu Erstellen, weil die nach Machtgier strebenden steuergeldverschwenderischen Politikerinnen und Politiker von ihrer Tätigkeit keine Ahnung haben.

Wahlkämpfe unserer Politikerinnen und Politiker sind nichts anderes, als ein mittelmäßiges Drehbuch,
das dem Steuerzahler im Jahre 2013
ca. 75 000 000,00 Millionen Euro gekostet hat.

Obwohl die Zahl der Wahlberechtigten rückläufig ist, steigen merkwürdiger Weise die Wahlkosten immer Höher.
Im Jahre 2009 war das noch
ca. 67 000 000,00 Millionen Euro.

Diese bunte Wahlunterhaltung, dessen Eintrittsgeld der Steuerzahler bezahlt, ist nichts anderes, als eine teuere mangelhafte Theateraufführung, bei der die Politikerinnen und Politiker, durch Intrigen, Lügen, und langwierigen Debatte mit Streitereien, sich gegenseitig vorführen.
Diese Wahlen sind nur ein großes Theater mit sehr schlechten Statisten (Politikerinnen und Politikern), ob im Fernsehen oder im Bundestag, es wird nur gelogen, über die gegnerischen Parteien geschimpft und gelästert, aber am Ende hat sich nichts geändert.

So lang unsere Politikerinnen und Politiker nur auf sich und ihr eigenes Wohlbefinden aus sind, wird sich auch nie etwas Ändern.
Nur für die Reichen, für die Wirtschaft, die Geldinstituten, die bankrotten Euroländer das Europaparlament und für unsere Politikerinnen und Politiker, werden weiterhin mit Milliarden Steuergelder versorgt, sie verschenken die Steuergelder an das Ausland, oder es wird mit den Steuergeldern im Ausland Krieg gespielt.
Deutschland ist der dritt größte Waffen Exporteur auf der Welt.

Eine Steuererleichterung, oder auch Steuervergünstigungen genant, sollte eine

Verteilung von Steuergeldern an die Bevölkerung sein, profitieren tun aber nur die reichsten und der Staat, der Osten Deutschlands und unsere Politikerinnen und Politiker, die Westdeutsche Bevölkerung bekommt, wenn man die Inflationsrate abzieht, so gut wie nichts.

Es werden auch weiterhin Weststeuergelder in Osten fließen, solange die Merkeljaner in der Regierung sitzen.
Seit 1991 sind insgesamt
ca. 1 300 000 000 000,00 Billionen Euro Transferleistungen von den Bürgern im Westen zweckentfremdet worden und in den Osten geflossen.
Dafür wurden von den verantwortlichen Politikerinnen und Politiker, wieder einmal von der CDU Kohlischemerkelregierung, aus den Sozialkassen geplündert, was bei der CDU / CSU an der Tagesordnung liegt, und jetzt werden die Westrentner
auch noch bei der Rentenerhöhung betrogen, in dem die Ostrentnerinnen und Ostrentner immer eine höhere Rentenerhöhung bekommen als die im Westen.

Warum wird da nicht die Pensionskasse unserer Politikerinnen und Politiker geplündert, und für die Rentenanpassung im Osten zweckentfremdet.
Und wie sieht es bei den Diätenerhöhungen für die Westpolitikerinnen und Westpolitiker, im Verhältnis zu den Ostpolitikerinnen und Ostpolitiker in unserer Regierung aus!

Da gibt es keine unterschiede und da sind sich auch alle einig.
Die gleiche Ungerechtigkeit besteht zwischen den Beamten und den Normalbürgern.

Beispiel:

Ein Beamter mit einem Gehalt von 3723,16 Euro, bekommt eine Rente von sagenhaften 2 900,00 Euro an Pension im Monat.

Der Angestellte mit einem Gehalt von 3723,16 Euro,
bekommt eine Rente von ca. 1 500,00 Euro an Rente im Monat.
Das sind ca. 1 400,00 Euro mehr, und für diese Mehrpension die diese Beamten kommen,
wird das Geld der normalsterblichen Steuerzahler in der freien Wirtschaft zweckentfremdet.

Das ist Betrug an der nicht Verbeamtete Bevölkerung Deutschlands.

Wenn man jetzt noch die Rentenmehrzahlung an die Ostrentner mit einbeziht,
können sich die Westrentner vielleicht vorstellen, warum ihre monatliche Rente so gering ausfällt, auch wenn sie mehr einbezahlt haben als alle anderen.
Normalerweise sollten die Westrentner auf die Strasse gehen, um zu Protestieren, bis die Ordnung wieder hergestellt ist.
Einheitsrente für alle, ob Politiker, Beamter, Bundeskanzler, Bundespräsident, Lehrer,

Bundesfinanzminister oder Ostrentner.

Diese diktatorischen Gesetze bewirken nur eines, das unsere Politikerinnen und Politiker immer dicker und fetter werden, die Reichen immer reicher und die Armen immer ärmer.
Tatsache ist und das kann man sich an den fünf Fingern abzählen, unsere Politikerinnen und Politiker verschenken nichts, wenn es sich für sie und ihre Partei, für Wirtschaft und Industrie, sowie für die Reichen nicht lohnenswert ist. Die angeblichen Steuergeschenke, bestehen nur für die Wahlpropaganda, in der Zeit,
da die Wahlen beginnen und enden wenn die Wahlen zu Ende sind.
Deshalb vergessen unsere Politikerinnen und Politiker bei den Wahlen auch bewusst zu erwähnen,
das diese Steuergeschenke durch neue hinterhältige heimlich eingefädelte neue Steuergesetze und der zu erwarteten Inflation das doppelt und dreifach wieder hereingeholt wird und somit logischer Weise, dem Bürger im Westen auch weniger bleibt, als bei den Wahlen von unseren Politikerinnen und Politikern versprochen wurde.

Teuerung der Lebenshaltungskosten, Kraftstoffkosten, Stromerhöhung, Erneuerbare Energie, Mieterhöhung, sowie die Lebensnotwendigen Nahrungsmittel und Medikamenten, nur um ein bar Dinge zu nennen.
Die Versprechungen werden vorab hinter verschlossenen Türen ausgetüftelt und so berechnet,

dass der Bundesfinanzminister erst das Geld frei gibt, wenn seine Parteigenossen ihm eine Auflistung und Nachweis bringen, das die versprochenen Ausgaben, auf einer andere Art und Weise, doppelt und dreifach wieder in das Staatssägeld zurückfliest.
Und so wird die Bevölkerung verarscht und hinter das Licht geführt, durch Wahlkampflügen, Steuererleichterungslügen, Rentenlügen, Arbeitslosenstatistiklügen und seit neustem auch die Zukunftslügen und Griechenlandlügen, Lügen, Lügen, Lügen und dies Bewusst und in voller Absicht.
Und trotzdem geht die Deutsche Bevölkerung immer wieder zur Wahl und wählt die Korrupten Statistikfälschenden Lügner.

Denn bei den Wahlen geht es nur darum, Wahlstimmen zu sammeln, weshalb das Wahlrecht auch auf 16 Jahre herabgesetzt wurde.
Jede Stimme bringt der Partei, Milliarden von Steuergeldern in die Parteikasse, sind die Wahlen vorbei, werden erst einmal die Staatsdiener, unsere Politikerinnen und Politiker, die Wirtschaft, die Industrie, die Reichen, die Bewohner in Ostdeutschland und die bankrotten Euroländer, mit den schwer erarbeiteten Steuergeldern der deutschen Bevölkerung versorgt.
Genauso ist es mit der Statistiken die unsere Politikerinnen und Politiker erstellen lasen, alles nur Augenwischerei der Bevölkerung gegenüber, Schöndarstellen um in der Öffentlichkeit und dem Ausland gegenüber gut da zu stehen.

Das aber die Statistiken zum größten Teil manipuliert und geschönt sind, durch die Aufteilung verschiedener Ressourcen und Umbenennung von neu eingeführten Namensgebungen, fällt den wenigste Bürgern auf.

Was sind Ressourcen:
Ressourcen sind Maßnahmen die von unseren Politikerinnen und Politiker geschaffen wurden, mit dem Ziel, die Vielzahl vorhandenen Parteikassen und Schwarzgeldkonten, sowie die unzähligen, überflüssigen und unnütze Ämter, mit Steuergeldern zu füllen, sowie ihrer materielle Gier bei der Anschaffung von Luxusgegenstände zu Befriedigen.

Kommen wir noch einmal zurück zu den manipuliert Statistiken.
Statistik ist gleichbedeutend mit dem Wort Datenmaterial sammeln.
Nur mit dem unterschied, das unsere Politikerinnen und Politiker so lange das Datenmaterial hin und her schieben, ausradiert und korrigiert haben, bis sich das Papier, auf dem die Echtzeit Daten zusammengetragen und festgehalten wurden, schwarz verfärbt, unleserlich wird, und keiner mehr den Durchblick hat.
Ein kleines Beispiel die Statistik der Arbeitslosenzahlen:

Laut der Bundesagentur für Arbeit haben wir Anfang 2012 über 3 400 000 Millionen Menschen die ohne Arbeit sind, bei einer nicht manipulierten Statistik, hatten wir aber Anfang 2012

mindestens 10 000 000 Millionen Menschen ohne Arbeit.
Weil das Schönen der Statistiken seit Jahrzehnten in unserer Politik aber Tradition ist, fehlten gut 6 600 000 Millionen Menschen in der offiziellen Bekanntgabe der Arbeitslosstatistik. Aber durch die Aufteilung der vielen Ressourcen und Benennungen, Arbeitslose, Arbeitslosen II, ALG II, Hartz IV, Minijob, Eineurojob, Geringverdiener, Sozialhilfe, und wie sie noch Aufgeteilt werden, wird ihr durch die vielen Ressourcen, die Arbeitslosenzahl, also alle die Mensche, die keiner Vollzeittätigung nach gehen, bewusst und auf fälschlicher Art und Weise,
mit falschen Daten an die Öffentlichkeit getragen. Durch diese Aufteilung und Einführung der Billiglöhne sind mehr Arbeitende in Arbeit, obwohl weniger Arbeit zur Verfügung steht. Die Rekordzahlen belaufen sich auf ca. 42 100 000 Millionen Beschäftigten laut der Info des Statistischen Bundesamtes, was wiederum nichts darüber Aussagt, wie stark man in den Arbeitsmarkt integriert ist, zumal der Facharbeiter in einem Wirtschaftsbetrieb mit Festanstellung und die Hartz IV Empfänger, der ab und zu, die Briefkästen mit Werbemittel voll stopft, in der geschönten Statistik aufgenommen werden.
In der fälschliche und geschönte Statistiken vom Bundesarbeitsamt werden da natürlich auch alle Bürger im Alter ab 15 Jahren mit eingerechnet, die mindestens eine Stunde pro Woche Arbeiten, sowie alle Rentner die über 65 Jahre sind und sich zu den geringen Renten etwas dazu Verdienen möchten. Das sieht man auch daran, dass sich die Anzahl der

Normalarbeitsverhältnisse im gleichen Zeitraum um ca. 2 000 000 Millionen reduziert hat.

Alles eben nur eine Schönmalerei unserer Politikerinnen und Politiker, um wieder einmal der Deutschen Bevölkerung, auf getäuschter Art und Weise zu demonstrieren, wie Gut es um Deutschland aussieht. Aber nur dank geschönten und fälschlich dargestellten Statistiken.

Bundesministerin für Arbeit und Soziales, war Ursula von der Leyen, gelernte Ärztin, auch eine von der CDU, und ohne dass sie diesen Beruf, Bundesministerin für Arbeit und Soziales, erlernt oder praktiziert hat, wurde nur angelernt. Angelernt in dem Sinne, Probleme und Aufgaben extern zu Vergeben.

So wurde die Arbeitslosenzahl gesenkt, durch das manipulieren, geschönt und gefälscht dargestellten Statistiken und das Erfinden von neuen Ressourcen. Aber eine positive Leistung, was zur Senkung der Arbeitslosenzahl geführt hätte, hat sie nicht erbracht. Vielleicht ist sie auf dem Posten, Bundesministerin der Verteidigung besser aufgehoben.

Würde sie als Ärztin solche Statistiken aufstellen, würde es um die Patienten sehr schlecht aussehen. Alle Staatsangestellte, sowie Politikerrinnen und Politiker, die keine nachweisbaren Erfolge erbringen, müssten genauso behandelt werden, wie die, die in der freien Wirtschaft tätig sind.

Dies wäre der erste Schritt um Milliarden Euro an Steuergelder einzusparen. Und wenn wir die richtigen Leute am richtigen Platz hätten, würde die Arbeitslosenzahl bestimmt geringer Ausfallen.

Die Zahl aller Unterbeschäftigten einschließlich der offiziell arbeitslos Gemeldeten in Deutschland liegt bei ca. 8 500 000 Millionen Erwerbsfähigen, ohne Arbeit.

Diese setze sich aus ca. 3 000 000 Millionen Erwerbslosen, ca. 4 000 000 Millionen Unterbeschäftigten in Teilzeit, sowie ca. 1 500 000 Millionen Menschen aus der so genannten stillen Reserve zusammen.

Zur Stillen Reserve gehören überwiegend solche Personen, die keinen Anspruch auf Arbeitslosenunterstützung haben, zum Beispiel Hausfrauen, die bisher keiner Berufstätigkeit nachgegangen sind, Studenten, Schüler und Rentner, die zumeist eine Nebentätigkeit suchen.

Zum Teil findet man in der Stillen Reserve aber auch Personen, die sich entmutigt vom Arbeitsmarkt zurückgezogen haben, weil sie nach langer Arbeitslosigkeit keinen Arbeitsplatz gefunden haben.

Volkswirtschaftlich relevant hieran ist, dass die Personen der stillen Reserve auf Grund ihres Rückzugs vom Arbeitsmarkt nicht in die Berechnung der Arbeitslosenquote eingehen.

Das sind allein ca. 700 000 Menschen.

Sie melden sich wegen ihrer schlechten Vermittlungschancen gar nicht erst bei den Arbeitsagenturen. Hinzu kommen dann noch etwa eine ca. 1 000 000 Million Menschen, die nicht als arbeitslos gezählt werden, weil sie als Eineurojobber arbeiten, in Arbeitsbeschaffungsmaßnahmen stecken, staatlich gefördert werden, frühverrentet wurden, oder Langzeitarbeitslose über 58 Jahre, aus der

Arbeitslosenstatistik fallen, wenn ihnen nicht innerhalb eines Jahres ein konkretes Jobangebot gemacht werden kann.
Durch diese Aufteilung, kann man der Bevölkerung schön vorlügen, dass die Anzahl der Arbeitslosen angeblich immer weniger wird, aber die Realität sieht anders aus.
Geschätzte Arbeitslosen in Deutschland
ca. 10 000 000 Millionen Menschen.
Dass die Regierungen schon seit Jahrzehnten, immer an der Statistik drehen, dürften allen bekannt sein, dadurch wird alles nicht besser, im Gegenteil, es wird schlimmer, die Armen immer ärmer, die Wirtschaft, die Politikerinnen und Politiker immer reicher, die Löhne für die Arbeiter in der freien Wirtschaft immer niedriger und die Manipulation unserer Politikerinnen und Politiker immer undurchschaubarer.
Denen in der Regierung geht es nur darum, in der Öffentlichkeit gut da zu stehen, Steuergelder in Milliardenhöhe von Euros auf betrügerischer Art und Weis zu Verschwenden, Pensionen und Diäten zu erhöhen, genügend Zeit zu haben, um ihre Nebentätigkeiten nachzukommen und die Bevölkerung durch geschönte Statistiken zu Hintergehen, in der Hoffnung ein guter Eindruck für die nächste Wahl zu hinterlassen.
Und da ist noch die Geschichte mit dem Budget beziehungsweise Haushaltsplan, Etat oder auch, Steuergeldtopf genant. Umso weniger Arbeitslose bei einem Arbeitsamt gemeldet sind, umso weniger Steuergelder fließen im darauf folgendem Jahr an das entsprechende Arbeitsamt. Das bedeutet, die Arbeitsämter dürfen nur einen geringen Prozentsatz

der Arbeitssuchenden in Arbeit bringen, ansonsten sind die Arbeitsamtangestellten, die von den Steuerzahler bezahlt werden, Arbeitslos und die Millionen Euros an Steuergelder, die für das Arbeitsamt zur Verfügung gestellt werden, gibt es nicht. Die Arbeitslosenzahl muss immer so hoch gehalten werden, dass im kommenden Jahr auch wieder Milliarden Euro an Steuergelder an die entsprechende unnütze Ämteramtkasse einfließen. Die Bundesanstalt für Arbeit ist eines von den Ämtern, die sich eigentlich für die Arbeitslosen und Arbeitssuchende einsetzen sollte. In diesen Steuergeldverschlingenden Ämter sitzen
ca. 80 000 Festangestellte,
ca. 10 000 extern Beschäftigte,
ergibt zusammen ein staatlicher steuergeldverschwenderischer Großkonzern mit insgesamt 90 000 Beschäftigten.

Einnahmen
ca. 53 000 000 000,00 Milliarden Euro.

Personalausgaben
ca. 3 500 000 000,00 Milliarden Euro.

Verwaltungsausgaben
ca. 4 500 000 000,00 Milliarden Euro.

externe Verwaltungsausgaben und Investitionen
ca. 1 600 000 000,00 Milliarden Euro.

Insgesamt rund
ca. 9 600 000 000,00 Milliarden Euro.

Rest
ca. 43 500 000 000,00 Milliarden Euro.

Davon werden
ca. 25 000 000 000,00 Milliarden Euro.
für das Arbeitslosengeld aufgewendet.

Bleibt also ein Restbetrag von
ca.18 500 000 000,00 Milliarden Euro.

Wenn man bedenkt dass das Arbeitsamt allein nur
für die Verwaltungsausgaben und Investitionen
ca. 6 500 000 000,00 Milliarden Euro verpulvert,
muss man sich die Frage stellen, auf welche
schwarzen Konten wird der Rest der Milliarden
Euro von Steuergeldern deponiert, es kann auch
nicht sein, dass die Verwaltungskosten höher sind,
als die Personalkosten.

Ob die monatlichen Diäten von der Leyen in diesen
Personalkosten auch mit einberechnet wurden,
sei dahin gestellt.
In der freien Wirtschaft würde von der Leyen, unter
solchen Umständen und mit solch einer
Geschäftsführung keine Anstellung bekommen.
Manchmal wäre es auch ratsamer und besser, man
würde im erlernten Beruf weiter arbeiten, anstatt
auf kosten der Steuerzahler, einen Posten beziehen,
von dem man keine Ahnung hat.
Das zeigt sich auch an der Unlogischen und
Hilflosen, ja fast schon dummen Arbeitsweise, bei
den Arbeitsämtern.

Für was benötigen wir ein Arbeitsamt überhaupt, das nur auf das eigene Wohl und auf die Steuergeldverschwendung aus ist und für die Arbeitsamtangestellten ein bequemer Arbeitsplatz zur Verfügung stellt.
Arbeitslose und Arbeitssuchende, können lange warten, bis sie von solchen Arbeitsamtangestellte Hilfe für einen Arbeitsplatz erhalten, diese Arbeitsamtangestellte mache sich die Hände für die Arbeitssuchenden nicht schmutzig, lieber schicken sie diese Arbeitssuchende zu einer Personalvermittlung, die dem Arbeitssuchenden dann eine bessere Aussicht auf einen Arbeitsplatz ermöglichen.
Das Arbeitsamt hat nur die Aufgabe, die Arbeitslosen solange wie möglich Arbeitslos zu halten, damit die Arbeitsplätze der 90 000 Arbeitsamtangestellte aufrechterhalten werden und das jährliche Budget auch wieder in die Kasse, des staatlichen Großkonzerns gut geschrieben werden kann.
Übrigens so ein Arbeitsamtangestellter bekommt für seine sinnlose Tätigkeit, im Schnitt ein Monatsgehalt von ca. 3 200,00 Euro, dies muss auch vom Steuerzahler aufgebracht werden.

Ein Beispiel wie die Vorgehensweise und die Arbeitsweise des Arbeitsamtes abläuft.

Beim ersten Termin bekommt man dann auch gleich mitgeteilt dass die Chancen,
für die über 50 jährigen sehr schlecht sind und man versuchen sollte, aus diesen zwei Jahren der anstehenden Arbeitslosigkeit das Beste zu machen,

in Zeitungen und im Internet nachzusehen und mit etwas Glück bekommt man Vielleicht eine Arbeitsstelle.
Eine Weiterbildungen und Zusatzlehrgänge wie Staplerschein, werden von vornherein für dieses Alter abgelehnt, auch dann wenn man dadurch die Möglichkeit hat eine Anstellung zu bekommen.
Was man dann vom Arbeitsamt bekommt sind zwei Papiermappen, einmal Gelb für Arbeitsvermittlung und den Zugangsdaten mit Kundennummer, einmal Blau für den Antrag des Arbeitslosengeldes mit einigen Broschüren, die Bescheinigung über die Höhe des Arbeitslosengeldes bekommt man mit der Post zugestellt.
Einmal im Monat bekommt man einen Termin, unterhält sich über das Wetter und über die schlechten Möglichkeiten, im Alter von über 50 Jahre eine Anstellung zu bekommen, bespricht die versendeten Bewerbungen, und geht dann wieder nach Hause.

Sind die zwei Jahre dann vorbei, beginnt eigentlich das, was in den ersten Wochen der Arbeitslosigkeit durchgeführt werden sollte, was aber nicht in den Zuständigkeitsbereich des Arbeitsamtes gehört, oder die Arbeitsamtsangestellte für Vermittlungstätigkeit zu Unwissend sind.
Hat das Arbeitsamt es nicht geschafft, den Arbeitslosen in Arbeit zu bringen, wird man an die Kommunale Arbeitsförderung Jobcenter mit einer einwöchigen Eingliederungsmaßnahme beschert, die Kommunale Arbeitsförderung Jobcenter bei der ein Mitarbeiter von der Kommunale Arbeitsförderung Jobcenter bei der suche und

Arbeitsplatzfindung behilflich sein sollte und Kontakte zu den Ansässigen Firmen pflegt, bringt es auch nicht fertig, die älteren Arbeitslosen in Arbeit zu bringen. Bevor es aber soweit ist, muss man zuerst an einer einwöchigen Eingliederungsmaßnahme teilnehmen.
Diese sind wiederum externe Firmen, die dem Steuerzahler einige Millionen Euro im Jahr an Steuergeldern kosten.
In dieser Eingliederungsmaßnahme sitzen, wenn alle anwesend sind, ca. 25 Arbeitslose, im alter zwischen 17 Jahren bis über 60 Jahren.
Die jüngeren Generationen die an dieser Eingliederungsmaßnahme teilnehmen, haben schon einige Lehren abgebrochen, weil sie keinen Gefallen an der Lehre haben oder der Stress zu groß ist. Dann sind da noch die Alkoholiker, die das trinken nicht lassen können, die Ausländer, die man erst einmal zum Deutschunterricht schicken sollte, damit man sich mit ihnen Unterhalten kann, sowie ein Teil an Frauen, die einen Minijob suchen, weil die aussichten auf eine Festanstellung sehr schlecht sind. In die sinnlose Eingliederungsmaßnahme kommen noch die Langzeitarbeitslose hinzu, die über zwei Jahr auf Jobsuche sind und noch keinen Arbeitsplatz gefunden haben, sowie die über 60 jährigen, die sowieso keiner haben möchte.

Der erste Tag beginnt mit der Vorstellung des Seminarleiters und der eigenen Vorstellung der anwesenden Seminarteilnehmer.
Die nächsten Tage sehen auch nicht viel interessanter und Lehreicher aus.

Der Seminarleiter erteilt kurz und knapp die Aufgaben (Lebenslauf erstellen, Bewerbungen erstellen und nach Arbeit im Internet zu suchen), danach ist er ständig unterwegs.
Am letzten Tag angekommen, nimmt sich der Seminarleiter doch noch etwas Zeit, um von jedem Seminarteilnehmer Fotos zu machen, die für den Lebenslauf bestimmt sind.
Als dank für die Arbeitsbeschaffungsmassnahme für das externe Bildungszentrum bekommt jeder eine Teilnahmebescheinigung.
Das Kuriose dabei ist, dass die Eingliederungsmaßnahme über ein Bildungszentrum durchgeführt wird, die eine eigene Personalvermittlung betreibt und am Eingang des Bildungszentrums ein Büro unterhält.
Das nette dabei ist, das die Angestellten, die für die Personalvermittlung zuständig sind, öfters in den Unterricht kommt, um sofortige kurzfristige Arbeitsplätze für eins oder zwei Tage anzubieten.
Was hat man nun in dieser Woche gelernt!
Einen Lebenslauf erstellt, den sowieso schon alle hatten, eine Bewerbung geschrieben, und ein Bewerberprofil für die ansässige Personalfirma ausgefüllt, und das war es auch schon.
Wie schon erwähnt, eine ABM (Arbeitsbeschaffungsmassnahme) für eine externe Firma, die durch Steuergelder finanziert wird.
Arbeitplatzfindung gleich Null.

Die wenigsten Bürg haben überhaupt keine Vorstellung,
wie sinnlos, ideenlos und verschwenderisch mit den Steuergeldern umgegangen wird.

Diese Staatsangestellte verdienen das drei bis vier fache von dem was ein Arbeitssuchender vom Staat erhält. Und was machen diese Jobcenterarbeitsplatzberater und Jobcenteraußendienstmitarbeiter?
Alles Mögliche nur nicht die Arbeitslosen in Arbeit bringen.

Nach ca. 6 Monaten bekommt man wieder eine Einladung zugesandt, um über die versendeten Bewerbungen zu sprechen.
Das wiederholt sich dann auch zweimal jährlich, damit es den Arbeitsamtbeschäftigten, Jobcenterarbeitsplatzberater und den Jobcenteraußendienstmitarbeiter nicht langweilig wird,
mit einem Milliarden Euro teueren Steuergeldaufwand, die auf kosten der Bevölkerung, und der Arbeitslosen in den Sand gesetzt werden.
Einen Arbeitsplatz hat man immer noch keine.

Der Arbeitssuchende, beziehungsweise der Arbeitslose auch Allg. II genannt, wird bestraft, in dem er dafür alle 6 Monaten ca. 50,00 Euro weniger bekommt und die unnützen Jobcenterarbeitsplatzberater und Jobcenteraußendienstmitarbeiter mit all den Arbeitsamtbeschäftigten, werden für das Nichtstun mit einem überhöhten Gehalt belohnt.
Würden all diese Staatsdiener nach Leistung bezahlt, was leider nicht der Fall ist, könnte die Staatskasse Milliarden Euro einsparen.

Auch die neue Idee der Bundesregierung, 30 000 Hartz IV Empfänger die ohne geeigneten Berufsabschluss sind, für 18 Monaten zu Fördern und zu einem Job zu verhelfen, dient nur zur Schönfärberei der Statistik, damit die Statistik um 30 000 Arbeitslose verringert werden kann.
Dies ausgewählten 30 000 Arbeitslose erhalten genauso wenig einen Job, wie die Arbeitslosen, die einen Beruf erlernt haben.
Dieser bürokratische Aufwand ist nur mit Millionen Euro Steuergelder verbunden, die wieder einmal zu Lasten der Steuerzahler geht.
Ideenlose, Hilflose und nicht durchdachte Ideen, unserer Politikerinnen und Politiker, weil diese von der Realität keine Ahnung haben.
Da aber unsere gelangweiten und Ideenlosen Politikerinnen und Politiker, nur Marionetten der Wirtschaft sind, unterstützen sie diese lieber mit der geringen Niedriglohndebatte, billige ausländische Arbeitskräfte anstatt die Arbeitslosen Fachkräfte in Arbeit zu bringen.

Überall beschwert sich die Wirtschaft über fehlende Fachkräfte, aber Arbeitslose Fachkräfte übernehmen möchten sie nicht.
Sind diese vielleicht zu teuer, und suchen deswegen billige Fachkräfte im Ausland!
Oder ist das ganze Gerede über fehlende Fachkräfte nur Augenwischerei!

Es ist schon verwunderlich, für was man solche Gedankenlose, Hilflose und Ideenlose,
teuer bezahlt, vom Luxus verwöhnte,
Politikerinnen und Politiker benötigt.

Wenn man dann einmal einen Einblick in diese luxuriöse Büroräume unserer Politikerinnen und Politiker, sowie der Arbeitsamtangestellten, oder der Jobcenterarbeitsplatzberater bekommen, versteht man auch für was die Milliarden Euro Steuergelder verwendet werden.
Diese teuer bezahlten Angestellten unseres Staates, verhalten sich wie ihre Vorgesetzten.
Sie betreiben Steuergeldverschwendung in einem Unvorstellbaren ausmaß, bei dem die Ausgaben im Verhältnis zu den zur Verfügung stehenden Lohnkosten, um das vielfache übersteigen.
Dies wäre in der freien Wirtschaft nicht vorstellbar und würde einen Bankrott jeder Firma bedeuten.
Aber solange die Steuerzahler gezwungen werden, diese Misswirtschaft und Steuergeldverschwendung in unserem Staat auszugleichen, werden sich die ungelernten, hilflosen, Ideenlosen und Berufunerfahrenen Politikerinnen und Politiker, Beamten und Staatsangestellten weiterhin auf den manipulierten Statistiken Ausruhen und ihre ungerechten fetten Diäten und Pensionen Kassieren.

Würde man alle oben genannten nach Leistung bezahlen, würde keiner von denen Überleben.
Durch solche unerfahrenen Politikerinnen und Politiker, entsteht dann eine Unlogische und sinnlose undurchschaubare Bürokratie, bei der von vornherein einem bewusst ist, das dies nur Zeitaufwändige, Ideenlose, Sinnlose Arbeitsbeschaffungsmaßnahmen unserer Politikerinnen und Politiker sind, was dabei

herauskommt sind umständlich Arbeitsabläufe die kompliziert gestallten werden und Milliarden Euros an Steuergelder verschlingen.

Das Konzept und die hilflosen Ideen unserer Politikerinnen und Politiker ist ein steuergeldverschwenderischer Rückschritt in eine längst abgeschaffte schriftliche Bürokratie, gegenüber der vereinfachten und schnelleren, technisierten und kommunikativen PC Welt, der Doppel und Dreifachstrukturierten Arbeitsweise unseres Staates.
Vorteile für die Langzeitarbeitslosen sind daher auch nicht zu erkennen.
Stattdessen eine Vielzahl von Verschlechterungen.
Die ehemalige Arbeitsministerin von der Leyen stellte keine Organisationseinheit zur wirkungsvollen Bekämpfung der Langzeitarbeitslosigkeit dar, wie sollte sie auch, als Ausgebildete Ärztin.
Da lagen ihr die schön Malerei und das erstellen von gefälschten Statistiken besser,
als die Zahl der Menschen ohne Job, die wieder einmal angestiegen ist, zu reduzieren.
Auch als Bundesministerin der Verteidigung im Kabinett Merkel III.
wird sie weiterhin die Schönmalerei betreiben, sowie Steuergeldverschwendung in Milliarden Höhe betreiben.
Neue Ideen haben die Staatsbediensteten immer, aber Arbeitslose in Arbeit bringen, dazu sind sie nicht im Stande.
Was nützt einem ein Kontakt Cafe plus 50,

das von dem Jobcenter oder Arbeitsamt eröffnet
wurde, wenn das Fahrgeld, die Fahrgelegenheit
oder dies aus
finanziellen gründen nicht Möglich ist,
das Angebot an zu nehmen!
Unsere Politikerinnen und Politiker verdrehen und
Benennen alles nur mit anderem Namen, damit in
der Bevölkerung, der anschien erweckt wir, das
alles besser ist, dabei wird alles nur schön Geredet
und in Wirklichkeit wird alles schlechter,
es tut sich nichts.
Weshalb die Armut, Rentner die am
Existenzminimum leben, und hungernde Kinder,
Menschen die auf der Strasse oder unter der Brücke
leben, immer höher werden.
Deutschland ist ein voll gestopfter Staat, mit
Staatsdienern, die den größten Steuergeldanteil nur
für sich in Anspruch nehmen, wie das nachfolgende
Beispiel zeigt.
Den Höchstsatz an Pensionen (Renten für die
Politiker)
beläuft sich auf ca. 9168,00 Euro,
das sind 75 % von seinen Diäten.

Bei dem normalen Bürger liegt der Höchstsatz bei
ca. 1.946 Euro,
das sind 64% nach Abzug.

Wo ist da die Gerechtigkeit?
Die Bevölkerung muss nicht nur für die Diäten
unserer Politikerinnen und Politiker aufkommen,
sie muss auch noch für die Pensionen der
Staatsdiener bezahlen.

Der Arbeiter erbringt seine Leistung, die Bezahlt wird, und aus die, die Rente berechnet wird, der Staatsdiener erbringt keine Leistung, und bekommt die volle Rente, warum muss dafür die Bevölkerung herhalten!

Fazit:
die Bevölkerung wird dazu gezwungen, das die Staatsdiener im Rentenalter ein luxuriöses Dasein führen können, wenn der Bürger, einmal in Rente gehen, muss er darum Kämpfen, das er einigermaßen Überleben kann.
Nach Paragraf 15 des Bundesministergesetzes, dies ist ein Gesetz das auch durch unsere Staatsdiener erstellt und erdacht wurde, damit die Politikerinnen und Politiker wenn sie einmal in Rente gehen,
in Wohlstand leben können.
Sie haben als Mitglieder der Regierung einen Anspruch auf Ruhegehalt, wenn sie eine Amtszeit von mindestens einem Jahr und 274 Tagen erfüllt haben.
Dafür erfinden sie dann Gesetze, dass die Arbeiter länger Arbeiten müssen, weniger Rente bekommen, oder für ihre Rente selber zu Sorgen haben.
Warum müssen die Staatsdiener mir ihren überhöhten Gehälter nicht für ihr luxuriöses Rentnerdasein selber aufkommen?
Schließlich verdienen sie das 8 bis 10 fache von dem was ein normal Bürger monatlich ausbezahlt bekommt.

Noch ein Beispiel über das luxseriöse Pensionseinkommen, wenn Frau Merkel einmal in Rente gehen sollte,
darin nicht enthalten, ist die Rente von ihrem Lebensgefährten, die seht wahrscheinlich genau so hoch liegen dürfte, wie die von unserer Europareisekanzlerin Frau Merkel.

Die Kanzlerin Angela Merkel auch wieder von der CDU, im Amt seit 22. 11. 2005
Anrechnungszeiten 17 Jahre, Mitglied des Bundestags, acht Jahre Bundesministerin,
noch Kanzlerin, angerechnete Arbeitszeit 10 Jahren, Pensionsanspruch zum 1. September 2007, erhält Siebentausenddreihundert Euro (7 300,00 Euro) was der Steuerzahler aufbringen muss.
Wenn ihr Lebensgefährte eine Rente von ca.5 000,00 Euro erhält, haben sie zusammen ca. 12 300,00 Euro, um ihr, auf kosten von den Steuerzahlern bezahltes luxuriöses Rentnerdasein zu Genießen.

Ein Arbeiter bekommt, wenn er in Rente geht, Tausend Euro (1 000 Euro)
Für 45 Jahre hartes Arbeiten.

Man bedenke, die Arbeiter in einer Fabrik, am Fließband, bei Wind und Wetter im Freien,
die Fischer auf dem Meer, die Maurer, die Straßenbauer, die Lastkraftwagenfahrer, die Hoch und Tiefbauer, die Arbeiter die in Drei oder Vierschicht Arbeiten um nur einige zu Erwähnen, die ehrlich und hart für ihre Rente arbeiten müssen,

werden mit einer Minimalrente, die gerade einmal zum Überleben ausreicht, abgespeist.

Ein weiteres Beispiel über einen Bundesfinanzminister:
Ein Bundesfinanzminister, das ist der, der das ganze eingezogene und eingetriebene Steuergeld der Deutschen Bevölkerung verteilt,
wie zum Beispiel Herr Schäuble,
mit mindestens 34 Jahre Büroarbeit,
auch einer von der CDU, und mit der Spendenaffäre behaftet, wie viel Steuergeld er unterschlagen hat wurde nie genau Bekannt gegeben, aber immerhin gibt Herr Schäuble zu, vom Waffenhändler Karlheinz Schreiber, eine Spende über 100.000 D - Mark, für die CDU entgegengenommen zu haben und versehendlich in seiner oberen hinteren Büroschublade vergessen hatte, bekommt eine Anrechnungszeiten von 34 Jahre als Mitglied des Bundestags, war neun Jahre Minister,
Pensionsanspruch zum 1. September 2007 Achttausendneunzig Euro (8090,00 Euro).

Helmut Kohl, auch einer CDU,
bekommt trotz Schmiergeldaffäre und Steuergeldunterschlagung in Milliardenhöhe, ein monatliches Ruhegehalt von 12 800,00 Euro.

Das muss man sich einmal auf der Zunge vergehen lassen.

Sein Parteigenosse und Herr Schäuble warnt griechische Parteien vor Wählertäuschung, und was macht Herr Schäuble mit der deutschen Bürgern, er macht das Gleiche, täuscht und verarscht die Deutsche Bevölkerung.

Die Rentenkassen waren gefüllt unter Herr Kohl und Herr Schäuble und wurden wieder leer geräumt und Zweckentfremdet.

Und dafür bekam unserem hoch angesehenen Bundeskanzler auch noch das Bundesverdienstkreuz.

Gerade die Rentner hätten allen Grund dazu, auf die Barrikaden zu gehen.
Diese haben ein Leben lang in die Rentenkasse eingezahlt und werden heute um ihr Eigentum gebracht, weil zu Kohls Zeiten und in der Merkelära die Rentenüberschüsse zur Stopfung von leer geplünderten Haushaltkassen hergenommen wurden und noch werden,
Sie bekommen eine Rente, die nicht zum Sterben und zum Leben reicht.
Um die Rentenauszahlungen so gering wie möglich zu Halten, wurden die Rentenerhöhungen nach Kassenlage beschlossen.

Nur bei den Pensionen unserer Staatsangestellten wird sie nicht nach Kassenlage beschlossen.
Das über Jahrzehnte gültige Rentensystem wurde quasi über Nacht abgeschafft, obwohl die Lebenshaltungskosten, Pflegeversicherungsbeiträge, Mieten und Sozialversicherungsbeiträge gestiegen sind, wird eine Nullrunde nach der anderen verordnet,

während die tausenden pensionierte Beamte, sich genüsslich zurücklehnen und sich an den steigenden Pensionen glücklich schätzen.
Auch die Ostrentner werden aus dem Rententopf der Westrentner bezahlt.

Wer hat denn die Rentengarantie lauthals verkündet?
die CDU die stets verkündete, die Renten seien sicher, auch wenn diese an der Armutsgrenze liegen.

Was sie aber nicht verkündeten, das die Rente immer weniger wird, das die Renteerhöhung für den Osten bis zu 10 Prozent höher ausfallen als die im West und die monatlichen Belastung für die Westrentner immer höher werden.

Worin liegt eigentlich das Problem für eine Einheitsrente von ca. 1500 Euro für alle,
auch für die Politikerinnen und Politiker, die Beamten, Manager und so weiter.

Egal was die merkleschen Regierungsgenossen sich ausdenken, es ist immer ein bitterer Nachgeschmack für die Bevölkerung dabei und das war auch schon zu Kohlszeiten so.
Sie können ihr Unwesen nach Lust und Laune an dem Deutschen Volk austoben, werden für ihren Betrug am Volke nicht bestraft aber dafür weiter Bezahlt, egal wie sie das Volk bewusst hintergehen oder bewusst betrügen, bewusst Steuergelder zweckendfremden, ob sie Straftaten begehen, Schmiergelder annehmen, Steuergelder

unterschlagen, verschwenderisch und betrügerisch mit den Steuergeldern umgehen, für diese Politikerinnen und Politiker gelten eben andere Gesetze,
solche Gesetze, wie sie in einer Diktatur eben üblich sind, denn in einer funktionierenden Demokratie, würde man alle gleich Behanteln.
Dafür gönnen sich unsere Politikerinnen und Politiker auf kosten der Steuerzahler und der Rentner, ein Luxusleben, während der Amtszeit und danach, wenn sie einmal in Pension sind.

Wenn die Deutsche Bevölkerung weiterhin nur zusieht, wie unsere Politikerinnen und Politiker das Volk hintergehen und betrügen, wird es für eine Rückkehr zur Demokratie immer schwerer werden.
Solange die Politikerinnen und Politiker das gerechte Verhältnis zu den Steuergeldern und zu der Deutschen Bevölkerung nicht zu recht rückt, wird sich an der ganzen Situation nichts Ändern und die berühmte Schere zwischen Arm und Reich immer stärker Öffnen.
Es kann auch nicht sein, das die Deutsche Bevölkerung immer die finanziellen Fehler unserer Politikerinnen und Politiker ausbaden muss, wie zum Beispiel für die intern gemachte Staatsverschuldung, oder für die intern zu niedrigen verteilten Kostenvoranschläge, wenn es um Milliardenaufträge geht.
Diese Kostenvoranschläge, oder auch Ausschreibungen genannt, ob für den Straßenbau, für eine Renovierung eines alten Schlosses, Bau von Flughäfen oder Bahnhöfen, oder für den Kauf eines herunter gewirtschafteten

Wirtschaftsbetriebes, oder die Umlagerung für den Atommüll, Kosten für Erneuerbare Energie, das Deutsche Volk wird immer zur Kasse gebeten, aber nicht die Verantwortlichen und diese sitzen mit Unwissenheit zu Hauff in der Regierung.

Parteienfinanzierung, Ämterkungelei, Lügen, schön Färberei, manipulierten Statistiken, geschönte Statistiken, Durchfüttern von Abgeordneten und Ministern, durch Europa reisen, Bankrotte Länder besuchen, politische Stiftungen und fehlende Bürgerdemokratie, ist das einzige Wissen, worüber unsere Politikerinnen und Politiker etwas verstehen.
Würden wir in Deutschland eine Demokratie mit Volksabstimmung haben und würde man die Versprechungen nicht von einer zur anderen Legislatur Periode verschieben, wäre die Anzahl der Armen und Arbeitslosen wesentlich geringer.

Warum wehrt sich unser Staat so sehr gegen eine Volksabstimmung!

Aber es scheint für unsere Politikerinnen und Politiker einfacher zu sein, alles zu verduschen und zu vergessen lassen, anstatt aus den Fehlern zu Lernen und diese zu Verbessern.

Warum werden solche Politikerinnen und Politiker wie Herr Helmut Kohl CDU, derart hofiert und als Einheitsschaffer gefeiert, was ein schrecklicher Irrtum ist, obwohl ein jeder weis das dies andere waren, die den Osten befreit haben.

Warum wird seine Spendenbetrügereien nicht offen gelegen!
Warum macht Frau Merkel da weiter, wo Herr Hohl aufgehört hat!
Warum werden so viele Weststeuergelder in den Osten verschoben!
Viele Fragen die nicht geklärt sind und auch der Deutschen Bevölkerung nicht erklärt werden.

Ist Frau Merkel nur als Macht Schachernder Nachwuchs ausgebildet worden!
Müssen noch mehr Schäden in Deutschland an der Bevölkerung angerichtet werden!
Muss der finanzielle Schaden noch höher getrieben werden!

Oder erhofft sie sich auch einen Friedensnobelpreis, wie ihn Herr Kohl ungerechter Weise bekommen hat!

Kann es sein, dass sich seine Frau, die mit ihrem persönlichen Schicksal schon zu Kämpfen hatte, mit den Betrügereien, Intrigen und Machenschaften ihres Mannes nicht fertig wurde und sich das Leben nahm!

Sie haben die betrügerische Steuergeldverschwendung und somit die Staatsverschuldung ins Uferlose getrieben, und können die vielen aufgebrochenen Löcher nicht mehr Stopfen.

Es ist wie auf den Autobahnen und Landstraßen, alle Löcher werden nur geflickt, weil das Geld fehlt.

Da stellt man sich dann auch die berechtigte Fragt, was will so ein ausgediente Politikerin oder Politiker, der in seiner Amtszeit, das deutsche Volk nur ausgenützt und betrogen hat, von Milliarden Euro an Steuergeldern verschwinden lies, Hunderttausende von Euros auf seinem Sparbuch angesammelt hat, mit all dem vielen Geld der Steuerzahler anfangen.
Sind unsere Politikerinnen und Politiker Marsmännchen, oder Menschen von einem anderen Stern, oder sind sie etwas besonderes, haben sie einen Heiligenschein!
damit sie solche Straftaten begehen können, überhöhte Diäten und Pensionen kassieren und ihre Machtgier an der Deutschen Bevölkerung austoben dürfen!
Haben sie das Recht, die Deutsche Bevölkerung zu Täuschen, Belügen, zu Betrügen, Steuergelder zu Unterschlagen, Statistiken zu manipulieren, geschönt darzustellen, oder die Rentner zu bestehlen!
Ist es nicht endlich an der Zeit, das sich die Bevölkerung einmal ernsthaft Gedanken darüber macht, was diese Politikerinnen und Politiker so alles während ihrer Amtszeit Treiben. Warum wehren sich unsere Politikerinnen und Politiker gegen die Vereinfachung des Steuerrechts!
Warum sind sie gegen eine generelle Volksabstimmung!

Das vereinfachte Steuermodell könnte mit
ca. 150 Paragraphen auskommen, wie von vielen
Finanzexperten auch schon vorgeschlagen wurde.

Aber dann könnten unsere Politikerinnen und
Politiker, mit den Billionen einnahmen an
Steuergelder, kein Schindluder mehr treiben, es
wäre auch nachvollziehbar wohin die Steuergelder
fließen und deshalb würden unsere Politikerinnen
und Politiker nie für eine Vereinfachung des
Steuermodells zustimmen.
Bei 30 000 Paragrafen, kann man mehr verstecken
und verheimlichen und mehr als 30 000 Paragrafen,
verschlingen vom Steuerzahler auch mehrere
Millionen von Euros, in dem übertriebenen
undurchsichtigen Paragrafendschungel. Anstatt das
Paragrafenwirrwahr zu vereinfachen, kommen
immer mehr raffinierter und komplizierter Gesetze
auf den Deutschen Markt.
Damit man dem Bürger bewusst und hinterhältig,
auf betrügerische Art und Weise, die Steuer aus der
Tasche ziehen kann. Diese Steuerparagrafen
werden mit Absprache der Wirtschaft, hinter
verschlossenen Türen ausgehandelt.
Die Manipulation, das verschönern der Statistik
und das erfinden neuer Strukturen läst die
Arbeitslosenzahl und die Staatsverschuldung nicht
weniger werden, aber dafür steigt die
Steuergeldverschwendung, weil der Staat die
Bürokratie nicht reduziert, sondern aufstockt und
dadurch die Staatsausgaben in das unermessliche
steigen.
Schaut unsere Möchtegerne Politikerinnen und
Politiker einmal an und Denkt einmal zurück, wie

Schlank und Rang sie einmal waren und wie
übergewichtig die meisten Heute sind, trotz
Bionahrung und Gesundem ausgewähltem Essen in
der Bundestagskantine.

Speiseplan unserer Politikerinnen und Politiker,
wovon die Mittelschicht nur Träumen kann.
Kohlrabicremesuppe,
Sylter Fischterrine mit Meeresfischen und Lachs,
Mariniertes Schweinesteak mit Schmorzwiebeln
sowie Tortellini mit Spargelsauce,
oder Rahmspinat mit Kräuterrührei und Kartoffeln
und frischen, bunt gemischten Obstsalat.

oder fruchtige Putencurry in Kokosmilch
Pfirsich und Ananas mit Basmati-Reis
und eine Vanille-Nachspeise
Spätestens jetzt müsse man sich einmal Fragen,
was hat uns die kohlsche und die merkelsche
Regierung gebracht, außer Staatsschulden von
Billionen Euro, an die 10 000 000 Millionen
Arbeitslose, beziehungsweise Arbeitssuchende,
eine sinnlose Gesetzesvielfalt, unnütze Ämter auf
die nur die Steuergelder hin und her Geschoben
werden.
Wie sagt man so schön, das Denken fängt im Kopf
an und nicht bei den Diäten oder Pensionen.
Unseren Politikerinnen und Politiker geht es aber
nur um die Höhe der Diäten und das luxuriöse
leben, wenn sie einmal in Pension gehen
So sieht es auch mit der übertriebenen Aufnahme
der Ausländer aus.

In der Bundesrepublik Deutschland leben bald mehr Ausländer, als Deutsche und es werden immer noch mehr dazu kommen.
Es ist überhaupt keine Frage, all diejenigen Emigranten, welche nach Deutschland kommen, sollen sich Integrieren, aber in erster Linie, das diese Menschen Deutsch lernen und das Grundgesetz dieser Republik akzeptieren und die Sitten und Gebräuche, welche in Deutschland herrschen annehmen und nicht die Deutsche Bevölkerung in Deutschland, die Sitten und Gebräuche der Emigranten beugen müssen.
Sie sollten zuerst die deutsche Sprache beherrschen, einen festen unbefristeten Arbeitsplatz, und eine Wohnsitz in Deutschland nachweisen, aber nicht als Billiglohnempfänger den Deutschen die Arbeitsplätze wegnehmen.
Da werden Häuser gebaut oder Renoviert, auf kosten der Steuerzahler, dabei gibt es genügen Unterkunftsmöglichkeiten. Siehe zum Beispiel Schloss Bellevue mit seinen vielen ungenützten Räume und leer stehenden Parks worauf man ein großes komfortables Wohnzelt errichten könnte.
Dies hat nichts mit Ausländerfeindlichkeit zu tun, es geht darum, wie sinnlos und auf kosten der Deutschen Bevölkerung, Steuergelder veruntreut werden.
Auch hier versagt die Regierung und die Wirtschaft freut sich über billige Arbeitskräfte.
Es ist nur ein reines Selbstinteresse unserer Politikerinnen und Politiker und somit sind sie als Volksvertreter für die überwiegende Mehrzahl, der Deutschen Bevölkerung fehl am Platz. Solange unsere Politikerinnen und Politiker, ihre Inderessen

nur in die Wirtschaft, Reichen an das große Europa und in den Europarat investieren, und die Arbeitnehmer nur für die Wahlen benötigen, beziehungsweise diese nach den Wahlen nur als notwendiges Übel betrachtet, wird sich an der diktatorischen und Herrschsüchtigen Steuergeldverschwenderischen Art nichts ändern.
Banken, Wirtschaft, Industrie und Reiche dürfen sich weiterhin über großzügige Subventionen in Milliardenhöhe freuen, durch politische Hausgemachte Steuerschlupflöcher bei gleichzeitiger Minibesteuerung und was mach diese für die Flüchtlinge und Immigranten!
Was alles muss die Deutsche Bevölkerung noch bezahlen!
Da ist es auch nicht verwunderlich, wenn die Mittelschicht in Deutschland immer Ärmer wird, und die Reichen mit samt unseren Politikerinnen und Politiker immer reicher.
Was machen unsere Politikerinnen und Politiker außer Lügen, Versbrechungen die sie nicht einhalten, neue Definitionen und Gesetze erfinden, um Statistiken geschönt darzustellen zu können!
Die Einführung des Euros, der mittlerweile, nicht wie versprochen bei 1:2 liegt, sondern bei 1:1, die immer teuer werdenden Lebenshaltungskosten, wo sind die Billionen von Steuergeldern hingekommen, warum gibt es in Deutschland immer mehr Reich!
Warum werden die Armen immer ärmer, die Westrentner immer mehr zu Kasse gebenden, warum steigt die Anzahl der Kinderarmen von Jahr zu Jahr!

Es sind unsere Politikerinnen und Politiker, die die Milliarden von Steuergeldern sinnlos verschwenden, ihr Lebensstiel, ihre überteuerte Bürokratie, die Milliarden teuren Fehlplanungen, weil die Berufsunerfahrenen, Ideenlosen Politikerinnen und Politiker ein Amt inne haben, von dem sie keine Ahnung haben und ihnen somit auch das Wissen und das Verständnis dafür fehlt. Sie können nicht Neutral und Unbefangen entscheiden, sie vertreten die Interessen aller möglicher Gruppen, in erster Linie ihre eigenen, die der Wirtschaft, für das Europa und Europaparlament, Reisen in die bankrotten Euroländer um diese mit Milliarden Euro deutschen Steuergelder zu beglücken und in die Kriegsführenden Länder um deutsche Kriegswaffen zu verkaufen, nur eben nicht die Interesse von denen, die sie Gewählt haben.

Das bemerkt man auch immer wieder, wenn es um die Schönfärberei unserer Politikerinnen und Politiker geht, wie bei der verfälschten Vorlage des Wirtschaftsberichtes.

Fast vier Monate benötigte der Wirtschaftsminister Philipp Rösler der in Vietnam geboren wurde, um den Armutsbericht der Bundesregierung, zu einem Armutsbericht der Schönfärberei umzugestalten.

Gerade er sollte wissen, was die Schönfärberei in einem Land alles Anrichten kann.

Vietnam ist ein Einparteienstaat, in welchem die Kommunistische Partei Vietnams die Einheitspartei darstellt und somit das Monopol auf die Macht innehat.

Deutschland ist eine Wirtschaftsdiktatur, mit einer Mehrparteienstaatsregierung, die auch nur auf Machtbesessenheit aus ist und somit die Schönfärberei an erster Stelle der Tagesordnung steht, bevor ein Bericht der Bevölkerung bekannt gegeben wird.

So auch mit dem verfälschten Armutsbericht: Der ursprüngliche Entwurf wurde extrem abgemildert und geändert, um nach Außen hin und der Deutschen Bevölkerung gegenüber ein schönes Bild des schönen Deutschlands darzustellen, dieser Armutsbericht wurde durch unseren Wirtschaftsminister Rösser, durch Lügen umgestaltet und so aufgebaut das die Regierung einen Bericht veröffentlicht hat, der zwar auf unsere Politikerinnen und Politikern zugeschneidert wurde, aber nicht der Wahrheit entspricht.

Die Wahrheit ist aber, das die Privatvermögen in Deutschland sehr ungleich verteilt sind, die Reichen immer Reicher werden und die Armen immer Ärmer, die Lohnentwicklung im oberen Bereich gravierend angestiegen ist und die unteren Löhne in den vergangenen zehn Jahren erheblich gesenkt wurde.
Die Einkommensspreizung und somit auch die Armut, haben stark zugenommen.

Das Gerechtigkeitsempfinden der Bevölkerung und der gesellschaftliche Zusammenhalt sind durch diese Ungerechtigkeit extrem gefährdet. Aber was unternehmen unsere Politikerinnen und Politiker nicht alles, um das Volk zu belügen, wenn es um

die Wählerstimmen geht. Diese hinterhältige und verlogene Schönfärberei, der Statistiken und die geschönten Berichten, dient nur zu den Wahlkampfzwecken und die Wahrheit wird wie immer von unseren Politikerinnen und Politikern Verduscht und dem Volke vorenthalten.
Auch das die Schere zwischen Arm und Reich in Deutschland immer stärker auseinander klafft und die Regierung dem nichts entgegenzusetzen hat.
Statt drängende Probleme zu lösen schafft sie nur Probleme und treibt somit auch die Steuergeldverschwendung in die Höhe, weil zu den alten Problemen immer mehr neue Probleme hinzukommen, und für diese neue Probleme müssen auch wieder Neueinstellungen getätigt werden,
auch wenn viele nicht erfüllbare Probleme an externe Firmen, zur Lösung weitergereicht werden, weil unsere Politikerinnen und Politiker nicht im Stande sind, den Hauseigenen Murks selbst zu beseitigen.
So viele externe Firmen für die Problemlösung unserer Politikerinnen und Politiker wird es auch nicht geben.
Wicht ist deshalb auch für unsere vierjährige Legislaturpolitikerinnen und Politiker die Durchhalteparole, alle vier Jahre wird verschoben und gewechselt.

Dies ist ein Armutszeugnis unseres Staates, für Regierungen, Politikerinnen und Politiker,

besonders in Wahlkampfzeiten, ihre unfähige Politik schönfärben um Wählerstimmen zu Sammeln.
Es ist alles nur auf Lügen und Intrigen Aufgebaut und die Regierung erstickt in ihrem eigenen Sumpf, wenn sie nicht endlich zur Wahrheit zurück findet, denn nicht alle Bürger lassen sich für Dumm verkaufen.
Wir haben eine politische Regierung, die Konzeptlos, Gedankenlos, Unerfahren und Hilflos in den Sumpf der Ideenlosigkeit, durch die Berufsunerfahrenheit abgestürzt ist, vor lauter Statistikfälscherei, Schönfärberei, Berichtmanipulationen, Postenschachere, Machtkampf und durch das ständige Anlügen der Deutschen Bevölkerung.
In Deutschland sollten nur Deutschstämmige in der Deutschen Politik berufen werden.
Hierbei geht es nicht um Rassismus, hierbei geht es darum, dass man das Deutsche Volk unbefangen Regieren kann, aber mittlerweile gibt es überhaupt keine Politikerin oder Politiker, die unbefangen Regiert.

Durch ihre Aufsichtsratspöstchen in der Wirtschaft, in diverser Großkonzerne und das Interessen an den Reichen, sind unsere Politikerinnen und Politiker keine Politiker des Volkes, denn irgendwo, ganz weit unten auf der Liste, steht dann erst die Bevölkerung, an die sie sich dann wieder Erinnern, wenn die Wahlen beginnen.
Allein der Zeitaufwand für die Wirtschaft, um deren Vorteile in die Gesetzesvielfalt neu einzubringen, um eventuelle Steuervorteile neu zu

erarbeiten, dann die vielen Reisen, Veranstaltungen, Feste, Sitzungen, zu denen sie nur hingehen weil sie da noch zusätzlich Sitzungsgeld erhalten, Vorlesungen, Partys und die ständigen Wahlen mit ihren Wahlveranstaltungen, Messebesuchen, Auslandsreisen und wo sie sich noch überall Aufhalten, lässt Ihnen nur noch die Zeit, sich für die Wirtschaft und die Reichen, um deren Zufriedenheit über die Steuervergünstigungen, und Steuergeschenke zu beraten.
Für die Wirtschaft gibt es dann Beihilfe, Stützungsprogramm, Fördertöpfe, Subventionsgeschenke, Zuschüsse und Fördergelder in allen erdenkbaren Bereichen und somit hat die Unterschicht, der Mittelstand, die Rentner, die Kinder, die Schulen, Ausbildungsstädten, die Kindergärten, die sozialen Einrichtungen, die Hilfebedürftigen und die Armen, das Nachsehen.

In Deutschland gibt es eine Vielzahl von Förderprogrammen für den Neubau, die Modernisierung
und die energetische Sanierung von Wohnhäusern.
Fördergelder für das Marktanreizprogramm Solaranlagen und Biomasseanlagen.
Fördergelder für das Kraft- Wärme- Kopplungs- Gesetzes,
Zuschläge für Kraft- Wärme- Kopplungs- Anlagen, EEG (Erneuerbare Energien Gesetz).
Auch die Förderbedingungen für Nachrüstungen in neue Technologien werden mit Steuergeldern bezahlt.

Um nur einmal einen winzigen Bruchteil zu Nennen.
So was nennt sich dann Finanzhilfen, Steuervergünstigungen, Steuergeschenke, Stromumlagen-Befreiung Gesetz und so wieder, was so viel bedeutet, die Wirtschaft und die Reichen bekommen, um ihr Luxusleben zu verschönern,
die staatlichen Steuergeschenke, die wiederum von der Deutschen Bevölkerung aufgebracht werden müssen.
Ein kleines Beispiel:

Nehmen wir einmal an, das so ein Großunternehmen für den Austausch einer umweltfreundlichere Heizungsanlage ca. 10 000,00 Euro investieren.

Für diesen 10 000,00 Euro Investitionskosten bekommt das Großunternehmen eine staatliche Subventionen von ca. 5 000,00 Euro.

Wohlgemerkt, diese ca. 5 000,00 Euro die das Großunternehmen vom Staat bekommt, wurden vom Steuerzahler in die Staatskasse einbezahlt.

Da aber das Großunternehmen nur am Gewinn interessiert ist, werden jetzt nicht nur die 5 000,00 Euro Subventionen an den Kunden weitergegeben, sondern die komplette Summe von 10 000,00 Euro, was das Großunternehmen auf das Verkaufsprodukt aufschlägt.
Oder.

Dieses Großunternehmen macht Milliarden
gewinne und da jedes Großunternehmen in einem
anderen Land noch eine Firma besitzt, und diese
Firma, absichtlich, bewusst und von unseren
Politikerinnen und Politikern genehmigt, gewollt
Verluste einfährt, also keine Gewinne erzielt,
werden die erzielt Gewinne, die in Deutschland
erwirtschaftet wurden, auf die verlustbringende
Firma im Ausland überschrieben, man nennt so
etwas Abschreibung,
aber dafür braucht diese Milliarden schwere
Wirtschaft keine Steuern zu Zahlen.
Die zu Versteuernden Gewinne sinkt damit in
Deutschland gleich auf Null.
Für diese hilfreiche Unterstützung aus der Politik,
erhält die Parteikasse dann auch noch eine
Parteispende von Millionen Euro, diese
Parteispende, wird auch noch auf das Produkt
aufgeschlagen und an den Kunden weitergegeben.

Zum Beispiel das Erneuerbare Energien Gesetz:
Das Erneuerbare Energien Gesetz (EEG) regelt die
Förderung der Stromerzeugung aus erneuerbaren
Energiequellen. Über verschiedene Stromumlagen
und insbesondere über die EEG-Umlage werden
die Kosten, die durch die Förderung entstehen,
auf die Stromverbraucher
(auf die, die in einer Mietwohnung wohnen)
umgelegt. Allerdings werden hier nicht alle
Stromverbraucher gleich behandelt. Durch die
Besondere Ausgleichsregelung (BesAR) des EEG
profitieren vor allem die stromintensive Industrie,
Unternehmen, Geldinstituten, die Reichen,
Flughäfen und Schienenbahnen in großen Massen

von Rabatten und Teilbefreiungen bei der EEG- und den anderen Stromumlagen. Hinzu kommen weitere Begünstigungen wie zum Beispiel bei der Stromsteuer und den Netzendgeldern die sie teilweise, wenn überhaupt, auch nicht bezahlen müssen.
Beim Großteil der Ausnahmen handelt es sich um Rabatte, also Ganz oder Teilbefreiungen von der Stromabrechnung.

Die Zahl der privilegierten Unternehmen ist in den letzten Jahren stark angestiegen. Im Jahr 2014 sind fast viermal so viele stromintensive Unternehmen begünstigt worden, wie im Jahr 2010.
Besonders die letzte Novellierung des EEG (2012) durch die CDU, führte zu einem sprunghaften Anstieg von Begünstigten. Nach Berechnung wird sich die Summe, von Industrie, Unternehmen, Geldinstituten, die Reichen, Flughäfen und Schienenbahnen verdoppelt.

Nur die Bevölkerung wird nicht in den Genuss dieser Vorteile kommen, denn diese wird gezwungen, die überhöhten Strompreise zu Bezahlen.

Dies ist auch ein Grund, warum Deutschland immer mehr Reiche und immer ärmere Einwohner produziert.

Die Staatshilfe, für die Wirtschaft und die Reichen, beläuft sich auf eine unvorstellbare Summe von ca. 200 000 000 000,00 Milliarden Euro jährlich, und alle vier Jahre wird diese Summe immer höher und die Anzahl der Armen in das Unermessliche steigen.

Dass etwas in unserem Staat nicht stimmt, sollte jeder Deutsche Bürger schon bemerkt haben, nicht um sonst werden die Reichen immer Reicher und die Anzahl der Armen steigt stetig an.

Wir haben zu viele unnütze Parteien und zu viele nutzlose Politikerinnen und Politiker, die sich eine sinnlose, ungerechte Gesetzesvielfalt mit Steuerschlupflöchern ausdenken und somit die sinnlos Vergeudung von Milliarden an Steuergelder, vorprogrammiert sind.

So ist es auch mit den Milliarden Euro von Steuergeldern, die Jahr für Jahr in die schrumpfenden Branchen wie dem Bergbau, die Landwirtschaft, marode Wirtschaftsbetriebe und Industriebetriebe, sowie in unnütze Ämter und bankrotte Euroländer, betrügerisch verschleudert werden.

Dazu kommen dann noch die Steuergeldmilliarden die an das Ausland geliehen, oder gar verschenkt werden, ohne Rückzahlungsgarantien.
Dass die Deutsche Bevölkerung diese Milliarden wieder zurückbekommt dürfte bezweifelt werden.

Die Deutsche Bevölkerung schaut zu lange zu und wird erst wach, wenn es zu Spät ist.

Das einzige was dem Deutschen Volk bleibt, ist eine soziale und ökologische Verwüstung, und ein verschuldeter Staat, an dem unsere Enkelkinder und deren Enkelkinder, noch schwer zu knappern haben.

Ein Deutschland in dem es immer mehr Arme und immer mehr Reich gibt und der Anteil der Ausländer zunimmt, dabei sind es nicht die Ausländer, denen man die Schuld zuschieben sollte, nein es sind unsere hilflosen, Ideenlosen, Berufsunerfahrenen Politikerinnen und Politiker.

Da unsere Politikerinnen und Politiker nur Marionetten der Wirtschaft und Reichen sind, wundert es einem auch nicht, dass zweite Drittel unseres Steueraufkommens für Subventionen verschleudert wird, das letzte drittel was dann noch vorhanden ist, verteilt der Bundesfinanzminister unter seinen Parteigenossen.
Durch diese sinnlose und betrügerische Gesetze muss der Bürger auf ca. 35 Prozent, Monat für Monat, von seinem schwer Verdienten Arbeitslohn verzichten.

Ein Beispiel für die betrügerische Gesetzesvielfalt ist auch die Steuerbefreiung für Viehversicherungen und für die Bundesmonopolverwaltung für Branntwein, auf dessen Schwarzgeldkonto alleine jährlich ca.110 000 000,00 Millionen Euro Steuergelder an Zuschuss überwiesen wird.
Auch die Bayreuther Festspiele die vom Bund

mit ca. 2 300 000,00 Millionen Euro Steuergelder unterstützt werden, damit Millionäre und Milliardäre, die Kanzlerin und einige ihrer Parteigenossen, sich auf die Kosten der Bevölkerung amüsieren können, ist ein Steuerbetrug in hohem Maße.

Eines ist dabei sicher, wenn die Deutschen nur am Stammtisch sitzen und Meckern, ändern sie nichts, auch nichts an den betrügerischen und verschwenderischen Subventionen, auch nichts an der Steuergeldverschwendungssucht in Milliardenhöhe, auch nichts an den ständig steigenden Ausländerzahlen, auch nichts an den Steuererhöhungen und vor allem nichts, an den überteuerten Bauprojekten, die das Bundesamt für Bauwesen und Raumordnung,
durch ihre unqualifizierten, Berufunerfahrenen Mitarbeiter, den Steuerzahlern Milliarden von Steuergeldern kosten.

Das Bundesamt für Bauwesen und Raumordnung, ist eine deutsche Bundesoberbehörde im Geschäftsbereich des Bundesministeriums für Verkehr, Bau und Stadtentwicklung, hat seinen Hauptsitz im Schloss Deichmannsaue.
Im Bundesamt für Bauwesen und Raumordnung sind ca. 1300 Mitarbeiter beschäftigt,
davon ca. 200 im Bundesinstitut für Bauforschung, Stadtforschung und Raumforschung, dies ist auch eine Staatseigene Steuergeldverschwenderische Einrichtung, die nur darauf spezialisiert ist, Milliarden von Steuergeldern in den Sand zusetzt und somit geschlossen gehörte.

Denn alles was diese Angestellten, die Bundesämter für Bauwesen und Raumordnung in Auftrag geben, wird um das Drei bis Vierfache teurer als geplant, alles auf kosten der Steuerzahler. Würden diese Beschäftigten nach Leistung bezahlen und nicht nach Fehlberechnungen, würde der Staat Milliarden an Steuergelder einsparen.

Kommen wir noch kurz auf die Subvention zurück.

Was bedeutet Subventionen?
Das sind betrügerische und verschwenderische Steuergeldzahlungen an die Wirtschaftsbetriebe, Industriebetriebe, an Reiche, an Politikerinnen und Politiker die eine eigene Firma haben,
also an Unternehmen, die jährliche Gewinne von mindestens einer Million bis zu mehreren Milliarden erzielen.
In Deutschland gibt es ca. 1 500 bis 2 000 verschieden Arten von Subventionen auch bekannt unter der Bezeichnung verschwenderische Förderprogramme.
Subventionen sind Geldzahlungen oder geldwert Vorteile für die, die schon genug Millionen auf ihrem Konto haben.
Zu Beispiel Steuervergünstigungen, Preisnachlässe, Sonderprivilegien, Reichenstatusgesetz,
die der Staat ohne Gegenleistung, in der Regel, an diese Oberschicht gewährt.

Im Jahre 2004 zum Beispiel, wurden laut Subventionsbericht 11 400 000 000,00 Milliarden Euro,

für diejenigen an Steuergeldern ausgegeben,
beziehungsweise vom Staat spendieren,
auf kosten der Steuerzahler,
die sich ein Eigenheim leisten und Bauen konnten.

Für den Steuerzahler der in einer Mietwohnung
wohnen, gibt es diese Vorteile nicht.

Steht dann einmal das Eigenheim, wird es noch zu
überhöhten Mietpreisen vermietet.
So gesehen kann man sich kostenlos, schnell
einmal ein Eigenheim in den Garden Stellen, das
vom Steuerzahler mitbezahlt wird.

Für diese verschenkten Steuergelder sollte man
besser Schulen, Kindergärten, den Straßenbau,
sowie soziale Einrichtungen subventionieren, den
Aufbau der Jugend fördert, das leben der
Westrentner lebenswerte gestalten, die
Schülerzahlen in der Schulklasse reduzieren, und
mehr Lehrkräfte einstellen, anstatt diese
Abzubauen.

Um junge Wähler an die Wahlurne zu bekommen,
fördert auch die Bundeszentrale für politische
Bildung, mit öffentlichen Mitteln, also Steuergelder
von der Deutschen Bevölkerung, die Privaten
Fernsehsender, das sind die Privaten
Fernsehsender, die jährlich
über 10 000 000 000,00 Milliarden Euro an
Werbung Verdienen.

Ein bar ganz kleine Beispielen, von Privaten
Institutionen sind unten aufgeführt.

Die Sendung Ahnungslos, das Rundfunkstaatsorchester, Auftritte von Tokio Hotel und den Toten Hosen, Bayreuther Festspiele, Rundfunk Orchester und Chöre Berlin die deutschen Plattenindustrie, Kirchenmusikfestival Schwäbisch – Gmünd, der Verein Mitteldeutsche Barockmusik.

Insgesamt hat die Bundesregierung im Jahr 2010 ca. 50 000 000,00 Millionen Euro Steuergelder für Musikförderung ausgegeben.
Diese Summe setzt sich zusammen aus langfristigen Zahlungen und jährlichen Überweisungen an die Bayreuther Festspiele, wo sich die Millionäre, Milliardäre und unsere Politikerinnen und Politiker treffen.
Diese Projektförderungen in Millionenhöhe aus Steuergeldern ist ein Betrug an der Deutschen Bevölkerung.
Und es wird immer weiter gefördert, die Wärmedämmung, die Solaranlage, dann die Umweltfreundliche Heizungen, die erneuerbare Energie, Windkraftwerke, Giftmüllentsorgung, Atommüllentsorgung und der dumme Steuerzahler zahlt und zahlt, auch wenn er nichts davon hat, außer einen höheren Mietpreis und steigende Lebenshaltungskosten, obwohl er für diese Zweckentfremdung, seiner Steuergeldabgabe schwer gearbeitet hat.

Wo ist das Gesetz für die Bestrafung der Politikerinnen und Politiker, für die Zweckentfremdung von Steuergeldern!

Gibt es nicht.
Aber für so ein Gesetz würden unsere Politikerinnen und Politiker sehr wahrscheinlich alle Hebel in Bewegung setze dass es nicht eingeführt werden würde.
So wird es auch bei der Einführung der Elektroautos sein, die Wirtschaft, die Reichen und unsere Politikerinnen und Politiker, werden sich als erste solch ein teueres Elektromobil auf kosten der Steuerzahler zulegen.

Für die Berechnung der Besteuerung von Elektrodienstfahrzeugen, basteln und beschließen unsere Politikerinnen und Politiker einneues Gesetz, das auf den langen Namen Amtshilferichtlinieumsetzungsgesetz,
das extra für die Elektrodienstfahrzeugen erschaffen wurde, damit die Dienstwagenbesitzer, also die gehoben Schicht der Deutschen Bevölkerung, und dazu zählen auch unsere Politikerinnen und Politiker, diese Elektroautos billiger bekommen und ihnen kein Nachteil für den höheren Listenpreis der Elektroautos entsteht, eingeführt.
Der Trick dabei ist, dass die teuren Batterien vom Neupreis oder Listenpreis abgezogen werden, beziehungsweise diese sind steuerlich absetzbar.

Die Steuergeschenke sehen dann folgendermaßen aus:
Die hohen Kosten für die teuren Batterien,
ca. 15 000,00 bis ca. 20 000,00 Euro, bezahlt dann der Steuerzahler, also die Unterschicht, ohne in den

Genuss zu kommen, mit so einem Elektroauto fahren zu können.
Eine weitere Möglichkeit für die Reichen und unseren Dienstwagenbesitzenden Politikerinnen und Politiker ist die Kraftfahrzeugsteuer, sie entfällt für zehn Jahre, was auch auf die Unterschicht, also diejenigen, die sich solch ein teueres Elektroautos nicht leisten können, umgelegt wird, durch heimliche Steuererhöhungen oder die Kfz.- Steuer für ältere Fahrzeug wird dann wieder einmal erhöht oder eine PKW Maut eingeführt um diese Steuergeldverluste wieder einzufahren.

Unsere Politikerinnen und Politiker, die Wirtschaftbosse und die Reichen haben sich ein dickes und fettes, mit Steuergeldern gefülltes Bankkonto angelegt und profitieren immer wieder von den Vorteilen der Subvention, der Steuergeldgeschenke, Sondergesetze und Ausnahmeregelungen.
Warum eigentlich?

Wann profitiert einmal die Unterschicht von diesen Milliarden Steuergelder, die immer nur an die Verteilt werden, die es bestimmt nicht nötig haben!

Den steuergeldverschwenderischen Politikerrinnen und Politikern ist es nicht bewusst, das deren Arbeitgeber, die Bevölkerung ist und da sollten diese Staatsangestellten, unser Politikerinnen und Politiker, einmal darüber Nachdenken, ob man mit dieser Gehaltszahlenden Deutschen Bevölkerung, so Interesselos und betrügerisch umspringen sollte.

Es wurde mittlerweile von unseren Politikerinnen und Politiker schon so viel Versprochen und nicht eingehalten, die Lügen immer raffinierter,
die heimlichen Steuererhöhungen immer undurchschaubarer und das politische Chaos wird immer größer, die internen Machtkämpfe und Intrigenspiele immer dramatischer und die hohe Anzahl der ideenlosen, nutzlosen, Berufunerfahrenen und leistungslosen Politikerinnen und Politiker,
wird die politisch überfüllte Staatsregierung eines Tages zum Platzen bringen.

Es muss endlich Schluss sein, mit der Vetterliswirtschaft der Politikerinnen und Politiker mit den internen Machtkämpfe und dem Postengeschachere, mit der Förderung der Reichen, der Wirtschaft, und den Geldinstituten, was Zählt ist in Zukunft die Deutsche Bevölkerung und für die muss endlich wieder Interesse gezeigt werden.
Wir benötigen eine echte Demokratie und keine gütige Diktatur, in dem das Volk nicht mitbestimmt und nicht mitentscheidet.
Es kann nichts sein, das unsere Politikerinnen und Politiker, das bestimmende und entscheiden Organ ist und das das Deutsche Volk gezwungen wird, das zu tun, was diese Staatsdiener Beschließen.

In der Demokratie entscheidet das Volk und die Politikerinnen und Politiker sind das auszuführende Organ.
Die Aufgaben müssen von den Politikerinnen und Politikern gelöst und erledigt werden und nicht von externen Beratern, dem Europaparlament, oder den

Wirtschaftsbossen, die den Deutschen Steuerzahler jährlich Milliarden Euro an Steuergelder kosten, es muss auch unterbunden werden, dass die Investmentbanker bei vielen Transaktionen mitmischen,
weil unsere Politikerinnen und Politiker zu unfähig sind, eigene Endscheidungen zu treffen, wie zum Beispiel beim Verkauf der Bundesanteile an den TLG Immobilien.
Allein die kosten für diese Beratung kostet dem Steuerzahler ca. 2 000 000,00 Millionen
bis ca. 3 000 000,00 Millionen Euro nur an Provision.

Unser Verkehrsministerium ist voll gebackt mit Staatsangestellten und benötigen trotzdem,
in Sachen Lkw-Mautsystem, externe Berater die dem Steuerzahler ca. 100.000 Euro monatlich kosten, so auch die Bundesanstalt für Finanzmarktstabilisierung, die an zwei Banken, ca. 70 000,00 Euro Steuergelder für deren Unterstützung bezahlte.
Es darf auch nicht sein, das Investmentbanken nur eigene Angestellte, in Berlin beschäftigen,
um gute Kontakte zu Entscheidungsträgern in der Politik zu pflegen.

Lassen wir uns Überraschen, was die PKW Maut bringt,
sie kommt bestimmt, auch wenn unsere Europareisekanzlerin, vor ihrer Wahl eine andere Meinung hatte.

Die Bundeskanzlerin hatte im TV-Duell vor den Wahlen einmal gesagt, für den Fall ihrer Wiederwahl wird die Einführung einer Pkw-Maut ausgeschlossen. „Mit mir wird es keine Pkw-Maut geben."

Was nützen uns diese vielen Wirtschaftspolitischen und Bankenpolitischen Politikerinnen und Politiker, deren Ziel und Aufgabe es ist, nur diese Milliardenschwere Unternehmen zu fördern, das Volk zu belügen und betrügen, das Deutsche Volk nach den Wahlen links liegen lässt.
Deutschland benötigt Politikerinnen und Politiker, die sich für die Lebenswirklichkeit der Menschen in Deutschland interessieren und dafür sorgen, dass das Leben für alle Bürger in Deutschland lebenswerter wird.

Wir benötigen Politikerinnen und Politiker, die sich mit Deutschland beschäftigen und um die Deutschen kümmern, dazu Zählen natürlich auch alle Diejenigen nicht Deutsche, die in Deutschland geboren wurden.
Der interne Zusammenhalt zwischen diesen Ausländer muss in Deutschland gefördert werden, aber nicht noch mehr Ausländer nach Deutschland holen, um diese zu fördern und die eigenen Mitbürger außer Acht zu lassen.
Denn die Fremdenfeindlichkeit wird nicht durch die Deutsche Bevölkerung Geschürt, diese Fremdenfeindlichkeit kommt von der politischen Führung, weil diese, unser auf Pump finanziertes Sozialsystemen, in die Einwanderer und

Zuwandere stecken, damit die Wirtschaft billige Arbeitsplätze erhält.
Es wird erst dann besser, wenn es unseren Politikerinnen und Politiker bewusst wird, das für die Deutschen und die in Deutschland geborenen Ausländer, richtige Politik betrieben werden muss.

So ist es auch mit den Gesetzen, den Politikerinnen und Politikern muss es Klar gemacht werden, dass die Gesetze nicht nur so ausgelegt werden, dass nur diejenigen steuerlichen Unterstützungen bekommen, die schon genug an Millionen auf ihren Konten haben, es muss endlich an die gedacht werden, die nichts haben und trotzdem Steuern zahlen müssen.

Beispiele hierfür gibt es genügend:

Verschrottungsprämie, beziehungsweise die Umweltprämie, Kuhprämie, Grünlandprämie, Biodiversitätsprämie, Milchprämie, Wohnungsbauprämie, Prämie für Gebäudesanierungen
Wärmedämmungsprämie für Eigenheimbesitzer, Heizungsprämie für Eigenheimbesitzer, Heizölprämie, Photovoltaikanlagenprämie, Solarprämie, Betriebsprämie, Kohleabbauprämien, Atomabbauprämien und noch vieles mehr, gibt es für alle, auch dann, wenn sie sich zum Beispiel kein neues Auto kaufen können, aber dafür einen neuen Kühlschrank.
Dabei darf man nicht vergessen,

das die Steuergelder gerecht verteilt werden müssen, auch an die Unterschicht, Arbeitslose und Armen.
Es kann auch nicht sein, dass dafür aber die Abgaben, für die wirklich Einkommensschwachen, die Westrentner, Familie mit Kindern und die Kranken, Arbeitslose, das Kilometergeld, allein erziehende Frauen, verringert oder gar gekürzt wird, damit diese wohlhabende Schicht, wie zum Beispiel die Politikerinnen und Politiker, Wirtschaftsbosse, Millionäre, Bankenmanager, Milliardäre, Manager der Krankenkassen und die welche es nicht nötig haben, noch reicher werden und den Armen immer weniger Geld für den Lebensunterhalt zur Verfügung steht.

Die Feste der Millionäre, Milliardäre, Politikerinnen und Politiker und der Wirtschaftsbosse, werden Subventioniert, die Bankrotte Länder werden Subventioniert, mit denen wir deutsche Bürger nichts zu tun haben, die Wirtschaft wird Subventioniert, Milliarden von Steuergeldern werden so Versubventionier, und dabei ist Deutschland hoch Verschuldet, die Armut wird immer größer, die Ghetto, (Armenviertel) werden an Vielfalt zunehmen.

Nur die Wirtschaft und die Reichen, die mit den Politikerinnen und Politikern unter einer Decke stecken, leben in Deutschland wie im Schlaraffenland.

Die Einführung neuer Steuervergünstigungen für unsere Politikerinnen und Politiker, die Reichen,

die Wirtschaftsbosse, die Industriebosse,
Eigenheimbesitzer, und so weiter, müssen so
geregelt werden, das auch diejenigen, die nicht
unter die oben Genanten fallen, aber auch
Steuergeld an die Staatskasse abführen, die gleiche
finanzielle Vergünstigung bekommen.
Für die Einführung neuer Gesetze muss das
Deutsche Volk, durch eine Volksabstimmung
entscheiden, so auch bei der Einführung wie zum
Beispiel bei einer PKW Maut.
Unsere Politikerinnen und unsere Politiker muss
die alleinige Entscheidungsmacht entzogen werden.
Und dies geht nur, wenn alle in Deutschland
lebenden Bürger sich zur Wehr setzen.

Die Steuergelder werden durch den bürokratischen
Aufwand, sowie durch die Unwissenheit und
Hilflosigkeit unserer Berufsunerfahrenen
Staatsdiener wieder aufgefressen, das für den
eigentlichen Sinn,
nichts mehr übrig bleibt.

Da unsere Politikerinnen und Politiker aber nicht
nach Leistung bezahlt werden, sondern von der
Deutschen Bevölkerung bezahlt wird, muss
unbedingt eine Mitbestimmung der Deutschen
Bevölkerung, also eine Volksabstimmung in allen
Bereichen, schnellst möglich eingeführt werden,
damit die Steuergeldkorruption, die
Steuergeldverschleierung, die
Steuergeldverschwendungssucht, die
Steuergeldgeschenke, egal wohin, die Gier nach
Macht, das Postengeschachere, die

Gesetzesvielfalt, die Milliardenschwere Bürokratie, endlich einen Riegel vorgehängt wird.
So auch mit den Steuergesetze, sie sollen nicht nur umbenannt, verkomplizierter und undurchsichtiger gestaltet werden, sie müssen für alle verständlich sein.

Eine Volksabstimmung, beziehungsweise eine Mitbestimmung der Bevölkerung muss auch deswegen eingeführt werden, das auch endlich die ungerechte Selbstbewilligung von Steuergelder und die ungerechte Subventionierungen unserer Staatsdiener, deren Parteien, und der Politikerinnen und Politikern in üppiger Versorgung aufhört.
Im Übrigen, die deutschen Politikerinnen und Politiker haben die Subventionierung ihrer Parteien,
als erste in Europa eingeführt, damit sie ihre Parteikassen mit genügend Steuergeldern befüllen können und der Steuerzahler mit leerem Geldbeutel dasteht.
Allein die Parteiensubventionen beträgt
ca. 160 000 000,00 Millionen Euro, an Steuergeld die dem Bürger auf betrügerische, Art und Weise entwendet und vorenthalte werden.
Auch die mahnenden Worte des Bundesverfassungsgerichts, mit den Steuergelder der Bevölkerung und deren Steuergeldeinbehaltung und die zu großzügige Steuergeldverteilung für die Parteien,
etwas Sparsamer damit umzugehen, haben unsere Politikerinnen und Politiker nicht daran gehindert, dies zu unterlassen, im Gegenteil, dafür erfanden unsere Politikerinnen und Politiker eine andere

geniale Lösung, sie leiten die Staatsmittel, beziehungsweise die Steuergelder, auf ihre Parlamentsfraktionen und Parteistiftungen um, die Steuergeldverschwendungssucht wird somit weiter vorangetrieben und sie erhalten Heute mit diesem Trick mehr Geld als den Parteien eigentlichen zusteht.

Dieser betrügerische Steuergeldverschleierung muss der Hahn zugedreht werde.
Auch die zusätzlichen Hunderten von Millionen Euros die für Abgeordnetenmitarbeiter bereitgestellt,
aber in Wahrheit für Parteizwecke eingesetzt werden, ist ein Steuergeldbetrügerischer Trick unserer Politikerinnen und Politiker.
Was nichts anderes bedeutet, dass auch hier unsere Politikerinnen und Politiker versuchen, durch Steuergeldunterschlagung, an die Milliarden Steuergelder der Bürger zu gelangen.
Parteien können ganz legal Steuergelder vom Bürger, bewusst und fälschlich, auf selbst gebastelte Konten überweisen, da liegt es auch nahe, das alle Abgeordnete, die damit zu tun haben, bestechlich und kaufbar sind.
Fakt ist auch, das die Politikerinnen und Politiker die Gesetze der Steuergeldeinbehaltung, Steuergeldverschleierung und die Steuergeldverschwendung, nach ihrem Gutdüngen Erfinden und Erstellen.
So etwas nennt man, Steuergeldraffgiersucht und Betrug an der deutschen Bevölkerung.

Unsere Staatsdiener, insbesondere die Politikerinnen und Politiker, die nebenbei selber noch eine Firma, eine Anwaltkanzlei, oder im Aufsichtsrat bei der Wirtschaft, der Industrie oder bei einem Geldinstitut tätig sind, verdienen nicht nur an den politischen Subventionen, sondern auch an der staatlichen Subvention für die Großindustrie, indem diese eine größere menge an Spendengelder auf ihre Parteikassen überweisen.
Subvention ist eine Leistung aus öffentlichen Mitteln, sprich Steuergelder, die nach Bundesrecht oder Landesrecht an Betriebe, Unternehmen, und Großverdiener, oder an die, die es nicht nötig haben, gezahlt werden, die zum Teil ohne marktmäßige Gegenleistung gewährt wird und der Förderung der Wirtschaft dienen soll, in Wirklichkeit aber eine betrügerische Steuergeldveruntreuung gegenüber der Deutschen Bevölkerung ist.

Was dann noch von dem Steuergeld der deutschen Bevölkerung übrig bleibt, wird in die bankrotten Länder verteilt, oder Schadensersatzzahlungen an die Zivilopfern, wie zum Beispiel afghanischen Kundus, oder in andere Kriegsgebiete zum Kriegspielen investiert.

Gegen diese ungerechten Subventionen und Steuergeldausgaben, müssen sich die Bürger wehren,
damit der Grenzwall zwischen den Armen und Reichen nicht noch größer wird, als er schon ist.

Eine Mitbestimmung der Bevölkerung, würde die Milliarden Euro an Steuergeldverschwendung unterbinden.
Was nützt uns eine Bürgerbeteiligungen und besser einbinden der Deutsche Bevölkerung, oder mitentscheiden der Deutschen Bevölkerung bei Großprojekten,
wie bei Stuttgart 21, wenn alle Parteien, in Vertretung für die Bürger, gegen die Interessen der Bürger entscheiden.
Solange unsere Politikerinnen und Politiker ihr diktatorischen Verhalten nicht ablegen, und die, welche mit den Steuergeldern nicht umgehen können, aus dem Staatsdienst entfernt werden, die heimlichen Besprechungen hinter der Verschlossenen Tür nicht abgeschafft werden, wird alles beim Alten bleiben.
Was wir brauchen ist das Volksentscheidungsgesetz, ein Volksentscheidungsgesetz, ist ein Instrument der direkten Demokratie in dem das Volk entscheidet und die Volksvertreter, also die Politikerinnen und Politiker, die Entscheidung des Volkes, Akzeptieren und auch so Ausführen.

Wir müssen uns gegen das überhebliche, diktatorische Verhalten unserer Staatsdiener Wehren, sonst geht es uns genauso wie in den anderen Ländern, die durch die politische Machtgier, Steuergeldbetrügereien, Steuergeldverschwendungssucht und das Diktatorische Verhalten der Bevölkerung gegenüber, bankrott gegangen sind.

Den Kinder, den ältere Menschen, Kranke, Armen,
Rentner, Familien und viele jugendliche,
die an der Armutsgrenze leben, muss zuerst
geholfen werden, bevor man die Milliarden an
Steuergelder Zweckentfremdet, für Kriegsspiele,
bankrotten Länder, Einwanderer, billige
Arbeitskräfte aus den anderen Ländern, Luxusleben
der Politikerinnen und Politiker,
Milliarden an Fehlplanungen unserer Staatsdiener,
Milliarden Subventionen für die Wirtschaft und
Geldinstituten, oder Milliarden Euro Steuergelder
an das Europaparlament.
Zuerst muss einmal dafür gesorgt werden, das alle
Deutsche Bürger im eigenen Land, unter gerechten
Lebensbedingungen, ein Lebenswertes Leben
führen können, keine Armut, keine Arbeitslosen
und eine Einheitsrente von ca. 1500 Euro für alle
ausgezahlt wird, die Staatsschulden bezahlt sind
und wenn dann noch Steuergeld übrig bleibt, kann
man dies an diejenigen armen Länder Verteilen, die
es nötig haben.
Dazu gehört auch, dass stille und heimliche, hinter
verschlossener Tür getätigte Milliardengeschäfte
unserer Politikerinnen und Politiker, um die
mörderischen Kriegswaffen an Kriegsgefährdete
und Kriegspielende Länder zu Verkaufen,
abgeschafft werden.
Dieses Geschäft mit dem mörderischen Verkauf
von Kriegswaffen, bring zwar Milliarden von
Euros in die Staatskasse, von dem die Bevölkerung
nichts hat, aber der Gegenwert sind dann viele Tot
und Elend, darunter sind meistens nur
Zivilpersonen, Frauen und Kinder.

Auch das Elend mit der Kinderarbeit kann man ganz einfach unterbinden, die Einfuhr aus diesen Ländern wird verboten, auch dann, wenn eine Deutsche Firma dahinter steckt.

Kinder werden gezwungen, für einen Euro täglich, oder weniger, billige Produkte herzustellen, die dann für das vielfache in Deutschland Verkauft werden, die geldgierigen Wirtschaftsbosse, Industriebossen, Politikerinnen und Politiker fördern und Kaufen diese Produkte, die Firmen werden dann auch noch auf kosten der Steuerzahler Subventioniert, anstatt die Einfuhr der Produkte die aus Kinderarbeit hergestellt werden zu Verbieten.

Die gleichen Machenschaften, mit Genehmigung unserer Regierung, hat sich auch die Pharmaindustrie zugelegt.
Aus Profitgier, werden die Medikamente an Kindern und den Armen in ärmlichen Ländern getestet, weil diese Testpersonen wesentlich billiger sind, als Testpersonen in Deutschland. Diese billig Hergestellten Medikamente, werden dann in Deutschland für das Vielfache verkauft.

Auch unsere Politikerinnen und Politiker kaufen in den armen Ländern, in denen Kinder zu Schwerarbeit gezwungen werden, auf ihren Auslandsbesuchen, billig ein und versuchen auch noch diese, von Kinderhand erstellte Ware, am Zoll vorbei zu Schmuggeln, um die Kosten für die Zollgebühr zu umgehen, wie zum Beispiel unsere

Bundesentwicklungsminister Dirk Niebel, der dem Bundesnachrichtendienst den Auftrag erteilte, einen afghanischen Teppich, der durch Kinderhand erstellt wurde, nach Deutschland zu transportieren, ohne ihn zu verzollen.

Hätte dies ein normaler Bundesbürger getan, würde er eine Anzeige wegen Steuerhinterziehung, beziehungsweise wegen Steuerbetrug bekommen.

Unsere Politikerinnen und Politiker verdienen sich dumm und dämlich, durch ihre überhöhten Diäten, durch ihre Nebentätigkeit, den Schmuggel von teuren Gegenstände, damit sie die Zollkosten sparen, und Subventioniert sich auch noch auf kosten der Steuerzahler.

Man kann es nicht oft genug erwähnen, unsere Politikerinnen und Politiker sind Machtbesessene, Geldgierige, marionettenhafte Steuergeldbetrüger, die den Aufbau einer internen Steuergeldmafia vorantreiben.
Nicht umsonst hat sich eine ganze Branche etabliert, die mit unseren Politikerinnen und Politiker, die betrügerische, steuergeldverschwenderischen Gesetzesvielfalt ausarbeiten, darunter sind die
die Großunternehmer, Wirtschaftsbossen, Industriebossen, Geldinstituten, Reichen, Millionäre und Milliardären, um ihnen einen Zugang, für das abzocken der Steuergelder, aus der Staatskasse
zum Nachteil der Deutschen Bevölkerung zu gewähren.

Die Deutsche Bevölkerung muss die Machenschaften der Subventionsindustrie, und die des Subventionsstaats unterbinden.

Auch das Beispiel der Firma Wabeco zeigt wie betrügerisch mit den Steuergeldern umgegangen wird.

Mit einem Volumen von mehr als
ca. 9 000 000 000,00 Milliarden Euro haben sie von 2005 bis 2010 Fördermittel aus der Staatskasse erhalten.
Das sind Steuergelder, die man zuvor von der Bevölkerung eingetrieben hat.
Ein Teil dieser Fördergelder, wird auch in die Erforschung von Computer - Chips investiert, die die Gebrauchsgegenstände, auf die die Bevölkerung angewiesen ist, nach Ablauf der Garantiezeit durch den Zerstörungscode, unbrauchbar machen,
damit der Bürger gezwungen ist, einen neuen Gegenstand zu Kaufen.

Auch bei BMW wird so gewirtschaftet.
Damit der Autohersteller in den Genuss der Subvention kommt, auch Fördergeld genannt, wird mal schnell im billigen Osten, ein Fabrik, auf kosten der Steuerzahler erstellt.
Weit über 1 Milliarde Euro bekam das BMW Werk an Subventionen, nur weil sie versprochen haben ca. 5000 Feste Arbeitsplätze zu vergeben. Heute sind es noch ca. 2000, feste Arbeitsplätze, der

restlichen ca. 3000 Arbeiter wurde für billige Arbeitskräfte ausgetauscht.

Den Segen dafür bekam BMW bestimmt von Reisekanzlerin Frau Merkel, die nur den Aufbau Ost,
den Aufbau Europa, den Erhalt des Euros und die Förderung der bankrotten Länder, mit Deutschem Steuergeld, sowie die Förderung der Reichen absegnet.

Es gibt viele Beispiele hiefür, so auch Mercedes – Benz, Daimler – Chrysler oder nur Mercedes, oder wie auch immer, diese Firmen haben den Steuerzahler das meiste Subventionsgeld aus der Tasche gezogen, auch Volkswagen ist dabei.
Sie verlagern ihre Produktionsstätte in das Ausland, erarbeiten mit den Billigen Arbeitskräften Milliarden, um diese billig hergestellten Fahrzeuge und Gegenstände, in Deutschland für das Vielfache zu verkaufen

Und der deutsche Bürge unterstützt diese mafiaähnliche Machenschaften auch noch, in dem er die
billigen, im Ausland produzierten und zum teil von Kinderarbeit hergestellten Produkte, für teueres Geld kauft.

Auch die Firma Infineon hat dies ausgenützt.
Sie baute auch im Osten, womöglich Dank unserer Reisekanzlerin Angela Merkel, eine Chip-Fabrik in Dresden und bekam über 700 000 000,00 Millionen Steuergeldeuros an Subventionen,

aber zurückbezahlen brauch sie dies nicht.
So wird das Steuergeld der Deutschen Bevölkerung auf eine betrügerische und diebische Art und Weise, mit dem Segen unserer Politikerinnen und Politiker,
der Bevölkerung zweckentfremdet.
Aber dafür steigen die Staatsschulden und deren Zinsen, für die, die Deutsche Bevölkerung auch noch aufkommen muss.
Sicher ist auf jeden Fall, würden unsere Politikerinnen und Politiker mehr Bürgerinteresse zeigen
die Wirtschaftsdiktatur abschaffen und sich nicht als Marionetten der Wirtschaft, der Reichen und dem Europarat profilieren, den Ausstieg der Subventionierungen beschließen und Fördergelder für die Milliardenschwere Wirtschaft und Geldinstituten abschaffen, wäre dies ein gerechter Schritt, gegenüber der Bevölkerung. Da sich aber unsere Politikerinnen und Politiker an den Wohlstand, den sie von der Deutschen Bevölkerung, gezwungener maßen bezahlt bekommen, gewöhnt haben, wird dies nie der Fall sein, und somit wird es auch nie eine Bevölkerungsfreundliche Regierung geben.
Vielleicht erst dann, wenn es zum Aufstand der deutschen Bevölkerung kommt, wenn die Bevölkerung erwacht, und die Misswirtschaft in der Regierung durchschaut und diese nicht mehr duldet, vielleicht wird es dann besser, wenn es dann nicht zu Späht ist.
Warum ist unsere Regierung, mit ihren Ideenlosen, Berufunerfahrenen, Hilflosen Politikerinnen und Politiker nicht im Stande, die Subventionen

abzuschaffen, oder den Spitzensteuersatz der
Reichen zu erhöhen, weil es unseren Politikerinnen
und Politiker dann genau so treffen würde,
wie die Wohlhabenden in Deutschland.
Da sich unsere Politikerinnen und Politiker aber
gerne auf die gleiche Stufe stellen möchten
wie die Reichen, wird dies nie der Fall sein, oder
sie Basteln sich ein neues Gesetz, das sie von den
Abgaben befreit.
Man muss sich einmal Vorstellen, das knapp die
Hälfte aller Finanzhilfen und
Steuervergünstigungen
auf die gewerbliche Wirtschaft und die Reichen
entfallen, diese sind die größten
Subventionsempfänger in Deutschland, obwohl sie
es nicht benötigen.
Dies Förderung der Wirtschaft und Reichen, ist
auch nur möglich, weil wir eine Wirtschaftsdiktatur
haben und eine Regierung voller Marionetten, die
der Wirtschaft und Reichen unterstellt sind.

Demokratie bedeutet:

Alle Staatsgewalt geht vom Volke aus.

Dies ist aber in Deutschland nicht der Fall.

Das Volk durfte niemals darüber abstimmen, unter
welcher Verfassung es leben will.
Auch die Volksabstimmung über eine neue
Verfassung bei der Wiedervereinigung wurde
durch die Regierungsparteien ohne Begründung bis
heute verhindert.
Fakt ist,

Deutschland hat überhaupt keine legitime
völkerrechtliche Verfassung, beziehungsweise in
Deutschland gibt es keine juristische demokratische
Grundlage und somit auch keine Demokratie.
Dies kann aber durch die Bürger geändert werden,
indem sie gemeinsam solange Demonstriere,
bis eine Verfassungsrechtliche Demokratie
beurkundet wird, was für die zukünftige
Volksabstimmung ein großer Schritt wäre.
Gleichheit und Gerechtigkeit für alle, nicht nur für
die Politikerinnen, Politiker und die Reichen.
Diese Selbstherrlichkeit und Machtbesessenheit
unserer Politikerinnen und Politiker,
besteht nicht erst zur Herrn Kohls Zeiten.
Die Ausplünderung der Sozialkassen, der
Rentenkasse und der Staatskasse, die zur Billionen
Euro Staatsschulden geführt haben, auf kosten der
Steuerzahler, muss beendet werden.

Diese Politikerinnen und Politiker haben dafür
gesorgt, dass die Armen immer Ärmer und die
Reichen immer wohlhabender werden und nun ist
es an der Zeit, dass die Gerechtigkeit und die
Demokratie wieder in Deutschland eingeführt wirt,
und die Armut ein Ende findet.
Zuerst muss das eigene Land Schuldenfrei sein, die
Armut beseitigt und die Arbeitslosen mit Arbeit
versorgt werden, bevor man den Zukauf von
Ausländern finanziert und Milliarden in das
Kriegsspielen einsetzt.

Die Reichen haben ihre Konten gefüllt, nun sind
endlich die an der Reihe, denen die Steuer vom
Lohn einbehalten wurde, aber die nie etwas Zurück

bekamen, damit die normale Bevölkerung, auch in der Realität und zum Leben, mehr im Geldbeutel hat.

Wir, die arbeitende Bevölkerung haben wahrhaftig genug Bezahlt und nun muss der Spies umgedreht werden.
Es kann nicht sein, das die Unternehmen, Wirtschaftsbetriebe, Geldinstituten, Industriebetriebe,
die Reichen, die staatlichen Einrichtungen, wie zum Beispiel das Bundestagsgebäude, die Parteienzentralen, den Strom auf kosten der Steuerzahler bekommen, obwohl diese Unternehmen Milliarden gewinne machen und die Stromkosten auf ihre Produkte umlegen,

aber die arbeitende Bevölkerung muss einen Aufschlag von mehr als 40 % hinnehmen.
Was hat unsere Möchtegerne Europa und Reisekanzlerin Angela Merkel von der CDU noch im
Jahre 2011 versprochen,
dass die Ökostromumlage nicht über ihr heutiges Niveau also von 2011 aus steigen würde,
obwohl sie genau wusste, das für das Jahr 2013 ist eine Steigerung um mindestens 30 Prozent zu erwarten ist.
Auch die Lügen und die nicht eingehaltenen Versprechungen, der Reisekanzlerin, haben seither um mehr als ca. 50 Prozent zugenommen.

Durch diese Machenschaften, unserer Politikerinnen und Politiker, sowie der Wirtschaft,

wird das Lebensalter der Armen und der Armen Westrentner, bewusst verkürzt.
So wie die Wirtschaft die Lebensdauer ihrer Wahren manipuliert, so manipuliert der Staat die niedrige Lebenserwartung und den früheren Tod, der Armen Bevölkerung, indem sie die Lebenshaltungskosten so hoch Schraubt, das sich nur noch die Reichen, die teuren Medikamente und gesunden Lebensmittel leisten können.
Der Preis ist zwar Stabil, aber die Menge in den Verpackungen werden immer weniger.
Ob diese Teuerung, die zum früheren Ableben der Armen, von unseren Politikerinnen und Politiker bewusst oder gewollt ist, lassen wir mal dahin gestellt, darüber kann sich die Bevölkerung selber den Kopf zerbrechen.

Man muss sich dazu nur die übertreuten betreutet Wohnheime, oder Altenpflegenheime, einmal vor die Augen nehmen, die Miete wird von Jahr zu Jahr höher, die Nebenkosten steigen ständig und am Personal wird eingespart.

Auch so kann man das Leben von den Alten in den Altersheimen, oder betreuten Wohnheimen verkürzen,
indem man weniger Personal einstellt, und somit die Wartezeit für einen Notfall verlängert wird (Wartezeit ca. 10 Stunden), wenn das Hilfspersonal dann eingetroffen ist, sind die Alten verstorben, natürlich an einem natürlichen Tot.
Alles ein politisch ausgeklügeltes System, damit die Armen und die Rentner nicht all zu lange Leben,

und der Staat die Rente nicht all zu lange ausbezahlen muss.

Auch wenn die Menschen laut Statistik länger Leben als vor 20 Jahren, was der genetischen Veranlagung, der biologischen Lebenserwartung und der Qualität der medizinischen Versorgung zu zuschreiben ist, dafür müssen sie auch länger Arbeiten als vor 20 Jahren, was wiederum mehr Steuergeld in die Staatskasse spült.

Auch die Pharmawirtschaft trägt zur Verkürzung der Lebenserwartung der normalen Bevölkerung bei.
Man nennt dies Scheininnovation.
Das sind neue und Teuere Medikamente mit nur geringfügig veränderter Wirkstoffkombination ohne echte Verbesserung für den Patienten, die nur Umbenannt wurden und eine neue Verpackung bekamen.

Trotz allem Fördern und Subventionieren der Pharmawirtschaft, und mit dem wissen und Einverständnis unsere Politikerinnen und Politiker, das es Millionen von Menschen und Kinder in Ländern gibt, die nicht genug zu essen haben, nicht lesen und schreiben können, die krank sind, sich keine Behandlung leisten können, aber für die Pharmawirtschaft als billige Testpersonen herhalten müssen, unterstützt der Deutsche Staat solche Machenschaften.
Das macht es den Pharmakonzernen auch so leicht, billige Testpersonen für ihre Medikamententests zu finden.

Allein 2010 starben offiziell daran ca. 1 000 Menschen (inoffiziell wird es sehr wahrscheinlich das Vielfache sein), und die Zahl steigt jährlich, daran beteiligt ist auch der deutsche Bayer-Konzern.

Wenn alles einmal zu öffentlich wird und die Todesfälle in einem von Armut übersätem Land sich erhöhen, dann geht es einfach in ein anderes von hoher Armut betroffenes Land, genug Arme Völker gibt es auf der ganzen Welt, an denen man dies Tests, billig und ohne Rücksicht auf Verluste durchführen kann, um die Profitgier zu befriedigen.

Wie zum Beispiel China.
In China gibt es sehr gute Standortbedingungen um solche Tests durchzuführen.
Auch andere Länder mit vielen Armen stehen hoch im Kurs
Wie zum Beispiel:
Kolumbien, Pakistan, die Philippinen und Moldawien oder auch Russland, und unsere Politikerinnen und Politiker, genehmigen die Fördergelder und die Steuergeldschlupflöcher, für diese Milliardenschwere Pharmakonzernen.

Werden da vielleicht still und heimlich, für die normalsterbliche Bevölkerung unbezahlbare, sehr wirkungsvolle Medikamente für unsere Politikerinnen und Politiker erforscht!

Es sind aber nicht nur die Pharmakonzernen die auf kosten der Steuerzahler gefördert werden, es gibt da noch die schwer kranken Geldinstituten, die mit Milliarden von Steuergeldern versorgt werden müssen, um wieder gesund zu werden.

Nehmen wir einmal das Beispiel der Deutschen Bank.

Europas Großbanken haben seit Ausbruch der Finanzkrise indirekte Staatshilfen in Billionen-Höhe erhalten.
Mit einem Fachbegriff werden diese Vorteile, implizite Staatshilfen genannt, die direkten Staatshilfen, die aus Steuergeldern der Bevölkerung besteht, fließen, wenn die Pleite einer Bank unmittelbar bevorsteht.
Der frühere Chef der Deutschen Bank, war maßgeblich daran beteiligt, dass die Bundesregierung im Herbst 2008, Milliarden an Steuergelder freigab, um den Münchner Immobilienfinanzierer Hypo Real Estate, HRE, vor der Pleite zu retten. Es wurde am Ende fast ca. 200 000 000 000,00 Milliarden Euro Steuergelder zweckentfremdet.
Die Deutsche Bank betreibt sowohl in eigenem Interesse als auch im Interesse der Finanzbranche, dem Staat und der mit ihren verbundenen Wirtschaftsunternehmen, eine intensive politische/parlamentarische Interessengemeinschaft.
Die Deutsche Bankaktie befindet sich fast völlig im Streubesitz, so ist es auch möglich, dass Großanleger ihre Anteile an der Deutschen Bank über ein Netz von Zweckgesellschaften halten, um Veröffentlichungsgrenzen und nationale

Steuergesetze bewusst zu unterlaufen. In Deutschland stehen vor allem die Deutsche Bank, die Politikerinnen und Politiker im Brennpunkt der Kritik, weil die Zusammenarbeit und der Steuergeldbetrug durch den Staat sowohl auch die Steuergeldverschwendungssucht durch unsere Politikerinnen und Politiker, bewusst nicht unterlassen werden.
Warum werden die Großunternehmen überhaupt mit Steuergeld gefördert, weil es ihnen von unseren Politikerinnen und Politikern und deren Gesetzesvorlagen bereitgestellt wird.

Obwohl die deutschen Unternehmen mehr als ca. 100 Milliarden Euro Gewinn machen, besorgen sie sich immer ungenierter staatliche Fördergelder, mit der Unterstützung unserer Politikerinnen und Politiker, für durchaus zweifelhafte Projekte.
Der Steuerzahler wird somit um Billionen von Euros an Steuergeldern betrogen.

Ein Beispiel dafür ist auch die hinterhältige Vorgehensweise von Volkswagen, das für den Bau eines Elektroautos mit einem Sitz und Flügeltüren, auf kosten der Steuerzahler versteht sich, nach angaben der Förderdatenbank der Bundesregierung, mehr als   5 000 000,00 Millionen Euro Steuergelder überwiesen bekam.
Leisten können sich dieses staatlich finanzierten Elektroautos aus dem Volkswagenkonzern nur die Reichen und unsere Politikerinnen und Politiker.

Bei den Anschaffungskosten und den hohen Strompreisen, werden nur die gefördert, die schon genug auf dem Konto haben und der normale Bürger schaut hinter her.
Solch ein Volkselektroauto, vom Weltkonzern Volkswagen, der einen Gewinn von
ca.16 000 000 000,00 Milliarden Euro erwirtschaftet, bekommen sowieso nur ausgewählte Persönlichkeiten, aus Wirtschaft und Politik.

Da werden mit China oder anderen billig Länder Milliardenverträge abgeschlossen,
damit die Milliardenschweren Konzerne, wie zum Beispiel Volkswagen, Mercedes und Siemens, sich die Milliarden Euro an Steuerfördergelder einstreichen können.

Wie weit muss die betrügerische Steuergeldverschwendung noch gehen, bis das Deutsche Volk aufwacht!
Wann bemerkt das Volk endlich, das sie durch diese Steuergeldverschwendungssucht unserer Politikerinnen und Politiker, betrogen und bestohlen werden

Nicht umsonst sind unsere Politikerinnen und Politiker, Marionetten der Wirtschaft, die Wirtschaft befiehlt, Handelt und Argumentiert, notfalls auch mit erpresserischem Hintergrund, um an die Milliarden Euro Steuergelder zu kommen und unser Ideenlose, bestechlichen, befangene und voreingenommene Hilflose Politikerinnen und Politiker, Verteilen diese Milliarden Euro Steuergeldeinnahmen ohne Rücksicht auf die

Deutsche Bevölkerung, an die, die jährlich Milliarden gewinne erzielen, und Fördern damit bewusst und absichtlich die Armut und die hohen Staatsschulden in Deutschland.

Hätten wir eine Volksabstimmung und eine festgeschriebene beurkundete dokumentierte Demokratie, wäre es in Deutschland lebenswerter, die Armut in weiter Ferne und die Staatsschulden schon längst beglichen.
Aber so haben wir nur Politikerinnen und Politiker, die sich als Marionetten der Wirtschaft aufspielen, die Bevölkerung unterdrücken, eine stille und heimliche Diktatur aufbauen, die verschwenderische Steuergeldförderung vorantreiben, für das geschickte anlegen von Schwarzgeldkonten, für die Steuergeldverschiebung von einem nicht zu zuordnenden und undefinierbaren Amt zum anderen, für die vorteilhaften Steuergeldschlupflöcher der Wirtschaft und Reichen, für die verschwenderischen Subvention, für die übertriebenen und überteuerten selbstverschuldete staatliche Bauprojekte, die bankrotten Euroländer mit Milliarden Deutschen Steuergeldern versorgt, in den zusammenbrechende Euro investiert, die auf sinnloser und ungerechter Weise Milliarden von Steuergeld Euros aus dem Westen in den Osten verschieben, allen voran der Bundesfinanzminister. Nicht um sonst hat der Osten in den letzten Jahren mächtig zugelegt, und steht teilweise sogar vor den Westdeutschen.

Auch für die strahlenden Särge im Nordmeer müssen die Steuerzahler über 600 000 000,00 Millionen Euro aufbringen, damit die Atomreaktoren aus den U-Booten ausgebaut werden können.
Zur Konservierung der hochbrisanten Materialien wird von der deutschen Energiewerken Nord ein Atomlager errichtet auf kosten der Steuerzahler.

Durch die Wirtschaftsdiktatur haben unsere Politikerinnen und Politiker auch die besten Beziehungen, zu den Wirtschaftsbossen, um die Steuergelder in irgendeinem Pott verschwinden zu lassen, wo diese gar nicht hingehören, so wie die Wirtschaft Milliarden anhäuft, so befüllen unsere Politikerinnen und Politiker ihre Parteikassen.
Dies ist auch ein Grund, weshalb die Staatsschulden nicht weniger werden.
Wie sollen sie auch, wenn man für nutzlose Forschungszwecke wie zum Beispiel einen Lippenstift aus Torf zu testen, oder die Erforschung vom Mars, obwohl unsere Politikerinnen und Politiker nicht einmal die Deutsche Lehrforschung, Lernforschung und Bildungsforschung, sowie die Schulbildung
und Schulproblematik auf die Reihe bekommen.
Oder für die Erforschung für mitdenkende Fußböden,
in Hotels, auf Kreuzfahrtschiffen und für Wohnungen der Reichen die Steuergelder verschenkt.

So werden auch Steuergelder veruntreut für die Erforschung eines mobilen Messgeräts, das den

Wärmeverlust von bereits verbauten und subventionierten Fenstern berechnen soll.
Oder die Erforschung leichtere Autos, dies sollte der Milliardenschweren Automobilindustrie überlassen werden, anstatt dafür die Steuergelder zu verschwenden.

So gibt es viele Beispiele, wie unsere Bundesregierung, ins besondere der Bundesfinanzminister von der CDU Herr Schäuble, die Steuergelder aus dem Fenster schmeißen.
Bei soviel Milliarden an Subventionen für die Wirtschaft, an die Parteikassen, und Milliarden an unnützen Forschungsgeldern, fragt man sich, wissen unsere marionettenhafte steuergeldverschwenderischen Möchtegerne Politikerinnen und Politiker eigentlich warum sie Gewählt wurden und von wem sie Gewählt wurden!

Wir haben zu viele Parteien, Politikerinnen und Politiker, die mit den Steuergeldern Sinnlos, Gedankenlos und Konzeptlos umgehen.
Ob bei der Eigenwerbung über sich und ihre Parteien oder der Wahlpropaganda, bei der Millionen von Steuergeldern zweckentfremdet werden.
Obwohl die Werbung nichts über Qualität und Leistung unserer Politikerinnen, Politiker und deren Parteien aussagt, geben sie Millionen Euro Steuergelder für die Selbstdarstellung aus.

Wahlkampfkosten 2013
ca. 80 000 000,00 Millionen bis
ca. 100 000 000,00 Millionen Euro an
Steuergeldern.

Die Werbung für die Wahl ist so gestaltet, das die Bevölkerung durch die nicht einhaltbaren Versprechungen unserer Politikerinnen und Politiker, verführt und manipuliert wird, in der Hoffnung, das das was unsere Politikerinnen und Politiker anbieten auch durchgeführt und eingehalten wird, was aber nicht der Fall ist und trotzdem lassen sich viele Bürger dazu verführen, an die Wahlurne zu gehen.
Diejenigen die dabei Verdienen, sind die externen Werbeunternehmen und der Deutsche Saat.
Diese Werbung medienwirksam zu präsentieren, ist völlig sinnlos, denn jeder kennt die betrügerischen Machenschaften unserer Politikerinnen und Politiker, nur will man dies nicht Wahr haben.

Diese unten aufgeführten Parteien wie zum Beispiel,

Christlich Demokratische Union Deutschlands CDU
Sozialdemokratische Partei Deutschlands SPD
Christlich-Soziale Union in Bayern CSU
Die Linke die Linke DIE LINKE
Bündnis 90/Die Grünen GRÜNE
FDP-Logo 2011.svg
Freie Demokratische Partei FDP
Piratenpartei Deutschland PIRATEN

Ökologisch-Demokratische Partei ÖDP
Die Republikaner REP
Nationaldemokratische Partei Deutschlands NPD
Freie Wähler FREIE WÄHLER
Bayernpartei BP
Südschleswigscher Wählerverband SSW
Partei Mensch Umwelt Tierschutz
Die Tierschutzpartei
Bürgerbewegung pro NRW pro NRW
Familien-Partei Deutschlands FAMILIE
Freie Wähler in Thüringen FW in Thüringen
Rentner Partei Deutschland RENTNER
Bürgerbewegung pro Deutschland pro Deutschland,
und wie sie sich alle noch Nennen, bräuchten eigentlich keine Werbung, wenn sie nicht derart miserabel und Unfähig wären.

Das ist auch der Grund für die verschwenderischen Millionen Steuergeldausgaben,
sich der Bevölkerung in der Öffentlichkeit zu präsentieren, weil unsere Politikerinnen und Politiker, ohne diese werbetechnische Schönfärberei kaum eine Chance bekäme gewählt zu werden.

Plakate in einer Größenordnung und Anhäufung, die die Gemeinden und Städten verunstalten.
Sie werden Teilweise auch noch Verkehrsgefährdet aufgestellt.
Hinzu kommen dann noch die
Sicherheitsvorkehrungen für unsere Politikerinnen und Politiker, das Werbemobile, die Reisen von einer in die andere Stadt, die Feste und

Siegesfeiern, damit die Steuergeldgierigen, und Machtbesessen Politikerinnen und Politiker, auf Stimmenfang gehen können, weil der Bürger für jedes Kreuz, das er auf dem Stimmzettel tätigt, automatisch dafür sorgt, dass die Kassen der einzelnen Parteien gefüllt werden.
Bis zu 0,85 Euro pro Wählerstimmen bekommen die Parteien mit einem Kreuzchen.

Das sieht dann Folgendermaßen aus:
wenn die CDU ca. 16 000 000 Millionen Stimmen zusammen bekommt, hätte sie einen Anspruch auf ca. 14 000 000,00 Millionen Euro jährlich.
Da sich die Parteien darüber hinaus auch sonst noch aus dem Staatssäckel bedienen, sind die staatlichen Zuwendungen die sich diese Politikerinnen und Politiker genehmigen, um ein vielfaches höher als bekannt gegeben wird.
Der Deutschen Bevölkerung ist auch nicht bewusst ist, mit wie vielen Millionen Euro Steuergelder die Politikerinnen und Politiker sich ungerechterweise bedienen.

Was für eine verschwenderische Summe, an Steuergeldausgaben da zusammen kommt zeigt die Wahl in Nordrein Westfahlen, wo nur der Landtag gewählt wurde, ca. 45 000 000,00 Millionen Euro an Steuergelder.
Es ist also nur die Gier nach Steuergeldern, nach Machtbesessenheit und das Abzogen der Bevölkerung, wenn unsere Politikerinnen und Politiker die Wahltrommeln in Bewegung setzen.
Hier geht es auch nicht um den Bekanntheitsgrad der zu wählenden Politikerin und Politiker.

Wir kennen unseren Pappenheimer, ihr geht es nur um die Milliarden Euros an Steuergelder der Deutschen Bevölkerung, damit die Parteikasse gefüllt, die Wirtschaft subventionier wird, und die Armut in Deutschland ausgebaut wird.

Zu bemerken sei noch, dass die Guten, mit einem reinen Gewissen, die etwas für die Deutsche Bevölkerung bewirken wollen, die sich für den Mittelstand einsetzen, gar keine Chance haben, in der Politik aufgenommen zu werden.
Weil in der Politik nur eines Zählt, Steuergeldgier, Machtsucht, Lügen, Betrügen und so schnell wie möglich einen gut Bezahlten Posten zu ergattern.

Die Bevölkerung wird nur getäuscht,
über die schweren Fehler dieser Politik, und die Versprechungen die sie nicht eingehalten haben, und in Zukunft auch nicht einhalten werden und nicht können.

Unsere Politikerinnen und Politiker, allen voran, unsere Europareisebundeskanzlerin Angela Merkel von der CDU, interessieren sich nur für andere Staaten, für die Europäische Union, für die Ausländer, kümmern sich nur um bankrotte andere Euroländer und versucht mit aller Gewalt ein gemeinsames Europa aufzubauen.
Unsere Politikerinnen und Politiker haben definitiv keine Zeit, sie nehmen sich auch keine Zeit für den Mittelstand und für die arbeitende Deutschen Bevölkerung.
Würden sie sich aber die Zeit nehmen, für die, die sie Bezahlen, hätten unsere Politikerinnen und

Politiker wiederum keine Zeit für die Wirtschaft und Reichen, für die Feste und Partys, für die Veranstaltungen, für die Nebentätigkeiten, die sie wehrend der Arbeitszeit durchführen, für die Bundestagsdebatten, für die Sitzungen, für Vorträge die sie sich mit hohen Honoraren bezahlen lassen, für den Papstbesuche auf kosten der Steuerzahler, für die Einweihungsfeiern, für die neuen Straßen, Brücken und neue Gebäude, für die Messe besuche, für Autogrammstunden, für die ständigen Auslandreisen und so weiter und so weiter.

Auch die Schleichwerbung die unsere Politikerinnen und Politiker betreiben, zählt dazu. Ob Automarke, teueren Füllhalter, Handys, i Pat oder was sie sonst noch alles zur Schau stellt.

Genau so Grauenhaft und unvorstellbar ist die Tatsache in der folgenden Berechnung.

Ein Alptraum und für den Deutschen Bürger nicht nachvollziehbar, was unsere Politikerinnen und Politiker mit den Steuergeldern der Deutschen Bevölkerung so treibt.

Es geht um ein monatliches Steuergeld betrügerische Verschwendungssucht unserer ausgedienten Bundeskanzler und Bundespräsidenten.
Das Gehalt des Bundespräsidenten liegt bei ca. 200 000,00 (Zweihunderttausend) Euro, was ein monatliches Einkommen von ca. 16 700,00 Euro entsprechen.

Dazu kommt noch ein Aufwandsgeld von
ca. 78 000,00 Euro.
Das ist noch einmal
ca. 6 500,00 Euro monatlich.
Außerdem steht einem Bundespräsidenten noch ein
Budget von ca. 830.000,00 Euro von den
Steuergeldern, jährlich zur Verfügung, was noch
einmal zusätzlich
ca. 69 166,70 Euro monatlich sind.

Für einen ausgedienten Bundespräsidenten werden
dem Steuerzahler ca. 92 250,03 Euro,
von seinem Lohn abgezogen.
Für die ausgedienten Staatsdiener, Politikerinnen
und Politiker, Bundespräsident, und Bundeskanzler
sieht es auch nicht viel schlechter aus.
Und was bekommt ein ausgedienter Arbeiter der in
Rente ist?

Der Deutsche Steuerzahlern muss für ihr
luxseriöses Rentnerdasein bezahlt, und was muss
der Steuerzahler noch alles für diese Politikerinnen
und Politiker zusätzlich von seinem Geld an den
Staat abführen, damit man diese Mensche auf
kosten der Deutschen Bevölkerung auch noch ein
Denkmal setzt, ob Verdient oder nicht, sei dahin
gestellt.
Darin nicht enthalten sind der Kauf der teueren
Dienstlimousine mit Fahrer, manche bekommen
zwei oder sogar drei auf kosten der Steuerzahler
zur Verfügung gestellt.
Eine Luxuslimousine kann einen Kaufswert von bis
zu ca. 300 000,00 Euro haben, dann kommen die

Benzinkosten noch dazu, die kosten für die Kraftfahrzeugsteuer, die Versicherung der Dienstlimousine, die Pflege der Dienstlimousine und die Wartungskosten, den Personenschutz der dies ausgedienten Politikerinnen und Politiker Tag und Nacht zur Seite steht und die monatlichen Gehälter der Fahrer.
Und wenn man dann alles zusammenzählt, was so eine marionettenhafte Persönlichkeit kostet, kommt man schnell an die 1 000 000,00 Million Euro Steuergeldverschwendunggrenze für diese übertrieben von Luxus verwöhnten Politikerinnen und Politiker, damit sie ihr Luxseriöses Rentenerleben bestreiten können.
Dazu Zählen die Herren Scheel, Herr von Weizsäcker, Herzog, Köhler, Wulf, und der neue Herr Gauck 72 Jahre, der sich von seiner Ehefrau Gerhild löste, aber nicht Geschieden ist,
die ihm 53 Jahre die Stange hielt und ihm vier Kinder geschenkt hat, ist ein ehemaliger Pastor aus dem Osten und freut sich jetzt schon mit seiner jungen Freundin, auf die dicke und fette Pension.
Wenn man jetzt noch die Bundeskanzler außer Dienst dazu zählt, Helmut Schmidt, Helmut Kohl, Gerhard Schröder und bald auch Euroreisekanzlerin Angela Merkel, kann man sich in etwa die Dimension der Steuergeldverschwendung vorstellen.

Wie lange der Deutsche Bürger dafür Arbeiten muss, um diesen Politikerinnen und Politiker ein luxuriöses Rentendasein zu finanzieren, kann er sich einmal selber Ausrechnen.

Nehmen wir nun die anderen, außer dienst
Bundespräsidenten noch dazu, müssen die
Steuerzahler und der Rentner, alleine nur für die im
Ruhestand lebenden Bundespräsidenten, jährlich
eine Summe
von ca. 4 000 000,00 Millionen Euro aufbringen,
damit diese Herren ein Leben wie im
Schlaraffenland verbringen können.

Zum Vergleich ein Angestellter, der für seine harte
Arbeiten, mit einem Monatsgehalt
von ca. 3 000,00 Euro brutto abgespeist wird,

hat nach Abzügen ein monatlicher Nettolohn von
ca. 2146.02 Euro, machen jährlich ca. 25 752,24
Euro.
Für das Nettogehalt von ca. 2146.02 Euro muss er
eine Leistung erbringen.
Die fünf Bundespräsidenten bekommen ohne eine
Leistung zu erbringen ca. 4 000 000,00 Euro
Steuergeld jährlich nur für ihre Pension.
Davon abgesehen, hat jeder dieser ausgedienten
Steuergeldverschwender, ob einfache Politikerin,
Politiker, Bundespräsident, oder Bundeskanzler,
nach ihrem ausscheiden aus dem Staatsdienst,
noch einen Nebenjob, was ihm sehr wahrscheinlich
noch einige Hunderttausende Euros mehr einbringt.
Wenn einer Arbeiter arbeitslos ist und sich
nebenbei noch was dazu Verdienen möchte,
mit einem 450 Euro Job, werden ihm von 450
Euro, die er Verdient, 240 Euro abgezogen und mit
dem Arbeitslosengeld verrechnet, davon bekommt
er dann ca. 160 Euro, die er behalten darf.

Schätzungsweise sind es zig Milliarden Euros an Steuergelder, die in der Vergangenheit und in Zukunft nur für die Diäten unserer Politikerinnen, Politiker und Beamte im Staatsdienst verwendet werden, damit diese politisch ausgedienten Angestellten, Damen und Herren, in Saus und Braus, ein luxuriöses Rentnerleben Führen können.

Das Deutsche Volk zahlt, so lange diese Steuergeldverschwender leben.
Wo ist da die Gerechtigkeit?
Wieso benötigt jemand, der in Pension ist, solch ein, von den Steuerzahler erzwungenes teueres Luxusleben, das Tausende Millionen Euro jährliche, für die Ausgedienten Politiker verursacht.

Diese Geldgierigen Politikerinnen und Politiker haben sehr Gut im Alter zu Leben, auf kosten der Steuerzahler und Rentner. Wenn es aber um die Westrente der Bevölkerung geht, da wird dann Jahrelang
wegen 2,50 Euro, diskutiert und Gestritten, mit sinnlosen Vorschlägen die Wahltrommel gerührt, aber einen konkreten Vorschlag gegen diese Altersarmut werden sie nie Zustande bringen,

Dabei ist es so einfach:
Alle, Beamte im mittlern, oder gehobene Dienst, alle Gutverdiener, alle Politikrinnen und Politiker, egal was sie für einen Dienstgrad haben, ob Kanzler oder Präsident, alle Arbeiter und Angestellte,

alle Millionäre oder Milliardäre, die eine staatliche Rente erhalten, alle Einzahler, müssen gleich bewertet werden, um diese Altersarmut zu verhindern.
Eine Mindestrente muss dem realen Lebensstandart angepasst werden,
die Einführung einer Einheitsrente von
ca. 1 500,00 Euro, ohne das es Notwendig ist,
eine Aufstockung, oder Zuzahlungen der Rente, durch staatliche Steuergelder leisten zu müssen.
Steigen die Lebenshaltungskosten und die Miete, wird die Rente danach angepasst.
Die Jahrelange hilflose Suche nach sinnlosen Ideen und teuren Vorschlägen, die nur während der Neuwahlen, immer und immer Angesprochen werden, ist nur eine Taktik unsere Politikerinnen und Politiker, um die Altersarmut zu Fördern und die Westrente so niedrig wie möglich zu halten.
Die Entscheidung über die Rentenerhöhung, muss genau so schnell entschieden werden, wie die Diäten und Pensionserhöhung unserer Politikerinnen und Politiker, von einem Tag auf den anderen.

Hätten unsere Politikerinnen und Politiker ein echtes Interessen daran, die Altersarmut zu dämpfen oder zu Beseitigen, wäre die Altersarmut und eine Einheitsrente kein Thema mehr.
Da aber unsere Luxusverwöhnten Politikerinnen und Politiker, nicht nur während hierher Amtszeit den Bürgern das Geld aus der Tasche ziehen, lassen sie sich mit einer Einheitsrente nicht abspeisen.

Sie hätten dann auch nur 1 500,00 Euro an Pension und nicht wie zurzeit zwischen 5 000,00 und 10 00,00 Euro ohne Extras.
Dies Einführung der Einheitsrente geht aber nur wenn man eine demokratische Regierung hat und nicht wie in Deutschland, eine diktatorische Wirtschaftsregierung, die mit übergreifenden, vom Europaparlament gemachten Gesetze voll gestopft ist.
Da wir aber eine eingefahrene Wirtschaftsdiktatur haben und unsere Politikerinnen und Politiker lieber als Marionetten der Wirtschaft fungieren, um ihr Luxuriöses Leben beibehalten zu können,
auch im Pensionsalter,
werden die Altersarmut und die Einzahlungen in die Rentenkasse, durch den Niedriglohnsektor, die Zahl der Minijobber, Teilzeitarbeiter und billigen ausländische Arbeitskräfte immer geringer Ausfalle.
Dazu kommt noch, das in der Vergangenen Zeiten und in der heutigen Zeit, die Rentenkasse leer geplündert wurde, auch schon zu Kohlszeiten hat man sich an dem Sozialkassenüberschuss bedient und somit die Altersarmut der Deutschen Bevölkerung, bewusst in unvorstellbare Dimensionen getrieben.

Die ersten die dies mit der Rentenarmut zu Spüren bekommen, sind die heutigen 25 jährigen,
da nützt es auch nicht wenn das Rentenalter einmal von 60 auf 67 und dann wieder,
mit bestimmten Voraussetzungen, auf 63 Jahre gesenkt wird.

Vielleicht wird es durch die Integration von
Ausländern in Deutschland besser.
Die Steuergeldeinnahmen werden dann für die
Zusammenführung investiert, Menschen, die aus
anderen Ländern zugewandert sind verändern das
Bild eines Landes, einer Stadt, eines Dorfes,
mit ihrem Lebensstilen, wie zum Beispiel die
Religionen, die Wohnkultur und Esskultur,
Moscheen,
die Kindertagesstätten, die Schulen und die
Betriebe, was wiederum mit Steuergeld gefördert
werden muss, von der Anpassung zu den
Nachbarschaften durch die Mehrsprachigkeit und
kultureller Lebensgewohnheiten ganz abgesehen.
Die deutsche Bevölkerung wird es so dann nicht
mehr geben, die Ausländer werden Deutschland
besiedeln und dann ist es mit der Ruhe vorbei.
Das beste Beispiel hierfür präsentiert unsere
Regierung selber.
Die Immigranten haben sich schon in der Politik
sesshaft gemacht, besetzt Ministerposten,
und die Deutsche Bevölkerung wird ganz langsam
darauf vorbereitet sich den ausländischen Sitten
und Gewohnheiten anzupassen. Wenn sich die
Deutschen nicht an den Ausländer anpassen, gelten
sie im eigenen Land schon als Fremdenfeindlich.
Die Integration von Menschen, bedeutet auch,
finden von Gemeinsamkeiten, Feststellen von
Unterschieden und der Übernahme
gemeinschaftlicher Verantwortung zwischen
Zugewanderten und der anwesenden
Mehrheitsbevölkerung.
Auch in dieser Hinsicht hat es unsere leistungslose
Regierung geschlafen und nicht dafür gesorgt,

das sich die Ausländer, die sich in Deutschland sesshaft machen und machen wollen, sich an der Deutschen Gesetzesvorlagen halten müssen und nicht umgekehrt, dass sich die Deutschen den Ausländern anpassen müssen. Die Integration verlangt nicht nach der Aufgabe der eigenen kulturellen Identität, sondern die Ausländer, die nach Deutschland kommen, müssen sich dieser kulturellen Identität der Deutschen anpassen. Der Integrationsprozess in Deutschland erhält seine Dynamik, sowohl aus verschiedenen Initiativen von Einzelpersonen und deren Ausländischen Staatdiener. Deshalb sind wir Deutsche noch lange nicht Ausländerfeindlich, denn jeder normal denkender Mensch, passt sich den Gewohnheiten und Gegebenheiten des Gastes an.

Wenn ein Deutscher ins Ausland geht, oder Urlaub im Ausland macht, muss er sich, auch den Gegebenheiten und Gesetzen, in dem entsprechenden Land anpassen.

Diese integratorische Umstellung kostet dem Deutschen Steuerzahlendem Bürger Milliarden an Euros und dabei ist noch nicht einmal die Anpassung von Westdeutschland an Ostdeutschland fertig gestellt, was dem Westdeutschen Steuerzahler Billionen von Euros gekostet hat und auch noch viele Milliarden von Euros kosten wird.

Man kann dies auch gar nicht genau Definieren und Nachverfolgen, wo und wie die Billionen von Steuergeldeuros, eigentlich im Osten versickert sind.

Solange wir keine Demokratie haben, dazu Zählt auch eine Volksabstimmung, oder ein Volksentscheid, werden die Ausgaben der Steuergelder, weiterhin, auf verschwenderische Art und Weise, von unseren Politikerinnen und Politiker, eine unvorstellbare Dimension annehmen.

Die Politikerinnen und Politiker machen die Schulden und die Deutsche Bevölkerung muss für diese Hausgemachten hohen Kosten aufkommen, die unsere Staatsdiener verursacht haben.

Man nimmt dem Westrentner die zustehende Rentenerhöhung einfach weg, durch die Einführung des
Niedriglohnsektor, durch die so genannte Rentenanpassung für den Osten, durch die wirtschaftliche Förderung der Minijobber, Teilzeitarbeiter und billige Arbeitskräfte aus dem Ausland, damit der Lohn so niedrig wie möglich gehalten wird, um im Gegenzug die Rentenerhöhung und Rentenauszahlung so niedrig wie möglich zu halten.
Hauptsache unseren egoistischen, Machtbesessenen, Steuergeldgierigen Politikerinnen und Politiker geht es Gut.
Da gibt es auch keine Sonderregelungen, wer vom Osten in die Regierung kam, siehe Angela Merkel. Bei einer Diäten und Pensionserhöhung werden alle Politikerinnen und Politiker aus dem Osten mit der gleichen Erhöhung der Diäten und Pensionen angepasst,

wie sie auch die Westpolitikerinnen und
Westpolitiker erhalten, oder hat schon einmal einer
von einer Diätenanpassung, beziehungsweise von
einer Pensionsanpassung gehört?

Wenn es um die sinnlose Ausgabe der Steuergelder
geht um die Selbstbereicherung und das füllen der
Parteikassen, sind sich alle Politikerinnen und
Politiker immer einig.

Der Deutsche ist einfach zu Gutmütig, um den
Politikerinnen und Politikern endlich einmal zu
Zeigen, wer sie Bezahlt und gewählt hat.

Wir sollten alle endlich dafür sorgen, dass die
Demokratie und die Gerechtigkeit, wie sie in einer
Demokratie auch sein sollte, wieder Hergestellt
wird und das geht nur wenn wir alle
Zusammenhalten, auf die Straße gehen und solange
dort bleiben bis es gesetzlich und dokumentarisch
festgeschrieben ist.

Wenn wir dies nicht tun, werden unsere
Politikerinnen und Politiker weiterhin die
Steuergelder zweckentfremden und
verschwenderisch damit umgehen.
Wir müssen denen zeigt, dass die Deutsche
Bevölkerung nicht nur zum Zahlen in Deutschland
Lebt und Wohnt, dass das Luxusleben der
Staatsdiener und die ungerechte
Steuergeldverteilung, so nicht weitergehen kann,
der Deutsche Bürger will auch Leben und das
Leben genießen, der Rentner will auch Leben und

das Leben genießen, die Kinder wollen auch Leben und das Leben genießen.

Es sind die Politikerinnen und Politiker, die dem deutschen Volke die Billionen von Staatsschulden aufgebrummt haben, an denen unsere Kinder, Enkelkinder und Urenkelkinder noch Zahlen müssen.

Nach einer Aussage unserer Bundeskanzlerin möchte sie ein Regime errichten, das die Schuldensünder unter den Euroländern daran hindert, über die Stränge zuschlagen, aber da müsste sie zuerst einmal mit dem besten Beispiel vorangehen und dafür Sorgen,
das es in den eigenen Reihen keine Steuergeldschuldensünder und Steuergeldverschwendungssucht gibt.

Warum kümmert sie sich nicht darum, in Deutschland ein demokratisches Regime zu errichten, weil sie es nicht kann und auch nicht will.

Aber den anderen europäischen Ländern Vorschriften zu machen, wie die sich zu Verhalten haben das ist ihr möglich.
Die Frösche im Euroland müssen selbst ihren Schuldensumpf trocken legen, aber nicht die Deutsche Bevölkerung mit ihren schwer verdienten Steuergeldern.

Warum nicht zu erst vor der eigenen Haustür gehren, bei der Kanzlerin, bei dem

Bundesfinanzminister, bei der Familien und
Arbeitsministerin, bei den Parteien,
an der Regierung, im Bundestagsgebäude, was
doch viel Wichtiger wäre, als vor fremden
Haustüren den Dreck zu suchen.
Da gibt es so viele Schuldenschlupflöcher und
schwarze verstecke Steuerkonten, unserer
Politikerinnen und Politikern, die entfernt gehören.
Die unnötigen Subventionen, die ungerechten
Verhältnisse zwischen Arm und Reich.
Die Schuldenmachenden und Machtbesessenen
Politikerinnen und Politiker, unter den
Staatsdienern,
bei den Städten und Gemeinden, die Milliarden in
den Sand setzen, weil sie bei der Berechnung von
staatlichen Bauprojekten sich immer um das
doppelte oder dreifache verrechnen.

Aber solange der Missbrauch und die
Verschwendung der Steuergelder, von unserer
Euroreisekanzlerin Angela Merkel, unterstützt und
selbst ausgelebt wird, ist der Untergang an dem
schönen Deutschland vorprogrammiert.

Unsere Staatsdiener vertreten nicht die Interessen
der Arbeiter und Rentner, schon gar nicht die des
Mittelstandes in Deutschland, nein diese
Politikerinnen und Politiker haben nur ihre eigenen
Interessen und Wohlergehen im Sinn, so schnell
wie möglich Reich zu werden.

Früher waren es die Könige und Kaiser und in der
heutigen modernen Zeit ist es die Bundeskanzler,
Minister und Bundespräsidenten.

Das alljährliche Sommerfest, unseres Bundespräsidenten ist nur ein kleines Beispiel dafür, wie mit dem Steuergeld umgegangen wird, um dem Deutschen Volke zu Zeigen, wie die Feste gefeiert werden, und für wen die Feste sind.
Nur für der Reichen, die Millionäre, die Milliardären, den Wirtschaftsbossen, der Industrie, und den Großunternehmen und den Managern der großen Geldinstitute.
Was macht unser Bundespräsident dafür, er nützt das deutsche Volk genau so aus, wie alle anderen Politikerinnen und Politiker, oder früher die Könige und Kaiser.

Der Bundespräsident ist das Staatsoberhaupt der Bundesrepublik Deutschland und mit beschränkten Aufgaben ausgestattet.
Dies verkörpert er auf jedenfalls nach Außen, der Bevölkerung und den anderen Länder und Staaten gegenüber.
(Beschränkt kommt von Beschränktheit und bedeutet Begrenztheit, Unbegabtheit).

Durch das Grundgesetz ist seine Macht im politischen System des Landes beschränkt und seine Aufgaben sind vor allem repräsentativer Art.

Übersetz heißt dies soviel:

Er ist ein beschränkter, repräsentativer Staatsdiener der die Bevölkerung genauso ausnützt wie alle andern im Staatsdienst der Bundesrepublik Deutschland und zu Sagen hat er nichts.

Und wenn er einmal etwas zu Sagen hat, werden es ihm die Parteigenossen, die Wirtschaftsbosse die Industrie und die Manager der großen Geldinstitute, schon beibringen, was er Sagen muss.

Dieser Arbeitsplatz ist reine Ausbeutung und Verschwendung gegenüber dem Steuerzahler.

Ein Arbeiten muss für das, was so einen Bundespräsidenten in einem Jahr erhält, fast 26 Jahre Arbeiten,
das bedeutet er muss 26 Jahr Leistung erbringen.

Wo Leben wir eigentlich, dass es solche Leute gibt die die Bevölkerung in einem solchen hohem Maße ausnützen.
Brauchen wir einen Bundespräsidenten!
Was macht dieser Bundespräsident für das Deutsche Volk, außer dass er sich auf Kosten der Deutschen Bevölkerung ein luxuriöses Leben genehmigt, ein Schloss zur Verfügung gestellt bekommt, das sich früher nur Könige und Kaiser leisten konnten, um mit seiner Geliebten ein finanzielles sorgenfreies Leben führen zu können.
Alles was er macht, bekommt er gemacht, sogar die Reden die er an das Volk richtet werden für ihn von externen Personen geschrieben.
Und bei der Weihnachtsansprache Reden sie dann von Nächstenliebe und das es Deutschland gut gehe, dabei gibt es nicht einmal Nächstenliebe unter den Politikerinnen und Politikern und schon gar nicht zu der Bevölkerung, und dass es Deutschland Gut geht, kommt nur daher, weil man

der Bevölkerung enorm viele Steuern abknöpfen, und an die Wirtschaft und Geldinstituten als Subventionsgeschenk verteilt.

Die Schere zwischen Arm und Reich öffnet sich immer stärker, wenn die Politikerinnen und Politiker nicht das Ruder herumreisen und endlich den Mittelstand, Unterschicht, die Westrentner und das arbeitende Volk Subventionieren.
Unsere Politikerinnen und Politiker und die Wirtschaft samt der Geldinstituten, leben nur von Lügen.
Wenn man der Bevölkerung etwas vorlügt und die Lüge oft genug wiederholt, dann wird es die Bevölkerung am Ende auch Glauben.
Man kann die Lügen so oft Behaupten, wenn es einem gelingt, die Bevölkerung von der Unwahrheit
über die politischen und wirtschaftlichen Zustände zu Überzeugen und sie wird es dann zum Schuss auch klauben.

Für Politik und Wirtschaft, ist es ein lebenswichtiger Selbsterhaltungstrieb, um überlebensfähig zu bleiben, wenn sie ihre gesamte Macht, die Lügen und haltlosen Versprechungen einsetzen.

Die Wahrheit der Bevölkerung zu erzählen, wäre das Todesurteil einer jeden Politikerin und Politiker und der Wirtschaft.
Die Wahrheit ist der größte Feind unserer Politikerinnen, Politikern und der Wirtschaft.

Egal wo man Hinschaut die Wirtschaft und Politik bringt nur Krieg, Armut, Elend, Unterdrückung, Kinderarbeit, Kinderarmut, Rentnerarmut, Zerstörung und Hungersnot hervor.

Sie fliegen auf den Mont zum Mars und Erforschen das Weltall mit Billionen von Euros und Dollars, sie sind
aber nicht im Stande dafür zu Sorgen, das es auf der Erde keine Kriege gibt, keine Kinderarmut, keine Kinderarbeit, so dass jeder Zufrieden und ohne Armut leben kann.

Die ersten die die Erde verlassen werden, wenn das Leben auf der Erde einmal zu Ende geht,
sind dann unsere Politikerinnen, Politiker und die Reichen.

Während sich die Reichen und Mächtigen für die Apokalypse wappnen, weiß der Rest der Menschheit nicht, was ihm blüht.
Auch bei den Vertical Farming, Etagenlandwirtschaften, die Milliarden von Euros an Entwicklung kosten, wird schon gebastelt, um das Überleben der Reichen, Politikerinnen und Politiker zu gewähren, weil nur diese sich die Mietkosten leisten können.
Auch daran ist zu erkennen, das die Zukunftsprojekte, in die der Staat Milliarden Euro Steuergelder steckt unsere Politikerinnen und Politiker mit der Wirtschaft zusammen Arbeitet, damit sie dann eines Tages, die nicht mehr bewohnbare Erde, gemeinsam verlassen können.

Oder Glauben die Mittelschicht und die Armen daran, das sie eines Tages in Vertical Farminghaus, oder auf einen anderen bewohnbaren Planeten mitgenommen werden!

Unsere Politikerinnen und Politiker haben auch nichts anderes zu tun, als die hinterhältigen und verlogenen Steuergeschenke an die Bevölkerung, wie sie diese auch gerne Nennen,
so zu Berechnen und zu Manipulieren,
dass diese Steuergeschenke, auf der einen Seite genehmigt, aber auf der anderen Seite,
doppelt und dreifach dem Bürger wieder wegnehmen werden.
Da wird lautstark mit heuchelnder Stimme, der Bevölkerung eine Steuersenkung versprochen, obwohl unsere Politikerinnen und Politiker genau wissen, dass dies nicht der Wahrheit entspricht.

Man muss inzwischen wirklich kein Wirtschaftsexperte sein, um zu Verstehen, welche anderen Vorstellungen in den Reihen unserer Regierung vorherrschen, statt sich den Tatsachen zu stellen wird manipuliert, Statistiken falsch tagestellt und eine Schönfärberei getrieben, um Deutschland in der Öffentlichkeit gut aussehen zu lassen.
Die Menschen haben seit 2002 mit der Einführung des Euros, immer weniger Geld in der Tasche, die Lebenshaltungskosten steigen rapide an, das soziale Geflecht zerbröckelt seit Jahren, Leiharbit und Niedriglöhne werden gefördert, obwohl unsere Politikerinnen und Politiker genau Wissen, das ihre

Vorgehensweise der Bevölkerung gegenüber nur verschlimmert.
Vor Einführung des Euros, bekam man den Einkaufwagen für 100 DM noch voll gepackt, wenn man Heut mit 100 Euro einkaufen geht ist der Einkaufswagen fast leer. Die Verantwortlichen für diese Misere, sitzen in der Wirtschaft und Politik, die die Menschen bewusst in die Armut führen.

Auch unsere Euroreisekanzlerin Angela Merkel, die nach der Vorstellung regiert,
Deutschland ist nicht wichtig,
Europa zählt mehr,
hat durch dieses verhalten die Deutschlandpolitik an den Rand der Unglaubwürdigkeit geführt.
Die Regierung weis um diese Probleme bescheid, will es aber nicht zugeben, sondern verschweigen und vertuschen alles vor der Öffentlichkeit.
Und eines ist sicher, würde es mit Deutschland aufwärts gehen, so wie von unseren Politikerinnen und
Politiker, von der Kanzel gepredigt wird, müsste man keine neue Kredite aufnehmen, und die Schulden wären längst abgebaut, aber es ist einfacher für unseren Bundesfinanzminister Schäuble,
Statistiken zu verschönern, der Wirtschaft und den Reichen die Milliarden Euro Steuergelder zu bewilligen, die bankrotten Euroländer und Geldinstituten, mit dem Geld der Steuerzahler zu beglücken, als Schulden und Armut in Deutschland abzubauen.

Es kann auch nicht sein, das die Renten auf 53 % sinken und davon noch Steuern, Krankenversicherung und Pflegeversicherung Bezahlt werden muss, aber die Pensionen unserer Politikerinnen und Politiker in 10facher Höhe ausgezahlt werden.
Die Realität in der Bundesrepublik Deutschland sieht auf jeden Fall anders aus, als es von den Politikerinnen und Politikern dargestellt wird.

Die Schere zwischen Arm und Reich geht immer weiter auf, um die Steuergeldhabgier der Wirtschaft, der Reichen und unseren Politikerinnen und Politiker zu befriedigen.

Die Profiteure dieses Systems, die Politikerinnen und Politiker, Wirtschaftsbosse und reichen Spekulanten müssen zur Kasse gebeten werden, das Volk hat wahrhaftig genug bezahlt und sich von den geschönten und manipulierten Statistiken blenden lassen, wie zum Beispiel Arbeitslosenbericht, und Armutsbericht, der merklesche Regierung, der in mühevoller Arbeit von ihren heuchlerischen Ministern und externen Profis passend geschrieben wurde, um sich selbst und den Bürger in die Tasche zu lügen.

Dass ein großer Teil der Bevölkerung schon heute nicht mehr weiß, wie er vernünftig über die Runden kommen soll und dass ein Teil so unfassbar viel Reichtum besitzt und angehäuft hat, dass sie nicht mehr wissen wohin mit dem ganzen abgesparten Geld.

Würden die Hunderttausend Euro teueren Steuergeldluxuslimousinen nicht mit einer Dunklen Color Verglasung ausgestatteten sein, könnten unser Politikerinnen und Politiker das Elend und die Armut auf Deutschlands Straßen sehen, auch die nach Pfandflaschen suchende Kinder und Rentner die an der Armutsgrenze leben.

Alleine des Versprechen der Bevölkerung gegenüber, was das Steuergeldgeschenk betrifft, zeigt wie unverfroren, frech, hinterhältig und verlogen alle unsere Politikerinnen und Politiker sind, wenn man vergleicht welche Dimensionen an Steuergeldgeschenk in Billionenhöhe für die Politikerinnen und Politiker, die Wirtschaft, Geldinstituten, Euroländer, die Managern und die Reichen auf kosten der Steuerzahler ausgeschüttet wird.

Ein kleines Beispiel:

Nach dem angeblichen Steuergeschenk, haben die Arbeiter und Angestellte, mit niedrigen Einkommen, zehn bis 20 Euro pro Jahr mehr im Geldbeutel.
Auf den Monat gerechnet wären dies 0,80 Euro bis 1,70 Euro.
Zieht man dann die erhöhten Lebenshaltungskosten, Inflationsrate, Miete, Strom, Benzin, Mautgebühr und die immer weniger werdenden Mengen in den Lebensmittelverpackungen ab, hat man nicht mehr im Geldbeutel, sondern das drei bis vierfache

weniger, als von unseren Politikerinnen und Politiker versprochen.

Nur bei der Wirtschaft den Reichen und bei unseren Politikerinnen und Politiker bleibt durch diese ungerechte Verteilung der Steuergelder mehr im Geldbeutel.

Wer bekommt da ein Steuergeschenk, nicht die Bevölkerung, nein es sind die Staatsdiener, Politikerinnen, Politiker, die Wirtschaft und die Reichen.
Wenn es um Steuererleichterung für die normalen Bürger geht, wird Jahre lang gestritten und Diskutiert, aufgehoben oder verschoben. Geht es aber um Steuererleichterungen für die Reichen, Wirtschaft, die Parteikassen, Euroländer, Geldinstituten Stromlieferanten und Asylanten, gibt es keine monatelange Diskussion, kein Aufschieben und keine vier Jahre Aussitzen, diese Endscheidungen werden von einem auf den anderen Tag beschlossen und genehmigt.
Wenn wir uns vorstellt, dass unsere Politikerinnen und Politiker, Staatsdiener, Bundesfinanzminister und alle anderen Finanzminister die sich in unserer Regierung tummeln, einen Gesamtschuldenberg zusammen getragen haben, der sich auf ca. 4.000.000.000.000 Billionen Euro angehäuft hat, ohne die Schulden von den Städten, Dörfer und Kommunen, und trotz hoher Steuereinnahmen und boomender Wirtschaft, aber nicht fähig sind, den Abbau der Schulden voranzutreiben und ständig neue Kredite aufnehmen müssen, könnte man

Meinen, das da die falschen und unerfahrenen
Leute an der richtigen Stelle sitzen!
Zahlen muss es immer der Steuerzahler,
wenn die Inflation nicht zu vorkommt.
Aber auch dann ist der normale Bürger der
Betrogene.

Angenommen wir würden ab diesem Zeitpunk, wo
sie das Lesen, damit anfangen keine Schulden mehr
zu machen, alle Gläubiger würden auf all ihre
Zinsen verzichten und alle anderen Außenstände
die der Staat noch hat, Schenken und wir würden
jeden Monat
ca.1 000 000 000,00 Milliarde Euro Schulden
monatlich zurückzahlen, dann benötigen wir dafür
150 Jahre um schuldenfrei zu sein.

Da Frag ich mich, welche Kinder sollen das alles
zurück Bezahlen, wer soll diesen bewussten,
hausgemachten Schuldenberg unserer
Politikerinnen und Politiker bezahlen,
Enkelkinder, Uhrenkel oder die Uhr Uhr Uhr Uhr
Uhr Uhr Uhr Uhr Enkelkinder?
Das sind die Kinder des Mittelstandes, die Kinder
der Armen.
Aber bestimmt nicht die unserer Politikerinnen und
Politiker, der Wirtschaftsbosse, Manager großer
Geldinstituten, oder der Reichen.
Man sollt aber auch nicht vergessen, dass unseren
Uhr Uhr Uhr Uhr Uhr Uhr Uhr Enkelkinder
dafür historische Bauobjekte, die auch von den
Steuerzahlern bezahlt wurden, einmal betrachten
dürfen und ich hoffe das sie dies auch zu Schätzen
wissen, denn diese historische Bauobjekte

müssen unsere Uhr Uhr Uhr Uhr Uhr Uhr Uhr Enkelkinder auch noch mit abbezahlen.

Beispiel für die Rekonstruktion der historischen Schlosskuppel in Berlin.

Berlin ist auch ein Hauptsitz unserer Politikerinnen und Politiker, in der hinter verschlossenen Türen mit der Wirtschaft, über die ungerechte Steuergeldverteilung besprochen und festgelegt wird,
kostet uns Bürgern ca. 600 000 000,00 Millionen Euro Steuergelder, der Haushaltsausschuss des Bundestages erteilte die Freigabe für den Wiederaufbau der Preußen Residenz, auch genehmigt und abgesegnet durch unsern Bundesfinanzminister, der die Steuergelder auch lieber ans Ausland verteilt, der Wirtschaft schenkt, den Reichen zu Gute kommen lässt, die Parteikassen füllt,
oder in seiner oberen Büroschublade versteckt, anstatt diese Gelder der normalen deutschen Bevölkerung zu Gute kommen lässt.
Stellt man sich jetzt noch vor, wie viele solche historischen Gebäude noch in Deutschland zur Verfügung stehen, die unsere Möchtegerne Politikerinnen und Politiker, auf kosten der Bevölkerung, mit deren Steuergeld, aufbauen lassen möchten, kann ich mir schlecht vorstellen, dass unsere Uhr Uhr Uhr Uhr Uhr Uhr Enkelkinder noch viel freute daran haben werden,
zumal diese Kinder, wenn sie es betrachten und anschauen wollen auch noch ein teueres Eintrittsgeld bezahlen müssen.

Also werden diese Projekte, doppelt Bezahlt. Erstens durch Steuergelder und Spenden, zweites nochmals durch die hohen und teueren Eintrittsgelder der normalen Bevölkerung, denn die Reichen bekommen den Eintritt von unseren Politikern geschenkt, oder können diesen Betrag von der Steuer absetzen.
Unser Staat ist eine Steuergeldfirma die mit den Geldern der Bevölkerung umgeht, als sei dies eine Ware, so wie unsere Wirtschaftsbosse mit ihren Produkten umgehen.
Unser Staat wird vom Herrschaftsmonopolisten zum Herrschaftsmanager.
Als Herrschaftsmanager koordiniert, kontrolliert und erstellt er hinterhältige, für die Bevölkerung nachteilige, Steuererhöhungsgesetze.
Dies ist auch ein Grund dafür, dass unsere Politikerinnen und Politiker, vor allem die Kanzleranwärter, und Minister, mittlerweile, mit den jetzt schon überhöhten Diäten,
nicht zufrieden sind und sie diese gerne in der Größenordnung eines Managers anpassen wollen.
Betrachtet man aber ihre Leistung, die diese Möchtegerne politischen Marionetten erbringen, ist der Betrag, den die Steuerzahler für diese postenschachernden, nach Macht strebenden Politikerinnen und Politiker bezahlen müssen, auch jetzt schon zu überhöht.
Denn die Manager in der freien Wirtschaft, werden nach Leistung und Umsatz bezahlt, auch wenn das Geld durch die Billiglöhne, durch Kinderarbeit, durch 1 Euro Jobs, Niedriglöhne, durch billige Arbeitskräfte aus dem Ausland, oder vom

Arbeitsamt finanzierte Arbeitskräfte, erwirtschaftet wurde.

Die Steuergeschenke sind nur ein Umverteilen oder Verschiebung, von einer Ecke in die andere, von einer Legislaturperiode in die andere, bis keiner mehr weis für was nun eigentlich die Steuergelder verwendet wurden und wohin die Billionen Steuergelder versickert sind.

Schäuble, Merkel und ihre Genossen, haben den Amtseid, den sie Abgelegt haben,
Schaden vom deutschen Volke abzuwenden,
wohl missverstanden.

Die Wirtschaft wird entschädigt und das Volk wird geschädigt.

Bei jeder Neuwahl, ist es immer das gleiche Spiel, auf das die Deutsche Bevölkerung hereinfällt.
Die Verlogenen und nicht haltbaren Versprechungen, um nur Wiedergewählt zu werden.
Besser wäre es vielleicht nicht zu Wählen, da es sowieso nichts zum Wählen gibt.
Es hat auch nichts mit Politik verdrossen zu sein, wenn man nicht Wählen geht, es besagt nur, das keiner auf dem Wahlzettel steht den man Wählen könnte.
Der Gedanke, an den entsprechenden Wahltagen zu Protestieren und nicht Wählen zu gehen,
wäre vielleicht zu überdenken.

Sobald die Einführung einer Demokratie,
dokumentier, terminiert und beurkundet, auf einen
festen Termin Festgeschrieben wird,
mit einer generellen Volksabstimmung über alle
belange,
können die Wahllokale wieder öffnen.

Wenn wir nichts ändern, wird es immer so bleiben,
das wir vor der Wahl belogen werden und nach der
Wahl betrogen.
Wir brauchen dringend die Volksabstimmungen
und die direkte Wahl des Kanzlers durch das Volk.
Und dies kann nur die Gesamtheit der Bevölkerung
entscheiden.

Es gibt viele Möglichkeiten sich zusammen zu Tun
und dafür zu sorgen, dass die Gerechtigkeit wieder
hergestellt wird.
Ansonsten werden weiterhin die Reichen, nach der
Wahl noch reicher und unsere Politikerinnen und
Politiker immer Wohlhabender und die Wirtschaft
mit noch mehr Subventionsgeschenke überhäuft.

Allein die Politikerinnen und Politiker erhöhen sich
im Jahre 2013 aus dem Steuersäckel ihrer Diäten
Auf ca. 8000,00 Euro bis ca. 12480,00 Euro
monatlich.
Zusätzlich zu den Diäten erhalten die
Bundestagsabgeordneten Funktionsbezüge,
wenn sie beispielsweise Fraktionschef, deren
Stellvertreter oder Arbeitskreisvorsitzende sind,
eine vierstellige Summe dazu.
Und da an alle Bundestagsparteien
Funktionsbezüge vergeben werden, kann man sich

in etwa Vorstellen wie viele Millionen an Steuergeldern wieder einmal aus der Staatskasse, das mit Steuergeldern der Bevölkerung gefüllt wurde, ungerechterweise zweckentfremdet wird.
Dazu gibt es dann noch eine Erhöhung der Wahlkampfkostenerstattung und Mittel für die staatliche Parteienfinanzierung, von derzeit
ca.140 000 000,00 Millionen Euro Steuergelder, auf
ca.150 000 000,00 Millionen Euro Steuergelder.

Und was bekommt die Bevölkerung, oder die Rentner an Erhöhungen!

Als zukünftiger Herrschaftsmanager koordinieren unsere Politikerinnen und Politiker und erstellt diese, mit der Wirtschaft hinterhältigen, für die Bevölkerung nachteilige, Steuergesetze.

Das bedeutet, Veränderung der Strategie vom Herrschaftsmonopolisten, Herrschaftshändler, zum Herrschaftsmanager, der das Herrschaftsmonopol an die Wirtschaft teilweise weitergibt, damit diese auch die Herrschaft auf das Volk ausüben können.
Die Herrschaftsressourcen über das Deutsche Volk werden somit auch für die privaten Institutionen zur Verfügung gestellt.
Der Staat bleibt zwar zum Anschein nach außen hin und der Deutschen Bevölkerung gegenüber, weiterhin die offizielle Überwachungsstelle der Bevölkerung, aber seine Rolle ändert sich intern.

Da unseren Politikerinnen und Politikern die Entscheidungskompetenz und Organisationsmacht fehlt und sie auch nicht nach Leistung bezahlt werden, teilt sie sich die alleinige Machtgier und Steuergeldgier über die Deutschen Bevölkerung, mit der Wirtschaft, Reichen Geldinstituten und der Industrie.
Dies ist auch ein Grund dafür, dass unsere Politikerinnen und Politiker, was die Diäten betrifft,
sich auf die Stufe der Manager, Millionäre, und Milliardäre stellen wollen.
Unsere Politikerinnen und Politiker erbringen für das Deutsche Volk keine ersichtlichen Leistungen, aber dafür um so mehr für die Wirtschaft, was sie wiederum Beflügelt, den gleichen Lohn beziehen zu müssen.
Wenn wir also nicht schleunigst dagegen angehen, wird es sehr schwer werden, aus dieser politischen Wirtschaftsdiktatur herauszukommen.
Die Deutsche Bevölkerung sollte sich einmal Gedanken darüber machen, ob sie sich weiterhin mit bewusst manipulierten, gefälschten Statistiken, oder geschönten Statistiken und das Ausufern immer mehrere hinterhältigen Ressourcen, belügen lassen wollen.

Ressourcen sind, natürliche vorhandene Bestandteile an Hilfsmittel, also Steuergelder, die unsere Politikerinnen und Politiker für einen bestimmten Zweck, besonders für Steuergelderunterschlagung, Steuergeldverschwendung und Subventionen verwenden können und auch verwenden werden.

Ein bestimmter Bestand an Geldmitteln,
Geldquelle, auf die unser Politikerinnen und
Politiker zurückgreifen können, um diese
Zweckentfremdend einsetzen zu können, obwohl
diese Steuergelder für die Deutschen Bevölkerung
gedacht ist.

Haben wir die Ära Kohl denn schon Vergessen,
was er alles vertuscht hat, wie viele Milliarden
Euros an Steuergelder er unterschlagen und
versteckt hat, oder der Bundesfinanzminister
Schäuble in seiner Schublade im Schreibtisch
vergessen hat, nur um sich und seine Partei zu
bereichern,

Frau Merkel führt das Erbe von Herr Kohl,
ohne Rücksicht auf die Deutsche Westbevölkerung
weiter,
dem muss endlich ein Riegel vorgeschoben
werden.

In was für einem Land leben wir eigentlich, in
einem Schlaraffenland für Politikerinnen und
Politiker, Wirtschaftsbosse, Bankmanagern,
Geldinstituten, Millionäre oder Milliardäre.
Oder in einem arm verschuldetem Deutschland,
was für die Westrentner und der Jugend, kaum
noch erträgliches ist.
Was muss noch alles Passieren, damit die Deutsche
Bevölkerung endlich aufwacht,

Es wird Zeit, endlich das Ruder selber in die Hand
zu nehmen, bevor es zu spät ist.

Denn der Keil zwischen Arm und Reich wird immer größer, nur durch die gefälschten und geschönten Statistiken, wird es von unseren Politikerinnen und Politikern, bewusst und hinterhältig, immer so dargestellt, als würde es der Deutschen Bevölkerung gut gehen, dabei geht es nur unseren Politikerinnen und Politiker, Reichen, Bankmanagern, Geldinstituten und den Wirtschaftsbossen, sehr Gut, denen, die aber dafür gesorgt haben, das die Milliarden an Steuergeld in die Staatskasse gespült würde, geht es dafür immer schlechter.

Warum müssen diese Milliarden von Euros an Steuergeldern, für das übertriebene luxuriöse Leben unserer Politikerinnen und Politiker, das Ausland, die Ausländer, die Wirtschaft, für den luxuriösen Ausbau Ostdeutschlands, für die Ungerechte Rentenverteilung zwischen Ost und West, für die Europäische Gemeinschaft, für sinnlose Subventionen für sinnlose Forschungsarbeiten und Milliarden an Fördergelder, für die Milliardenschwere Industrie und noch vieles mehr, zweckentfremdet werden, warum nicht den Deutschen Bürger zuerst zu kommen lassen, die es nötig haben. Sollte man nicht zuerst darauf achten, das Leben der eigenen Bürger Lebenswerter zu Gestallten.

Wir, die Deutschen Bürger, müssen uns endlich bemerkbar machen, bevor unsere Politikerinnen und Politiker, noch mehr Steuergelder sinnlos veruntreuen und die Staatsschulden noch höhere unvorstellbare Dimensionen annehmen.

Die Billionen Schulde und deren Milliarden von Zinsen, die die Deutsche Bevölkerung begleichen muss, führt Deutschland in die Inflation, wenn wir nur Zusehen, aber uns nicht zur Wehr setzen.

Ist noch niemanden aufgefallen, das jährlich bis zu ca. 100 000 000 000,00 Milliarden Euros an Steuergelder, in unserem diktatorisch geführten Staat verschwinden, ohne dafür Rechenschaft darüber abzulegen, wohin diese Gelder geflossen sind!

Man muss sich dies einmal vorstellen,
ca. 100 000 000 000,00 Milliarden Euros sind einfach weg, ohne irgendeiner Quittung, oder Nachweis für was diese Summe benötigt wurde.

Was nützt uns da der Bund der Steuerzahler, wenn er nur Aufdeckt und nichts unternehmen tut.
Der Bund der Steuerzahler listet zwar auf, wie verschwenderisch unsere Politikerinnen und Politiker Beamtinnen und Beamten mit den Steuergeldern umgehen, aber er nützt uns Steuerzahler überhaupt nichts, genau so wenig wie ihre Schuldenuhr, bei der Vergessen wurde, eine Vermögensuhr der Reichen beizustellen.
Dass ein Staat zur Erfüllung seiner Aufgaben, Führungskräfte benötigt ist verständlich, Führungskräfte sind Person, die Führungsaufgaben in einer Organisation wahrnehmen,
wie zum Beispiel Planung, Organisation, Führung und Kontrolle, aber nicht zur Zweckentfremdung, für die überhöhten politische Managerpensionen und politische fetten Managerdiäten,

Fördergelder, Subventionen für Wirtschaft, die
Industrie, die Großbetriebe, die Reichen,
und für die, die es nicht nötig haben.

Eine kleine Liste über die vielen
Steuergeldbezeichnungen, von denen der normale
Bürger bestimmt noch nichts gehört hat.

Abgeltungssteuer, Alterseinkünftesteuergesetz,
Baulandsteuer, Bettensteuer, Beförderungssteuer,
Biersteuer Börsenumsatzsteuer, Branntweinsteuer,
Einkommensteuer, Erbschaftsteuer,
Ergänzungsabgabe,
Essigsäuresteuer, Feuerschutzsteuer,
Gesellschaftsteuer, Getränkesteuer, Gewerbesteuer,
Grunderwerbsteuer, Grundsteuer, Hundesteuer,
Hypothekengewinnabgabe, Investitionssteuer,
Jagd- und Fischereisteuer, Kaffeesteuer,
Kapitalertragsteuer, Kfz-Steuer, Kinosteuer,
Kirchensteuer, Körperschaftsteuer, Steuer für
Konjunkturzuschlag, Leuchtmittelsteuer,
Lohnsteuer, Lustbarkeitssteuer, Mineralölsteuer,
Steuer für Notopfer Berlin, Ökosteuer -
 Stromsteuer
Rennwettsteuer, Riesterrentesteuer, Salzsteuer,
Schankerlaubnissteuer, Schaumweinsteuer,
Schenkungsteuer, Sexsteuer, Steuer für
Solidaritätszuschlag, Speiseeissteuer, Steuer für
Spielbankabgabe, Spielkartensteuer, Steuer für
Stabilitätszuschlag, Steuer für Steuerberatung,
Strafbefreiungserklärungssteuer, Süßstoffsteuer,
Tabaksteuer, Tanzsteuer, Ticketsteuer,
Teesteuer, Tonnagesteuer, Umsatzsteuer, Steuer für
Vermögensabgabe, Vermögensteuer,

Verpackungssteuer, Versicherungssteuer,
Wechselsteuer, Wertpapiersteuer, Zuckersteuer,
Zündwarensteuer, Zweitwohnungssteuer,
Literatursteuer, Steuer für Steuersoftware,
und jährlich kommen neue hinzu.

Das sind Billionen von Steuergeldeinnahmen, für
unseren Staat.
Wo kommen die Billionen Euros an Steuergeldern
eigentlich hin!
In welche dunklen Kanäle verschwinden diese!

Warum werden die Staatsschulden nicht weniger,
sondern immer mehr, die Gemeinden und
Kommunen immer ärmer.
Weil unsere Politikerinnen und Politiker den
Überblick schon lange verloren haben.
Deshalb erfinden unsere Politikerinnen und
Politiker, zusammen mit der Wirtschaft, immer
mehr undurchschaubare neue Steuergesetze und
Ressourcen, auch unser Bundesfinanzminister Herr
Schäuble schreckt vor nichts zurück, um die
manipulierten und gefälschten Statistiken für
Schwarzkonten zu verschleiern. Mittlerweile
werden diese unter einer anderen Bezeichnung
geführt.
Man nennt dies auch Oligarchie
Wirtschaftsdiktatur,

Oligarchie = Leitung des öffentlichen Lebens
durch eine Gruppe
Politik und Wirtschaft.
Diktatur = Gewaltherrschaft.

Zeichnet sich dadurch aus, dass sie das diktatorische Verhalten in Zusammenarbeit mit der Wirtschaft ohne Rücksicht der Bevölkerung auch ausführen, herausgepressten Steuergeldeinnahmen zweckentfremden, vergeuden, sich selbst bereichern, oder für ihren eigenen Nutzen verschwenden.

Was weis die Deutsche Bevölkerung über die Staatsschulden?
Wurden sie schon einmal darüber aufgeklärt?

Hier gibt es eine kurze Beschreibung.
Staatsschulden werden nach dem BIP berechnet, BIP bedeutet Bruttoinlandsprodukt.

Das Bruttoinlandsprodukt (BIP) stellt den gesamtwert aller Güter dar, also die Gesamtsumme von
Waren und Dienstleistungen, die in einem Jahr in Deutschland erwirtschaftet wurden.
Bei einer Verschuldung von knapp über
ca.2 000 000 000 000,00 Billionen Euro,
was etwa 80 Prozent des Bruttoinlandsproduktes entspricht, müssten in 20 Jahren etwa
ca.500 000 000,00 Milliarden Euro Schulden zurückgeführt werden.
Das ergibt einen zusätzlichen Stabilitäts- Bedarf von 25 000 000 000,00 Milliarden Euro jährlich, die die Steuerzahler aufbringen müssen.

Die bestehenden Schulden werden nicht gesenkt, sondern nur die Neuverschuldung wird korrigiert.

Unsere Politikerinnen und Politiker, die
Marionetten der Wirtschaft, Bankmanager und dem
Europarat,
haben diese Gesetze hinter der so berühmten
verschlossenen Tür, im Bundestagsgebäude
beschlossen.
Sie werden es auch nie Zugeben, denn die
Wahrheit ist für die Politikerinnen und Politiker
tödlich.

In Zeiten von Neuverschuldung, auch wenn es nur
ca. 30 000 000 000,00 Milliarden Euro sind
und bei einer Staatsverschuldung von 83% des BIP
bedeutet dies nichts anderes, als das der
Steuerzahler für die Steuergeldgeschenke an die
Wirtschaft, Geldinstituten und bankrotte
Euroländer bestraft wird, durch Steuererhöhungen.
Deutschland ist zu ca. 60 % bei inländischen
Gläubigern verschuldet und zu ca. 40 % der
deutschen Verschuldung sind Auslandsschulden.

Während sich das private Gesamtvermögen in
Deutschland von 1992 bis 2012 mehr als
verdoppelte,
von ca. 4 600 000 000 000,00 Billionen Euro
auf ca. 10 000 000 000 000,00 Billionen Euro,
ist das Staatsvermögen im gleichen Zeitraum
um ca.800 000 000 000,00 Milliarden Euro
gestiegen.
Dank Steuergeschenke an die Wirtschaft, Banken
und die Reichen.

Durch die Staatsverschuldung, die nur von unseren
Politikerinnen und Politikern verursacht wurde

und nicht durch die Deutsche Bevölkerung, wird
die jetzige Generation gezwungenermaßen, auf
Kosten der zukünftigen Generationen lebe.
Die Staatsschulden werden in die Zukunft
verschobene, was mit erheblichen
Steuererhöhungen verbunden ist, die dann von den
nachfolgenden Generationen zu bezahlen sind.
Diese hohe Staatsverschuldung könnte zu einer
Inflation führen.
Seit dem Jahr 2001 wuchsen die Deutschen
Staatschulden immer stärker, zumal die
Staatsausgaben höher sind als die Staatseinnahmen.
Alleine daran ist zu erkennen, wie unfähig und
gedankenlos unsere Politikerinnen und Politiker
sind.

Was dabei herauskommt, sieht man bei
Griechenland und Zypern.
Wir haben in Deutschland keine Demokratie, denn
Demokratie bedeutet:

Gleichheit,
Freiheit,
mitentscheiden,
alle werden gleich behandelt.

Aber wir haben in Deutschland eine
Wirtschaftsdiktatur, eine Diktatur, in der unsere
Politikerinnen und Politiker von den
Wirtschaftsbossen und dem Europarat gesagt
bekommen, was zu tun und zu lassen ist.

Wir haben einen unsinnigen Beamtenstaat, mit
vielen Ämter, die viel feststellen, aber nichts

bewirken, dem Steuerzahler nur Milliarden von Euros kostet, aber in der deutschen Diktatur nichts zu sagen haben.
Wir haben in Deutschland so genannte Rechnungshöfe, oberste Behörden des Bundes und der Länder, sie sind zuständig für die Prüfung der Haushalts- und Wirtschaftsführung.
Die Rechnungshöfe sollten normalerweise unabhängig, also nicht an Weisungen der Regierung gebunden sein.
In Deutschland bestehen für den Bund der Bundesrechnungshof und für jedes Bundesland ein Landesrechnungshof, denen zum Teil staatliche Prüfungsämter untergeordnet sind.

Der Rechnungshof sollte ein von der Regierung unabhängiges Organ der Finanzkontrolle sein, dessen Aufgabe es ist, die Haushaltsführung und Wirtschaftsführung der öffentlichen Verwaltung auf Ordnungsmäßigkeit und Wirtschaftlichkeit zu überprüfen.
Keine gefälschten oder geschönten Statistiken mit absprachen der Regierung veröffentlichen.
Ordnungsmäßigkeit und Wirtschaftlichkeit sind schon lange nicht mehr gegeben.
Der Rechnungshof stellt jährlich Milliarden von Steuergeldverschwendung fest, sorgt aber nicht dafür dass die Steuergeldverschwendung in Milliardenhöhe unterbunden wird, die zu Lasten der Steuerzahler geht.
Diese Rechnungshöfe kostet den Steuerzahlern selber Milliarden an Unterhaltungskosten.

Was nütz der Deutschen Bevölkerung solch eine Behörte, mit so vielen Ämtern und so vielen staatlich angestellten unerfahrenen, berufsfremden Prüfer, die Milliarde Steuergeldverschwendungen unserer Politikerinnen und Politiker feststellen und Aufdecken, aber keine Sanktion durchsetzen können,
oder Bestrafung derjenigen Staatsdiener und Beamten, die bewusst und mit voller Absicht, solch eine Straftat der Fehlberechnungen, Steuergeldverschwendungen und Steuergeldveruntreuungen begehen.
So wird es auch beim nächsten Prüfbericht wider sein, Verschwendung von Milliarden Steuergelder durch unsere postenschachernden Möchtegerne Politikerinnen und Politiker, und den unerfahrenen, hilflosen, Berufs- unerfahrenen Beamten, wenn die verantwortlichen nicht bestraft werden, und weiterhin die Gelder der Bevölkerung sinnlos Veruntreuen.
Wenn man die steuergeldverschwenderischen Politikerinnen und Politiker mit samt den unfähigen und Leistungslosen Beamten, genau so bestrafen würde wie die Steuerhinterzieher, dann hätten wir keine Staatsdiener, keine Finanzminister, keine Bundeskanzlerin, keine Minister, keine Beamten und keinen Bundesfinanzminister mehr.
Sie werden Strafrechtlich meistens nicht verfolgt, für die ungerechte Steuergeldaneignung und die Steuergeldverschwendungssucht, werden sie im schlimmsten Falle in eine andere Abteilung Versetzt, aber sie dürfen weiterhin das Volk betrügen und die Wirtschaft mit Steuergeldsanktionen beglücken.

Unsere Politikerinnen und Politiker haben das Recht Steuergelder zu verschwenden, zu Unterschlagen, oder dürfen dies auch für den eigen gebrauch Zweckentfremden, ohne Strafrechtlich verfolgt zu werden, solange dies nicht öffentlich publik wird.
Sollte dies doch einmal der Fall sein, das so ein politischer Steuergeldverschwender, seinen Hut nehmen muss, wird er mit Glanz und Gloria, sowie einer dicken und fetten, ungerechter hoher Pension und Abfindung, ehrenhaft entlassen.
Bekommt einen Friedensnobelpreis und der deutsche Bürger schaut zu und Bezahlt.

Diese ungerechten und betrügerischen Machenschaften müssen endlich unterbunden werden.
Die Steuergeldausgaben, müssen auf den Cent genau, dem deutschen Volke, im Jahresbericht dargelegt werden, die Steuergeldausgabe müssen transparenter werden und die Steuergeldverschwender müssen ihren Dienst quittieren und für den Angerichteten Schaden Aufkommen.
Die Politikerinnen und Politiker müssen in die Realität zurückgeführt werden.
Sie kennen nur das Leben unter den Reichen und verleugnen die immer stärker wertende Armut, in Deutschland.

Alles was für unsere Politikerinnen und Politiker unangenehm ist und gegen die politische Führung spricht, wird verharmlost, auf andere Probleme

geschoben, oder es wird ein Ablenkungsmanöver gestartet, in dem man der Bevölkerung eine erneute Steuerabgabe vor den Kopf knallt, (Beispiel: Mautgebühr, Mindestlohn, Rente mit 63 oder Sonderabgabe für den Unterhalt von Straßen).
Nur um von den nichterfüllbaren, versprochenen Steuererleichterungen vor den Wahlen, abzulenken.

Die steigenden Einbrüche und Diebstähle, sollte man nicht nur der Internetkriminalität zuschieben, auch die steigende Armut und Arbeitslosenzahlen in Deutschland tragen dazu bei, auch wenn es unsere Politikerinnen und Politiker nicht Wahr haben wollen.
Denn nicht alle Einbrecher wollen sich bereichern, manche dieser Einbrecher sind auch mit etwas Essbarem zufrieden.
Sie begehen die Tat nur aus der täglichen Not heraus.

Eine Reform des Sozialsystems, würde die Anzahl der Einbrüche reduzieren.
Die Steigende Zahl der Armut hat 2012 rapide zugenommen und so ist es nicht verwunderlich, wenn auch die Einbrüche und Diebstähle zunehmen.
Im Jahre 2012 haben sich die Diebstähle um knapp 30 Prozent erhöht und die Einbruchzahlen steigen weiter an.
Keine Bürgernähe sondern Bürger abschotten Lautet das Motto unter unseren Politikerinnen und Politiker und dafür ist der Bundessicherheitsrat zuständig.

Frau Merkel die den Vorsitz im Bundessicherheitsrats hat, weis, wie man hinter verschlossenen Türen und ohne Einbeziehung der Bevölkerung, geheime Milliardengeschäfte, versteckte Steuererhöhungen und Statistiken verfälscht, bevor dies an die Öffentlichkeit gelangt, sei es um den Verkauf von Mord und Kriegswaffen, über neue stillschweigende Erhöhung von Steuern für die Bevölkerung, die Zweckentfremdung der Steuergelder, die schlechte Situation in Deutschland und die steigende Zahl der Armen in Deutschland.

Schließlich hatte sie ja einen guten Lehrmeister, der die Deutsche Bevölkerung Jahre lang betrogen und belogen hat, unser alte Bundeskanzler Herr Kohl und somit auch die Erfahrung, wie man nach einer geheimen Sitzung, ein verfälschtes Bild, nach Außen gut Präsentieren kann.
Der Bundessicherheitsrat ist ein neunköpfiges Ministergremium, ein Kabinettsausschuss der Bundesregierung.
Zu seinen Hauptaufgaben gehören unter anderem die Genehmigung und Beschließung von Rüstungsexporten für Kriegsspielzeuge und das Töten von Kindern, sowie die Diskussion über die strategische Ausrichtung um die Deutschen Bevölkerung hinterhältig zu belügen.

Seine unregelmäßig stattfindenden Besprechungen sind Streng geheim, damit keine Proteste von Außen die Entscheidungen unserer Machtbesessenen Politikerinnen und Politiker stören.

In diesen geheimen Sitzungen wird auch über die Milliarden Verschwendung der Steuergelder beraten und eine notdürftige Ausrede für die Bevölkerung erstellt, die dann verfälscht an die Öffentlichkeit getragen wird.

All diese geheimen Besprechungsprotokolle werden als geheime Verschlusssache in der Registratur des Bundeskanzleramts hinter verschlossenen Türen aufbewahrt, damit die betrügerischen Machenschaften nicht an die Öffentlichkeit und schon gar nicht in die Hand der Bevölkerung gelangt.
Aber wenn es um Milliarden von Euros geht, spielt das Menschenleben keine Rolle,
Geschäft ist Geschäft, egal wie und mit welchen Mitteln.

Damit solche Entscheidung von der Deutschen Bevölkerung nicht boykottiert werden können, gibt es eben diese geheime Verschlossene Tür im Bundeskanzleramt.

Hinter dieser verschlossenen Tür werden die Geheimnisse genau so verschwiegen und tot geredet
und der Deutschen Bevölkerung vorenthalten, wie die Akte Kohl und sein Schweigen über seine Steuergeldaffären.

Wenn man bedenkt, dass alleine das Rüstungsgeschäft für die Mordwaffen an das Ausland, im Jahre 2009

ca. 6 000 000 000,00 Milliarden Euro in die Staatskasse eingebracht hat, wundert es einem nicht, wenn die Politikerinnen und Politiker über solche Geschäfte stillschweigend Verhanteln.
Was machen unsere Politikerinnen und Politiker mit den vielen Milliarden, oder sind es gar Billionen, die sie jährlich still und heimlich einnehmen und der Bevölkerung verschweigen!
Durch die vielen unnötigen Parteien, oder auch Zweigbetriebe, sowie die vielen unnötigen undurchsichtigen Ämter, falsch erstellten Kostenvoranschläge, Milliardenschweren falsch berechneten Bauprojekts und den überteuerten Beamtenstaat werden die Milliarden von Euros, so geschickt und lange hin und her geschoben, bis die Steuergelder sich in Nichts auflösen
Wenn eine Firma in der freien Wirtschaft mehr ausgibt als sie Verdient, ist das für die Firma der sichere Tot.
Der Deutsche Staat gibt auch mehr aus als er einnimmt und wo dies hinführen wird, kann man sich vorstellen, zur Inflation.
Unsere Politikerinnen und Politiker sind Möchtegerne Geschäftsleute, die sich mit den Managern und Wirtschaftsbossen gerne auf einer Stufe präsentieren wollen, leider fehlen ihnen dazu die Geistige Kompetenz und die zu erbringende Leistungen.

Der Bewies dafür sind die überdimensionalen Steuergeldverschwendungen, die sie Monat für Monat verursachen und wenn sie mit ihrer Geistigen Fähigkeit am Ende sind, wird auf kosten der Steuerzahler, auf teuere Externe, in der freien

Wirtschaft tätige Fachspezialisten zurückgegriffen die dann die gravierenden Fehler, zum Nachteil der Deutschen Bevölkerung beheben.

Unserer Wirtschaft und deren Managern, ist die Unfähigkeit unserer Politikerinnen und Politiker wohl auch bekannt und somit ist es auch zu Erklären, das die Herrscher über die CDU, zum Beispiel die Automobilindustrie beziehungsweise die Industrieverbände sind.

Sie sind die Macht im Hintergrund, die in der CDU die Strippen zieht und unsere Politikerinnen und Politiker als Marionetten für das Deutschen Volk dulden,
Würden diese Marionetten der CDU das Spiel der Wirtschaftsbosse nicht mit Spielen, wären sie die Ersten, die dabei an Macht einbüßten würden und wer verliert schon gerne seine Macht.

Frau Merkel hat auch nicht bemerkt, dass wir im Westen, von der Demokratie immer mehr abweichen, wie soll sie auch, wenn man nur nach Macht und Steuergeldsucht strebt.
Seit dem die Mauer beseitigt wurde, ist sie nur noch daran interessier, dem Osten so viele West – Steuergelder zu überweisen, um aus dem Osten wieder eine schöne Landschaft zu machen.
Bezahlen müssen es die Bürger im Westen.

Auch die ungerechte Rentenerhöhung,
im Osten   3,20 %,
im Westen 0,25 %,
war bestimmt eine Idee von Frau Merkel.

Auch hier wäre es angebracht, dass sich die Rentner im Westen endlich sich zur Wehr setzen und sich die einbezahlte Rente, gerecht Auszahlen lassen und nicht durch Frau Merkel, nur weil diese aus dem Osten kommt, wegen der angeblichen Rentenanpassung, wegnehmen lassen.
Schließlich gibt es auch keine Diäten und Pensionsanpassung zwischen den Ostdeutschen Politikerinnen und Politiker.
Frau Merkel war früher im Osten parteilich tätig und nach dem wegfallt der Mauer, ist sie zur Spitzenverdiener im Westen aufgestiegen.
Es wäre bestimmt einmal interessant zu erfahren, wie viele Milliarden, Steuergelder, von der Bevölkerung im Westen, kurz vor der Mauerentfernung und bis zu dem Tag, in der Frau Merkel Bundeuroreisekanzlerin wurde, in den Osten transportiert wurde und noch fliesen wird.

Eigentlich sollte in Deutschland eine Demokratie bestehen, wichtige Abstimmungen sollten über eine Volksabstimmung laufen.
Dies scheint der Reiseeurobundeskanzlerin Frau Merkel von Deutschland, sowie allen anderen Politikerinnen und Politikern noch nicht Bewusst zu sein.

Unsere Reiseeurobundeskanzlerin Frau Merkel, führt die Steuergeldverschwendung und Steuergelddiebstahl an der Westbevölkerung, genau so weiter, wie sie es von ihrem Vorgänger Herr Kohl
gelernt hat.

Sie nimmt dem Steuerzahler im Westen das Steuergeld weg, verarmt die Rentner im Westen, nur damit aus dem Osten, ein Luxuriöser Teil von Deutschland entsteht.

Da werten im Osten moderne und Komfortable Strassen gebaut, alte Burgen und Schlösser, von Milliarden Euro Steuergelder aus dem Westen investiert und die Anzahl der Bürger im Osten nimmt stetig ab.

Bei einer Volksabstimmung hätten wir die DDR anerkannt, aber die Mauer erst abgerissen wenn sie sich auf dem Stand im Westen angepasst hätte, ohne den Billionen Euro von Steuergelder der Westbevölkerung.

Mit direkter Demokratie und einer Volksabstimmung, wäre das wichtigste finanzpolitische Steuerungselement, die DM nicht durch den Euro ersetzt und damit auch nicht aus der Hand gegeben worden.
Aber bei einer Diktatur, so wie sie in Deutschland durch unsere Politikerinnen und Politiker geführt wird, entscheidet die Diktatoren, die Wirtschaft, Bankmanagern, Geldinstituten unsere Politikerinnen und Politiker, aber nicht das Deutsche Volk.
Auch die verschwenderischen Steuergeldausgaben für den Osten wären durch eine Volksabstimmung wesentlich niedriger ausgefallen, die EU Verfassung nicht einfach durch das Parlament bestätigt worden und der ersatzweise EU-Vertrag hätte hier keine Chance gehabt.

So wären viele Beispiele zu nennen, wenn man mit der Bevölkerung und nicht gegen die Bevölkerung entscheidet.

Das geht aber nur in einer gut geführten Demokratie und die gibt es in Deutschland leider nicht.

Hierzu gibt es viele Beispiele die durch unsere machtbesessenen Diktatoren,
aber nicht mit dem deutschen Volk entschieden werden:

Da wäre unter anderem die Vorratsdatenspeicherung, das Gentechnikgesetz und die vielen Einsätze in den Krieggebieten, die Anwerbung ausländische Bürger, anstatt die eigenen Arbeiter mit Arbeit zu versorgen.
Für unsere Politikerinnen und Politiker ist es aber wichtiger, eine gewisse Anzahl Arbeitsloser, Sozialhilfeempfänger und Frührentner zu haben, damit das jährliche finanzielle Budget,
das die Ämter alle bekommen,
dementsprechend mit Milliarden von Steuergeldern,
im darauf folgendem Jahr, wieder versorgt werden.

Warum steht Frau Merkel so sehr hinter Herr Kohl, dass seine Akten nicht offen gelegt werden,
warum darf die Deutsche Bevölkerung nicht wissen, was damals alles verschwiegen wurde, wie viele Milliarden Steuergelder betrügerisch zweckentfremdet wurde, still und heimlich, ohne Information an die Bevölkerung, wie viel

Schwarzgeld wurde bezahlt, oder wie viel
Milliarden von Steuergeldern sind in den Osten
geflossen, bevor die Mauer abgerissen wurde!

Frau Merkel kennt die Antwort, aber sie wird
genauso Schweigen wie ihr Ziehvater Herr Kohl
und all die andern Politikerinnen und Politiker.

Denn die Wahrheit, hat schließlich in der Politik
nichts zu suchen hat, auch wenn es um Meineid
geht.

Beispiel von Frau Merkel:
Ich schwöre, dass ich meine Kraft dem Wohle des
deutschen Volkes widme, seinen Nutzen mehren,
Schaden von ihm wenden, das Grundgesetz und die
Gesetze des Bundes wahren und verteidigen,
meine Pflichten gewissenhaft erfüllen und
Gerechtigkeit gegen jedermann üben werden.
Meine Kraft dem Wohle des deutschen Volkes
widme.

Eine Kanzlerin, die nur durch die Gegend reist, nur
den Euro vor den Augen hat und sich nur um
Europa kümmert, sich auf allen möglichen Festen
und Partys aufhält, sich nur mit den bankrott EU
Länder auseinander setzt und dafür sorgt, dass das
Staatsdefizit Ende 2012 aller EU Länder auf über
ca.10 000 000 000,00 Billionen Euro angewachsen
ist und der deutschen Bevölkerung dadurch das
Leben in Deutschland erschwert hat, durch die
Steigerung der Lebenshaltungskosten,
Strompreiserhöhung, und so wieder, und dafür
sorgt, dass die Reichen immer reicher werden und

sich die Anzahl der Reichen erhöht, aber im Gegenzug dafür, die Anzahl der Armen immer größer wird, investiert ihre Kraft bestimmt nicht in das Wohle des deutschen Volkes.

Schaden von ihm wenden.
Da müsste man die Euroreisekanzlerin einmal Fragen, was für einen Schaden sie vom deutschen Volk abwendet.

Sie fügt dem deutschen Volk nur Schaden zu, siehe Staatsverschuldung, Schulden von Bund und Länder, Armut, Arbeitslose, Kinderarmut, fehlendes Pflegepersonal, Lehrer, Kindergärten, gefälschte Statistiken, und schön Malerei.

Das Grundgesetz und die Gesetze des Bundes wahren und verteidigen werde.
Nach ihrem Verhalten, der deutschen Bevölkerung gegenüber, kann man sich nicht vorstellen, das die Euroreisekanzlerin Frau Merkel das Grundgesetz kennt.

Meine Pflichten gewissenhaft erfüllen und Gerechtigkeit gegen jedermann üben werden.
Hier mein sie bestimmt die Reichen, aber nicht jedermann.
Würde sie sich so Verhalten, wie sie es Geschworen hat, würde die Armutsschere in Deutschland nicht so gravierend auseinander gehen.
Meineid ist ein Verbrechen, das mit Freiheitsstrafe von einem bis fünfzehn Jahren geahndet wird. In

minder schweren Fällen eine Freiheitsstrafe von
sechs Monaten bis zu fünf Jahren.
Aber da alles nur eine Auslegungssache ist, unsere
Politikerinnen und Politiker andere Gesetze haben,
werden sie nach ihren eigen Hausgemachten
Gesetzen auch immer Recht bekommen.
Volksentscheide werden die Bedeutung nicht ab.
Sie präzisieren die Bedeutung des Parlamentes und
entlasten den einzelnen Parlamentarier, von der
Verantwortung für Hunderttausende von Bürgern,
die er ohnehin nicht Tragen kann und auch nicht
will.
Volksentscheide symbolisieren klar die
demokratische Rollenverteilung von Herrschern
und Beherrschten.
Der Souveräne ist das Volk, nicht das Parlament,
nicht die Regierung, nicht die Parlamentarier und
auch nicht die Möchtegerne Politikerinnen und
Politiker, die nur Steuergeldgierig und
Machtbesessen sind, von denen es in unserer
Regierung genügt gibt, die von der Deutschen
Bevölkerung bezahlt und bis zur Pensionierung ihr
Dasein fristen.
Demokratie heißt wortwörtlich Herrschaft des
Volkes.
Das zeigt kein politisches Instrument so klar und
deutlich wie Volksentscheide das tun.
Die Wirtschaftsverbände dürften in höchstem Maße
gegen die Einführung von Volksentscheiden sein.
Diese Macht im Hintergrund, die in der CDU und
für die CDU die Strippen zieht, ist eine
Wirtschaftsmacht, die nicht in politische
Geschehnisse eingreifen darf.
Aber diese Parteien, wären schließlich die Ersten,

die dabei an Macht einbüßten würden, sollten sie nicht mit den Wirtschaft, Industrie, Geldinstituten und der Großindustrie zusammen Arbeiten.
Eigentlich sollten sie für die Deutsche Bevölkerung und das Wohlergehen der Bürger in Deutschland sorgen, für die Kinder, Schüler, Rentner, Kranke und Armen, von denen es in Deutschland genügend gibt und es sollte nicht umgekehrt sein, dass die Bevölkerung für das Wohlergehen der Politikerinnen und Politiker sorgen muss.

Die Korruption, Steuergeldverschwendung, die Lügen, die zu große Bürokratie, die überflüssigen Ämter und die schleichend Diktatur muss in Deutschland verhindert werden.
Das Deutsche Volk muss geschlossen dagegen angehen und den Politikerinnen und Politikern auch einmal Zeigen, dass die deutsche Bevölkerung, sich diese überschäumende Machtbesessenheit und Steuergeldgier nicht mehr länger gefallen lässt.

Auch die Rentner sollten geschlossen dagegen angehen, um das Leben eines jeden Rentners Lebenswerter zu machen.
Die Steuergelder der deutschen Bevölkerung dürfen nicht Zweckentfremdet werden,
es sind die Steuergelder der deutschen Bürger, diese müssen auch in Deutschland bleiben und unter der Deutschen Bevölkerung zuerst aufgeteilt werden, bevor man diese Milliarden für andere ausgibt.

Wir müssen endlich Aufwachen und dafür sorgen, dass die Politikerinnen und Politikern den Keil zwischen den Armen und Reichen nicht noch tiefer treiben.

Es kann nicht sein, das die Reichen die Milliarden Steuergeldern, die sie an den Staat abführen sollen, durch die bewusst geschaffenen Steuerschlupflöcher unserer Politikerinnen und Politiker, wieder zurückbekommen und die Bürger müssen die Zeche ausgleichen.

Dies betrifft auch die Rentner, die eine lächerliche, schon an Frechheitseinschränkung grenzende Rentenerhöhung anmaßt, von gerade einmal ca. 2 Euro, das nicht im Verhältnis zum Lebensunterhalt und der ständigen Erhöhung der Lebenshaltungskosten steht.

Nicht die Rentner und Bürger müssen von unseren Politikerinnen und Politiker, zum Sparen gezwungen werden, unsere Politikerinnen und Politiker müssen gezwungen werden zu Sparen, ihr Luxuriöses Leben endlich aufgeben oder einschränken.

Sie sollten mit dem besten Beispiel voran gehen, was das Sparen betrifft, nicht immer nur die Arbeiter und Rentner abzogen, bis zum geht nicht mehr.

Aber welche Politikerin und Politiker, oder Staatsangestellter, spart schon an sich selber, solange es nicht um sein eigenes Geld geht.

Genauso die Staatsschulden, die unsere Politikerinnen und Politiker bewusst und mit voller Absicht herbeiführen, werden immer höher.

Die deutsche Bevölkerung sollte es eigentlich wissen, dass nicht die Staatsdiener, diese Schulden zurückzahlen, nein es ist wie immer das deutsche Volk, oder der Steuerzahler.

Im Jahr 2012 lag die vorläufige Schuldenquote bei ca. 82 Prozent des BIP.

Die Bundesbank schätzt, dass Deutschland Ende 2012 mit rund 410 000 000 000,00 Milliarden Euro bei inländischen Kreditinstituten und mit rund ca. 1 000 000 000,00 Milliarden Euro im Ausland verschuldet ist.
Daneben haben Privatleute, Sozialversicherungen, Bausparkassen und Versicherungen dem Staat Kapital in Höhe von ca. 330 000 000 000,00 Milliarden Euro zur Verfügung gestellt.
Dieser Betrag wird sich jährlich durch Zinsen erhöhen, was zu lasten der Steuerzahler geht.

Auch daran sieht man, wie unsere Politikerinnen und Politiker das Volk belügen, mit gefälschten Statistiken und Schönfärberei, die wirkliche Höhe der Staatsverschuldung der Deutschen Bevölkerung vorenthalten.
Allein die Zinsenschulden für die, der Steuerzahler aufkommen muss, ist dies der zweitgrößte Steuergeldausgabeposten der Bundesrepublik Deutschland.
Auch haftet die Deutsche Bevölkerung bereits mit ca.510 000 000 000,00 Milliarden Euro an ausländische Schulden.

Dieses Geld fehlt dem Staat, was unsere
Politikerinnen und Politiker aber der Deutschen
Bevölkerung vorenthalten und nicht mitteilen.
Was der Deutschen Bevölkerung auch nicht
bewusst ist, sollte sich die Zinsen mittelfristig um
nur einen Prozentpunkt erhöhen, steigen die
Zinskosten, allein die des Bundes,
um ca. 13 000 000 000,00 Milliarden Euro jährlich,
was wiederum bedeutet, das jede zusätzlich
aufgenommene 1 000 000 000,00 Milliarde Euro an
neuen Schulden, die Steuerzahler mit jährlich
ca.15 000 000,00 Millionen Euro an fällig Zinsen
begleichen müssen.
Alleine 2012 musste nur der Bund für
Sondervermögen ca. 36 000 000 000,00 Milliarden
Euro für Zinszahlungen ausgeben, die auf Lasten
der Steuerzahler gehen.

Für die Entstehung der Staatsschulden, sind die von
uns gewählten Politikerinnen und Politiker
verantwortlich, die über die Einnahmen und
Ausgaben des Staates entscheiden, aber durch ihre
Unfähigkeit und Berufsunerfahrenheit den
Überblick verloren haben.

Vielleicht gibt es ja einen Großen Tresor im
Bundestag, wo die ganzen Milliarden eingebunkert
werden, damit die Politikerinnen und Politiker in
schlechten Zeiten darauf zurückgreifen können, um
ihren gewohnten luxuriösen Lebensunterhalt zu
finanzieren, vielleicht verstecken sie die Milliarden
Steuergelder, der deutschen Bevölkerung, auf die
noch bestehenden schwarzen Konten.

Herr Kohl wird Frau Merkel schon einige Tipps verraten haben, wie mit den Schwarzkonten zu verfahren ist.
Wir müssen um die Gerechtigkeit der Demokratie und um mehr Volksentscheide kämpfen, wir müssen Mitbestimmen können, zumal es ja um die Steuergelder der Deutschen Bevölkerung geht.

Das Gleichgewicht zwischen Arm und Reich muss wieder Hergestellt werden, es kann nicht sein, dass die Reichen immer reicher und die Armen immer ärmer werden.

Allein das Beispiel, das die Kaufkraft der Rentner in den vergangenen zehn Jahren deutlich gesunken und die der Staatsdiener deutlich gestiegen ist, sollte uns zum Nachdenken anregen.

Die Feststellung, dass es den Rentnern und vor allem denen im Westen, seit der vierjährigen Merkelregierung, finanziell so schlecht geht wie noch nie, kommt ausgerechnet vom Bundesarbeitsministerium.

Diese ehemalige Bundesministerin für Arbeit und Soziales, Ursula Gertrud von der Leyen, wurde von ihren Untertanen darauf hingewiesen, dass die Preise für den Lebensunterhalt, um ca. 3,0 % pro Jahr ansteigen, darin ist die lächerliche Rentenerhöhung im Jahre 2013 bei unverschämten 0,25 Prozent im Westen, aber schon miteinbezogen und was hat sie dagegen getan!
Die Rentnerarmut noch wieder gefördert.

Wo ist hier die Gerechtigkeit?

Bei jeder Rentenerhöhung steigen auch gleichzeitig die Beiträge, für Krankenversicherung, Pflegeversicherung, Arzneimittel, Strom, Wasser, Miete, Lebensmittel und natürlich auch die Rentensteuer.
Woher sollen die Westrentner das Geld nehmen, bei einer minimalen Rentenerhöhung von 0,25 Prozent,
damit sie die Kaufkraft in Deutschland wider angekurbelt können!
Da braucht man sich auch nicht Wundern, wenn sich einige Rentner auf und davon machen und die, die in Deutschland bleiben sind Froh, dass sie einigermaßen über die Runden kommen.
Man muss endlich aufhören, denen die zu viel haben immer mehr zu kommen zu lassen.
Wir benötigen endlich neutral eingestellte und nicht beeinflussbare, für das deutsche Volk tätige Politikerinnen und Politiker, die nur Politik für das deutsche Volk machen und nicht nur für Europa, oder im Vorstand eines Großunternehmens, Wirtschaftsbetrieb, Industriebetrieb, Automobilhersteller, oder im Vorstand einer Bank sitzen, weil sie durch ihre politischen Aufgaben nicht ausgelastet sind.
Die Altersarmut in Deutschland muss endlich gestoppt werden, das Leben der Rentner, Kinder und Jugendlichen, muss Lebenswerder werden und der Mittelstand sollt Luft zum Atmen bekommen.

Eines ist aber sicher, wenn die deutsche Bevölkerung weiterhin zuschaut, wie sich unsere

Politikerinnen und Politiker von dem schwer verdienten Steuergeld der Bevölkerung, sich weiterhin so bereichern und die Rentenkasse und Sozialkassen leer schöpfen, um ihren luxseriösen Lebensunterhalt zu finanzieren, sowie ihre dicken und fetten Pensionen von durchschnittlich zwischen 7 000,00 Euro und 10,000,00 Euro, berechnet ohne Nebenjob,
Einstreichen,
wird sich daran nichts ändern.

Es ist höchste Zeit, endlich mehr für das eigene Deutsche Volk zu unternehmen und die Steuergelder nicht für fremde Länder, Einwanderer, für die Wirtschaft, nicht für die Restaurierung alter Schlösser, Burgen, Kirchen, Theater, Opernhäuser, oder ähnliche Gebäude zu verwendet.
Diese Investitionen tragen auch dazu bei, das die Staatsschulden immer höher, die Armen immer ärmer, die Wirtschaftsbosse, Industriebosse, Großunternehmen, Geldinstituten und Manager immer reicher, und die Parlamentsgebäude unserer Parteien, immer größer und luxseriöser werden.

Man könnt noch viel Aufzählen und dann stellt man sich die Frage,
was machen unsere Politikerinnen und Politiker eigentlich für das Deutsche Volk?
Was machen sie für Deutschland?
Was machen sie für die Rentner?
Was machen sie für unsere Kinder?
Was machen sie für die Jugend?
Was machen sie für unsere Kranken?
Was machen sie für die Arbeiter?

Was machen sie für die Umwelt?
Was machen sie für den Mittelstand?
Was machen sie für die sozial schwachen?
Was machen sie für die Familien?

Nichts.

All diese Menschen werden nur zur Kasse gebeten und auf betrügerischer Art und Weise Hintergangen, betrogen, angelogen und zur Kasse gebeten. Egal was die Politikerinnen und Politiker auch durch ihre Unfähigkeit verbocken, ob Endlagersuche für den Atommüll, oder den falschen Berechnungen für die Flughäfen, Bahnhöfen, Straßenbau, das Aufstellen von unsinnigen, unnötigen und zu vielen Verkehrsschildern, unsinnige Verkehrsinseln, unsinnigen Subventionen, überteuerten und falsch erstellten Kostenvoranschlag, egal was für einen Murgs sie Bauen, Bezahlen muss es am Ende immer der Steuerzahler.
Wenn unsere Politikerinnen und Politiker gerade einmal keinen Marionettenhaften auftritt für die Wirtschaftsbosse, Bank, oder teuer Bezahlten Vorlesungen halten, sitzen sie gelangweit im Bundestag, Kassieren ihr Sitzungsgeld, und Fahren dann weiter nach Hause, oder gehen ihrer Nebentätigkeit nach.
Unsere Politikerinnen und Politiker haben das ganze Jahr über, nichts anderes im Sinn, als sich darüber Gedanken zu machen, wie sie die Ausgaben der Steuergelder organisieren, schließlich ergaunern sie für sich und ihre Partei den Löwenanteil.

Von den Milliarden Euro an Steuergelder, für die
Eu – Kasse und bankrotten Euroländer ganz zu
Schweigen.
Deutschland hat im Jahr 2012 allein
ca.70 000 000,00 Millionen Euro aus der EU-Kasse
verloren, weil die Politikerinnen und Politiker
schlichtweg versäumt hatten, die Fördermittel im
vorgeschriebenen Zeitraum zu beantragen.
Wie viele unnütze, für das Deutsche Volk, nicht
tragbare Politikerinnen und Politiker müssen wir
noch mit unseren Steuergeldern bezahlen.
Wären die ca.70 000 000,00 Millionen Euro für die
Parteikassen gewesen, hättet sie dies bestimmt
nicht vergessen zu beantragen.
Geht es aber um die Subventionen für die
Wirtschaft, Steuergeschenke für die Reichen, und
ihrer Diätenerhöhung, da wird nichts vergessen.
Was sind Subventionen:
von lateinischen subvenire = zu Hilfe kommen,
sind materielle und finanzielle Vorteile
beziehungsweise Steuergeldgeschenke ohne
Gegenleistung, die vom Staat an Wirtschaft,
Industrie,
Großunternehmen, Pharmaindustrie, Geldinstituten,
Politikerinnen, Politiker, Parteien, Unternehmen
und all die Reichen, die es finanziell nicht nötig
haben, geleistet werden.
Aufgaben der Politikerinnen und Politiker ist es,
darauf zu achten, dass nicht all zuviel von den
Steuergeldern für die Bevölkerung zur Verfügung
steht und das man das was an Steuergeldgeschenke
an die Bevölkerung fliest auch wieder durch andere
verdeckte Steuergelderhöhungen zurückholt, ohne

das dies die Deutsche Bevölkerung Bemerkt, oder mitgeteilt bekommt.
Man nennt so etwas versteckte Steuergelderhöhungen.
Die nackten Zahlen belegen, dass der Staat vor allem bei versteckten Steuerngeldern abkassiert. Nicht nur Bundesfinanzminister Wolfgang Schäuble, einer von der CDU und Gefolgsmann von Herrn Helmut Kohl, sondern auch seine Länderkollegen könnten sich über gut gefüllte Einnahmen der versteckten Steuererhöhungen freuen.
Im Jahre 2012
waren es ca. 9 000 000 000,00 Milliarden Euro die zusätzlich über heimliche Steuererhöhungen eingenommen wurden. Heimlichen Steuererhöhungen aufgrund der allgemeinen Einkommensentwicklung und der kalte Progression
Kalte Progression bedeutet, dass trotz steigendem Löhne weniger Nettoeinkommen übrig bleibt
und dem Steuerzahler weniger im Geldbeutel.
Grund ist der immer weiter steigende Steuertarif.
Mit jeder nominalen Einkommenserhöhung die der Arbeiter erhält, steigen auch die abgaben der Einkommensteuer stärker als das Einkommen.
Steigen die Preise für den Lebensunterhalt sorgt dieser Effekt bei den Steuerzahlern dafür, dass sie starke Einkommensverluste hinnehmen müssen, auch bei den Rentner macht sich dieser Effekt immer stärker bemerkbar. Dies wird von unseren Politikerinnen und Politiker bei der hinterhältigen Verkündigung einer Steuererleichterung, für die Deutschen Bevölkerung, natürlich nicht Mitgeteilt.

Fakt: Die Normalschicht der Deutsche hat also nicht mehr im Geldbeutel wie von unseren Politikerinnen und Politikern versprochen wird, sondern weniger. Damit diese betrügerischen Versprechungen endlich aufhören, muss sich der Bürger, auch die Rentner, wehren, aber nicht nur am Stammtisch, sondern geschlossen auf die Straße gehen und dafür Sorgen,
das er auch das an Mehr im Geldbeutel hat, was ihm versprochen wurde.
Wir Deutsche benötigen einen Staat wo der Bürger entscheidet und nicht die Politikerinnen und Politiker, die Europaabgeordneten, oder die Wirtschaft. Wir benötigen auch keine eingeschränkte Volksabstimmung, wir benötigen eine direkte Volksabstimmung durch das Volk, das Volk entscheidet und die Politikerinnen und Politiker sind das Ausführende Organ, ohne Einmischung der Europaabgeordneten und der Wirtschaft.
Wenn unseren Politikerinnen und Politikern Steuergelder in ihrer Parteikasse fehlen, erstellen sie einen Nachtragshaushalt, was nichts anderes bedeutet, es werden neue Schulden gemacht, die vom Steuerzahler zu tragen sind.
Hat der normale Bürger kein Geld mehr, müssen er zur Bank, und ein Darlehen aufnehmen und dieses Darlehen muss er auch selber abbezahlen. Wenn unsere Politikerinnen und Politiker Schulden machen, werden diese nicht von unseren Politikerinnen und Politikern bezahlt, sondern von den Steuerzahlern und da sie diese hausgemachte Schulden nicht selber bezahlen müssen, gehen sie auch verschwenderisch mit den Steuergeldern um.

So ist es dann auch mit dem Nachtragshaushalt, denn sie als in den Bundestag einbringen, wenn das Geld für ihre Ausgaben nicht ausreicht.
Fakt ist, wenn die Politikerinnen und Politiker nicht vom Volk kontrolliert werden und mitentscheiden dürfen, werden unsere Politikerinnen und Politiker weiterhin sinnlos die Steuergelder verbrassen.
Was ist ein Nachtragshaushalt! der Nachtragshaushalt, ist eine Neuverschuldung der unsere Staat tätigt, ohne Absprache mit der Bevölkerung, obwohl diese Neuverschuldung vom Volk getragen werden muss. Um den Nachtragshaushalt so gering wie möglich zu halten und die Vorgaben der Schuldenbremse einzuhalten, muss unser Bundesfinanzminister Herr Schäuble die Sozialkassen anzapft, dies wird der Bevölkerung natürlich nicht mitgeteilt.
Dafür wird der Bundeszuschuss zum Gesundheitsfonds um
ca. 3 000 000 000,00 Milliarden Euro gekürzt, die der Rentenversicherung sowie Mittel zur Arbeitsförderung gesenkt, zum Nachteil der Deutsche Bevölkerung.
Die überhöhten Diäten und Pensionen und Subventionen, sowie die Milliarden Euro Steuergelder, die sich unsere Politikerinnen und Politiker für ihre Parteikassen gewähren, bleiben unangetastet.
Gerechter Weise müssten unsere Politikerinnen und Politiker auch diese Kürzungen, die für das Volk bestimmt sind, in den Nachtragshaushalt mit einbeziehen und der Bevölkerung auch so miteilen.
Dies ist nicht nur eine Neuverschuldung von
ca. 20 000 000 000,00 Milliarden Euro,

sondern es fehlen geschätzt nochmals
ca. 10 000 000 000,00 Milliarden Euro, die unser
Politikerinnen und Politiker aus den gefüllten
Töpfen, die für die Deutsche Bevölkerung gedacht
sind, zweckentfremden.
Trotz boomender und sprudelte Wirtschaftjahre
und Einnahmen von Milliarden Euro an
Steuergeldeinnahmen, werden die Staatsschulden
immer erhöht, allein dies beweist, wie gleichgültig,
leichtsinnig und desinteressiert unsere
Politikerinnen und Politiker mit den Steuergeldern
der Deutschen Bevölkerung umgehen.
Sei es aus Dummheit oder Unfähigkeit,
kann sich jeder selber Ausdenken.
Der Nachtragshaushalt ist somit ein
Steuergeschenk für unsere Politikerrinnen und
Politiker, ein übler Trick um die selbst verursachten
Steuerschulden auszugleichen.
Dies ist ein absichtliches Hintergehen der
Bevölkerung, um somit an noch mehr Steuergelder
zu kommen,
um die Parteikassen zu füllen.
Der Nachtragshaushalt beziehungsweise das selbst
gemachte Steuergeldgeschenk unserer
Politikerinnen und Politiker für sich selber, wird
durch die versteckte Steuererhöhung, der
Deutschen Bevölkerung in Rechnung gestellt.
Genauso verfahren unsere Möchtegerne
Politikerinnen und Politiker mit den Rentnern,
wenn eine Rentenerhöhung ansteht.
Wenn sich die Rentner nicht selber zur Wehr
setzen, wird sich daran auch nichts ändern.
Auch die vielen Sozialverbände die es für Rentner
gibt verfehlen und versagen zum größten Teil,

wenn es um die Einführung einer Einheitsrente,
Beziehungsweise um eine Mindestrente gehen soll
Es kann nicht sein, das Mitglieder des Deutschen
Bundestages, also unsere Politikerinnen und
Politiker, die von den Steuerzahlern bezahlt werden
und eine monatliche Diät von ca. 10 000,00 Euro
erhalten, alle staatlichen Verkehrsmittel, Berliner
S-Bahn, für Flug- und Schlafwagenreisen bis zur
höchsten Klasse frei benutzen dürfen, darunter
fallen auch die teuren Eintrittskarten für besondere
Veranstaltungen, aber für die Rentner nur eine
Rente ausbezahlt wir,
die nicht zum Leben und zum Sterben ausreicht.
Unsere Politikerinnen und Politiker leben in
Deutschland wie im Schlaraffenland, nur für die
meisten Rentner ist es in Deutschland ein
Überlebenskampf von einem Monat in den
anderen.
Sinnlose Steuergeldausgaben für Wahlkreisbüro,
die Wahlkreisbetreuung, Ausgaben für die
Zweitwohnung am Sitz des Parlaments.
Die Pauschale hierfür wird jährlich zum 1. Januar
an die Lebenshaltungskosten angepasst und beträgt
derzeit 3.969,00 Euro monatlich.
Die Westrente wird aber nicht an die monatlich
steigenden Lebenshaltungskosten angepasst.
Alleine daran sieht man, wie Ungerecht
Machtbesessen, Steuergeldgierig, Interesselos,
Herrschsüchtig unsere Staatsdiener, der deutscher
Bevölkerung gegenüber sind.
Nehmen wir nur einmal das Beispiel, dass die
Krankenversicherung auf 14,6 Prozent ab 2015
sinken soll. Dieser Trick unserer Politikerinnen und
Politiker wird den Rentner und Versicherten keine

Freude bereiten, weil mit absprachen der Krankenkassen, die Zusatzbeiträge erheblich steigen werden. Diese Senkung von staatlicher Seite aus, hat nur den Vorteil, das die Arbeitgeber sich an der Erhöhung der Zusatzbeiträge nicht beteiligen werden, somit müssen die Rentner und die Arbeitnehmer die Senkung um 0,9 Prozent selber Bezahlen, plus den Anteil vom Arbeitgeber, der sich auch auf 0,9 Prozent beläuft.
Da die Zusatzbeiträge nicht gedeckelt (begrenzt) sind, werden sich die Zusatzbeiträge für die Rentner und Arbeitnehmer nach 2015 verdreifachen.
Wann gibt es endlich einmal einen unparteiischen, parteilosen, Korruptionslosen, neutralen Bundesfinanzminister, der die staatlichen Firmen für Steuergeldeinnahmestelle und Steuergeldausgabenstelle, Bürgergerecht vertritt.
Es gibt in Deutschland keine Firma, die einen Firmenkapitalverschwender, oder einen Firmengeldbetrüger, oder einen Firmengeldunterschlager, mit solchen unschönen Tricks weiter beschäftigen würde, auch bei der Präsentation von falsche Statistiken, oder geschönte Darstellungen, würde der Angestellte seinen Job verlieren.
In der Deutschen Politik werden diese Parteigenossen (Politikerinnen und Politiker), die genau dieses verhalte Tag täglich praktizieren, mit dem Steuergeld der Deutschen Bevölkerung weiterbezahlt.
Dieses Privileg haben nur unsere Politikerinnen und Politiker, denn die Gesetze haben sie dafür auch selber geschaffen, damit man diesen

Politikerinnen und Politiker,
sie sind gewohnheitsmäßige
Firmenkapitalverschwender
(Steuergeldverschwender) Firmengeldbetrüger
(Steuergeldbetrüger) Firmengeldunterschlager
(Steuergeldunterschlager), nicht belangen kann,
wenn sie auf dieser Art und Weise das deutsche
Volk hintergehen und das Steuergeld
zweckentfremden
Wie ist das in einem demokratischen, sozialen Staat
zu verstehen?

Gar nicht,
weil wir eine politische Wirtschaftsdiktatur haben
die von Marionetten (Politikerinnen und Politiker)
regiert wird.
Wenn wir das Verhalten unserer Politikerinnen und
Politiker einmal genau betrachten, werden die
meisten zum gleichen Urteil kommen.

Unsere Politikerinnen und Politiker sind
Herrschsüchtige, Machtbesessenen und führen
einen Steuergeldgierigen diktatorische Staat, mit
der Vorherrschaft und Unterstützung der Wirtschaft
und Geldinstituten.
Durch diese Diktatur, der Machtbesessenen
Politikerinnen und Politiker und dessen Freunde,
und Geschäftspartner, werden die Staatsschulden
immer größer, die Lebenshaltungskosten immer
höher und das Leben der deutschen Bevölkerung
und der Rentnern, in Deutschland immer
schwieriger.
Wenn eines Tages einmal alles zusammen bricht
und Deutschland am Boden zerschlagen ist, sind es

nicht unsere Politikerinnen und Politiker, auch
nicht die Wirtschaftbosse, auch nicht die
Industriebosse, auch nicht die Geldinstitute, auch
nicht die Millionäre und Milliardären und schon
gar nicht die Europaabgeordneten, oder die
Finanzminister mit dem Bundesfinanzminister, die
dafür gerade stehen müssen, es ist wie immer der
Kleine, der Mittelstand, die Kinder,
die Armen, die Rentner und die Arbeiter.

Europa und den Euro wird es dann nicht mehr
geben, aber vielleicht kommt dann die Deutsche
Mark wieder.
Und vielleicht gibt es dann eine Demokratie, in der
die Politikerinnen und Politiker gerechte Gesetze
erlassen und die Korruption aus der Deutschen
Politik entfernen.
Dann kostet die Tafel Schokolade wieder 1 D Mark
und nicht 0,90 Euro, was umgerechnet 1,80 Mark
sind.

Dann kann man wieder Wurst kaufen
und nicht nur 5 Scheiben für 1,50 Euro,
was 3,00 D – Mark sind.
Oder Getränke wie zum Beispiel den Eistee, dieser
kostete in D-Mark Zeiten, 1000 ml 1,00 Mark,
jetzt kosten 500 ml 0,99 Cent,
das wären zu D- Marks Zeiten 1,98.

Was nichts anderes bedeutet, die Preise sind
Stabile, aber der Inhalt wird immer weniger.

Wer ist da der Betrogene, doch nur die Deutsche
Bevölkerung.

Oder ein Volkswagen, der man in D – Mark Zeiten
für ca. 20,000,00 D Mark kaufen konnte
und keine 20 500,00 Euro, was umgerechnet
ca. 41 000,00 D Mark sind.
Jeder Bürger wird schon bemerkt haben, dass der
Euro nur Vorteile für die Wirtschaft die
Politikerinnen und Politiker, den Staat und die
Reichen gebracht hat.

Gravierende nachteile brachte die Umstellung
von der D – Mark zum Euro dem Bürger,
dem Mittelstand, den Rentner, den Armen, von
denen es seit der Einführung des Euros immer mehr
gibt, sowie den jugendlichen bis zu einem Alter
von 27 Jahren, die nachweislich auch immer stärker
verarmt.

Es gibt viele Beispiele im Euroland, was die
Verarmung der Mensche trifft:

Irland, Griechenland, Frankreich, Italien, Spanien,
Zypern und noch viele werden nachkommen.
Ist dies die Aufgabe der Europaabgeordneten,
andere Länder in den Ruin zu stürzen?
oder dafür zu sorgen, dass die Wirtschaft immer
reicher wird?
Wir benötigen keine Europaabgeordneten, die den
Steuerzahler nur Milliarden an Euro kosten,
und deren Sinn und Existenz vollkommen unnötig
ist.

Es ist auch nicht die Aufgabe von Frau Merkel sich
in die Angelegenheiten anderer Staaten

einzumischen, sie sollte sich lieber um die eigene Landsleute kümmern und die Gerechtigkeit zwischen Ost und West wieder herstellen und nicht nur den Osten und die Ostrentner fördern.
Im eigenen Land den Besen ansetzen und die Ungerechtigkeit, zwischen Arm und Reich auskehren
und nicht die Wirtschaftsdiktatur fördern.
Wir benötigen eine Demokratie, mit Volksentscheid und Volksabstimmung.
Sie sollte für eine Volksabstimmung sein und nicht gegen eine Volksabstimmung.
Das Europäische Parlament ist eigentlich dafür gedacht Aufgaben innerhalb der Europäischen Gemeinschaft zu erfüllt, aber nicht Milliarden an Steuergeldern sinnlos zu verschleudern, oder sich selber zu Bereichern. Das Europäische - Parlament sollte mit dem Rat der Europäischen Union, die Rechtsvorschriften erörtert und verabschiedet, die Organe der EU, insbesondere die Europäische Kommission, sicher stellen, dass diese demokratisch arbeiten, nicht nur für die Wirtschaft, und die Reichen, sondern auch für die normale Bevölkerungsschicht.
Denn Haushaltsplan der Euroländer genau überprüfen bevor sie diesen verabschiedet und genehmigt, anstatt sich gefälschte und geschönte Statistiken unterjubeln zu lassen.
Aber nichts von dem, wird von den Europaparlamentariern angegangen, weil auch sie nur Marionetten der Wirtschaft und Reichen sind.
Dafür aber erfüllen die Europaparlamentarier wichtige und Steuergeldverschwenderische Aufgaben für sich selber, wie zum Beispiel,

Repräsentieren sie ihre Länder und Parteien auf europäischer Ebene bis zum Zusammenbruch und Kontrollieren oberflächlich die Arbeit der Kommission.
Erarbeiten und verabschieden Gesetze zusammen mit der Wirtschaftsnation. Sie kassieren mehr Gelder als die Bundestagsabgeordneten, für weniger Arbeit. Sie erscheinen nach Lust und Laune in Brüssel zur Arbeit.
Haben eigentlich die ganze Zeit nichts zutun. Dürfen aber spätestens am Donnerstag oder Freitagmorgen wieder die Arbeitsstelle verlassen. Sie müssen sich nur eingetragen um das Sitzungsgeld zu kassieren. Erstellen unzählige und unsinnige Gesetze und Vorschriften für die Bevölkerung, bei denen sie selber keinen Durchblick mehr haben, geschweige noch, diese selbst gemachten Gesetze Versteht.
Beispiel EU-Fahrerlaubnisrecht:
Mit dem eingeführten neuen Fahrerlaubnisrecht wurden die bisherigen sieben, bzw. neun (rechnet man noch die zwei alten Busscheine dazu), auf jetzt insgesamt sechzehn unterschiedliche Fahrerlaubnisklassen sowie unterklassen ausgeweitet.

Die Komplexität der Inhalte ist genauso unnötig, wie alle EU Parlamentarier zusammen, zumal der eigentliche Grund nur für das Befüllen der Staatskasse und der EU Kasse besteht.
Die Komplexität der Irrsinnigen, Gesetzesvielfalt entsteht einerseits aus langer Weile unserer EU Parlamentarier, oder den Politikerinnen und

Politikern, mit der Absicht, noch mehr Geld, der Bevölkerung aus der Tasche zu ziehen.

Der bürokratische Aufwand wird dadurch nicht abgebaut um Steuergelder zu Sparen, er wird dadurch erhöht, um Steuergelder noch sinnloser zu verschwenden, damit die genaue Nachvollziehbarkeit der eingenommenen Milliarden von Euros an Steuergeldern nicht nachvollzogen werden kann.

Also man ganz ehrlich, wo für benötigen wir die EU Abgeordneten, der ein Grundgehalt von bis zu 18 370,00 Euro monatlich bekommen, aber dafür nur im Schnitt 37,5 Stunden Arbeiten, über 100 Tage Urlaub haben und deren Steuergeldverschwendungssucht schon Dimensionen angenommen hat, die nicht nur strafbar ist, sondern für manche Länder auch tödlich.

Worin liegt da der Sinn ihrer Arbeit?

Solange die Eu- Abgeordneten nur Handlanger, oder so wie unsere Politikerinnen und Politiker, Marionetten der Wirtschaft, Geldinstituten, der Reichen oder der Kriegführenden Länder sind, wird sich daran auch nichts Ändern.
Das einzig was sich in Brüssel bewegt, ist das verplempern der Milliarden Euros Steuergelder aus den Eurohaushalten.

Allein im Jahre 2012 wurden
ca. 7 000 000 000,00 Milliarden Euros fehlerhaft

ausgegeben, die nicht Sachgemäß nach den Rechtsvorschriften verwendet wurden, diese fehlerhaften Ausgaben erhöhen sich von Jahr zu Jahr.

Was sind das für Menschen, Politikerinnen, Politiker, Europaabgeordnete,
die so nach Steuergeldverschwendungssucht lechzen und mit fremden Geldern so umgehen, Gelder der Steuerzahler.
Wo ist sie geblieben, die Deutsche Demokratie, hatten wir schon einmal eine Deutsche Demokratie?

Zur Erinnerung,
Demokratie bedeutet:

Wörtlich "Herrschaft des Volkes".

Über die eigene Regierung mitbestimmen, frei die eigene Meinung äußern,
Volksentscheid und Volksabstimmung.

Der Staat muss jedoch allen Bürgern, auch den Rentnern, und nicht nur unseren steuergeldverschwenderischen Politikerinnen und Politiker, der Wirtschaft und den Reichen,
das Existenzminimum sichern.
Volksentscheidungen sollen und müssen durchgeführt werden, aber nicht erst, wenn Billionen von Steuergeldern schon in den Sand gesetzt wurden, oder bevor sinnlose Gesetze erlassen werden,

die nur eine Steuergeldfressende Bürokratie hervorbringt.
Dem Volksentscheid muss die Zukunft gehören. Das Deutsche Volk muss und sollen an den politischen Entscheidungen direkt beteiligt werden, was für die Demokratie überlebenswichtig ist.
Das rein, nach Außen hin, repräsentative Model, mit gefälschten Statistiken und die Schönfärberei, wie es in Deutschland praktiziert wird, hat schon lange an Glaubwürdigkeit, unter der Deutschen Bevölkerung, gegenüber unseren Politikerinnen und Politiker verloren.

Noch ist die Mehrzahl der Deutsche Bevölkerung zurückhaltend und genügsam, aber das Interesse an der Politik und den Wahlen lässt merklich nach, weshalb unsere Politikerinnen und Politiker bei den Wahlen auf die 16 jährigen zurückgreifen müssen, um die Wahllokale nicht um sonst zu öffnet,
auch die Verteilung der Steuergelder spielt dabei eine große Rolle, umso mehr Stimmen eine Partei bekommt, umso mehr kann sie sich von den Steuergeldeinnahmen der Deutschen Bevölkerung auf das Parteikassenkonto verbuchen.
Wir benötigen für die Zukunft mehr Gerechtigkeit und eine funktionierende Demokratie, mehr Mitentscheidung und mehr Mitbestimmung, damit die politischen Versprechungen in Zukunft auch eingehalten werden, und nicht von einer Legislaturperiode in die andere verschoben wird, wir benötigen auch keine Politikerinnen und Politiker die von der Wirtschaft, Europaparlament, den Geldinstituten und den Reichen bevormundet werden, wir wollen keine marionettenhaften

Politikerinnen und Politiker, die das Volk nur verarscht, belügt und hintergeht und eine Wirtschaftdiktatur anstrebt, wir wollen Politikerinnen und Politiker für die die Wahrheit nicht tödlich ist, sondern die die Wahrheit repräsentieren, ohne gefälschte Statistiken und ohne Schönfärberei.

Die verschwiegenen Hinterzimmergespräche mir der Wirtschaftsbossen und den Geldinstituten muss öffentlich und mit der Bevölkerung ausgehantelt werden.

Unser Staat lebt nur von Voraussetzungen, die er per Gesetz gar nicht einhalten kann.

Sollte sich der Trend jedoch weiterhin Verstärken, das die Politik von oben nach unten gemacht wird, endet dies eines Tages in einem Kollaps.

Die Politikerinnen und Politiker müssen Deutschland wieder zu einem sozialen Demokratischen,
gerechten Staat, mit Volksentscheid für alle aufbauen.

Es kann nicht sein, dass die Europaabgeordneten, die Wirtschaft und die Geldinstituten der Regierung vorschreiben, was zu tun und zu lassen ist, was die Gesetze beinhalten sollen und was nicht.

Die ehemaligen staatlichen Betriebe werden privatisiert, mit Milliarden von Steuergeldern subventioniert, billig verschleudert, um sie anschließend mit Milliarden von Steuergeldern aufkaufen zu können, obwohl deren Wert weit unter dem liegt, was er eigentlich Wert sein sollte.

Wie zum Beispiel der ENBW Skandal.

Der Steuerzahler muss für die Milliarden von Verluste aufkommen, nicht die Politikerinnen und Politiker die den Einkauf getätigt haben.

Die Regierung und die EU Kommission wurden gewählt um eine gerechte Demokratie der Länder voranzutreiben, aber nicht um die eigene Macht auszuüben und auszuleben, oder zu Herrschen und die Bevölkerung auszunützen, oder Länder in den Bankrot zu stürzen.

Wenn unsere Beamten und die EU Kommission, sowie alle Politikerinnen und Politiker einmal aufhören, das zu sein, was sie zurzeit sind, nämlich eine Politik gestalteter Beamtenapparat mit einer undurchschaubare Milliardenschweren steuergeldverschwenderischen Bürokratie, und zu dem wird, was sie sein sollten, nämlich ein rein ausführendes Organ für verwaltungstechnische Aufgaben, das sich nach den Entscheidungen des Volkes zu richten hat, können diese gewählte Volksvertreter, vielleicht wieder die Glaubwürdigkeit zurückgewinnen.
Dies wird sehr wahrscheinlich aber nicht geschehen, da die Wirtschaft und die Geldinstituten zu großen Einfluss auf unsere Regierung und auf die Europaabgeordneten haben.

Hier noch einige Privatisierungen die einmal Volkseigentum waren.
Beispiel Müllabfuhr:

Bei der Privatisierung der Müllabfuhr, kann der neue Betreiber zwar die Lohnkosten senken und Mitarbeiter entlassen, was er auch durchführt, der Profitgier zu liebe.
Im Gegenzug erhöhen sich für die Kommunen die Müllabfuhrkosten, auf der anderen Seite die Ausgaben. Und diese Mehrkosten werden dem Steuerzahler in Rechnung gestellt.

Mit der Geheimabsprachen über den Verkauf und gefälschten Statistiken, gehen in der Regel die Kostenlügen und die Fehlinformationen, der überhöhten Kaufpreise und die Verschleierung von Risiken, sowie den betrügerisch Steuergeldausgaben, verfälscht an die Öffentlichkeit. Die Privatisierungen der Daseinsvorsorge für die Bevölkerung und die der staatlichen Großprojekte um den Verkauf des öffentlichen Eigentums, werden ohne Volksabstimmung von unseren Politikerinnen und Politiker getätigt.
Den privaten Unternehmen werden Gewinne zugesichert, während die Lasten, Risiken und Folgeschäden auf den Staat und damit auf die Bevölkerung, sprich Steuerzahler abgewälzt werden. Aber nicht auf diejenigen, die dafür Verantwortlich sind, die diese Milliarden Verluste absichtlich herbei gerufen haben.
Siehe auch Atommülllager.
Dadurch entstehen dann die üblichen Gebührenerhöhungen, Steuererhöhung, steigende Energie- und Wasserpreise, Umweltzerstörung.

Kürzungen in dem Sozialangebote, Gesundheitsangebote, Kulturangebote und Bildungsangeboten sind die Folge. Die jüngsten Geheimabsprachen zwischen der machtbesessenen und Steuergeldgierigen Bundesregierung und den Energiekonzernen zur Verlängerung der AKW-Laufzeiten und zur Sicherung der Konzerngewinne offenbaren in drastischer Weise auch das Erpressungspotential, das mit der Liberalisierung und Privatisierung der Energieversorgung einhergeht.
Auch ein Grund mehr, warum der Deutsche Schuldenberg weiter anwächst,
trotz der günstigen Einnahmesituation der öffentlichen Hand im Jahre 2012.
Auch die Hilfskredite und das Kapital für den Europäischen Stabilitätsmechanismus haben die Schulden in die Höhe getrieben, was zu Lasten der Steuerzahler geht.
Auch die zahlreiche Geheimhaltungsskandale, wie zum Beispiel die geheimen Absprachen zwischen Hochschulen und Chemiekonzernen, Uni Köln/BAYER Pharmakonzern ist da ein gutes Beispiel, oder die Autobahn Mautverträge mit Toll Collect und sämtliche PPP-Verträge, von dem die Bevölkerung keine Vorstellung hat, was dies an Milliarden an Steuergeldern gekostet hat und noch kosten wird.

Public Private Partnership (PPP) bedeutet soviel wie eine besondere Art, der geheimen Absprache zwischen Regierung und Wirtschaft, für die funktionalen Privatisierung die von unseren Politikerinnen und Politikern eingefädelt wurden.

Der Staat lässt eine bislang öffentlich wahrgenommene Aufgabe, wie unter anderem auch die der Atomindustrie, nur teilweise los, und zieht private Wirtschaftsobjekte hinzu.
Sollten im Nachhinein Fehler festgestellt werden oder Milliarden hohe Verluste entstehen,
wie zum Beispiel bei der Atommüll Entsorgung, oder neue Zwischenlager, weil die alten durch das eindringen von Salzwasser beschädigt werden, haftet der Steuerzahler.
Darunter zählt auch der Straßenbau wie Teilstücke der Autobahn, aber auch Schulbauprojekten.
Die Kostenverschleierung und Geheimhaltung von Gutachten bei Großprojekten wie der Elbphilharmonie in Hamburg, dem Bahnhofsprojekt Stuttgart 21, Flughafen Berlin und noch vieles mehr, stellen eine betrügerische Frechheit, dem Bürger gegenüber dar, die man normalerweise nur bei den Mafiosi findet, aber mittlerweile auch bei unserer Regierung eingezogen ist, und praktiziert wird.
Vielleicht haben unsere Bürger in Deutschland schon einmal bemerkt, dass alle Kostenvoranschläge, ob von der Stadt, Gemeinde, Kommune, oder von unserer Regierung selber, immer höher Ausfallen, als dem Bürger erzählt wird. Erst im Nachhinein, wenn die Kosten um das vielfache steigen, wird der Bevölkerung mitgeteilt dass sich die Kosten um das vier bis fünffachen erhöhen.

Durch die Ausschreibung werden Bauaufträge vergeben und Baukosten ermittelt.

Der Architekt sendet eine exakte, nach Gewerken getrennte Aufstellung der geforderten Bauleistungen nach Material, Art und Umfang an mehrere Baufirmen.

Mit dieser Aufstellung erstellen die Baufirmen ihr Preisangebot, so dass das günstigste, Beziehungsweise qualitativ und terminlich beste Angebot den Zuschlag erhält.
Diese Angebote werden dann von den staatlichen Bauämtern geprüft.

Allerdings ist dieser an sich optimale Vorgang der Preisbildung schon öfter durch Absprachen, der staatlichen Bauämter, unterlaufen worden.

Der billigste Anbieter erhält das Angebot, vom Staat, der Gemeinde, der Kommune, oder der Stadt, mit der bewussten Absicht, das das Bauvorhaben sowie so teurer kommt, als es sich im Angebot darstellt und der Öffentlichkeit präsentiert wurde.
Den Steuerzahlern wird dies wiederum Stück für Stück und meistens erst nach beginn des Bauvorhabens mitgeteilt, um somit an mehr Steuergelder zu gelangen.
Denn die Mehrkosten zahlen wie immer die Bevölkerung, aber nicht diejenigen, die dafür verantwortlich sind.
Durch Ausschreibungen erfolgte Aufträge müssen nach den Vorschriften der VOB,
Vergabe- und Vertragsordnung für Bauleistungen, ausgeführt werden.
Wird bei der Errichtung des Bauwerks von den Festlegungen der Ausschreibung abgewichen,

müssten die Staatlichen Bauämter mit deren Angestellten haftbar gemacht werden und nicht der Bürger.

Diese Beamten, die zur Prüfung dieser Kostenvoranschläge verantwortlich sind, kosten den Steuerzahler Milliarden an Steuergelder, sie werden nicht zu Rechenschaft gezogen und können weiterhin ihr Unwesen treiben. Diese Bauämter haben nur einen Zweck, die Steuergelder betrügerisch einzusetzen, damit die Statistik der Regierung, bei den Staatsausgaben,
geschickt Manipuliert werden kann.
Auch die Privatisierung von Post, Telekom und Bahn war gleichfalls mit den tollsten Versprechungen verbunden, von denen die allermeisten nicht eingehalten wurden.
Der Service wurde rapide verschlechtert, das Abzocken bei einem Anruf an die Telekom über lange Wartenschleifen mit Musik ist da nur ein kleines Beispiel.
Die Infrastruktur, gerade im Bahnbereich, verfällt oder wird stark zurückgebaut,
teilweise unumkehrbar.

Nach der Übergabe der Staatlichen Projekte an die freie Wirtschaft, erfolgt erst einmal der Personalabbau um sie mit Ausländische Billig Arbeitskräfte oder Geringverdiener auszutauschen, wer bleibt, muss eine Gehaltskürzungen annehmen.

Ohne Volksabstimmung sieht die Zukunft für die Deutsche Bevölkerung katastrophal aus.

Zumal die Kommunen die gleichen Machenschaften an den Tag legen wie unser Staat mit der freien Wirtschaft.
Kommunen und Unternehmern handeln Verträge aus, die in aller Regel geheim und hinter verschlossenen Türen besiegelt werden, ohne das die Bevölkerung davon etwas erfährt und dies demokratisch nicht mehr kontrollierbar ist, zumal dies sehr häufig gegen eine ganze Reihe von Gesetzen verstoßen, die nur durch offene oder verdeckte Bestechungen kommunale Amtsträger zustande kommen, dadurch entstehen den Kommunen vielfach langfristige überhöhte Kosten, die auf die Bevölkerung abgeschoben werden, durch Steuererhöhungen.

Durch eine Volksabstimmung, wie diese in einer Demokratie auch üblich ist, wird verhindert, das die geheimen Absprachen in einer aus Korruption und Lügen, sowie mangelnder Demokratieverständnis, mangelnder Intelligenz, Unerfahrenheit und Arroganz der Herrschenden, ausbreitet.
Die Versprechungen, der Parteien mit der Wirtschaft, das durch diese Verträge im Rahmen solcher kommunalen privater Zusammenarbeit gemacht wurden, die Kosten für die Bevölkerung sinken wird, besteht nur aus Schönfärberei und hinterhältigen Lügen, so wie wir schon öfters betrogen und belogen wurden.

Das Beispiel mit dem sinkenden Wasserpreis, sinkenden Strompreis, sinkenden Abwasserpreisen und noch vieles mehr, ist das beste Beispiel dafür.

Ganz im Gegenteil, sie stiegen, um die garantierten Gewinnmargen der Privatunternehmen, finanzieren zu können.

Die Rechnung bekommt die Bevölkerung präsentiert, nach kurzer Zeit, werden die Gebühren und Steuern stark angehoben.
Der Staat und die Wirtschaft verschenken nichts, dies sollte jedem Bundesbürger eigentlich bewusst sein.
Die Wirtschaft, die ein staatlicher Betrieb aufkauft berechnet die Rentabilität,
erzielt sie damit Gewinne wir der Vertrag abgeschlossen.
Der Staat verdient durch den Verkauf dieser staatlichen Einrichtung, genauso daran wie die Wirtschaft durch die Einnahmen der Steuergelder.

Nun kann man sich auch gut Vorstellen, warum unsere Politikerinnen und Politiker diese zunehmenden Verbraucherabzockerei nur zögerlich angehen, oder auch nicht gewillt sind dies zu unterbindet. Um die immer stärker zunehmende Verbraucherabzockerei durch die Wirtschaft, und die Steuergeldabzockerei durch unsere Politikerinnen und Politiker zu unterbinden, muss man sich Wehren und die Deutsche Bevölkerung hat das Recht sich zu Wehren, damit der Missbrauch der
Wirtschaftsmacht und diktatorischen Politikermacht unterbunden wird.
Die Deutsche Bevölkerung darf solche betrügerischen Machenschaften nicht einfach hinnehmen und Akzeptieren.

Wir müssen alle auf die Strasse und von unserem Verfassungsgrundsatz,
alle Staatsgewalt geht vom Volke aus,
endlich Gebrauch machen, bevor wir in eine totale Wirtschaftsdiktatur und Staatsdiktatur übergehen.
So lang in Deutschland Gesetze entworfen werden die schon im Entwurfsstadium verfassungswidrig sind und nur zum Nutzen der Möchtegerne Politikerinnen und Politiker, der Wirtschaft, der Reichen,
und nicht zum Nutzen der Deutschen Bevölkerung, wird Deutschland nicht wirklich lebenswerter.

Wir steuern auf einen drastischen Sozialabbau hin, immer mehr um sich greifende Kinderarmut, Altersarmut, immer mehr Ausländer aus den bankrotteren EU Staaten die von der Regierung gefördert und von den Deutschen Steuerzahler bezahlt werden, Zerstörung des Mittelstandes,
und die Zerstörung von Deutschland selber.
Wie alle großen Wirtschaftsbetriebe ist auch unser Staat ein Wirtschaftsbetrieb, einer der größten Firmen in Deutschland, der sich mit dem veruntreuen der Steuergelder beschäftigt und die Armut fördert.
Sie Garmisch-Partenkirchen,
ca. 30 000 000,00 Millionen Euro Schulden, was auf den Steuerzahler zurückfällt, bekommen die teuerste Ortsumfahrung in Bayern für
ca. 131 000 000,00 Millionen Euro die auch der Steuerzahler bezahlen muss, nut damit sich die Prominenz und unsere Politikerinnen samt Politiker die Türklinge in die Hände drücken können.

Im Gegenzug werden die Bürger von Garmisch-Partenkirchen immer ärmer und die Infrastruktur geschädigt.
So gibt es viele Orte in Deutschland, die bewusst von unseren Politikerinnen und Politiker in die Armut getrieben werden.
Unser Staat ist jetzt schon eine große Weltfirma, mit dem Handel von Steuergeldern,
mit vielen Zweigstellen, man nennt sie auch Parteien, Parteizentralen, Ämter, mit ihren Außenstellen,
die nach Außen und der Bevölkerung gegenüber, sich gerne Repräsentiert, angeblich sich für das Wohl der Deutschen Bevölkerung einsetzen um für Gerechtigkeit aller zu Sorgen.
Gerechtigkeit gibt es aber in einem Staat, in dem Arm und Reich, Politikerinnen – Politiker der Deutschen Bevölkerung gegenüber, unterschiedlich behantelt werden nicht.

Durch ihre Machtsucht, Steuergeldsucht und Gier nach Wohlstand, gehen unsere Politikerinnen und Politiker schon soweit, das sie bei der Einfädelung eines angeblichem lukrativem Geschäft, Gesetze umgehen, Gesetze brechen und Vorschriften mutwillig und absichtlich ignorieren.
Was sich auch nur unsere Politikerinnen und Politiker leisten können, denn sie werden dafür nicht Bestraft, Verhandlungen werden auf Jahr hinausgezögert, eine Verurteilung ist dann nicht mehr möglich und somit verläuft alles im Sand, die verursachten kosten, werden der Deutschen Bevölkerung auferlegt.

Es gibt Gesetz, die nur die Politikerinnen und Politiker kennen und nur für sie angewandt werden, aber der deutschen Bevölkerung Fremd sind.

So ein Gesetz ist das Ausgabebewilligungsrecht. Mit solchen Gesetzen kann man die Steuergelder zweckentfremden, das bedeutet, unsere Politikerinnen und Politiker können die Staatskasse, in der die Steuergelder der Deutschen Bevölkerung gelagert wird, still und heimlich um Milliarden Euros erleichtern um fadenscheinige Milliardengeschäfte einzufädeln, wenn man entsprechende Parteigenossen in der Regierung hat, die einem behilflich sind, um Gewissenlos und hinterhältig die Bevölkerung um Milliarden Euro an Steuergelder zu betrügen.

Das Ausgabebewilligungsrecht besagt, Ausgaben sind Gelder für öffentliche zur Befriedigung allgemeiner Bedürfnisse unserer Politikerinnen und Politiker zur Verfügung gestellte Steuergelder, mit denen die Politikerinnen und Politiker, verfahren können wie sie wollen und ausgeben können wie sie gerade Lust und Laune haben.

Normalerweise und vom gesetzlichen Standpunkt betrachtet bedeutet das Ausgabebewilligungsrecht:

Verfügungsgewalt des Parlaments über die Staatsausgaben, diese müssen wiederum in einem Ausgabenbuch, Buch zum Nachweis über Geldaufwand aufgeführt werden.

Sollt dieses Gesetz nicht ausreichen, um Steuergelder zu Unterschlagen, kann man noch auf das Notbewilligungsrecht zurückgreifen, dieses steht zwar für Katastrophenfälle wie Erdbeben oder Hochwasser, und da die meisten Bürger diese Bedeutung dieses Gesetzes nicht kennt, können unsere Politikerinnen und Politiker darauf zurückgreifen, um Steuergelder, die für die Deutsche Bevölkerung bestimmt sind zweckentfremden, etwa zu einer anderen als der eigentlichen Verwendung benutzen.
Über dieses Notbewilligungsrecht, können unsere Volksvertreterinnen und Volksvertreter, auch Politikerinnen und Politiker genannt, Steuergelder entnehmen, um sich zu bereichern, in dem sie überteuerte Aktien von einem unrentablen Stromlieferanten, der am Abgrund der Wirtschaftlichkeit steht auf zukaufen, die Bevölkerung bezahlt den Milliardenverlust durch die Strompreiserhöhung.
Diese abgesprochenen Spielereien, werden natürlich mit der Wirtschaft, Still und heimlich und hinter verschlossener Tür, abgeschlossen.

Das beste Beispiel hierfür ist der Aktienaufkauf von Herr Mappus und Herr Stächele.

Geschehen bei dem Aufkauf des ENBW Stromversorger.

Oder wie wäre es mit der ungerechten Einführung der Abwagprämien,
die nur der Wirtschaft, den Reichen und unserem Staat zugute gekommen ist!

Prämien für den kauf eines neuen PKW von bis zu
2500,00 Euro, aber die Prämie für die Armen,
die sich kein neues Auto leisten konnten, blieben
aus.
Dabei wurde die Abwrackprämie nur erfunden um
die Wirtschaftsunternehmen, deren
Umsatzeinbrüche zu versüßen.

Wohlgemerkt zur Stützung der
Automobilwirtschaft und Zuliefererbetriebe.
So kann man sich auch vorstellen, dass die Idee
nicht von unseren Politikerinnen und Politikern,
sondern von der Wirtschaft eingefädelt wurde,
unsere Politikerinnen und Politiker mussten dieses
Gesetz nur noch überzeugend an die Bevölkerung
weitergeben, um eine Steuergeld Abzocke im
Großen stiele durchführen zu können.

Die, die es sich leisten konnten, haben sich auf
kosten der Steuerzahler ein neues Auto gekauft,
das nachsehen hatten die Armen, die Rentner, die
allein erziehenden Mütter, die Arbeitslosen und die
sozial Schwachen.
Aber es wurde kein Gesetz erfunden, das für die
Armen, oder die Rentner, zum Vorteil gewesen
wäre, beziehungsweise das alle von dieser Prämie
über 2 500,00 Euro profitiert hätten.
Dann gibt es noch die Prämien für Solaranlagen für
Eigenheimbesitzer, Prämien für die Isolierung der
Eigenheime, Zuschuss für Solaranlagen, Zuschuss
über Zuschuss, aber nur für die Reichen,
für die Armen bleibt nichts übrig, obwohl diese
auch alles mit ihren Steuergeldern mitfinanzieren.

So ist es in der Diktatur.
In der Demokratie gibt es Gesetze bei denen alle zu gleichen Teilen profitieren,
und nicht nur die Reichen.

Wo viel Geld ist, muss auch viel Geld hin.

Der größte Teil der Steuerzahler, auch die Rentner,
die die Prämie mitfinanzierten,
bekommen keine Cent dafür, im Gegenteil, diese Bürger, werden auch noch dafür bestraft, weil er sich dies nicht Leisten kann, aber mitfinanzieren muss.
Er fährt weiterhin mit seinem etwas älteren Auto,
aber dafür muss er das teure Benzin bezahlen,
und die übertreuerte Kraftfahrzeugsteuer.
So Profitieren die Reichen von den Armen,
Von der Staatsdiktatur in die Wirtschaftsdiktatur ist es dann auch nicht mehr weit,
wie das nächste Beispiel zeigt:
Die Länderkammer beabsichtigt über das alte Meldegesetz zu beraten.
Das neue Meldegesetz tritt dann 2014 in Kraft.
Es sieht vor, dass die Ämter die Daten, wie Name, Adressen, Telefonnummern, E-Mail Adresse,
und aktuelle Anschrift zu Werbezwecken für den Adresshandel an die Unternehmen und Wirtschaft weitergeben dürfen, ohne dass die Deutsche Bevölkerung diesem Adressenhandel zustimmen muss.
Was wiederum einer Diktatur und nicht einer Demokratie entspricht.
Natürlich spielt da auch die Geldgier und Geldsucht unserer Staatsdiener eine große Rolle.

Die Meldebehörte kassiert 25,00 Euro pro Adresse,
das bedeutet, wenn der Staat die Adresse von
jedem deutschen Bürger verkaufen würde,
wäre das bei 80 000 000,00 Millionen
Bundesbürgern,
eine Summe von 2 000 000 000,00 Milliarden
Euro.

Wer bekommt eigentlich dieses Geld! die
Kommunen, die Städte, die Gemeinden und der
Staat.
Was machen diese mit den Milliarden Euros?

Auch wenn das neue Melderecht geändert werden
würde, ermöglicht es den privaten Handel
mit den Adressen der Bevölkerung trotzdem, mit
vom Staat zwangsweise erhobenen Daten im
großem Stil, nur die Vorschriften und das Gesetz
werden anders benennt.

Unsere Politikerinnen und Politiker schimpfen
immer über die Korruption und Mafia artigen
zustände, die in anderen Ländern und Regierungen
herrschen,
dabei wird diese Korruption und das Mafiaartige
Verhältnissen in der Deutschland Regierung selber
praktiziert.
Wer weiß schon was unsere Politikerinnen und
Politiker für schwarze dunkle Geschäfte noch alles
auf kosten der Deutschen Bevölkerung und ohne
ihr Wissen treibt, um ihre Geldgier zu befriedigen.
So ist es auch mit dem Überschuss in der
Rentenkasse oder der Krankenkassen.

Anstatt diesen Überschuss den Rentner zugute kommen zu lassen, wird der Rentenüberschuss wieder einmal sinnlos verpulvert, in andere Ressource gesteckt oder den Osten mit einer 15fachen höheren Rentenerhöhung beglückt, die Parteikassen aufgefüllt, ans Ausland verschenkt, oder zur Wahlpropaganda benützt.

Das Geld gehört den Rentnern und gehört den Rentnern auch ausbezahlt.
Für die Rentner in Deutschland gibt es nur eine Möglichkeit, sich zu Wehren um an das Recht zu kommen. Erhebt euch, geht auf die Strasse und wehrt euch, sonst nehmen euch die Politikerinnen und Politiker noch mehr weg, was euch zusteht. Wir müssen zurück zur Demokratie und dazu gehört auch die Pflicht und Einführung einer Volksabstimmung.
Demokratie steht für Gleichheit und Gerechtigkeit für alle, ob Arm oder Reich, nicht nur für unsere Staatsdiener, Europaparlamentarier, Wirtschaft, oder Geldinstituten.
So ist es auch mit den Milliarden von Deutschen Steuergeldern, die an die bankrotten Euroländer gezahlt werden, darüber sollte das Volk durch eine Volksabstimmung entscheiden, auch die vielen Geschäfte, die unsere Politikerinnen und Politiker still und in geheimer Absprache hinter verschlossenen Türen abschließen, dürfte es in Zukunft nicht mehr geben, um die Milliarden schweren Schäden die der Deutschen Bevölkerung dadurch entstehen zu verhindern.

Bestraft werden nicht unsere Politikerinnen und Politiker, oder diejenigen, die für die Steuergeldverschwendung und Steuergeldveruntreuung verantwortlich sind, diese werden weder bestraft noch zur Rechenschaft gezogen, für den Schaden aufkommen muss die Deutsche Bevölkerung.
In einer Diktatur werden nur die Untertanen bestraft, beziehungsweise das Volk, diese Einstellung unserer Politikerinnen und Politiker muss aus ihren Köpfen geprügelt werden, damit sie sich nicht all zu Überheblich auf kosten der Deutschen Bevölkerung Austoben können.
Wir dürfen nicht alles hinnehmen, auch nicht die Zuwanderung die uns aus den 13 Beitrittsländern bevorsteht. Ca. 300 000 bis 500 000 Tausend Migranten werden jährlich nach Deutschland zuwandern, billige Arbeitskräfte für die Wirtschaft, im Alter zwischen 25 und 40 Jahren, dafür bleiben die älteren Deutschen Bürger weiterhin Arbeitslos und haben somit keine Chance auf Arbeit.

In Deutschland leben rund 15 000 000 Millionen Zugewanderte, beziehungsweise deren hier geborene Nachkommen. Fast 20 Prozent der Einwohner haben damit einen so genannten Migrationshintergrund.
Dies bringt nur für die Deutsche Wirtschaft vorteile und für die Deutsche Bevölkerung nur nachteile, weil die fehlenden Steuereinnahmen zurückgehen. Viele Zugewanderte werden einmal, wenn sie in Rente gehen in ihre Heimat zurückkehren und somit wird eine Steuererhöhung für die Deutsche Bevölkerung unumgänglich bleibt.

Die steigenden Lebenshaltungskosten im
Verhältnis zum Arbeitslohn sind die ersten
Vorboten.

Jeder der beim einkaufen von Lebensmittel auf den
Preis achtet, wird festgestellt haben das die Menge
immer kleiner und der Preis immer höher wird.
Da unsere Politikerinnen und Politiker sich aus der
Realität der Mittelschicht ausgeklinkt haben,
und die Vorstellung wie es sich in einer normalen
Bevölkerung lebt, ihnen Fremd ist,
wundert es einem nicht, dass sie mit den
Steuergeldern betrügerisch und verschwenderisch
umgehen.

Wenn unsere Politikerinnen und Politiker für die
Steuergeldverschwendung, Lohnnebenkosten,
Altersvorsorge, teuere Luxus Limousinen, Fahrer,
Sekretärin, Auslandreisen und so weiter,
selber aufkommen müssten hätten sie bestimmt
eine andere Einstellung zu der Steuerzahlenden
Bevölkerung.
Da liegt die Vorstellung nahe, dass eine Politikerin
oder ein Politiker, nicht einmal weis,
was ein Kilo Kartoffeln kosten.
Die meisten der Deutschen Bevölkerung vertrauen
dem Staat und unseren Politikerinnen und Politiker
schon lange nicht mehr, würden sich unsere
Politikerinnen und Politiker einmal inkognito unter
das Volk mischen, bekämen sie die
Unzufriedenheit zu Spüren, wie die Bevölkerung
über den Euro spricht, über Europa, wie teuer die
Lebensmittel sind und über die Unzufriedenheit
unserer Politikerinnen und Politiker, der immer

steigenden Lebenshaltungskosten und die ungerechte Rentenanpassung West und Ost.

Das gleich gilt auch für unsere Reisekanzlerin Frau Merkel, wenn diese sich unerkannt unter den Westrentner aufhalten würde, würde sie die Ungerechte und unzufriedene Behandlung der Westrentner am eigenen Leibe zu spüren bekommen.
Oder wenn sie sich unerkannt in einem Lebensmittelgeschäft aufhalte würde, wie sich die Bevölkerung an den Kassen über die ständige Verteuerung und immer kleiner werdende Menge der Lebensmittel verarscht fühlt, würde sie sich sehr wahrscheinlich, Vorausgesetzt ihr Gewissen schaltet auf normal, aus der Politik zurückziehen.
Aber da unsere Politikerinnen und Politiker die Wahrheit nicht sehen und schon gar nicht zugeben möchten, sich nur in der Gesellschaft der Reichen aufhalten, werden sie die Realität der normalen Deutschen Bevölkerung auch nicht verstehen, man wird die Deutsche Bevölkerung weiterhin Betrügen, Anlügen, sie um die Steuergelder betrügen und mit gefälschten Statistiken versorgen, damit die Schönfärberei nach außen hin auch sehr Bund bleibt.

Das sieht man auch daran, wie sie mit den Einlagen der Steuerzahler bei den Sozialabgaben und dem Solidaritätszulage verfahren.
Der Vorteil eines offenen, nicht präzise definierten Begriffs wie Sozialabgaben, Solidaritätszulage ist, dass man ihn mit jeder beliebigen Bedeutung entfremden kann und somit unsere Politikerinnen

und Politiker diese eingezahlten Steuergelder verwenden können, wofür sie diese gerade benötigen.
Da liegt der Verdacht nahe, dass in geheimer Absprache, dies im Vorfeld schon so besprochen und heimlich beschlossen wurde.
Alles was geheim und hinter verschlossenen Türen von unseren Politikerinnen und Politkern besprochen wird, oder so verfälscht und geschönt erstellt und ausgelegt wird, grenzt schon an Volksverdummung.
Für die Deutsche Bevölkerung ist es schwer zu Verstehen und auch nicht nachvollziehbar, was die Politikerinnen und Politiker hinter Verschlossenen Türen, für Unwesen treiben und warum die Deutschen Bevölkerung daran nicht Teilhaben darf.

Genau sowenig verstehen die meisten Bürger nicht, was eine Stallwächterparty ist.

Ein Beispiel :
Stallwächterparty, ist eine Party von vielen auf denen sich unsere Politikerinnen und Politiker amüsieren, die auf kosten der Sponsoren, der Steuerzahler und der Rentner gefeiert, und finanzieren wird.
Bund und Länder Gemeinden und Kommunen und der deutsche Staat, ertrinken in Schulden, aber feuchtfröhlich gefeiert werden muss trotzdem.
Damit der Steuerzahler nicht schimpft und auch der Finanzminister und Bundesfinanzminister Herr Schäuble guten Gewissens sein Bierchen trinken kann, werden offizielle Feierlichkeiten gerne mit Hilfe privater Geldgeber aus der Wirtschaft

finanziert, die diese Spenden dann von der Steuer absetzen können.
Natürlich wird bei solch einer Party auch kräftig Webung betrieben, nicht offiziell aber intern wird man sich die eine oder andere Visitenkarte zuschieben, nach dem Motto:
Wir können und machen alles, außer demokratisch Regieren und die Rechnung bezahlen.

Die jüngste Stallwächterparty in Berlin 2012, zu der ca. 2 000 geladene Gäste kamen, verursachte Gesamtkosten in Höhe von ca. 350 000,00 Euro. Die Briefe und Telefongespräche an die Firmen zur Einladung, bezahlt auch der Steuerzahler.

Jeder Gast hatte ca. 175,00 Euro damit er sich Sattessen und Volltrinken konnte.

Gäste waren unter anderem die Landesbank Baden-Württemberg (LBBW), Sparkassen die der Stadt Stuttgart und dem Land gehört, sowie die Landesmesse Stuttgart und die EnBW, eine Firma die auch unter Korruptionsverdacht steht.
Vor Ort durfte die Firma Blitzer eine komplette Bar einrichten, an der Bio-Cocktails gemixt wurden. Als die Party dem Ende zuging, war die Bar leer getrunken, ein Zeichen dass das mit der Werbungskungelei geklappt hat.
Die Leutkircher Brauerei war für das Biobier zuständig, während die landeseigene Rothaus-Brauerei nicht liefern durfte, weil der Chef der Biobrauerei, Gottfried Härle, ein waschechter Grüner ist,

und ein Freund von dem Grünenpolitiker Kretschmann.

Die Biolimonade Seezüngle wird auch an das Stuttgarter Rathaus geliefert, reiner Zufall oder Absprache sei dahingestellt, zugeben würden unsere Politikerinnen und Politiker solch eine Vetterliswirtschaft nie.
Um dem Vorwurf, gegenüber der Deutschen Bevölkerung, der Kungelei, Korruption Vetterliswirtschaft und Werbung, mangelnder Transparenz zu begegnen, veröffentlichte das Land der Deutschen Bevölkerung im nach hinein eine Liste der Sponsoren.

Bedeutung der Imagepflege von Sponsoren:
Sponsoring ist laut einer gemeinsamen Anordnung der Landesministerien nur dann zulässig,
wenn nicht der Anschein einer möglichen Beeinflussung, bei der Wahrnehmung des Verwaltungshandelns zu erwarten ist, was für jeden aber ersichtlich ist, es wurde verbotener Weise, Werbung im großen Stiele betrieben, worüber unsere Politikerinnen und Politiker aber nichts wissen wollen, allein die Präsentation im Programmheft sowie reservierte Tische mit der entsprechenden Firmenwerbung
besagen für einen normal denkenden Menschen worauf die eingeladenen Gäste aus sind.
Man habe die Gelegenheit genützt, um die Unternehmen als Marke noch bekannter zu machen,
weil die Energieeffizienz für uns ein großes Thema ist, sagte eine Sprecherin des Sindelfinger

Unternehmens Bitzer Kühlmaschinenbau, das die Party unterstützte.

Wie Bitzer nutzten auch andere Unternehmen des Landes den Auftritt zur Werbung in eigener Sache und für ihre Projekte.
Ob die AOK oder die Daimler AG, oder die Windreich AG.
So ein Anlass ist immer gut und nützlich, um durch Werbung den Bekanntheitsgrad eines Unternehmens zu steigern, betonte Walter Döring, ehemals Wirtschaftsminister und Bundesvorsitzender der FDP, im Juni 2004 gab er aufgrund einer umstrittenen Spendeaffäre und einer uneidlicher Falschaussage vor dem FlowTex-Untersuchungsausschuss seinen Rücktritt von allen seinen Ämtern bekannt.
Seit Jahren ist er stellvertretender Vorstandsvorsitzender bei Windreich für die Windkraft.
Auch Döring machte klar, Ziel sei es, an einem solchen Abend Webung zu betreiben und Kontakte mit der Politik zu pflegen.
Mit dem Hintergedanken, unsere Politikerinnen und Politiker werden dafür sorgen, dass wir durch unsere Schleichwerbung schon genügend Aufträge erhalten.

Die Schmiergelder, von den geladenen Korrupten Gästen, für diese Party, die durch die Werbung erzielt wurde, betrug ca. 240.000,00 Euro, was unsere Politikerinnen und Politiker mit offener Hand entgegen nahmen.

Darin sind aber noch nicht Arbeitszeit und Anfahrt,
die Flugkosten und sonstige Auslagen enthalten,
die natürlich Steuerlich abgesetzt werden können.
Der größte Teil der direkten Kosten hat man durch
Bettelbriefe bei der Wirtschaft eingesammelt,
das Porto und das Briefpapier geht auch auf die
Kosten der Steuerzahler.
Ohne Skrupel hat man sogar öffentliche Geldgeber
angenommen, wie von der LBBW.

LBBW musste 2009 mit über 5 Milliarden Euro
Steuergeldern gerettet werden und schreibt auch in
den Folgejahren hohe Verluste, für die der
Steuerzahler aufkommen muss.

Landesmesse Stuttgart gehört der Stadt Stuttgart
und dem Land Baden-Württemberg
zu je 50 Prozent,
Aufsichtsratsvorsitzender ist Staatssekretär Ingo
Rust, sein Stellvertreter ist Stuttgarts Erster
Bürgermeister Michael Föll CDU.
Die Stallwächterparty war auch in diesem Jahr ein
Stelldichein der Promis.

Zum Essen gab es,
Curry vom Weidelamm mit Auberginenkaviar,
Schwäbisch - Hällisches Schwein vom Grill,
Elfenspeise aus dem Allgäu, leckere Speisen in
bester Bio-Qualität, davon kann ein normal
sterblicher Bürger nur Träumen.
Den höchsten Sachwert stellte mit 12 500,00 Euro
der Herrenberger Polstermöbelhersteller Walter
Knoll, für Werbezwecke zur Verfügung.

Mit dabei und in bester Partylaune waren unter anderem:
Annette Schavan, Bundesbildungsministerin unter Plagiatsverdacht.
Steffen Seibert CDU, ist Regierungssprechers von Reisekanzlerin Angela Merkel CDU.
Landesfinanzminister Nils Schmid mit seiner Frau Tülay, er kritisiert selber, wie sich hier eine Regierung zur Marionette der Wirtschaft habe machen lassen.
Einer von wenigen, die bemerkt haben, dass unsere Politikerinnen und Politiker nur aus Marionetten besteht, was der Partylaune aber nichts anhaben konnte, auch Arbeitgeberpräsident Dieter Hundt lies sich die Partylaune dadurch nicht verderben.
Auch die Grünen- Fraktionsvorsitzenden Renate Künast, einst von der Straßenkämpferin zur marionettenhaften Regierungschefin befördert, bemerkte nach einigen Gläsern Bio Alkohol, wir sind die Marionettenpolitiker, aus dem Legenden und Schlagzeilen gestrickt werden.

Partys in Saus und Braus feiern.
Natürlich durfte auch ihr Parteigenosse Jürgen Trittin nicht fehlen, ein marionettenhafter notorischer, Besserwissender Nörgelpeter und unnützer Steuergeldbezieher, ist genauso Ideenlos und unselbständig, wenn es um die gerechte Behandlung der Deutsche Bevölkerung geht.
Seine politische Glaubwürdigkeit ist sehr in Frage gestellt, durch seine plötzlichen Sinneswandlungen die er an den Tag legt, wie zum Beispiel beim Castor-Transport, hat in der Regierung als Minister

diesen Castor-Transport selbst unterstützt, um dann in der Opposition dagegen zu Demonstrieren.
Auch Frank-Walter Steinmeier, der auf der Stallwächterparty mit seiner Frau erschien war von der Party sehr begeistert.

Arbeitgeberpräsident Herr Professor Hundt der von Ministerpräsident Günther Oettinger (CDU) den Ehrentitel Professor verliehen bekam, hat neue gute Freunde auf der Stallwächterparty gefunden.
Herr Kretschmann, der Bio Mann aus Schwaben hat die Stallwächterparty gut überstanden.
Da fühlen sich die Politikerinnen und Politiker wohl, Partys in Saus und Braus feiert, denn hier sind sie unter ihresgleichen.

Dies ist nur ein kleines Beispiel, wie sich unsere Politikerinnen und Politiker verhalten,
wenn die Bevölkerung ausgeschlossen wird.
Solche Steuergeldverschwenderische Betrügereien und Volksverdummende Einstellungen unserer Politikerinnen und Politiker müssen von der Deutschen Bevölkerung schnellstmöglich unterbunden werden.
Bevor der Deutsche Bundesbürger zur Wahl geht, sollte er genaue Überlegungen anstellen,
soll ich Wählen oder soll ich nicht zur Wahl gehen, denn Wählen kann man von den Marionettenpartyfeiernden Politikerinnen und Politiker eh keinen.

Die Deutsche Bevölkerung sollte sich auch einmal Fragen, was haben diese Politikerinnen und

Politiker eigentlich für die normale
Bevölkerungsschicht gemacht,
außer, den teueren Euro einzuführen, die Minijobs
zu Fördern, die Lebenshaltungskosten zu steigern,
die Rentner im Osten höher zu bezahlen als die im
Westen, die Staatsschulden voranzutreiben,
die Sozialkassen leer zu Räumen, die
Kindergartenplätze zu verringern, die Lehrerzahl zu
kürzen, die Reichen zu beschenken, die Wirtschaft
zu Subventionieren und die Anzahl der Armen in
Deutschland zu steigern.
Das machtbesessene Verhalten unserer
marionettenhaften Politikerinnen und Politiker
gegenüber der Deutschen Bevölkerung nimmt kein
Ende und es vergeht auch kein Tag, an dem unsere
Politikerinnen und Politiker nicht versuchen, mit
ihren eigenen selbst gemachten Gesetze die
Deutsche Bevölkerung zu Betrügen oder hinter das
Licht zu Führen.

Auch das jährliche Treffen in Davos,
Weltwirtschaftsforums – Party, Gipfel Camp der
Partyfeiernden Weltelite, auch herrschende,
diktatorische Weltwirtschaftsordnung genannt,
ist nur ein Zeichen dafür, wie sich unsere
Politikerinnen und Politiker, mit der Wirtschaft
absprechen,
in welche Richtung sie das Deutsche Volk führen
sollen, in die Autoritär oder Totalitär Diktatur.

Ein autoritärer Staat bedeutet, dass die Bürger die
unantastbare Herrschaft der Regierung akzeptieren
und dulden, sie müssen sie aber nicht befürworten.

Ein totalitärer Staat dagegen fordert nicht nur Akzeptanz der Bürger, sondern auch volle und aktive Unterstützung.
Das Volk soll absolut hinter der Regierung und ihren Zielen stehen, Ziele die nicht vom Volk kommen.
Bei diesem Treffen kommen international führende Wirtschaftsexperten, Marionettenpolitikerinnen, Marionettenpolitiker und Intellektuelle zusammen, um angeblich über die dringlichsten Fragen der Welt, wie Gesundheitsfragen und Umweltfragen zu diskutieren, dabei weiß jeder in der Bevölkerung, das die Wirtschaft, für die Umwelt genau so wenig Beachtung findet, wie für den Arbeiter in ihrem Wirtschaftsunternehmen.
Dieses jährliche Treffen in Davos wird nach außen hin so abgeschottet, damit die Elite ungestört und unter sich Ausbrüten können, was sie als nächstes der Umwelt und der Menschheit antun können.
Das Eintrittsticket für eine Person kostet
ca. 52.000 Euro, und besteht deshalb hauptsächlich nur aus den Wirtschaftsbossen, Millionären, Ölbaronen, Medien- Moguln Managern der Geldinstitute und bestechlichen Marionetten aus der Politik, deren Eintrittskarte bezahlt der Steuerzahler.

Die deutschen politischen Marionetten waren vertreten durch,
Reisebundeskanzlerin Angela Merkel CDU,
Bundesfinanzminister Wolfgang Schäuble CDU
und Wirtschaftsminister Rainer Brüderle,
kosten ca. 156 000,00 Tausend Euro Steuergelder, die von der Deutschen Bevölkerung bezahlt werden

müssen, um an dem Gipfel Camp Partyfeiernden Weltelite Teilnehmen zu können.

Die herrschenden Wirtschafbosse

Josef Ackermann Deutsche Bank,
der eine Hinterlassenschaften in Milliardenhöhe der Deutschen Bevölkerung hinterlassen hat, ist mittlerweile abgetreten,

Frank Appel Deutsche Post,

Eckhard Cordes Metro,
scheidender Metro-Chef der im Machtkampf beim Elektronikhändler Media- Saturn vor Gericht eine Schlappe erlitten hatte

Marijn Dekkers Bayer,
ist ein weltweit tätiges Unternehmen mit Kernkompetenzen auf den Gebieten Gesundheit, Ernährung und hochwertige Materialien

Christoph Franz Lufthansa,
kennt sehr wahrscheinlich jeder.

Jürgen Hambrecht BASF,
Ludwigshafener Chemieriesen

Peter Löscher Siemens,

Hartmut Ostrowski Bertelsmann,

und Johannes Thyssen

Da kann man sich dann schön Ausmahlen welche Aufgaben unserer Politikerinnen und Politiker von diesen Wirtschaftsgiganten auferlegt bekommen, um eine Wirtschaftsorientierte diktatorische Politik zu führen, die Kontrolle über die Bevölkerung voran zu Treiben, die Wirtschaftsmacht zu Fördern, das verteilen der Steuergelder durch Subventionen, die Versessenheit auf den Euro,
um das Thema, wie die Menschen durch Desinformation manipulieren werden können, über die Kontrolle der Rohstoffen, Trinkwasser und Nahrungsmittel.

Dies ist auch ein Grund, warum unser Staat so verbittert um den Euro kämpft.

Die Wirtschaftsgiganten wollen mit aller Macht, diese Einheitswährungen, damit die Zentralbanken die Währung und somit auch die Aktienkurse, so steuern können, dass sie immer die Profitabelsten Gewinne erzielen.
Wirtschaftsmacht, Geldgier und Herrschaftssucht über die Bevölkerung stehen bei den Wirtschaftsgiganten und den Politikerinnen und Politiker im Vordergrund.

Manipulieren von Statistiken, verschönern der Bilanzen, ob Arbeitsministerium, Bundesfinanzministerium, Amt für Staatsschulden, Bundesbauamt, Sozialamt, Rentenversicherungsanstalt und so weiter, ist die Aufgabe unserer Politikerinnen und Politiker.

Wenn es sein muss, werden auch noch teuer
Bezahlte externe Statistikfälscher herangezogen.

Ein Ministerium ist nur so Gut, wie die
Ministerinnen und der Minister.

Ein ganz kleines Beispiele wie die Steuergelder
bewusst und absichtlich veruntreut werden:
Verteidigungsministerium
ca. 2 000 000 000,00 Milliarden Euro Steuergelder
für den Flugunfähigen Hawk in den Sand gesetzt,
außerdem Millionenbeträge für den Umbau des
Luftwaffenstandorts Jagel, wo die „Hawk" ab 2014
stationiert werden sollte.
Stückpreis des Kampfhubschraubers Tiger
ca. 60 000 000,00 Millionen Euro Steuergelder.
Der Transporthubschrauber NH 90 Stückpreis
ca. 50 000 000,00 Millionen Euro Steuergelder,
Marineversion Stückpreis
ca. 55 000 000,00 Millionen Euro Steuergelder.

Wenn man sich nun einmal Vorstellt, dass mehrere
Milliarden Euro Steuergelder ausgegeben werden,
als zur Verfügung steht, da kommt doch bei manch
einem die Frage in den Sinn, wie geht das?

Jedes Ministerium hat einen eigenen Etat, das heißt
Steuergelder, über das es selbst verfügen und nach
belieben ausgeben kann.
Der Verschwendungssucht sind da keine Grenzen
gesetzt.
Die größten Einzeletats, die die meisten
Steuergelder verschwenden, stellen das
Ministerium für Wissenschaft, Wirtschaft und

Verkehr sowie das Ministerium für Bildung und Kultur da.
Ministerium für Wissenschaft :
Der Gesamtetat ca. 8 000 000 000,00 Milliarden Euro Steuergelder.

Ministerium für Wirtschaft und Verkehr:
Der Gesamtetat ca. 7 500 000 000,00 Milliarden Euro Steuergelder.

Dazu gehört zum Beispiel:
Unterstützung der Fachkräftesicherung
ca. 15 000 000,00 Millionen Euro Steuergelder zur Verfügung.
Unterstützung für Unternehmensgründungen
ca. 70 000000,00 Millionen Steuergelder.
Unterstützung für Luftfahrtindustrie
ca. 3 000 000 000,00 Milliarden Euro Steuergelder.

Die Steuergeldausgaben und Steuergeldeinnahmen müssen für die Deutsche Bevölkerung transparent gestaltet werden, durch einen unparteiischen freien, nicht beeinflussbaren Steuergeldprüfer.
Es kann nicht sein, das immer mehr Steuergeldverschwenderische Ministerien und Ämter erfunden und gebaut werden, um der Verschwendungssucht der Milliarden Steuergelder durch unsere Politikerinnen und Politiker, zu Fördern.

Auch das Integrationsministerium hat nur eine Aufgabe, die Steuergelder der Deutschen Bevölkerung zweckentfremden einzusetzen und zu verschleiern.

Bevor die deutschen Politikerinnen und Politiker die Steuergelder der Deutschen Bevölkerung in die Ausländer investieren, muss erst gewährt sein, das es in Deutschland keine Armut unter der Bevölkerung, den Jugendlichen und den Rentnern gibt, keine Niedriglohn Epidemie sowie die Deutschen Arbeitslosen in Arbeit kommen, keine arme Dörfer und Städte.

Die Schuldenkrise hat die Arbeitslosigkeit in den Euro-Ländern erneut in die Höhe getrieben.
Im Euroraum liegt die Arbeitslosenzahl knapp bei ca. 50 000 000 Millionen Menschen ohne Beschäftigung, so viele wie nie zuvor.
Die Dunkelziffer dürfte aber sehr viel höher sein.

Seit Einführung der Gemeinschaftswährung, meldete die europäische Statistikbehörde eine jährliche Steigerung der Armut.

Seit mehr als zwei Jahren verschlechtert sich die Lage stetig.
Junge Leute und Menschen über 50 sind besonders betroffen.
Firmenpleiten und Entlassungen belasten den Arbeitsmarkt von Jahr zu Jahr.

Nur die Deutsche Staatsbürokratie und die unserer Politikerinnen und Politiker wird immer größer, die Eröffnung neuer Staatsfirmen nimmt zu und wird immer undurchschaubarer, damit die Steuergelder auf verschwenderischer Art und Weise untergebracht werden können.

Der Vorteil für unsere Politikerinnen und Politiker, die sinnlose Verschwendungssucht der Steuergelder kann dadurch nicht so schnell aufgedeckt und nachvollzogen werden, wenn überhaupt einmal eine betrügerische Steuergeldaffäre ans Tageslicht gelangt.

Neu Staatsfirmen sind für die Deutsche Bevölkerung ohne Nutzen, und verschlingen nur Milliarden Euro Steuergelder, wie das Integrationsministerium.

Das Integrationsministerium benötigt neu Eingestellte Beamten (Referaten).
Eine neue Milliardenteuere Steuergeldverschwendungsabteilung, aber für deutsche Kindergärten und Schulen sowie deren Mitarbeiter, den Westrentnern, den Armen ist kein Geld da.

Mittlerweile ist Deutschland ein Sozialstaat für die bankrotten Euro Länder und Ausländer,
die uns Reisekanzlerin Frau Merkel eingebrockt hat.
Nur für die Bevölkerungsschicht im Westen hat sie nichts übrig.

Kommen wir noch einmal auf das Integrationsministerium zurück.

Dieses Integrationsministerium befasst sich mit der Demografie nicht kultureller und nicht politischer Teilen der Nichtdeutschen.

Beispiel:
Schuleingangsuntersuchungen der Nichtdeutschen,
für Frauenpolitik der Nichtdeutschen,
der Pflege von Nichtdeutschen, doppelte
Staatsbürgerschaft der Nichtdeutschen der älteren
Generation der in Deutschland ansässigen
Ausländer und noch vieles mehr, was Bilkay Öney,
mit türkischer Abstammung, die als
Bankangestellte tätig war und danach zum
staatlichen türkischen Fernsehsender TRT
wechselte.
Dort arbeitete sie als Redaktionsassistentin,
dann als Assistentin der Geschäftsführung sowie
als Redakteurin und Moderatorin,
bis sie am 17. September 2006 auf die Idee kam,
wieder nach Deutschland zu gehen,
um ins Berliner Abgeordnetenhaus gewählt zu
werden, mit dem Ziel, auch einen gewissen Beitrag
zu leisten, um die Deutschen Bevölkerung um ein
bar Millionen Euro Steuergelder, jährlich zu
erleichtern.
Das neu geschaffene Integrationsministerium
Kostet dem Deutschen Steuerzahler jährlich
ca. 300 000 000,00 Millionen Euro. Davon werden
offiziell, so heißt es, zwei Drittel zur
Unterbringung und Versorgung von Flüchtlingen
verwendet.
Was macht die Integrationsministerin Bilkay Öney
noch alles, sie sorgt dafür, dass die Einbürgerung
der Ausländer nach Deutschland erleichtert wird
und informiere die Einwanderer verstärkt darüber,
wie sie an die Deutsche Steuergelder gelangen, wie
sie sich finanziell mit den Hartz IV Empfängern
gleichstellen können, und wie viel Kindergeld sie

ergattern können, ohne nur eine Stunde in
Deutschland zu Arbeiten, über die Möglichkeiten
einer sozialen Absicherung und die Aufnahme und
Unterbringung von Flüchtlingen, das auch auf
kosten der Deutschen Steuerzahler geht.

Dazu gehört auch Manfred Stehle
Ministerialdirektor, Amtschef des Ministeriums für
Integration und ständiger Vertreter der Ministerin,
eine Staatsfirma mit ca. 60 Mitarbeiterinnen und
Mitarbeitern, bezahlen muss diese unnötige
staatliche Abteilung, der Deutsche Steuerzahler.

Auch hier hätte durch einen Volksendscheidung,
oder Volksabstimmung,
die Steuergeldverschwendungssucht unserer
Politikerinnen und Politiker unterbunden werden
können.

Dies alles kostet dem deutschen Steuerzahler
Milliarden von Steuergeldern und für was!

Nur weil die Deutsche Bevölkerung nicht den Mut
hat sich zu Wehren, werden solche
Steuergeldverschwenderischen
Amtsgeschäftsbereiche (Staats eigene Firmen),
aus dem Boden gestemmt.

Um dies alles Bezahlen zu können müssen auch die
Rentner im Westen herhalten, die sowieso schon
mit der ständigen ungerechten Rentenerhöhung
zwischen West und Osten, die Erhöhung der
Lebensunterhaltskosten, Mieterhöhung,
Stromerhöhung, Wasserkosten, Selbstbeteiligung

an den Medikamenten, die versteckte
Steuererhöhung, zu Kämpfen haben.

Allein der Bonner Ministerialapparat verfügt über
insgesamt 21 000 Steuergeldverschwenderische
Beschäftigte, die Milliarden an Personalkosten
verschlingen, ein Staatsmonstrum das nicht mehr
steuerbar und bezahlbar ist und somit auch nicht
mehr handlungsfähig.
Das Ministerium für wirtschaftliche
Zusammenarbeit unterhält in der Unterabteilung für
Afrika südlich der Sahara, fünf Referate für
Projekte in jenem Teil der Welt.

Der Staat nimmt, nach offiziellen Angaben, mehr
als ca. 500 000 000 000,00 Milliarden Euro
an Steuergeldern ein, ohne die Spenden, die von
den Reichen kommen, und hat intern gemacht
Schulden von ca. 2 500 000 000 000,00 Billionen
Euro.

Mann sollte dabei nicht vergessen, dass diese
Schulden, nicht von der deutschen Bevölkerung
gemacht wurden, diese intern gemacht Schulden
von 2 500 000 000 000,00 Billionen Euro haben
alleine unsere Politikerinnen und Politiker
zusammen mit der Wirtschaft verursacht.

Eine Steuergeldverschendungssucht Umfrage unter
der Deutschen Bevölkerung ergab,
das 80 % der Bürgerinnen und Bürger davon
überzeugt sind, dass der Staat die Steuergelder
sinnlos verschwendet.

Warum gibt es keine Volksentscheide oder Volksabstimmung in Deutschland?

Es liegt an der Deutschen Bevölkerung, diese immer größer werdenden wahnwitzigen Steuergeldverschwendungsideen und Steuergeldverschwendenden Politikerinnen und Politiker zu Verhindern.

Denn die Straße ist so nah und der Bürger sollte sie auch nützen, zum Demonstrieren und Protestieren, vor allem aber, unseren Politikerinnen und Politiker und der Wirtschaft zu Zeigen das sie nicht immer machen und tun kann, was ihnen gerade einfällt, zu lasten der Deutschen Bevölkerung.

Wofür geben unsere Staatsdiener noch verschwenderische Unsummen an Steuergeldern aus?
Einen angemieteten japanischen Designer – Toilette
die jährlich ca. 200 000,00 Euro Steuergelder kosten, ein minimales sehr kleines Beispiel von vielen verschwenderischen Details.

Da haben wir ein teures Steuerhinterziehungsbekämpfungsgesetz und eine Steuerhinterziehungsbekämpfungsverordnung das sich dafür auszeichnend, das die großen laufen gelassen werden und die kleinen Bestraft, wie zum Beispiel Herr Zumwinkel,
ehemaligen Postchef, der für die Steuerhinterziehung königlich belohnt wurde

und eine Abfindung von 20 000 000,00 Millionen Euro bekam.

Die ganzen Abfindungen und der wahnwitzige Verwaltungsapparat kostet uns Steuerzahler Milliarden Euros und was macht unser Finanzamt daraus, sie verlangen von den Rentnern und den Arbeitslosen einen Steuerbescheid, nur damit die Beamten ihre Zeit absitzen können und beschäftigt sind.
So etwas nennt man auch AbmfdB.
Arbeitsbeschaffungsmaßnahme für die Beamten.
Fakt ist, dieses Steuerhinterziehungsbekämpfungsgesetz ist nur von nutzen unserer Politikerinnen und Politiker, durch die intern gemachte Steuerschlupflöcher, ohne Bestraft zu werden,
was hauptsächlich für die Wirtschaft, sehr zum Vorteil ist.
Es ist schon verwunderlich, das unsere Politikerinnen und Politiker für so ein umfangreiches Steuerhinterziehungsbekämpfungsgesetz die Zeit aufbringen können, zumal sie ja in ihrer Haupttätigkeit, die meiste Zeit für die Bundestagswahlen, Landtagswahlen, Kommunalwahlen,
Europawahlen, Veranstaltung, Nebentätigkeiten, Sitzungen, Partys und Auslandsreisen aufbringen.

Dazu kommen dann noch die Feste die gefeiert werden, wie zum Beispiel die Stallwächterparty, Feste für Wahlsiege, Fototermine für die Werbemittel und riesigen Wahlplakate, bei den

Wahlveranstaltungen durch Deutschland reisen, die unzähligen Sticheleien und Streitereien im Bundestag und in den einzelnen Parteien, Einladungen der Ausländischen Politiker, Klausursitzungen, Fraktionssitzungen, Wohltätigkeitsveranstaltungen, Fernsehauftritte, Einladungen der Wirtschaftsbosse, Auslandsreisen, Büros neu Einrichten, Sonderparteitage, neue Luxuslimousinen und Fahrer bestellen, Umzug in ihre neuen Luxus - Häuser, beziehungsweise Zweitwohnsitz, Nebenjob, wie zum Beispiel ihren neuen Vorstandposten und Aufsichtsratposten in der Wirtschaft, oder ihre eigene Firma, Vorlesungen halten, für die unsere Politikerinnen und Politiker Millionen von Euros kassieren und so weiter und so weiter.
Bis dies alles abgeschlossen ist, sind die vier Jahre vorbei und verändert hat sich nichts,
nur die Schulden und die Armut sind gestiegen.

Die Wahlversprechungen werden von einer Wahlperiode in die andere Wahlperiode verschoben, die internen und Hausgemachten Verschuldung in Billionen Höhen werden immer höher, die Deutsche Bevölkerung wird immer ärmer und der Anteil der Ausländer in Deutschland immer größer.
Nach den Wahlen zeigt sich das wahre Gesicht unserer Politikerinnen und Politiker,
die Machtbesessenheit, die Unerfahrenheit, die Interesselosigkeit an der Deutschen Bevölkerung , die Steuergeldgier und das diktatorische marionettenhafte, machtbesessene Benehmen.

Dann geht es erst einmal los die Macht auszuspielen, mit wochenlangen Streitereien und Beschimpfungen, versprochenen Gesetze werden überworfen oder verschoben, bis hin zur parteiinternen Neuwahlen, damit die Versbrechungen vor der Wahl, nicht mehr eingehalten werden müssen, wichtige Sitzungen im Bundestag werden geschwänzt, oder man ignoriert diese.

Wenn es die Deutsche Bevölkerung nicht schafft, sich zu Wehren und dafür zu Sorgen, das die Demokratie und die Gerechtigkeit, sowie eine Volksabstimmung für alle Belange eingeführt wird, werden die in Deutschland lebenden Bürger und Bürgerinnen weiterhin unter den diktatorischen, machtbesessenen Politikerinnen und Politiker und Wirtschaftsdiktatur leiten müssen.

Wir müssen uns auf das Grundgesetz verlassen können oder notfalls zu Gunsten der Bevölkerung ändern.
Den im Grundgesetz steht, das alle Staatsgewalt vom Volke ausgeht, dies ist nur mit einer Volksabstimmung über den Volksentscheid möglich.
Von unseren Politikerinnen und Politikern wird dieser Grundsatz, und das wissen die Bürger in Deutschland, nicht eingehalten, unsere Politikerinnen und Politiker Entscheiden über die Köpfe der Deutschen Bevölkerung hinweg.
Warum ist unsere Reisekanzlerin Frau Merkel gegen eine Volksabstimmung, weil die Reichen,

die Wirtschaft und die Politikerinnen und Politiker selber dagegen sind.
Unsere marionettenhafte Politikerinnen und Politiker werden eine Volksabstimmung nie zulassen.
In dem Augenblick, in dem das Volk etwas anderes bestimmen würde, als die marionettenhafte Politikerinnen und Politiker haben wollen, fliegt der Schwindel der angeblichen politischen Selbständigkeit auf, und die ganze Wahrheit würde an die Öffentlichkeit kommen.

Dass die Reisekanzlerin und Europa Befürworterin Frau Merkel gegen eine Volksabstimmung ist, verwundert einem nicht, den in der DDR, in der sie Gelernt und Aufgewachsen ist, gab es so was wie Volksabstimmung ja auch nicht, und woher soll sie wissen was dies Bedeutet.
Frau Merkel ist von der ehemaligen diktatorischen Herrschaftssucht der DDR überzeugt, da gibt es auch keine Hilfe von oben, obwohl der Staatspräsident ein Pastor und die Kanzlerin eine Pastorentochter ist, aber vielleicht ist dies ein Zeichen, dass sich das Deutsche Volk endlich zur Wehr setzen sollte, bevor es zu Spät ist.
Durch die Herrschaftssucht unserer Politikerinnen und Politiker, die nach den Wahlen in einer Herrschaftsmacht und Wirtschaftsdiktatur endet, wird die Bevölkerung unterdrücken und die Volksvertretung wird zusammen mit der Wirtschaft zum höchsten Beschlussgremium des Landes.

Die Bürger haben danach nichts mehr zu sagen, die Wirtschaft ergreift die Macht und die

Politikerinnen und Politiker werden zu Obermarionetten der Wirtschaft und dem Europaparlament.

Die demokratischen Rechte werden abgeschafft, die Macht über das Volk an den Staat, uneingeschränkt übergeben und schon sind wir bei der Diktatur.
Stück für Stück muss die deutsche Bevölkerung ihre Freiheit einbüßen und an einen aufgeblähten überbürokratischen Staatsapparat verlieren, der den Bürger zum unmündigen Fürsorgeobjekt degradiert und sich immer weiter in die persönlichen Belange der Menschen einmischt.

Der Sinn unserer Politikerinnen und Politiker: nach den Wahlen gieren sie nach Macht hohe Diäten und einem Luxusleben von dem die normale Bevölkerungsschicht nur Träumen kann.

Alles was unsere Politikerinnen und Politiker für die Deutsche Bevölkerung,
angeblich durch Steuergeschenke erlassen, wird zuvor mit der Wirtschaft auf Gewinn überprüft,
ist es für den Staat und für die Wirtschaft gewinnbringend,
werden die Steuergeschenke, durch versteckte Steuererhöhungen abgesegnet.

Steuergeschenke für die Reichen und die Wirtschaft ist die Normalität in der Deutschen Regierung, weshalb auch die Volksabstimmung in weiter ferne rückt.

Jedem Bundesbürger sollt mittlerweile auch bekannt sein, das wir ein Zweiklassenstaat haben. Darunter fallen ins besondere, die Rentner die an der Armutsgrenze Leben, die Armen auf die unsere Politikerinnen und Politiker sowie so keine Rücksicht nehmen, die an der Armutsgrenze lebenden Jugendlichen, die Sozial schwachen, den Mittelstand, die Arbeitslosen, Alleinerziehende Mütter, die älteren Menschen die in den Altersheimen leben, die Geringverdiener und die Harz IV Empfänger.

Der Zweiklassenstaat wird von unseren Politikerinnen und Politikern bewusst durch unser Sozialsystem, in Deutschland ausgeweitet und vergrößert.
Das diktatorische Sozialsystem in Deutschland, fördert die soziale Ungerechtigkeit, siehe ungerechte Prämienverteilung, Massenarbeitslosigkeit, Geringverdiener, Eineuro Jobs und die Einführung und Förderung der billigen Ausländischen Arbeitskräfte, ungerechte Rentenerhöhung für die Westrentner.

Auch in der Bildung, wo vor allem Kinder der Reichen, Politikerinnen und Politiker, vom herrschenden Schulsystem profitieren.
Oder in der Medizin, wo Privatversicherte, die Politikerinnen und Politiker und nur die Reichen, schneller einen Arzttermin erhalten, besser behandelt werden, sich die 10 Sterne Krankenhäuser,

mit den bestbezahlten Professoren leisten können und die besseren und teueren Medikamente bekommen.

Oder bei den Lebensmitteln, die Bio Produkte und Gesunde Lebensmittel für die Oberschicht, die Massenproduktion und mit Chemie voll gestopfte und zum Teil Vergiftete und Verseuchte Lebensmittel für die Unterschicht.

Der Begriff Geringverdiener, auch Niedriglohnempfänger, oder Minijob, wird durch die Wirtschaft und unseren Politikerinnen und Politikern gefördert, aber als Vollzeitbeschäftigten registriert,
obwohl sie sich unter der Armutsgrenze befindet.

In Deutschland Leben mehr als 15 000 000 Millionen Menschen an der Armutsgrenze und sind damit stark von Armut gefährdet.
Wer an der Armutsgrenze lebt, gilt aus staatlicher Sicht noch nicht als arm,
weil er seinen Lebensunterhalt mit knapper Not noch bestreiten kann.
Als Armutsgrenze gilt in Deutschland, inoffiziell ein Einkommen von etwa 750 Euro monatlich (siehe Hartz IV Berechnung), was einem Jahreseinkommen von ca. 9000 Euro jährlich entspricht, soviel wie unsere Politikerinnen und Politiker im Monat ausbezahlt bekommen, ohne Nebeneinkünfte und sonstigen Vergünstigungen (diese liegen zum Teil auch noch bei
ca. 9 000,00 Euro).

Ein Großteil unserer Politikerinnen und Politiker bekommen sogar über 12 000,00 Tausend Euro monatlich, macht jährlich ca. 150 000,00 Tausend Euro.
Jetzt kann man sich auch einmal vorstellen, warum unsere Politikerinnen und Politiker, vielleicht einen Mindestlohn von 8,50 Euro einführen wollen, damit man die Statistik der Armutsgrenze noch geschönter darstellen kann.
Ein Mindestlohn von 8,50 Euro reicht nicht zum Leben und nicht zum Sterben, aber dafür fallen einige aus der statistischen Armutsgrenze. Arbeitslosegeldempfänger und Arbeitslosengeldempfänger zwei, also Hartz IV Empfänger, bekommen sogar nur zwischen 650,00 Euro und 800,00 Euro monatlich, mit unvorstellbaren Auflagen, die bei Nichteinhaltung mit Abzüge bis zu 30 Prozent bestraft werden.

Sollte man auch bei unseren Staatsdienern einführen und die Steuergeldverschwendung würde sich durch diese Maßnahme um bis zu 100 Prozent reduzieren.

Durch den niedrigen Lohn, der durch Politik und Wirtschaft gefördert wird, ist dem Arbeitnehmer trotz Vollerwerbstätigkeit eine angemessene Existenzsicherung nicht gewährleistet.
Dies ist eine Ausbeutung der Arbeiterinnen und Arbeiter, von Wirtschaft und der Politik.

Man sollte es kaum glauben, da wächst die deutsche Wirtschaft in Atemberaubendem Tempo,

da schnellen die Unternehmensgewinne in Rekordhöhen, Fiskus und Sozialkassen verzeichnen Milliardeneinnahmen und die Armut steigt immer höher.
Der Aufschwung hat den Arbeitern nichts gebracht, im Gegenteil, ihn hat der Aufschwung Geld gekostet und die Reichen, Politikerinnen, Politiker und die Wirtschaft, wurden immer Reicher.

Das erscheint irrsinnig und ungläubig, doch das sind die Fakten.

Im Jahr 2013 stiegen zwar die Löhne kräftig an, aber nach Abzug von Inflation, Steuern, Lebensmittelkostenerhöhung, versteckte Steuererhöhungen, kalte Progression, Strom und Miete, hat jeder Arbeiter ein Minus.
Der Durchschnittsarbeitnehmer hatte weniger Geld zur Verfügung als zuvor.
Für ihn war es ein teurer Aufschwung.

Und wenn jetzt noch einer der Meinung ist, wir leben in einer Demokratie, dem ist nicht mehr zu Helfen.

Der Bundesfinanzminister, heult der Deutschen Bevölkerung vor, dass kein Geld für Steuererleichterung zur Verfügen steht, aber Milliarden Subventionen für Wirtschaft, Milliarden für das Europaparlament, Milliarden für die bankrotten Geldinstituten, Milliarden für die bankrotten Euroländer und Milliarden zur Förderung der Reichen scheint immer das Steuergeld zur Verfügung zu stehen.

Auch für die immer höher werdende Abgeordnete –
Pauschale und die Diätenerhöhungen,
sowie Sonderausgaben unserer Politikerinnen und
Politiker, steht das Geld der Steuerzahlern
merkwürdiger weise immer zur Auszahlung bereit.
Auch für die verdeckte und undurchsichtige
Parteienfinanzierung auf kosten der Steuerzahler ist
das Geld vorhanden.
Der Bundesrechnungshof, der auf Kosten der
Steuerzahler finanziert wird, kritisiert die
Steuergeldverschwendung unserer Politikerinnen
und Politiker, aber Ändern wird dieser
Bundesrechnungshof auch nicht, schließlich
stecken alle unter einer Decke.
Es wundert einem nicht, dass sich die
Kostenpauschale für die angeblichen und
unsichtbaren Mitarbeiter von unseren
Bundestagsabgeordneten in den letzten zehn Jahren
verdoppelt hat.
Auch nicht, das unsere Politikerinnen und Politiker
verstärkt Familienmitglieder als Angestellte
einstellen. Auch bei den Grunderwerbssteuern
werden die Bürger belogen, geschröpft und
Abgezockt.

Dafür werden aber wichtige Infrastrukturprojekte
und die seit Jahren versprochenen
Steuererleichterungen, auf die lange Bank
geschoben, oder ignoriert, weil die Steuergelder
von den Politikerinnen und Politikern für ihr
luxuriöses Dasein, zweckentfremdet werden.
Die Wahlversprechungen, für die deutsche
Bevölkerung, werden mit Ausreden, Lügen und
gefälschten, sowie geschönten Statistiken dem

deutschen Bürger präsentiert und die
Versprechungen zur Entlastung der Bevölkerung,
werden von einer Wahlperiode in die andere
Wahlperiode verschoben,

Was machen unsere Politikerinnen und Politiker
noch unsinniges, sie beschließen Gesetze,
bei denen sie selber den Durchblick verloren haben,
oder selber auch nicht Verstehen.
Nehmen wir als Beispiel das Gesetz für die Harz
IV Empfänger.
Aus Langeweile und Unverständnis entsteht ein
hirnrissige, unlogische und kompliziert teueren
Gesetz, das selbst die Beamten, die die Gesetze in
den Städten und Kommunen, bearbeiten müssen,
keinen Durchblick haben und dadurch immer zu
ungunsten der Bürger entscheiden.

Deshalb werden auch alle 17 Minuten,
ein neuer Fall an Beschwerden für das
Bundessozialgericht durch die Hilflosigkeit,
Unerfahrenheit und Dummheit unserer
Politikerinnen und Politiker vorstellig.
Wenn man bedenkt, das das größte
Bundessozialgericht in Berliner,
alleine über 150 000 Tausend Hartz- IV-Klage
jährlich zu bearbeiten hat, weil die Beamten selber
mit der Gesetzgebung von Hartz IV nicht
klarkommen und keinen Durchblick haben, kann
man sich Gut vorstellen, wie viele Millionen
Steuergelder auf diese Dummer Art und Weise
unserer Politikerinnen und Politiker verbraten
werden.

Unklare Rechtsbegriffe und über 60 Gesetzesnovellen in sieben Jahren machen die Hartz IV Gesetze zu einem unbezahlbarem Gesetz, das anfällig für Klagefluten ist.
Damit man einmal eine Vorstellung bekommt, was für hirnrissiges, gedankenloses und teueres sinnloses Gesetz unsere Politikerinnen und Politiker erfinden, gibt es hier ein kleines Beispiel über eine Asylbewerberin und Asylbewerber.

Beide sind aus ihrem ausländischen Geburtsort nach Deutschland geflohen und klagten Leistungen des Hartz IV Gesetze in Höhe von ca. 350,00 Euro monatlich ein, was sie dann auch auf Kosten der Steuerzahler bekamen.
Stellt man sich jetzt noch vor, das noch mehr nach Deutschland kommt und mindestens ca. 300 000 Betroffenen die schon da sind, das recht auch zu gesprochen bekommen, Zahlt der deutschen Steuerzahler ca. 105 000 000,00 Millionen Euro monatlich.
Darin sind die Mieten und Mietnebenkosten nicht enthalten, die für die Zuwanderer auch bezahlt werden.

Hierdurch entsteht auch der Eindruck, das ausländischen Hartz IV Empfänger besser bezahlt und behantelt werden als die eigenen deutsche Mitbürger.
Dies ist auch zu Vergleichen, zwischen den Ostrentner und Westrentner, die im Osten werden immer besser Bezahlt als die im Westen, obwohl die im Westen mehr dafür gearbeitet haben und zur Strafe in Zukunft auch weniger bekommen, bis die

Rentenanpassung für die weniger einzahlenden im Osten, abgeschlossen ist.

Fakt ist, unsere Politikerinnen und Politiker hatten noch nie den Überblick und werden den Überblick auch nie bekommen, weil sich immer mehr Ausländer in die deutsche Regierung einschleichen. Unsere Politikerinnen und Politiker müssen sich von Ausländer sagen lassen, welche Gesetze falsch sind und welche Gesetze in Bezug auf die Ausländer geändert werden müssen.
Aber solange unsere Politikerinnen und Politiker selber genügend Steuergelder für ihre dicken und fetten Diäten abzweigen, um ihr luxuriöses Leben unterhalten zu können, werden sie sich auch nicht um die Deutschstämmigen Mitbürger, wie die Arbeiter, Armen, Westrentner, Arbeitslose und die Armut unter den Kindern und Armut der Deutschen Bevölkerung, allein erziehende Mütter, kümmern.

Sind wir eigentlich noch eine Deutsche Bundesrepublik!
Bei einem so hohen Anteil von Ausländern und Zuwanderern ist die Bezeichnung Deutschland falsch und auch nicht mehr nennenswert.
Vielleicht würde die Bezeichnung Internationenrepublik besser Passen, als der Name Bundesrepublik Deutschland.

Es sind nicht die Ausländer für dieses Chaos verantwortlich, es sind die Politikerinnen und Politiker, zusammen mit der Wirtschaft.

Wenn es Deutschland Gut geht, keine Arbeitslosigkeit unter der Deutschen Bevölkerung herrscht, Deutschland keine Schulden hat und keine Armut und der Bevölkerung besteht,
hat bestimmt auch keiner in Deutschland etwas gegen die Ausländer, wohlgemerkt die neu Angekommenen, nicht die, die in Deutschland schon länger Leben, oder Geboren wurden.
Wir dürfen nicht Warten, bis die Zahl der Ausländer überhand nimmt und die Steuergelder der Deutschen Bevölkerung an diese Einwanderer weitergegebne wird, damit diese sich in Deutschland ein schönes Leben leisten können und die Deutsche Bevölkerung, samt die in Deutschland geborenen Ausländer, dadurch immer ärmer wird.
Warum können und wollen unsere Beamten, Staatsdiener, Politikerinnen und Politiker nicht auf einen Teil ihrer überhöhten Diäten verzichten und den Zuwanderern zu Gute kommen lassen,
anstatt die Bevölkerung dafür zu bestrafen!

Wenn das Geld nicht reicht, wird es den Hartz IV Empfänger eben weggenommen oder man kürzt es.
Warum wurde den Hartz IV Empfänger das Elterngeld ab 2011 gestrichen, eine Kürzung, die willkürlich ist, unverständlicherweise und ungerecht.
Außerdem trifft sie in besonderem Maße Alleinerziehende Mütter, damit sie die Neuankommenden Ausländer mitfinanzieren müssen.

Auch eine Idee von der damaligen Ministerin Ursula Barbara von der Leyen mit der Zustimmung von Reisekanzlerin Frau Merkel.
Das Argument von Frau Angela Merkel und Ursula Barbara von der Leyen, das Elterngeld sei nun mal Lohnersatz für pausierende Berufstätige, ist eine billige und Menschenverachtende Ausrede.
Es herrscht nicht nur eine Ungerechte Behandlung zwischen den Hartz IV Empfänger und denen die im Berufleben stehen, nein man sieht auch daran, wie Ungerecht die Frauenpolitikerinnen zu ihren eigenen Geschlechtsgenossinnen Urteilen und dafür sorgen, das die Schere zwischen Arm und Reich, noch weiter geöffnet wir.
Insgesamt leben ca. 800.000 Kinder, von den Alleinstehenden und Alleinerziehenden an der Armutsgrenze.

Auch die immer größer werdenden Ghettos (Problem – Viertel) in Deutschland nehmen zu. Ghetto sind Stadtviertel wo viele Immigranten oder Minderheiten leben, wo die Kriminalitätsrate sehr hoch ist, wie zum Beispiel Mannheimer, Frankfurt, Saarbrücken, Dillingen, München, Merzig und Mecklenburg Vorpommern haben viele Ghettos, auch Trier und noch viele Städte mehr.
Frankfurt spielt in der Drogenszene weit mit vorne, es ist ja der Kokain-Umschlagplatz Nummer 1 in Europa. Statistisch gesehen ist in Frankfurt jede 3. Person kriminell.
Auch der Waffenhandel ist ein sehr gutes Geschäft in den Ghettos (Problem – Viertel).
Wenn die Politikerinnen und Politiker die Augen auf machen würden und sich nicht nur um Europa

kümmern würden, sondern um Deutschland, würden sie feststellen, das Deutschland immer stärker und schneller in der Armut versinkt.

Die Bürger werden mit Wählerstimmensammellüge überhäuft und sind sich dabei nicht bewusst, das die Politikerinnen und Politiker nur Versprechen, oder das Versprochene in die nächste Wahlperiode verschieben und den größten Teil der Versprechungen auch gar nicht einhalten können, weil die Staatsverschuldung einfach zu hoch ist und die Wirtschaft auf ihre Milliarden von Steuergeldgeschenke und Subventionen nicht verzichtet.
Der knappe Haushalt, der nicht durch die deutsche Bevölkerung verursacht wurde, sondern durch unsere Raffgierige Politikerinnen und Politiker und die Vorteilsnahme der Wirtschaft, ist schuld daran, das diese Ungerechte Behandlung unter der Deutschen Bevölkerung solche gravierend Ausmaße angenommen hat.

Das Elterngeld ist nur eine Umverteilung von unten nach oben, wer viel verdient, kriegt auch viel ein bezahlter Urlaub für Gutverdiener, oder eine Luxusbetreuung für Gutverdiener auf kosten der allein erziehenden Mütter.
Diese Regelung ist auch nur für die Doppelverdiener, mit gutem Doppeleinkommen gemacht, die vorher aus Angst vor Konsumverzicht keine Kinder haben wollten, aber nicht für die Mittelschicht und erst recht nicht für die ärmeren und Alleinerziehenden.

Man nimmt das Geld da weg, wo es am Nötigsten gebraucht wird und gibt es denen,
die es nicht nötig haben.

Aber auch die Doppelverdiener, die in dem Genus kommen möchten, werden dann mit der Wahrheit konfrontiert, wenn ihr Kind auf der Welt ist, spätestens beim Ausfüllen des Elterngeldantrags merken sie, das die Familienministerin Ursula Barbara von der Leyen und Angela Merkel viel versprochen haben, was weit weg von der Wahrheit ist.

Tatsächlich stehen die 14 Monate jedoch nur auf dem Papier. Denn für die ersten beiden Monate nach der Geburt zahlt die Krankenkasse Mutterschaftsgeld und das wird mit dem Elterngeld voll verrechnet, also nicht wie Versprochen 14 Monaten Elterngeld, sondern nur 12 Monate.
Aber für die Statistik eine schöne Darstellung.
Das Problem unserer Politikerinnen und Politiker ist das sie der Deutschen Bevölkerung nicht die Wahrheit sagen können, denn die Wahrheit ist für eine Politikerinnen und Politiker tödlich.
Deshalb wird auch nach Außen hin alles geschönt dargestellt, die Statistiken geschönt und die Deutsche Bevölkerung erwacht erst, wenn es um das Eingemachte geht oder zu spät ist.

Dem Bürger wird wie immer etwas vorgelogen, mit faulen Statistiken und faulen Ausreden,
wie zu Beispiel die schwachen Geburtsjahre durch das Elterngeld zu beleben, aber die geplante

Ausweitung des Elterngeldes wird nicht so kommen, wie sie vor der Wahl versprochen wurde.

Wie es parteipolitisch in so einem Fall dann immer ist, wirft die eine Partei der anderen Inkonsequenz vor, es beginnen die üblichen internen, langwierigen Streitereien und interessenlose Verhandlungen unserer Politikerinnen und Politiker, bis es die Bevölkerung vergessen hat. Nach den Wahlen, werden auch einige wenige Wähler etwas Klüger sein, wenn sie bemerkt haben, welche Versprechungen eingehalten wurden und welche nicht.

Eine kleine Anmerkung zu unseren verheirateten Politikerinnen und Politiker:

Wenn der Ehemann und die Ehefrau, also die Politikerin und der Politiker, beide verheiratet sind, und einer beruflichen Tätigkeit nachgehen, ergibt dies ca. 30 000,00 Euro im Monat, oder mehr, ohne Nebenjob und die zusätzlichen Vergünstigungen die sie auch noch erhalten. Somit erhalten sie einen gemeinsamen Lohn von ca. 360 000,00 Tausend Euro jährlich, das ergibt in drei Jahren 1 080 000,00 Millionen Euro, ohne Zinsen für zwei Personen.

Wie soll sich da eine Politikerin oder Politiker in die Lage der Armen versetzen können.

Unser Politikerinnen und Politiker lassen sich ja auch immer etwas einfallen, vor allem, was die Rentner betrifft.

Da es immer mehr Rentner werden, muss man denen auch immer mehr Rente wegnehmen.
Da unsere Politikerinnen und Politiker, so wie so nichts anderes zu tun haben,
als im teuer Bezahlten Büro, das der Steuerzahler bezahlt hat, sich die Zeit tot zu Schlagen,
kommen sie auch auf die tollsten Ideen wie zum Beispiel der Gedanke über ein neues Geldeinbringendes Gesetz, man nennt dies auch Fahreignungstests für die 50 jährigen.

Man muss dieses Gesetz nur richtig verstehen, unseren Politikerinnen und Politikern geht es da nicht um Sicherheit und das Wohl der älteren Generation sondern das so ein Fahreignungstest eine erheblich Geldsumme, an Gebühren dem Staat, den Gemeinden, den Kommunen und den Städten in die Haushaltskasse einbringt.

Der Anteil der Rentner steigt stetig gegenüber der Bevölkerung, durch den demographischen Wandel, besonders in der Bundesrepublik Deutschland, nimmt er kontinuierlich zu, ein Grund für unsere Politikerinnen und Politiker eine neues Gesetz zu Erfinden, wie man Kapital aus der steigenden Zahl der Rentner schlagen kann.
Dieses Gesetz kommt bestimmt, wenn sich die Rentnerinnen und Rentner nicht Wehren.
Jeder 5 Bürger der in der Bundesrepublik Deutschland wohnhaft ist über 60 Jahre.
Bei ca. 82 Millionen Bundesbürgern sind das 16,5 Millionen Rentner.
Da wird noch so einiges, auf diese Geld einbringend Generation zukommen.

Gehen wir einmal davon aus, das so eine Fahreignungstestgebühr, wie dies unsere Möchtegerne Politikerinnen und Politiker anstreben ca. 100,00 Euro kostet, ergibt dies eine Summe von sage und schreibe, 1 650 000 000,00 Milliarden Euro, was sich natürlich auch sehr Gut für unsere Politikerinnen und Politiker, und natürlich auch auf die Staatskasse auswirkt.

Dem Rentner wird wieder einmal mitgeteilt, was in absehbarer Zeit, auf ihn zu kommen könnte, damit seine kleine Rente die er erhält, noch geringer ausfällt, um die leeren Haushaltskassen und Staatskassen zu füllen.

Natürlich ist dies auch eine zusätzliche Absicherung, für die nächste Diätenerhöhung unserer Politikerinnen und Politiker.

Wenn es um das Abzocken der Rentner geht, nütz auch nicht die Tatsache, dass die Rentner nur unterdurchschnittlich an den Unfallzahlen beteiligt sind.

Vor allem sind die Rentner deutlich seltener die Unfallverursacher, als die Hauptrisikogruppe der jungen Fahrer im Alter zwischen 18 und 29 Jahren.

Erst im hohen Alter von knapp 80 Jahren wird das relative Unfallrisiko eines jungen Fahrers erreicht, so die Zahlen der Unfallstatistiken.

Dieses Gesetz (Fahreignungsgesets), kommt bestimmt, vielleicht unter einer anderen Bezeichnung, aber es kommt, schließlich benötigt der Staat neue Einnahmequellen.

Da kann man nur gespannt sein, auf was für Ideen oder Geld - Einbringende Gesetze, unsere Politikerinnen und Politiker noch kommen, um die Rentner ab zu Zocken!

Eines ist sicher, die Masse bringt das Geld und wenn an der Arbeitenten Bevölkerung nichts mehr zu holen ist, geht man an die Rentner.

Die Betrügereien, die Lügen, der Steuergeldmissbrauch, die Steuergeldverschwendungssucht, die Schwarzgeldkonten und die gesetzlichen Schlupflöcher für die Wirtschaft, Reichen und unseren Politikerinnen und Politiker werden immer Undurchsichtiger, mit versteckten Gesetzesschlupflöcher zum Vorteil der Raffgierigen Staatsdiener ausgedacht, wobei der Steuerzahler die Milliarden Euro Steuergeldverluste ausbaden muss, so wie die Westrentner, die dann nur eine Rentenerhöhung von 0,25 Prozent gegenüber den Ostrentner von 3,75 Prozent bekommen.

In Sachen Vetternwirtschaft und ungenierter Selbstbedienung mischen die Parteien von CSU ganz vorn mit. Es kommen immer mehr Steuergeldverschwenderische peinliche Einzelheiten ans Tageslicht, wobei man davon ausgehen kann, dass die gravierenden Betrügereien, Parteiintern beseitigt werden und der größte Teil der Deutschen Bevölkerung wird froh sein, dass er nicht alles Weis, was unsere Marionettenhaften Politikerinnen und Politiker so alles noch Treiben.

Man stelle sich einmal vor, man würde von Heute auf Morgen, eine Volksabstimmung einführen, wie vielen Pinocchio Politikerinnen und Politiker würden danach eine lange Nase bekommen.

Sie betrügen und belügen die Deutsche Bevölkerung, trotz Verbote und Vorschriften.
Da werden Ehepartner, Geschwister, Kinder und Nichten angestellt, um an das schwer Verdiente Geld der Steuerzahler zu gelangen, obwohl ab dem Jahr 2000 diese Vetternwirtschaft verboten wurde. Dabei Spielt es keine Rolle ob es um gesetzliche Schlupflöcher für die Politikerinnen und Politiker, oder um Schwarzgeldkonten für die Politikerinnen und Politiker, wenn sie die Möglichkeit erspähen, oder eine Gesetzeswidrige Hintertürlücke zum Nachteil der Deutsche Bevölkerung erkennen, wird dies in vollen Zügen ausgenützt und sie werden nicht einmal Bestraft, weil es immer eine Ausnahmeregelung, Sonderregelung oder Sondergesetze gibt.

Die selbst gemachte politische Sonderrechte für unsere machtbesessenen diktatorischen Politikerinnen und Politiker die sie selber Erstellen, sich Ausdenke, und für ihre Vorteile erlassen werden, damit für die gerade noch rechtzeitig beschäftigte Verwandte, keine Bestrafung besteht.
So gibt es viele Gesetze, von dem die Deutsche Bevölkerung keine Ahnung hat,
wie das Altfallregelunggesetz.
Der begriff Altfallregelunggesetz ist bestimmt den wenigsten bekannt.

Dies besagt einem geduldeten Ausländer, das abweichend von § 5 Abs. 1 Nr. 1 und Abs. 2 eine Aufenthaltserlaubnis erteilt werden kann, wenn er sich am 01. 07.2007 seit mindestens 8 Jahren, oder falls er zusammen mit einem oder mehreren minderjährigen ledigen Kindern in häuslicher Gemeinschaft lebt, seit mindestens 6 Jahren ununterbrochen geduldet, gestattet oder mit einer Aufenthaltserlaubnis aus humanitären Gründen im Bundesgebiet aufgehalten hat und er über ausreichenden Wohnraum verfügt, über hinreichende mündliche Deutschkenntnisse im Sinne des Gemeinsamen Europäischen Referenzrahmens für Sprachen verfügt, bei Kindern im schulpflichtigen Alter den tatsächlichen Schulbesuch nachweist, die Ausländerbehörde nicht vorsätzlich über aufenthaltsrechtlich relevante Umstände getäuscht oder behördliche Maßnahmen zur Aufenthaltsbeendigung nicht vorsätzlich hinausgezögert oder behindert hat, kein Bezug zu extremistischen oder terroristischen Organisationen hat und diese auch nicht unterstützt und nicht wegen einer im Bundesgebiet begangenen vorsätzlichen Straftat verurteilt wurde, wobei Geldstrafen von insgesamt bis zu 50 Tagessätzen oder bis zu 90 Tagessätzen wegen Straftaten, die nach dem Aufenthaltsgesetz oder dem Asylverfahrensgesetz nur von Ausländern begangen werden können, grundsätzlich außer Betracht bleiben.

Auch die Wirtschaft ist nicht ohne fehl und Tadel, wenn es um die Umgehung der Gesetze geht.

Kleines Beispiel:
Um billige Produkte herzustellen, sie
Pharmaindustrie, oder Kleiderindustrie, wird auf
Kinderarbeit in Billigländern, mit einer hohen Zahl
an Armut, das auch von der Deutschen Regierung
Geduldet wird, Produktionsstätte mit Steuergeldern
der Deutschen Bevölkerung in den entsprechenden
Ländern errichtet, um durch einen Hungerlohn für
die Kinder und Arbeiter, profitgierige Geschäfte zu
machen, schließlich verdien der Deutsche Staat
auch einige Milliarden Euros daran
und bei so vielen Geldgierigen Politikerinnen und
Politikern, ist dies auch nicht verwunderlich.

Einige Wirtschaftsbetriebe die mit Kinderarbeit
Milliarden verdienen:

Nike, Reebok, H&M, Adidas, Lambertz, Milka,
Nestle, NKD, Pelikan, Tchibo, Wellendorff,
Zentis und das sind nicht alle, es gibt ca. 400
Firmen die sich dadurch ein Vermögen verdienen.

Aber in Deutschland gibt es nicht nur geduldete
Kinderarbeit, um die Staatskassen zu Füllen,
es sind die Politikerinnen und Politiker, die auch
ihre eigene Kasse füllen, wie zum Beispiel die
CSU, von denen 56 Abgeordnete, Vetternwirtschaft
betreiben.
Diese Steuergeldbetrüger werden auch geduldet,
bis auf einen oder zwei, die zur Beruhigung der
Bevölkerung, aus der Politik ausscheiden, um sich
das Leben mit einer hohen Abfindung,
versüßen lassen.

Der große Rest, der sich mit selbst gemachten
Hauseigenen Gesetze verteidigt, bedient sich
weiterhin an den Steuergeldern der Deutschen
Bevölkerung.

Kleines Beispiel:

CSU Fraktionschef Georg Schmid, bekommt
ca. 13 000,00 Euro Diäten monatlich,
dazu bekommt er zusätzlich noch
ca. 14 000,00 Euro monatlich für externe
Ausgaben.
Davon bekam seine Frau ca. 6 000,00 Euro für das
familiäre Konto, so dass man davon ausgehen
kann, dass das Einkommen der Familie Schmid
ca. 33 000,00 Euro monatlich betrug,

Wenn man alle, die die verbotene Vetternwirtschaft
betrieben haben zusammen nimmt,
kommt man da schnell auf einige Million Euro
Steuergeldbetrug, an der Deutschen Bevölkerung.
Von Rückzahlung ist da natürlich keine Rede.
Wenn die Verfehlung eindeutig sind und dies sind
sie auch, dann muss alles auf jeden Euro und Cent
zurückgezahlt werden, von beginn der Einstellung
bis zur Auflösung des Arbeitsvertrages.
Sie müssen genauso bestraft werden, wie ein
Arbeitsloser oder Arbeitslosengeldempfänger II,
der bei einem Verstoß durch entsprechende
Auflagen und Arbeitslosengeldkürzungen bestraft
wird.
Diesen Arbeitslosen werden Kürzungen und
Arbeitslosengeldzahlungen bei einem Verstoß,

sofort und ohne Rücksicht auf private Zerstörung auferlegt und die Zahlungen eingestellt.
Auch eine Rückzahlung aller gezahlten Leistungen wird Abgezogen.

Was in der Diktatur nur für das Volk Gültigkeit hat, aber nicht für die Staatsdiener, Beamte, Politikerinnen und Politiker die sich ein Mehrfaches an Steuergeldbetrug leisten dürfen.

Frau Merkel als schlechteste Regierungschefin, und Reisekanzlerin der EU,
Herr Rösler als der typische Ideenloser steuergeldverschwenderische Politiker,
über Herrn Brüderle und Seehofer kann sich jeder selber ein Urteil bilden
und über die SPD und Grünen weis man schon lange, das sie den Steuerzahler nur Milliarden Euro Steuergelder kosten, aber keine Leistung erbringen.

Grundlegend wird sich für die Deutsche Bevölkerung nichts ändern, außer dass alles nur Teurer, die Gesetzesvielfalt verwirrender und die Wirtschaft und die Reichen die Gewinner sein werden.

Diese Scheindemokratie hat nichts mit Regieren der Bevölkerung zu tun.
Wenn wir in Deutschland die Diktatur abschaffen wollen, haben wir dazu nur eine Möglichkeit, geschlossen auf die Straße zu gehen und dafür zu Sorgen, dass endlich einmal die Belohnt werden,

die dafür gesorgt haben, das unsere Staatsdiener,
die Wirtschaft und die Reichen die übertriebene
Luxusstandart, ausleben konnten.

Wenn nicht, müssen wir weiterhin mit unseren
Politikerinnen und Politiker,
die keine Demokratischen Vertreter der Deutschen
Bevölkerung sind, sondern hinterhältige,
gewiefte Geschäftsleute, die die Bürger nur
ausnützen und Abzogen und das Versprochene
schnell Vergessen, vorlieb nehmen.
Sie Fördern die Ghettos, die Armut in Deutschland
und sorgen dafür, das die Westrentner immer ärmer
werden.

Die Politikerinnen und Politiker verdienen ein
Schweine Geld, durch ihre Nebenjobs,
die sie aus Langeweile betreiben, wie zum Beispiel
durch Vorlesungen, Aufsichtsratsposten,
Vorstandsmitglied in einem Wirtschaftsbetrieb und
noch vielem mehr.

Eine Politikerin oder ein Politiker kann einen
Nebenjob ausüben, mit einem Verdienst
von ca. 1 000 000,00 Million Euro, auch wenn er
davon 100,00 Euro an die Partei Spendet,
oder an die Staatskasse zurückzahlt, ist dies eine
typische Verhaltensweise unserer
Steuergeldgierigen, diktatorischen Staatsdiener.
Wie rücksichtslos die Politikerinnen und Politiker
mit dem Geld der Steuerzahler umgehen,
zeigt auch das nächste Beispiel:
Wenn unsere Politikerinnen und Politiker die
Sommerpause Unterbrechen, um für die

Abstimmung der Europäischen
Finanzstabilisierungsfazilität über Spanien zu
Streiten, Reisen sie von ihrem Urlaubsort, natürlich
auf Kosten der Steuerzahler, zu diesen sinnlosen
Gesprächen extra an und erfreuen sich an der
kleinen Abwechslung, in ihrem Urlaub.
Ein konkretes Ergebnis kommt sowie so nicht
zustande.
Über die entstandenen Kosten, machen unsere
Politikerinnen und Politiker ein großes Geheimnis,
denn niemand führt im Bundestag über die
zusätzlichen Steuergeldverschwenderischen
Ausgaben ein Buch.
Warum auch, schließlich sind es ja nur einige
Millionen Euro an Steuergelder.

Das heißt, Abgeordnete, die Flüge benötigen, um
von ihrem Urlaubsort zur außergewöhnlichen
Besprechung zu gelangen, reichen die Rechnungen
hinterher, in der Reisekostenstelle des Bundestages
ein.
Erstattet werden die Summen aus dem
Gesamtbudget, für Inlandsdienstreisen und
Mandatsreisen, das ca. 7 000 000,00 Millionen
Euro jährlich beträgt, eingezahlt von den
Steuerzahlern.

Bahnfahrten innerhalb Deutschlands erzeugen
keine Zusatzkosten, da der Steuerzahler den
Parlamentariern eine Jahresnetzkarte bezahlt.

An diese außerordentlichen Bundestagssitzung,
teilzunehmen und die Abstimmung für den

EU-Rettungsschirm EFSF, Europäische
Finanzstabilisierungsfazilität über Spanien,
kostet den deutschen Steuerzahler weit mehr als
ca. 1 000 000,00 Euro Steuergelder.
Nicht Vergessenen sollte man dabei, das diese
verschwenderische Steuergeldausgaben,
an einen Tag sinnlos ausgegeben wurden.
Zur Erklärung:
Die Europäische Finanzstabilisierungsfazilität dient
dazu, die finanziellen Garantien im gesamten
Eurowährungsraum angeblich zu sichern.
Sie ist mit Garantien der noch intakten Eurostaaten,
in Höhe von ca. 800 000 000 000,00 Milliarden
Euro abgesichert, wovon der größte Teil von der
Deutschen Bevölkerung aufgebracht werden muss.

Wenn die Politikerinnen und Politiker diese
Rechnungen, nicht zu Lasten des Steuerzahlers
ausleben könnten, sondern sie müssten diese
Verschwenderischen Ausgaben aus eigener Tasche
bezahlen, würden sie ihren Urlaub bestimmt nicht
unterbrechen.

Es ist ein Wahnsinn, wenn man bedenkt, wie diese
Politikerinnen und Politiker mit den Steuergeldern
umgehen, ohne Absprache, ohne Volksentscheid,
Diebstahl der Steuergelder im großen Stiel,
und Betrug an der deutschen Bevölkerung.

Gestern standen wir am Abgrund,
Heute sind wir einen Schritt näher.

Wir brauchen endlich wieder eine Regierung, die zu dem deutschen Volke steht und nicht das deutsche Volk ausnützt.

Regierung bedeutet,
oberstes Organ eines Staates, eines Landes, das durch Volksabstimmung, die richtunggebenden und leitenden Funktionen ausübt; Gesamtheit der Personen, die einen Staat, ein Land regiert.
Dazu gehört die Gewaltenteilung:
In gewaltenteiligen Demokratien sollen die Grundprinzipien politisch-demokratischer Herrschaft
und der Organisation staatlicher Gewalt mit dem Ziel, die Konzentration und den Missbrauch politischer Macht und Steuergeldverschwendung verhindern, die Ausübung politischer Herrschaft zu begrenzen und zu mäßigen und damit die bürgerlichen Freiheiten zu sichern.

Nach der Volksabstimmung und nach Vorgaben des Volkes sind die Politikerinnen und Politiker, neben der gesetzgebenden und der recht sprechenden Gewalt, für die Ausführung, die Durchführung, den Vollzug der Gesetze und der politischen Maßnahmen zuständig.
Deutsche Politikerinnen und Politiker sehen das aber anders. Sie Verhandeln und Diskutieren wochenlang, wie sie die Wahlversprechen zu ihren Vorteilen umbauen können.

Da werden dann externe Fachkräfte und die Wirtschaft hinzu gezogen, ohne die Deutsche

Bevölkerung mit ein zu Beziehen. Diese Denkweise ist Diktatorisch und falsch.

Siehe Mindestlohn, eine wochenlange Streiterei hinter verschlossener Tür, nur bei den Erhöhungen der Diäten und Pensionen, sowie der Milliardenschweren Subventionen, gibt es keine Mindestgrenze und auch keine wochenlange Diskussionen.

Der Staat, die Demokratie, das sind wir, das Deutsche Volk, das heißt, wir Bürger und Bürgerinnen selbst.
Diese Worte erscheinen uns heute ziemlich fremd.
Weil nicht die Bürgerinnen und Bürger bestimmen zusammen mit den Politikerinnen und Politikern, sondern die Politikerinnen und Politiker gehorchen in erster Linie den externen Fachkräften, Europaparlament und der Wirtschaftsmacht, danach Herrschen und bestimmen sie über die Bürgerinnen und Bürger, weshalb unsere Politikerinnen und Politiker auch den besseren und verständlicheren Name Marionetten der Wirtschaft tragen sollten.
Sie sind nicht fähig ein Volk zu Regieren, bei schwierigen Problemen wird alles extern vergeben, oder die Wirtschaft erteilt ihnen die Aufgaben, wie mit der Bevölkerung um zu Gehen ist.

Worin sich unsere Politikerinnen und Politiker sehr gut Auskennen, ist die Steuergeldverschwendungssucht und das geschönt darstellen von Statistiken.

Was mach sie dann, während ihrer vierjährigen Amtszeit.
Sie veruntreuen noch mehrere Milliarden Euro an Steuergelder,
siehe Karl Ernst Thomas de Maizière.
Staatssekretär im Kultusministerium von Mecklenburg-Vorpommern, Leiter der Staatskanzlei unter Berndt Seite, Chef der Sächsischen Staatskanzlei, Sächsischer Staatsminister der Finanzen, Sächsischer Staatsminister der Justiz, Sächsischer Staatsminister des Innern,
Bundesminister für besondere Aufgaben, Chef des Bundeskanzleramts, Bundesminister des Innern im Kabinett von Reisekanzlerin Angela Merkel.
Er kam vom Osten und nahm den Westdeutschen Milliarden, siehe Drohnenproblem,
das er mit über 500 000 000 Millionen Euro Steuergelder in den Sand gesetzt hat, dazu Zählt auch das Karl Ernst Thomas de Maizière
ca. 1 000 000 000 Milliarde Euro Steuergelder für Hubschrauber, in der Marine einsetzen wollte, die nicht Marinefähig waren.
Eine öffentliche Ausschreibung für den Auftrag wurde absichtlich umgangen, was wiederum nicht rechtlich ist, und die Helikopter sind für den vorgesehenen Zweck ungeeignet.
Genauso ungeeignet wie alle anderen Politikerinnen und Politiker, die vom Osten in den Westen kamen, aber im Westen nach Machtgier aus sind.
Sie haben von den eigentlichen Aufgaben keine Ahnung, sind Berufsunerfahren und werden daher auch alle vier Jahre ausgewechselt.

Durch solche unerfahrene Politikerinnen und
Politiker sind die Deutschen Staatsschulden
um ca. 3 700 000 000 000,00 Billionen Euro höher
als offiziell angegebne wird und deshalb steht für
die Deutsche Bevölkerung auch kein Geld zur
Verfügung.
Deutschland hat mehr Schulden, als bislang, durch
unseren Finanzminister Herr Schäuble,
bekannt gemacht wurde.

Die Statistik der Stiftung Marktwirtschaft zeigt,
dass das Defizit
ca. 5 800 000 000 000,00 Billionen Euro beträgt,
als offiziell ausgewiesen.

Auch dies ist einer der Gründe, warum die
Wahlversprechen nicht eingehalten werden können.
Alles andere was die Politikerinnen und Politiker
nach den Wahlen vorführen, ist nur Theater mit
schlechten Statisten.
So etwas nennt man Machterhalt, Machtgier,
Steuergeldverschwendung, Steuergeldbetrug,
Vetternwirtschaft, Postengeschachere, oder
Steuergeldverschleierung.
Für die normale Bevölkerung sind dies Straftaten,
für unsere Staatsdiener nur Kavaliersdelikte
und Gefälligkeiten für den eigenen Geldbeutel.

Zum Beispiel Herr Altmaier, der neue
Umweltminister, hat von Umwelt soviel Ahnung
wie ein Schlosser von den Brötchen backen.
Er war Beamter in der europäischen Kommission
in der Generaldirektion für Beschäftigung,

Arbeitserziehungen und in soziale Angelegenheiten, Generalsekretär der Verwaltungskommission
für die soziale Sicherheit der Wanderarbeitnehmer. Bevor er Umweltminister wurde war er als erster parlamentarischer Geschäftsführer der CDU/CSU-Bundestagsfraktion, wurde von Frau Merkel zum Umweltminister ernannt.

Die Unerfahrenheit von Herr Altmaier zeigt sich ganz schnell.
Strom wurde zu einem Luxusgut.
Die Preiserhöhung steigt jährlich, weil der Minister von Tuten und Blasen keine Ahnung hat, und somit die Hausaufgaben nicht erledigen kann.

Aber in vier Jahren wird wieder gewechselt und dann wird es bestimmt einen neuen Umweltminister geben. Ob dieser dann die Hausaufgaben machen kann ist fraglich.
Wenn nicht, wird sich die Deutsche Bevölkerung weiterhin mit den erhöhten Strompreisen konfrontiert sehen.

Solche Postengeschachere sind bei der CDU/CSU an der Tagesordnung, damit alles in den vier Wänden bleibt und so wenig wie möglich an die Bevölkerung gelangt.

Wer lange genug Mitschwimmt, bekommt auch einen Ministerposten, egal ob er etwas davon versteht oder nicht.
Das Postengeschachere ist aber in jeder Partei vertreten, ein kleines Beispiel noch von der FDP.

Die neue Machtverteilung musste durch den
Rückzug der bisherigen Fraktionsvorsitzenden
der FDP Birgit Homburger, wieder schnell besetzt
werden.
Rainer Brüderle übernimmt den Fraktionsvorsitz
von Frau Homburger, die anderen Herren
übernehmen einfach andere Ressorts, Rösler
wechselt ins Wirtschaftsressort,
Bahr wird Gesundheitsminister auch wenn sie
keine Ahnung haben.
Mittlerweile ist Rainer Brüderle freier Demokrat
ohne Amt und Mandat.

Geht es da nur um Machtkampf,
Machtbesessenheit, Steuergeldgier, oder tatsächlich
nur um eine Vetterliswirtschaft, wenn die Posten
nur auf andere Parteigenossen übertragen,
verschoben oder abgegeben werden.
Besser wird es damit nicht, aber dem Steuerzahler
kostet solch ein Hickhack Milliarden an Steuergeld.
Was dem Handwerker sein Gesellenbrief, ist dem
Politiker der Freibrief, vom Ressort und ihren
Aufgaben keine Ahnung, reicht vollkommen aus,
um Millionär zu werden,
im Gegensatz zum Deutschen Facharbeiter, der
nicht nur geistige Fähigkeiten, sondern auch
körperliche Fähigkeiten einsetzen muss um einen
minimalen Lohn zu erhalten.

Die Regierung ist ein großes Theater mit
schlechten Statisten, die auf kosten der
Steuerzahler,
mit ihren Marionetten der Wirtschaft, eine
Theateraufführung vorführen, weil sie einfach da

sind und das tun, was sie da eben tun, aber nichts tun für die Deutsche Bevölkerung.

Als politische Schauspieler werden Künstler bezeichnet, die mit Sprache, Mimik und Gestik, versuchen ein ganzes Volk zu beeinflussen
Die schauspielerische Betätigung unserer Politikerinnen und Politiker ist besonderst bei den Wahl gut zu Beobachten, wenn sie als Possenreißer, führungsstarken Hardliner, besorgten Volkspolitiker, oder als entrüsteter Oppositionellen auftreten.

Die schauspielerische Darstellung ist auch bei den parteiinternen Querelen gut zu erkennen, wenn die schlechten Schauspieler im Bundestagsgebäude ein Theater aufführen.
Das ganze Theater, wenn es darum geht, wir wollen einen Neuanfang, oder wenn sie versuchen
dies als solches dem Bürger auf raffinierter Art und Weise zu Verkaufen, sind alles Entscheidungen der parteiinternen und politischen Beliebigkeit, hinter denen weder Sinn noch Verstand steht, sondern nur Machtgier und Kariere in Bezug auf einen Posten, der mit überhöhten Diäten und Pensionen durch den Deutschen Steuerzahler bezahlt wird.
Interesse am Deutschen Volk haben diese schauspielerischen und marionettenhaften Politikerinnen und Politiker keine, aber Interesse wie man dem Deutschen Bürger das Steuergeld aus der Tasche zieht, schon ehr, oder wie man den Westrentner ihr kleine Rente noch stärker kürzen kann.

Diese Marionetten und Statisten, werden
Deutschland, durch ihre Ideenlosen, unerfahrenen
politische Führung und Hilflosigkeit, Deutschland
und Europa, an den Abgrund eines Einsturzes
gefährdeten Landes führen.
Sie konzentrieren sich nur auf ihre Geschäfte mit
den eingenommenen Steuergeldern.
Jede Partei ist eine Firma für sich, und die
Regierung ein Wirtschaftsbetrieb,
die sich mit dem Handel mit Steuergelder der
Deutschen Bevölkerung beschäftigen.
Die Parteien, sprich Firma oder Zweigstellen,
schalten und walten nur nach ihren Gunsten.
Die Bürger werden durch unseren Steuergeld
verwaltende Finanzämter und den
Bundesfinanzminister und Finanzminister zum
Sparen gezwungen, aber unsere Staatsdiener
bereichern sich, wo sie nur können.
Hat sich schon einmal ein Steuergeldzahler gefragt,
wo eigentlich das viele Geld der
Kraftfahrzeugsteuer und Mineralölsteuer,
das für den Straßenbau genützt werden sollte
hinfliest?
Das sind ca. 60 000 000 000,00 Milliarden Euro,
wovon nur ca. 10 000 000 000,00 Milliarden Euro
eingesetzt werden.
Auf welches Parteikonto fliesen die restlichen
50 000 000 000,00 Milliarden Euro?

Eine neue Steuergeldabzockerei, mit einem Gewinn
von ca. 700 000 000,00 Milliarden Euro ist die
Einführung der neuen Mautgebühr, sprich
Infrastrukturabgabe, für alle
Personenkraftfahrzeuge, bei dem wieder einmal die

Reichen beschenkt werden und die armen, die sich kein neues Fahrzeug leisten können abgezockt werden.
Vor allem ist der Staat der große Nutznießer.

Das könnte durch die Einführung der Mautgebühren auf die Deutsche Bevölkerung zu kommen:
Ausgenommen sind Elektrofahrzeuge, die sich sowie so nur die Reichen und unsere Politikerinnen und Politiker leisten können.

Die so genannte Mautgebühren (neue Bezeichnung Infrastrukturabgabe) wird mittels drei verschiedener Vignetten erhoben:
eine Plakette für eine zehntägige Straßennutzung, eine für zwei Monate Gültigkeit,
und eine Jahresvignette.
Die zehntägige Vignette soll 10 Euro kosten, eine zweimonatige Plakette 20 Euro.
Eine Jahresvignette richtet sich nach Art des Treibstoffs.
Für die Armen die sich keinen neuen PKW leisten können, darin geht es um das Alter des Pkw und Hubraum-Größe.

Fahrzeuge, die ab Juli 2009 zugelassen wurden und mit Benzin fahren, zahlen eine Abgabe von 2 Euro je angefangene 100ccm Hubraum bis zu einer Kappungsgrenze von 5000ccm.
Für Dieselfahrzeuge liegt die Abgabe bei 9,50 Euro je angefangene 100ccm Hubraum bis zu einer Kappungsgrenze von 1100ccm.
Beispiel für einen Kleinwagen mit Benzinmotor

ca. 25,00 Euro pro Jahr,
für einen Mittelklassewagen mit Dieselmotor
ca. 110,00 Euro.
Bei älteren Autos ist die Abgabe entsprechend
höher, ca. 150,00 Euro.
(Auch so kann man die Bevölkerung zwingen die
Wirtschaft anzukurbeln).
Aber bevor die Maut eingeführt wir, werden unsere
Ideenlosen Politikerinnen und Politiker erst einmal
monatelange Diskussionen führen, sich gegenseitig
Beschimpfen, um das Volk zu Verwirren.

Für Ausländer ist die Jahresvignette auf maximal
ca. 100,00 Euro für Benzin und
ca. 120,00 Euro für Dieselfahrzeuge begrenzt.

Wer ist der Dumme?
Der deutsche Steuerzahler.

Nicht nur die enorme Bürokratie, die neu
ausgerichtet werden muss kostet dem Steuerzahler
Millionen Euro jährlich zusätzlich, sondern auch
die jährliche Mautgebühr,
die erhoben wird.

Wer hat nun mehr im Geldbeutel, wie uns die
Politikerinnen und Politiker als vor den Wahlen
versprechen!
Was nutz uns eine Steuererleichterung, wenn sie
mit neuen Steuergeldabzockereien wieder
aufgehoben wird!

Fragen über Fragen, worauf nicht einmal unsere
Politikerinnen und Politiker eine Antwort haben

oder nicht wissen dürfen oder Wollen, vielleicht hat es ihnen auch die Steuergeldmafia verboten, darüber zu Sprechen, vielleicht benötigen unsere Politikerinnen und Politiker für ihre nächste Diätenerhöhung mehr Steuergeldeinnahmen, oder die Wirtschaft für Milliardensubventioniert.

Diese Selbstbereicherung sowie die überhöhte Anzahle an neu einzustellenden Staatsdiener der unsinnigen Bürokratie, zeigt einmal mehr wie die Deutsche Bevölkerung ausgenützt wird.

Nicht umsonst besagen die korrekten Statistiken aus der freien Wirtschaft das es immer mehr Arme in Deutschland gibt, die Rentner immer ärmer werden die Armut unter den bis 27 jährigen immer größer und die Ghettos in Deutschland zunehmen werden.

Egal wie sich unsere Politikerinnen und Politiker für die Maut entscheiden, sie kommt auf jeden Fall. Damit werden aber nicht die Löcher in den Strassen geflickt, sondern die leeren Haushaltskassen gestopft, und das mehr im Geldbeutel der Bevölkerung, nach der angeblichen Steuererleichterung ist somit auch wieder ausgeglichen.
Der Bürger hat nicht mehr im Geldbeutel, wie als von den Politikerinnen und Politiker versprochen, sondern immer weniger.
Wenn man jetzt noch die Versteckten Steuererhöhungen dazu rechnet, haben die Bürger noch weniger, trotz der angeblichen Steuererleichterung, Steuergeschenke und

Lohnerhöhung mit dem sich unsere Möchtegerne,
Berufunerfahrenen, Politikerinnen und Politiker
gerne vor den Wahlen präsentieren.
So wird es immer sein, wenn die Politikerinnen und
Politiker der Bevölkerung eine Steuererleichterung
versprechen.
Mit ihren hinterhältigen und faulen Tricks, mit
ihren nicht einhaltbaren, verlogenen
Wahlversprechen alle vier Jahre, hat die arbeitende
Bevölkerung nicht mehr,
sondern immer weniger Geld zur Verfügung.

Es kann nicht sein, das die normale
Bevölkerungsschicht nur Abgezockt wir, und nur
die Reichen, die Wirtschaft und unsere
Politikerinnen und Politiker einen Nutzen von den
Milliarden Euro Steuergeldern haben.

So ist es auch mit dem neuen Asylanten, dieser
erhalten ohne nur einmal in Deutschland gearbeitet
zu haben ca. 360,00 Euro monatlich, ohne andere
finanziellen Zuschüssen.
Für einen deutschen Obdachlosen bezuschussen
unser Politikerinnen und Politiker monatlich
ein Leistung und Betreuungsangebot
von ca. 50.50 Euro.
Der deutsche Hartz IV Empfänger
bekommen 360 Euro, obwohl er in Deutschland
schon längerer Zeit gearbeitet hat, nachweislich
Deutscher ist, Steuern bezahlt hat und in
Deutschland schon Jahrelang wohnhaft ist.
Wie ist das zu Verstehen?
Wo ist da die Demokratie?
oder die Gerechtigkeit?

Warum müssen dann auch noch die Steuergelder in
sinnlose Restaurationen, in teuere Kunst,
oder für den Wiederaufbau alter Gebäude investiert
werden, wie zum Beispiel in das
Berliner Schloss, seit einiger Zeit auch Berliner
Stadtschloss genannt.
Kosten ca. 600 000 000,00 Millionen Euro die zu
Lasten des Deutschen Steuerzahler gehen.
Bei den Berechnungen, die von unseren
Parlamentariern als aufgestellt, werden die Kosten
wesentlich höher liegen.
Und was hat der Steuerzahler von dem
Stadtschloss?

Oder die Sanierung für das Verfassungsgericht in
Karlsruhe.
Dies kostet dem Steuerzahler
ca. 45 000 000,00 Millionen Euro.
Die ursprünglich veranschlagten
45 000 000,00 Millionen Euro, werden aber nicht
ausreichen,
wenn man bedenkt, das die Kostenvoranschläge
unserer Staatsbediensteten immer so berechnet
werden, dass der Endpreis immer höher liegt als
vorgegeben.

Auch für das Sprengel Museum in Hannover,
müssen die Bürger Kräftig in die Taschen greifen.
Für sagenhafte 31 000 000,00 Millionen Euro, soll
ein Erweiterungsbau angebracht werden.

Auch für das Günzburger Amtsgericht muss der
Steuerzahler ca. 25 000 000,00 Millionen Euro

beisteuern, sollte es bei dieser Berechnung bleiben.
Aber fast immer werden solche Gebäude,
zu lasten des Steuerzahler um das vielfache teurer
als der Kostenvoranschlage von unseren
Politikerinnen und Politikern angegeben wird.
Dafür wird bei der Eröffnungsfeier kräftig gefeiert,
mit Millionären, Milliardären, den
Wirtschaftsbossen und den marionettenhaften
Möchtegernpolitikerinnen und Politikern.

Beispiel einer Sanierung auf kosten der
Steuerzahler:

Für 7 000 000,00 Millionen DM an Steuergeldern
wurde das Schlosshotel Nebra Saniert
Für läppische 600.000 DM ging es gut ausgebaut
an einen neuen Besitzer.
Wer bezahlt dem Steuerzahler die restlichen
6 400 000,00 Millionen DM?

Wenn man nun alle Gebäude zusammenrechnet die
unser Politikerinnen und Politerker Sanieren ließen,
sind das zig Milliarden Euro an Steuergelder, die
sinnlos, durch unsere Steuergeldverschwenderische
unerfahrenen Politikerinnen und Politiker,
regelrecht Wegsaniert wurden.
Die Politikerinnen und Politiker, die das Steuergeld
so sinnlos wegsanieren, werden nicht Saniert und
auch nicht Renoviert, sie Verschwenden die
Steuergelder weiterhin, auf kosten der
Bevölkerung.

Da werden aber nicht nur teuere Schlösser und alte
Kirchen mit Steuergeldern saniert und finanziert,

nein da werden auch noch auf kosten der
Steuerzahler Kunstgegenstände und Bilder gekauft.
Da brauchen wir uns nicht Wundern, wenn der
Staat immer tiefer in die Verschuldung gerät,
die Bürger immer ärmer werden, die Reiche immer
reicher.
Solange unsere Politikerinnen und Politiker, mit
dem Steuergeld der deutschen Bevölkerung sinnlos
um sich Schmeißt, verschwenderisch Ausgeben
oder auf ihren Schwarzgeldkonten verschieben,
teilweise auch in die dunkle politischen Kanäle der
Steuergeldmafia gelangt,
wird es in Deutschland keine Demokratie geben.

Wir benötigen für solche
Steuergeldverschwenderische Ausbeutung eine
Volksabstimmung, aber eine Volksabstimmung die
auch anerkannt wird und nicht eine
Volksabstimmung, um der Bevölkerung nur
mitteilen zu können, das so und so viele Prozent
dagegen waren, aber gebaut wird dann trotzdem, so
wie es die Politikerinnen und Politiker entschieden
haben, was wiederum einer Diktatur entspräche
aber nicht im sinne einer Demokratie ist.

Nochmals sei zu erwähnen, das wir in Deutschland
eine Diktatur haben und keine Demokratie,
die Deutsche Bevölkerung darf zwar
Mitendscheiden und Abstimmen, aber gemacht
wird es am Ende doch so, wie es sich die
Politikerinnen und Politiker ausgedacht haben.

Siehe Stuttgart 21 und Nationalpark Schwarzwald.

Über 80 % der Bürger der betroffenen Gemeinden, lehnen den Nationalpark Schwarzwald ab.
Die Reaktion unserer Machtbesessenen marionettenhaften Politikerinnen und Politiker zeigt mal wieder das wahre Gesicht der Regierung, statt zuhören und die Bürgerinteressen zu berücksichtigen wird mit aller Gewalt die Interessen unserer Politikerinnen und Politiker durchgesetzt.

In Deutschland bestimmen nicht die Mehrheit des Volkes, sondern die Wirtschaft, die Politikerinnen und Politiker mit Absprache des Europaparlaments zusammen.

Am besten kommt diese Diktatur bei unserem normwidrigen Wahlsystem zum Ausdruck, weil es ein kompliziertes umständliches, an unsere Politikerinnen und Politiker angepasstes System ist. Die Wahlen in Deutschland ist nur eine Millionenschwere Steuergeldverschwenderische Formsache, was ein diktatorisches Abbild hat und in einer Demokratie nicht üblich sein sollte.

Dieses komplizierte Wahlsystem wurde nur erstellt, damit nicht der Eindruck entstehen soll, das die Regierung nur aus Ideenlosen, Hilflosen, Erfahrungslose, inkompetenten, korrupten und verlogenen Politikerinnen und Politikern besteht.

Die Wahlverdrossenheit der Deutschen Bevölkerung, hat auch unsere Politikerinnen und Politiker auf die Idee gebracht, die jugendlichen mit 16 Jahren Wählen zu lassen, damit die Wahllokalen nicht um sonst geöffnet werden.

Dabei wäre es so Einfach, man müsste nur die Freibierpolitiker aus Bayern abschaffen und Politikerinnen und Politiker in den Bundestag berufen, die fachlich kompetent und charismatisch sind, sowie das versprochene auch Einhalten, beziehungsweise, noch Interesse an der deutschen Bevölkerung haben.
In einer Demokratie müssen die Interessen der Bürger berücksichtigt werden und nicht nur ausschließlich die Interessen der Wirtschaft und Reichen, bei denen unsere Politikerinnen und Politiker im Vorstand oder Aufsichtsrad sitzen.

Fest steht, dass sich alle Parteien, Politikerinnen und Politikern, ob grün, blau, rot, schwarz, gelb und was sie noch alles für Farben haben, sich darüber einig sind, dass die versprochenen Steuererleichterungen vor und während den Wahlen, nach den Wahlen, nicht eingehalten, Verschoben, beziehungsweise mit sämtlichen Ausreden und Ablenkungsmanövern in Vergessenheit geraden.

Die Steuergelder werden weiterhin durch unsere Politikerinnen und Politiker, nach gewohnter Manier, sinnlos Vergeuden, die Wirtschaft bestimmt weiterhin die Billiglöhnen, die Statistiken werden weiterhin zu Gunsten unserer Regierung geschönt und gefälscht Dargestellt, das Tor für die Ausländer wird noch stärker geöffnet und die eigene Bevölkerung hat das nachsehen.

Trotz Wirtschaftswachstum sind die realen
Nettolöhne von Geringverdienern, seit der
Jahrtausendwende stark gesunken und die der
Besserverdiener immens angestiegen.
Was nütz der arbeitenden Bevölkerung eine
Lohnerhöhung, wenn diese von unseren
Politikerinnen und Politikern wider weggenommen
wird.

Nach Angaben des Statistischen Bundesamts
gingen allein im Jahre 2010 ca. 70 Prozent der neu
geschaffenen Arbeitsplätze auf die kosten der
Billiglohnpolitik.
Das sind Zeitarbeit, Eineurojobs und Leiharbeiter.
Was auf die Inkompetente und Ideenlose ehemalige
Bundesarbeitsministerin von der Leyen zurück
zuführen ist.

Einige Angaben von der ehemaligen Ministerin
Ursula von der Leyen.
Sie bekam 16 694,00 Euro monatlich,
ist Angestellt bei der CDU, die reichste Partei
Deutschlands,
war 4 Jahre Familienministerin, auch da Ideenlos
und Konzeptlos, wurde dann Ende 2009
für das Bundesarbeitsministerin vorgeschlagen,
was mit einer jährlichen
Steuergeldverschwenderischen
ca. 150 000 000 000,00 Milliarden Euro teurem
Steuergeldpacket beglückt wurde.
Was bis jetzt dabei heraus kam, sieht man an der
zunehmenden Zahl der Armut, bei dem Rentner,

Jugendlichen, Arbeitslosen und den Armenviertel (Ghettos) in Deutschland.

Sie ist mit einem Arzt verheiratet, der monatlich auch geschätzt auf seine ca. 20 000,00 Euro kommt hat sieben Kinder, zwei Pferde und alle bekommen nur das Beste und feinste, vom Biohof,
auf kosten der Steuerzahler, haben zusammen ein monatliches Einkommen,
von wahnwitzigen ca. 37 000,00 Euro, die Arbeitslosem könnten sich glücklich Schätzen, wenn sie auf 700 Euro im Monat kommen würden, und wenn er noch einen 400 Euro Job annimmt, muss er davon noch 240 Euro an das Arbeitsamt abgeben.

Da braucht man sich auch nicht Wundern, wenn Ursula Barbara von der Leyen lieber den Traum aller Frau erleben möchte und sich auf Kosten der Steuerzahler, lieber vom Hollywoodstar George Clooney küssen lässt, anstatt sich um ihre Aufgabe zu kümmern, aber beim Küssen benötigt man keine besonderen intelligenten Ideen.
Was auch bei den manipulierten und geschönten Arbeitslosenstatistiken nicht erforderlich ist, zumal die einzige Idee darin liegt, nur neue Ressource zu erfinden um die Arbeitslosenzahlen zu verschleiern.

Eigentliche Aufgaben des Arbeitsministeriums sind, für die Arbeitsmarktpolitik, die Belange der Arbeitnehmerschaft und das Arbeitsrecht der Deutschen Bevölkerung zu sorgen.

Diese Ministerin, von der Leyen, hat die Ausweitung von Leiharbeit und Minijobs ermöglicht, und dafür gesorgt, das die Armutsgrenze unter der Bevölkerung zugenommen hat.

Was von der Leyen für Eigenschaften besitzt, sieht man auch daran, wenn von der Leyen die geschönten und gefälschten Arbeitslosenzahlen an die Öffentlichkeit weiter gab.

Denn ein Hartz IV Empfänger, die Umschüler, die schwer zu Vermittelten Arbeitssuchenden über 50 Jahr und die Sozialhilfeempfänger werden in der Statistik der Arbeitslosen nicht aufgeführt, obwohl diese auch Arbeitslos sind, aber somit kann die Arbeitslosenzahl von ca. 10 000 000 Millionen auf ca. 3 000 000 Millionen gedrückt werden.
Diese Arbeitsämter sind auch nicht gewillt, einen Staplerführerschein zu Bezahlen, wenn die Möglichkeit für einen Arbeitslosen besteht, dadurch eine Anstellung zu bekommen.
Aber dafür horten die Arbeitsämter, die eigentlich dafür zu Sorgen haben, das die Arbeitslosen eine Anstellung bekommen, Milliarden freigegeben Mittel.
Der größte Anteil an den Milliarden Euro Steuergelder, benötigen die Ämter für ihre nutzlosen, sinnlosen, nicht nachvollziehbaren Bürokratismus, von dem die Arbeitsministerin von der Leyen, genau so wenig versteht, wie für das, was sie eigentlich als Bundesministerin für Arbeit und Soziales den Posten innehatte.

Sie sollte das Amt, Bundesministerin für Arbeit und Soziales so ausüben, wie sie es Geschworen hat, und nicht nur tatenlos zusehen, wie Deutschland in den Sumpf der Armen, der Arbeitslosen und der an der Armutsgrenze lebenden Rentner und Jugendlichen zu Grunde geht.

Noch ein kleines Beispiel über die Politikerin Kristina Schröder.
Sie bekommt ca. 17 000,00 Euro monatliche für ihren Aufenthalt in der Regierung,
sie ist Baujahr 1980 und wie soll es auch anders sein angehörige der CDU.
Verheiratet mit Hessin Innenstaatssekretär Ole Schröder.
Innenstaatssekretärgehalt auch ca. 17 000,00 Euro, haben somit zusammen ca. 34 000,00 Tausend Euro monatlich.

Bundesfamilienministerin ist zuständig für:
Familie, Senioren, Frauen und Jugend Familie, sowie Anlaufstelle für Ausländer, fördert gesellschaftspolitische Bewusstseinsprozesse durch Modelle, unter anderem zur Armutsprophylaxe fördert die Forschung zur Situation und Entwicklung von Familien.
Initiiert Forschungsvorhaben zur Verbesserung der Entscheidungsgrundlagen
seniorenpolitischen Handelns angesichts des demografischen Wandels, unterstützt die europäische

und internationale Zusammenarbeit auf Regierungsebene sowie bei Verbänden und Institutionen,
die sich für ältere Menschen engagieren, erarbeitet federführend Bundesgesetze zur Durchsetzung der Gleichstellung und nimmt Einfluss auf die Gesetzesvorhaben anderer Bundesministerien, soweit sie Frauen beziehungsweise Gleichstellungsfragen berühren, entwickelt Programme und Initiativen zur Gleichstellung von Frauen in Politik, Gesellschaft und Arbeitswelt sowie zum Abbau von Gewalt gegen Frauen, führt Forschungsvorhaben, Modellvorhaben durch und veröffentlicht sie, auf kosten der Steuerzahler, fördert und unterstützt die Frauenorganisationen sowie bundesweite Vernetzungen im Gleichstellungsbereich.

Leitet die Steuerungsgruppe der Bundesregierung zur Umsetzung des
Gender- Mainstreaming- Konzeptes in die Handlungsroutine der Bundesministerien,
damit die Gleichstellung von Frauen und Männern bei allen Vorhaben der Bundesregierung beachtet wird, leitet die Bund-Länder-Arbeitsgruppe zur Bekämpfung häuslicher Gewalt gegen Frauen sowie die bundesweite Arbeitsgruppe Frauenhandel.
Das Gender Mainstreaming Gesetz bedeutet, die Gleichstellung der Frauen und der Ausländer in Deutschland zu entwickeln um diese Umsetzung mit den Deutschen Steuergeldern zu garantieren.

Kristina Schröder , Nachfolgerin von der Berufsunerfahrenen Ursula Gertrud von der Leyen, eine Befürworterin der Homo- Ehe, seit eher amtsmüde, statt durch besonderen Berufserfahrungen zu glänzen, die sie aber nicht hatte, wie alle anderen Ministerinnen und Minister auch, verabschiedete sich nach der Nominierung zur neuen Familienministerin erst einmal in den Weihnachtsurlaub um dann auf Twitter von ihrer Urlaubslektüre zu schwärmte.
Lustlos kam sie aus dem Weihnachtsurlaub zurück, wie alle anderen Politikerinnen und Politiker auch, und führte die ideenlosen Projekte ihrer Vorgängerin Ursula Gertrud von der Leyen weiter. Wie zum Beispiel ein Überprüfungssystem von Gehältern in Unternehmen, um die Lohnunterschiede zwischen Männern und Frauen zu verringern, anstatt sich um die Probleme der steigenden Armut der allein erziehenden Mütter, Rentner und Jugendlichen zu kümmern.

Von der Leyen ist damals zur Arbeitsministerin aufgestiegen, und genoss es, die junge Nachfolgerin mit neuen sinnlosen Gesetzen, wie dem zu einer Frauenquote, vor sich herzutreiben. Das Gesetzesvorhaben sollte folgendermaßen aussehen:

Mehr als 100 börsennotierte und voll mitbestimmungspflichtige Unternehmen müssen sich verpflichten, ab dem Jahr 2016 eine Frauenquote von mindestens 30 Prozent in ihren Aufsichtsräten einzustellen.

Unternehmen, die nur eine der beiden Voraussetzungen erfüllen, also entweder börsennotiert oder mitbestimmt sind, müssen ab 2015 verbindliche Ziele zur Erhöhung des Frauenanteils setzen.
Gleiches soll auch in den Führungspositionen der Bundesverwaltung, der Gerichte und Unternehmen des Bundes gelten.
Ursula von der Leyen hätte für solch eine nutzlose Gesetzesvorlage, eine Jubelkonferenz veranstaltet, was ihr besonders liegt, um von ihrer Unfähigkeit und Berufsunerfahrenheit abzulenken.

Kristina Schröder, schwärmte als Islam-Expertin und als Merkels Mädchen, bekam den Familienministerin- Posten nur durch Angela Merkels Gnaden, weil keiner die unerledigten und nutzlosen Aufgaben, von Ursula Gertrud von der Leyen, die nur eine steigende Armut in Deutschland hervorbrachte, weiter führen wollte.

Man sah dies auch an dem Gesetz für die Pflegezeit, die trotz ihres guten Ansatzes zum Rohrkrepierer wurde.
Das Betreuungsgeld unterstützte Schröder nur aus Pflichtgefühl, nicht aber aus Überzeugung.
Als Ministerin hat sie jetzt genügend Steuergeldeuros, von dem Steuerzahler erhalten, und verabschiedet sich als einfache Abgeordneten um angeblich mehr Zeit für ihre Familie zu haben.
Sie schrieb ein Buch (Titel: Danke, emanzipiert sind wir selber!), das sie gemeinsam mit ihrer Redenschreiberin verfasst hatte, wie auch alle anderen Reden von externen Redenschreiber für

unsere Politikerinnen und Politiker geschrieben werden, um zum politischen Befreiungsschlag auszuholen.
Aber es kam wie es kommen musste, Das Buch wurde als naiv, reaktionär und unengagiert kritisiert, so wie auch das Verhalten, das sie und die anderen Politikerinnen und Politiker während ihrer Tätigkeiten in der Regierung, an den Tag legen, abgestempelt.

Am Abend der Bundestagswahl 2013 teilte sie mit, dass sie künftig nur noch Bundestagsabgeordnete für ihren Wiesbadener Wahlkreis sein möchte. Sehr wahrscheinlich bemerkte sie, dass es besser ist, in einer Abteilung zu Arbeiten, wovon man annähernd ein wenig Ahnung hat.

Was jetzt noch verstärkt gefördert werden muss, ausländische Frauen in der Regierung, damit die ausländischen Neuankömmlingen, die mit der Deutschen Gesetzgebung nicht einverstanden sind, nach ihren ausländischen Gesetzgebungen in Deutschland leben können und die Deutsche Bevölkerung sich den ausländischen Gesetzen systematisch anpassen.

Allein der bürokratische Aufwand, geht in die Millionen Euro, was auch wiederum auf kosten der Deutschen Steuerzahler geht.
Die Entwicklung der Ausländer und deren Gesetze in Deutschland muss gefördert werden,
aber die Deutschen im eigenen Land zu Fördern ist nicht bezahlbar.

Vielleicht sehen die Politikerinnen und die Politiker
in den neuen Zuwanderern, Potenzielle Wähler,
die die Wahllokale füllen.

Die Politikerinnen und Politiker werden immer
reicher und korrupter, sie plündern das Volk aus,
und die Deutsche Bevölkerung wird immer ärmer.

Beispiele hierfür gibt es genug, was aber nur den
Armen, die auf das Geld achten müssen Auffällt,
aber nicht den Reichen, die das Geld in Hülle und
Fülle im Überschuss besitzen.

Nur nochmals zur Erinnerung:
Bekam man am 25.Mai 2012 eine Packung mit ca.
zehn Wurstscheiben, war es am 25. Mai 2014 nur
noch ca. fünf Wurstscheiben, diese Wurstscheiben
waren aber so dünn, das man beim Belegen von
einer Brodscheibe, den Boden vom Brod sehen
konnte, der Preis wurde dafür aber auf fünfzig
Cent angehoben.
Oder wenn man sich am 08. Mai 2012 einen
Johannisbeersaft mit 1,5 Liter gekauft hat,
zu einem Preis von 0,99 Euro, bekam man den
gleichen Johannisbeersaft, jetzt nur noch mit 1,0
Liter für 1,19 Euro.
Das gleiche Beispiel gibt es auch beim Eis, bekam
man vor der Einführung des Euros 1 000 ml
für 2,99 DM, 2014 bekam man 750 ml für 3,99
Euro.
Den größten Reibach dabei machen der Staat, die
Politikerinnen, die Politiker, die Staatskasse und
deren Parteikassen sowie die Wirtschaft.

Aber nicht nur bei den Lebensmittel wird der
Bürger betrogen und belogen, wie zum Beispiel bei
den Stromkosten.
Der Bürger wird mit hohen Stromkosten bestraft,
damit der Staat Milliarden an Steuergelder an die
Wirtschaft verschenken kann, damit diese den
Strom fast kostenlos zur Verfügung hat.
Und so ist es mit allem, die Lebenshaltungskosten
steigen schleichend und unaufhaltsam,
die Menge wird immer geringer und der Preis den
wir dafür Bezahlen müssen wird immer höher,
die Mieten werden unbezahlbar und Verantwortlich
für die katastrophale Situation ist hauptsächlich die
Regierung mit ihren unerfahrenen
wirtschaftsfreundlichen marionettenhaften
Politikerinnen und Politikern, weil sie sich mit der
Wirtschaft und Großindustrie auf solche
Machenschaften einläst.
Sie haben auch keine andere Wahl, als mit der
Wirtschaft zu kooperieren, den wer dies nicht tut,
hat in der diktatorischen Wirtschaftspolitik nicht zu
suchen.

Der Staat nimmt immer mehr an Steuergelder ein,
die Staatsverschuldung wird immer größer,
die Regierung, die Großunternehmer, die
Wirtschaftsbosse und Industriebosse werden immer
reicher.
Die Schwarzgeldkonten und Schwarzgeldbanken
nehmen zu und die Bevölkerung wird unterdrückt
abgezockt und immer ärmer.
So ist und war es auch mit dem Aufbau im Osten,
egal ob es da um die Rentenanpassung geht,

wie es so schön heißt, oder der Straßenbau, die Wirtschaft, die alten Gebäude die Renoviert wurden, oder die Parlamentsgebäude, um nur einige zu Nennen, müssen die Bürger im Westen bezahlen, denen wurde das Geld dafür weggenommen.
Man Bestraft die im Westen, durch Rentenkürzungen, durch geringere Entlohnung, der nicht mehr mit der Verteuerung der Lebenshaltungskosten, vertretbar ist, die Erhöhung der Sozialabgaben, die Zuzahlungen für Medikamente, die Krankenwagenfahrten, das Tagegeld für den Krankenhausaufenthalt, Zuzahlung für Zahnarztkosten, Erhöhung der Mieten, der Nebenkosten wie Strom, Wasser, Müllabfuhr, und vor allem, den Rentner in dem betreuten Wohnheime, werden abgezockt, so raffiniert und gezielt, das von der Rente nichts mehr übrig bleibt, damit die Regierung mit ihren Nebenstellen, oder Zweigbetriebe, Milliarden von Steuergeldern, ihre Kassen auffüllen können. Für eine Aufstockung des Pflegepersonals fehlt aber das Geld.
Die Steuergeldverschwendung, die Veruntreuung der Steuergelder und das Versickern lassen der Steuergelder in die unauffindbaren, undefinierbaren, von unseren Politikerinnen und Politiker selbst erfundenen dunklen Kanäle, die von unseren Politikerinnen und Politiker heimlich angelegt wurden, treiben Deutschland noch in den Ruin.

Beispiel über die Gehälter der Krankenkassenvorstände.

Der Vorstand der Techniker Krankenkasse kassiert
283.446 Euro,
der von der DAK Gesundheit
240.934 Euro,
von AOK PLUS
235.165 Euro,
BARMER GEK Vorstand
235.000 Euro,
pronova BKK
234.132 Euro,
AOK Hessen
228.620 Euro,
AOK Bayern
226.406 Euro,
AOK Baden-Württemberg
221.000 Euro,
KKH-Allianz
220.401 Euro,
AOK Nordost
216.000 Euro,
BKK vor Ort
213.303 Euro,
mhplus Krankenkasse
205.323 Euro,
SBK
204.960 Euro,
DEUTSCHE BKK
201.120 Euro.

Dies ist nur ein Teil der
Krankenkassenmanagerinnen und Manager.

Beispiel über Frank Storsberg:

Der ein Jahresgrundgehalt von 157 000,00 Tausend Euro hat, kommen nochmals bis zu 30 Prozent erfolgsabhängige Tantiemen hinzu plus Dienstwagen und die Beiträge zur gesetzlichen Rentenversicherung. Nach Ablauf der Amtszeit erhält der Vorstandschef mit unbegrenzter Laufzeit eine zusätzliche Pensionszulage von monatlich ca. 6 541,67 Euro zu der im Rentenalter dann noch die gesetzliche Rente aufaddiert wird.

Für was benötigt eine einzige Person, im Rentenalter solch eine übertrieben Abzockente Pensionszulage?

Ein normaler Rentner muss mit ca. 1 000 Euro auskommen,
abzüglich Miete im betreuten Wohnen von ca. 600,00 Euro, Versicherungen, Arzneimittel, Arzt und Zahnarztkosten, bleiben ihm dann vielleicht noch ca. 100,00 Euro zum Leben oder weniger.

Für diese Milliarden Euros, die die Krankenkassen einnehmen und auf den schwarzen Kontos horten, könnte man zum Beispiel die Rentner die eine kleine Rente beziehen, bis ca. 1500 Euro freistellen,
aber dieses Geld würde den Krankenkassen und deren Managerinnen und Managern fehlen.

Noch ist das Deutsche Volk genügsam und Ruhig, aber muss deswegen die Steuergeldverschwendung und die Steuergeldbetrügereien an dem Deutschen Volk so ausgenutzt und übertrieben werden!

Warum benötigt der Großkonzern Aldi, der einer der Reichste in Deutschland ist, seit Jahren milliardenschwere Subventionen von den Steuergeldern der Bevölkerung!

Er ist nicht mit den Niedrigpreisen Reich geworden, sondern mit Subventionen der Steuergelder seiner Kundschaft (sprich Deutschen Bevölkerung), die er von unseren Politikerinnen und Politiker geschenkt bekam.
Angeblich wurden die Zuschüsse aus der Staatskasse für die Ausbildung und Weiterbildung der Mitarbeiter verwendet.
Der Discounter Aldi erhielt im Jahren 2011 eine staatliche Subvention in beträchtlicher Millionenhöhe.
Aldi Nord als auch Aldi Süd hatten beim Bundesamt für Güterverkehr Fördermittel für Unternehmen des Güterkraftverkehrs beantragt, für Fortbildungsmaßnahmen
und Weiterbildungsmaßnahmen
Der Handelskonzern erzielt einem weltweiten Umsatz von 57 000 000 000,00 Milliarden Euro.

Zu solche Milliarden Steuergeldgeschenke schweigt die Regierung und will nicht Antworten, warum sie solche ungerechte und betrügerische Steuergeldverschwendung, mit den Reichen und mit der Wirtschaft betreibt.

Es Wundert einem auch nicht, den die
Politikerinnen und Politiker bereichern sich
genauso aus dem Steuertopf der Deutschen
Bevölkerung, nur mit dem Unterschied, das sie
keine Leistung für das Deutsche Volk erbringen,
nicht einmal die Gesetze machen sie selber,
80 Prozent der Gesetze werden im
Europaparlament erstellt und die restlichen 20
Prozent bring die Wirtschaft mit ein.

Das Deutschen Volke wird bewusst und mit voller
Absicht um Milliarden Euros Steuergeldern
betrogen.

Durch diese raffiniert eingefädelten
Steuergeldgeschenkgesetze für die Wirtschaft und
Reichen, entsteht dem Steuerzahler jährliche
Verluste an Steuergeldleistung,
in Höhe von
ca. 100 000 000 000,00 Milliarden Euro.
Einer der größten Steuergeldanteile und einer der
größten Steuergeldvergünstigungen,
für die der Steuerzahler herhalten muss.

Aber nicht nur die Wirtschaft wird mit
Steuergeldern der Deutschen Bevölkerung versorgt,
auch in den eigenen Reihen der Regierung ist die
Steuergeldverteilung gang und gebe.

Egal wie sich die Ministerien nennen, ob
Verteidigungsministerium, Bundesbauministerium

Arbeitsamtministerium oder das Familienministerium, ob Minister, Kanzler oder Präsident,
Steuergeldbetrug an der Deutschen Bevölkerung und Steuergeldverschwendung, betreiben sie alle.

Es fehlt vielen Politikerinnen und Politikern, an der professionellen Abwägung, von Chancen und Risiken und an Berufserfahrung, um ein Volk zu Regieren, und es wird zuviel Vetterliswirtschaft getrieben was die Steuergeldverschwendung und den Steuergeldbetrug unter den Politikerinnen und Politiker, in das unermessliche treibt.

Alleine durch solche unprofessionelle und unfähigen Politikerinnen und Politiker, wurde zum Beispiel
das Testmodell Euro Hawk der Bundeswehr mit mehr als 500 000 000,00 Millionen Euro Steuergelder in den Sand gesetzt.
Dies ist aber nur ein kleines Beispiel von vielen, das im gesamten dem Steuerzahler mehrere Milliarden Euro jährlich an Steuergelder kostet.

Auch in der damaligen DDR wurde die Vetterliswirtschaft groß geschrieben:
Der Vetter von Lothar de Maizière, der erste frei gewählten Ministerpräsidenten der DDR,
hatte nach der Volkskammerwahl empfohlen, Angela Merkel als Pressemitarbeiterin in sein Team aufzunehmen, in das de Maiziere dann ebenfalls als Berater aufgenommen wurde.
Auch der Bundespräsident Joachim Gauck war nicht dass, was er gerne sein möchte.

Und in der neuen Bundesrepublik treiben sie dieses Spiel wieder.

So war und ist Herr Gauck:

Joachim Gauck gehört nicht zu den Vätern der Kämpfer für eine bessere DDR. Er sprang erst später auf den fahrenden Zug auf, wenn alles schon erledigt war.
Er war auch nicht der Lokomotivführer der Oppositionsbewegung wie er sich gerne beschreiben lies. Aber er hat sich diese falsche Anmerkung immer gefallen lassen.

Die Türöffner der DDR waren nicht Herr Gauck und auch nicht Herr Kohl, auch wenn sie sich gerne damit Brüsten, andere haben diese Politik gemacht, die aus der bekannten gesellschaftliche Organisation gegründet wurde, „ Neue Forum", Joachim Gauck gehört nicht zu den Vätern dieser Gründung.
Linkes Denken war Gauck immer schon suspekt, die DDR hasste er.
Die mehrjährige Haft seines Vaters war der Nährboden, aus dem dieser Hass wuchs.

Joachim Gauck war schon in DDR Zeiten ein gepflegter Herr mit elegantem Anzug, Schlips, sonorer Homoerotiker Stimme und selbstbewusstem Auftreten.
Ein Mann mit konservativ-bürgerlicher Gesinnung, der sich aber nie für die Bürger der ehemaligen DDR eingesetzt oder für sie gekämpft hatte.

Er hat nur das genommen, was er Geschenkt bekam.
Seine Selbstdarstellung:
Er sei ein linker, liberaler Konservativer.
Er gehört zu jenem Teil der westlichen Gesellschaft, der den Markt entfesselt und ganze Länder in die Pleite führt.
Gauck schwärmt von der Freiheit, die ihm alle Wege öffnet, auch die bekam er durch die Westdeutsche politische Vetterliswirtschaft geschenkt.

Joachim Gaucks Motto und das der anderen neu Ankömmlingen aus der DDR,
in die Westliche marionettenhafte Wirtschaftspolitik lautete:
Ich bin da angekommen, wo ich schon immer sein wollte, und es soll grundsätzlich alles so bleiben.
Er ist ein Mann, der von kindlicher Eitelkeit umgeben ist, der in der Öffentlichkeit mit einem herablassenden, eingebildeten und Hochnäsigen Sumper auf seine Zuhörer herabblickt.
Bietet zwar ein interessantes Schauspiel, aber erfüllt nicht die Erwartungen an einen Präsidenten und ist für das Amt eines Bundespräsidenten nicht geeignet.

Die ungerechte Preisverleihung in München an Herr Gauck (Geschwister- Scholl- Preis), gleicht der Preisverleihung von Herrn Kohl (Roland Berger Preis für Menschenwürde oder den Friedensnobelpreis, auch wenn es nur eine Kopie ist).
Beide haben dies nicht zurückgewiesen,

wurden nicht schamrot, haben sich nur hofieren lassen, und ihre Eitelkeit zur Schau gestellt, was einem ehemaligen Bundeskanzler Herr Kohl und dem Bundespräsidenten Herr Gauck nicht würdig ist und war.

Er war als evangelisch-lutherischer Pastor und Kirchenfunktionär und Bundesbeauftragter für die Stasi-Unterlagen tätig, weshalb es auch so schwierig ist, an die Akten bestimmter Persönlichkeiten heranzukommen.

Noch einige Sätze über die Steuerbegünstigung.

Es ist ein Wahnsinn, wen man bedenkt, das Unternehmen des Produzierenden Gewerbes, Steuerbegünstigung bekommen, aber die Deutsche Bevölkerung dafür die Mehrkosten tragen muss.
Oder die Gewährung eines Sparerfreibetrags bei Einkünften aus Kapitalvermögen.
Oder die Ermäßigter Umsatzsteuersatz für Personenbeförderung im öffentlichen Nahverkehr.
Förderung der Biokraftstoffen und Bioheizstoffe, Steuerbegünstigung für Produzierendes Gewerbe und Land- und Forstwirtschaft.
Steuerbefreiung der bei der Mineralölherstellung zur Aufrechterhaltung des Betriebs verwendeten Mineralöle.
Mineralölsteuerbefreiung für Luftfahrtbetriebsstoffe.
Umsatzsteuerermäßigung für Umsätze der Zahntechniker.

Steuerfreiheit der Hälfte der Einnahmen aus der Veräußerung von Grund und Boden und Gebäuden.
Investitionszulage für Ausrüstungsinvestitionen und so weiter und so weiter.

Oder die Förderung der neuen Bundesländern, aus der unsere europaabhängige, eurosüchtige Reisekanzlerin Angela Merkel hervor kam.
Fördergelder, beziehungsweise Steuergelder, der Westdeutschen Bevölkerung die jährlich in den Osten gespült werden, belaufen sich auf
ca. 600 000 000,00 Millionen Euro Steuergelder jährlich, für ostdeutsche Unternehmen, vor allem die Großunternehmen, Wirtschaftsunternehmen und die Industrie.
So etwas nennt man auch Steuergeldverschwendung per Gesetz zu Gunsten der Reichen, die Wirtschaft und den Deutschen Regierungsapparat.
Nur für die deutsche Bevölkerung im Westen bleibt nicht mehr viel übrig.

Wir Bürger müssen für eine Volksabstimmung Kämpfen, damit der Steuergeldbetrug endlich ein Ende hat.
Unsere Politikerinnen und Politiker müssen zum Sparen gezwungen werden, die Parteien müssen reduziert werden.
Erst muss die Deutsche Bevölkerung versorgt werden, die Armut der Landsleute muss beseitigt werden, die Gesetze müssen für alle Verständlich, durchschaubar und gleichgestellt sein,
nur Politikerinnen und Politiker mit Berufserfahrung dürfen in die Politik,

es muss eine Volksabstimmung für alle Entscheidungen eingeführt werden, Politikerinnen und Politiker werden nur noch für ihre Leistungen bezahlt, Politikerinnen und Politiker haben für das Volk zu Regieren, die Marionettenhaften, wirtschaftsreichensüchtige Politikerinnen und Politiker haben in der Deutschen Regierung nichts zu suchen.

Mann könnte noch vieles Aufzählen, aber wir müssen es endlich Anpacken und Notfalls selber in die Hand nehmen.
Man bedenke, nicht der Bürger ist für die Staatsverschuldung verantwortlich, sondern unsere Politikerinnen und Politiker.
Durch ihrer Verschwendungssucht der Steuergelder und ihrer Steuergeldgier, sowie der Machtsucht nach Europa und Euro, das Postengeschachere und die Steuergeldgeschäfte mit der Wirtschaft, die Steuergeldumverteilung in den Osten, haben diese Staatsdiener den Westdeutschen einen enormen finanziellen Schaden zugefügt, den man so schnell nicht Reparieren kann.
Und wenn unsere Politikerinnen und Politiker weiter so verschwenderisch mit dem Steuergeld der Deutschen Bevölkerung umgehen, werden wir genau so in einer Gries rutschen, wie die bankrotten europäischen Länder die sich um Deutschland herum aufstellen.

Denn die Schulden, die unsere Politikerinnen und Politiker gemacht haben, bezahlen nicht die Verursacher, zum Bezahlung dieser Schulden wird die deutsche Bevölkerung gezwungen die Verursacher, unsere Politikerinnen und Politiker, ziehen sich, wie immer Wohlhabend und Glücklich aus dieser Menschenverachtenden betrügerischen, Steuergeldverschwenderischen Affäre, aus der Politik zurück.

Der Maastrichtpakt verlang eine Schuldenquote von 60 Prozent und wo liegt er in Deutschland, bei sage und schreiben 82 Prozent.
Wo wird uns dies noch hinführen, wenn die Deutsche Bevölkerung nicht endlich Aufwacht, wird sie mit diesem Alptraum nicht mehr fertig.

Der Rekordwert der Verschuldung sei hier in Zahlen kurz aufgeführt.
Wir haben ca. 2.300 000 000 000,00 Billionen Euro offizielle Schulden, inoffiziell kommen nochmals die gleiche Summe dazu, so das wir einen Schuldenberg zu bewältigen haben,
der bei ca. 5 000 000 000 000,00 Billionen Euro liegt.
Die von Bund und Ländern, im Kalenderjahr 2013 gemachten Schulden
betrugen ca. 600 000 000 000,00 Milliarden Euro, das sind 3,3 % mehr als im Jahr 2012.
Die Pro-Kopf-Verschuldung steigt, für jeden einzelnen Bundesbürger,
auf ca. 30.000,00 Euro Schulden an, die durch die Politikerinnen und Politiker gemacht wurden.

Deutschland hat ca. 82 000 000 Millionen Einwohner mal 30 000,00 Euro Schulden ergibt eine schöne Summe.

Im Jahre 1950 lag die Pro-Kopf-Verschuldung bei
ca. 400,00 DM.
Dreiundsechzig Jahre später bei
ca. 30.000,00 Euro (60 000,00 DM).

Die meisten Deutsche Bürger, können nur davon
Träumen, 30 000,00 Euro Guthaben zu besitzen.
Der Alptraum sieht anders aus,
er hat 30 000,00 Euro Schulden.

Aber dafür besitzen unsere Politikerinnen und
Politiker umso mehr und sie werden Deutschland
noch weiter in den Schuldenschlupf ziehen.
Wir dürfen nicht tatenlos zusehen, wie diese
Politikerinnen und Politiker die Steuergelder
Veruntreuen, Verschwenden, Verschenken, auf die
schwarzen Konten verschieben und sich selber
noch bereichern.

Wir müssen diesem Unsinn, an der
Steuergeldverschwendungssucht, und der
Steuergeldgier, unseren Politikerinnen und
Politiker endlich einen Riegel davor Schieben,
ansonsten werden unsere Politikerinnen, Politiker,
die Staatskonzerne, die Parteien, die
Steuergeldmafia, die Wirtschaft und die Reichen
immer reicher, die Staatsverschuldung immer höher
und die deutsche Bevölkerung immer ärmer.

Wir werden gezwungen für die Staatsschulden
gerade zu Stehen und da haben wir auch das Recht,
Mitzubestimmen, wie und wo das schwer
verdientes Steuergeldern, das uns diese

Politikerinnen und Politiker auf betrügerische und hinterhältiger Art und Weise wegnehmen, Verteilt und Ausgegeben wird.
Warum sind unsere Politikerinnen und Politiker so dagegen, eine generelle Volksabstimmung einzuführen!
Kommt da vielleicht die Wahrheit der Steuergeldverschwendungssucht unserer Politikerinnen und Politiker heraus!

Wir sind nicht die Melkkuh für unsere Politikerinnen und Politiker, damit diese in Reichtum ihr da sein genießen können, wir sind auch nicht die Melkkuh für die Steuergeldverschwendungssucht unserer Politikerinnen und Politiker und schon gar nicht für die Wirtschaft und die Reichen in Deutschland.

In der Tabelle für die pro Kopf Verschuldung liegt Deutschland, an der dritten Stelle.

Wir die Zuwanderer, aber wir können sie nicht finanziell unterstützen, zumal es in Deutschland noch zu viel Armut und Arbeitslose gibt.

Wir haben aber genügend reiche Politikerinnen und Politiker, die die Zuwanderer unterstützen könnten, wir haben viele Schlösser mit Unmengen leer stehenden Zimmern (Beispiel Schloss Bellevue).
Nur haben diese Personen kein Interesse, diese Zuwandere zu unterstützen.
Was wiederum auf die Bevölkerung abgeschoben wird, die gezwungen werden, diese Unkosten zu Tragen.

Noch zwei Sätze zum Solidaritätszuschlag.
Der wurde erhoben, um den Osten aufzubauen,
auch in dieser Hinsicht wurden wir nur betrogen
und belogen.
Man könnte meinen, wir die Westdeutschen haben
die DDR, also den Osten Deutschlands,
demoliert und müssen nun dafür gerade stehen, das
der Osten mit den Steuergeldern vom Westen
eine schöne Malerische und reiche Idylle Fassade
erhält.
Wer weiß schon genau, wie viele Milliarden
Weststeuergelder, zu Herrn Kohls Zeiten in den
Osten gepumpt und verschoben wurden.
Helmut Kohl hat zwar damals gedacht, dass man
den Aufbau in der DDR aus der Portokasse
bezahlen kann, dabei haben er und einige anderen
Staatsgenossen genau gesehen wie es im Osten
aussieht.
Der Solidaritätszuschlag hat nichts bewirkt, außer
das man die Westdeutschen abgezockt hat,
und die Steuergelder für den Solidaritätszuschlag in
andere Kanäle geflossen sind.

Dieser zweckgebundene Solidaritätszuschlag,
wurde für die Finanzierung vieler sinnloser
Projekte benutzt, beziehungsweise zur Auffüllung
der leer geplünderten Haushaltskasse, oder
überwiegend für den normalen Staatshaushalt,
sowie zur Finanzierung unserer Staatsdiener, aber
nicht zum Aufbau der ehemaligen DDR,
Trotz der irreführenden Gesetzesbezeichnung, wie
alle anderen steuerlichen Gesetze auch, die unsere
Politikerinnen und Politiker erfinden, diente der
Solidaritätszuschlag letztendlich einer

Intrigenhaften und hinterhältigen Steuererhöhung, um das luxuriöse Leben und die Steuergeldverschwendung unserer Politikerinnen und Politiker zu finanzieren.
Obwohl das Gesetzes besagt, der Solidaritätszuschlag ist zur Bewältigung der finanziellen Erblasten der Wiederherstellung der Einheit Deutschlands, zur langfristigen Sicherung des Aufbaus der neuen Länder im Osten, einzusetzen und zu Verwenden, wurde dieser Solidaritätszuschlag zur Steuererhöhung, und Belastung für die Bürger im Westen erfunden.

Und was machen sie Bürger im Osten, sie Wandern aus.

Auch wenn der Solidaritätszuschlag eines Tages abgeschafft werden sollte, kommt dafür bestimmt eine andere solidarische Geldeinnahmequelle, damit unsere Politikerinnen und Politiker keinen Verlust einfahren.

Kein Wunder, das unsere Politikerinnen und Politiker, nur ungenaue Zahlen, über die Einnahmen des Solidaritätszuschlags machen, weile es angeblich nicht nachvollziehbar und nicht nachweisbar ist wohin die Milliarden Euro Steuergelder der Westdeutschen geflossen sind. Es wäre daher einmal interessant, eine genaue Aufstellung zu erhalten, über den Verlauf des Solidaritätszuschlags und vor allem, über die genaue Höhe, die wir Westdeutschen gezahlt haben.

Es kann nicht sein, das bei so einem übertriebenen bürokratischen Staatskonzern, die Größenordnung der Einnahmen, nicht festzustellen und dokumentarisch festgehalten wird.
Deshalb kann dessen Einnahmen nur geschätzt werden, die sich auf sagenhafte
ca. 500.000.000.000 Milliarden Euro jährlich belaufen.

Bei jedem Arbeitslosen und Arbeitslosengeld II Empfänger, wird alles diktatorisch und Haargenau überprüft, die Kontenauszüge müssen numerisch genau übereinstimmen und wenn dies nicht der Fall ist, gibt es eine Strafe.
Da ist die Frage berechtigt, sind unsere Politikerinnen und Politiker so Dumm, oder ist da wieder ein Schwarzgeldkonto eröffnet worden, von dem der Deutsche Bürger nichts wissen darf.
Wie ist es sonst zu Erklären, dass man keine genaue Angaben darüber machen kann, wie hoch die Einnahmen und wohin die Einnahmen des Solidaritätszuschlags wirklich geflossen sind.

Fakt ist, die Einnahmen der Steuergelder, landen in einem großen Topf der Staatskasse unserer Politikerinnen und Politiker, damit diese mit der Zweckentfremdet der Steuergelder beliebig Wirtschaften können.

Sehr wahrscheinlich ist es auch beabsichtigt, von unseren Politikerinnen und Politikern, damit sie der Bevölkerung keine genauen Angaben über die Größenordnung, der Einnahmen des Solidaritätszuschlags machen müssen.

Wie viel welches Bundesland für welchen Zweck
erhält ist also nicht mehr nachvollziehbar
und zurückrechenbar.

Würde ein normaler Bürger, bei der
Steuererklärung solche Argumente von sich geben,
würde man ihn Bestrafen und je nach Höhe in das
Gefängnis stecken.

Als der Solidaritätszuschlags 1991 eingeführt
wurde, versprachen und behaupteten unsere
Politikerinnen und Politiker, das dieser
Solidaritätszuschlag, der mittlerweile eine
steuerliche Belastung für den Bürger ist,
für 1 Jahr befristet sei.
Eine Lüge der Politikerinnen und Politiker,
wie so viele andere Lügen auch.

Es gab bereits in der Vergangenheit mehrere
Anläufe die Verfassungswidrigkeit des
Solidaritätszuschlags vor dem
Bundesverfassungsgericht feststellen zu lassen, die
betreffenden Anträge wurden aber vom
Bundesverfassungsgericht abgelehnt.

Den Grund dafür kann sich jeder selber Ausdenken.

Soviel zum Solidaritätszuschlag und einen Beweis
mehr hierfür, wie unsere, Politikerinnen,
Politiker und Staatsdiener, die Bevölkerung,
Anlügen, Betrügen, Abzocken, Ausnützen,

um ihre luxuriöses Leben, sowie ihre dicken und fetten Diäten, auf kosten der Steuerzahler finanzieren lassen.
Der Solidaritätszuschlag der schon gar nicht mehr für den eigentlichen Zweck verwendet wird, dient nur der sinnlosen Steuergeldverschwendungssucht unserer Politikerinnen und Politiker, so etwas nennt man Steuergesetzbetrug an der deutschen Bevölkerung.

Nicht genug der Steuergeldverschwendung, auch das neue Integrationsministerium ist für die Deutsche Bevölkerung eine Steuergeldverschwendung, zumal in Deutschland genügend Menschen und Jugendliche leben, auch viele Rentner, die noch unter der Armutsgrenze leben und da wären diese Milliarden Steuergelder besser investiert.

Da nützt auch kein Mindestlohn von 8,50 Euro, zumal dieser nur für die Statistik unserer Politikerinnen und Politiker eine gute Figur macht und die Armutszahlen geschönt werden können.

So ist es mit allem, was die Möchtegerne Politikerinnen und Politiker, ohne Berufserfahrung, uns versprechen, obwohl sie von vorneherein schon wissen, dass die Versprechungen nicht einzuhalten sind.
Anstatt einer Steuererleichterung, gibt es eine heimliche, hinterhältige intern Abgesprochene, Steuererhöhung.

Es ist somit keine Steuererleichterung für die Deutsche Bevölkerung, sondern eine hinterhältige Abgesprochene und Ausgetüftelte Steuererhöhung, durch die Politikerinnen, Politik und der Wirtschaft.
Dafür bekommen aber die Wirtschaft und die Reichen, Steuererleichterungen, Subventiongeschenke und viele Steuerschlupflöcher von unseren Politikerinnen und Politikern zur Verfügung gestellt.

Weil die Regierung den größten Patzen an Steuergeld für die milliardenschwere Wirtschaft die Reichen und die leere Staatskasse benötigt, wurden auch nahezu keine, der seit Jahren wiederholten Zusagen und Versprechen, von unserer Politikerinnen und Politiker, wie zum Beispiel, die Rente ist Lohn für Lebensleistung,
es wird keine Zweiklassenmedizin geben,
eine deutliche Steuererleichterung für die Deutsche Bevölkerung,
für alle Kinder ein Kindergardenplatz, bis Heute noch nicht eingelöst. Im Gegenteil, die Armut steigt an, die Kindergartenplätze werden immer weniger, die Schulklassen immer überfüllter, weil die Lehrerzahl abgebaut wird, die medizinische Versorgung immer teuerer die Lebenshaltungskosten steigen stetig an.

Unsere Ideenlose und Konzeptlosen überflüssigen Politikerinnen und Politikern und deren Vielzahl an unnötigen Parteien, sind nur mit sich selber beschäftigt und wenn ihnen dann überhaupt nichts mehr einfällt, denken sie darüber nach, wie man ein

Verbot erlassen kann, um die Delfinhaltung in den Zoos zu Verbieten, oder über die Einführung einer PKW Maut, den über ein Ersatz vom Solidaritätszuschlag, über Betreuungsgeld, Internet-Portale, wie die Handy- Apps für Benzinpreise und so wieder und so wieder.
Alles nur Ablenkungsmanöver, damit die Deutsche Bevölkerung auf andere Gedanken kommen, und nicht mehr an die Wahlversprechen Denken und schon gar nicht an die versprochenen Steuererleichterungen.

Sie Reden zuviel und erbringen keine Leistung, sie sind Konzeptlos, Ideenlos und werden mit zu hohen Diäten belohnt.
Oder wie steht es mit den Zinswetten, bei denen viele Kommunen in den vergangenen Jahren Millionenverluste auf betrügerische Art verloren haben und die Bürger müssen für diese Hausgemachten Schulden aufkommen, weil sie von den Banken reingelegt und verarscht wurden.
Es kann nicht sein, das die Finanzbeamten mit den Steuergeldern der Deutschen Bevölkerung, aus Langeweile, ein Pokerspiel auf Staatskosten spielen, das Steuergeld der Bevölkerung in Zinswetten anlegen und das der Bürger dafür durch Steuererhöhung bestraft wird.
Für diese unfähigen Beamten muss die Deutsche Bevölkerung auch noch bezahlt und eine Bestrafung brauch sie nicht zu Fürchten.

So ist es auch mit der Hetzkampagne oder Schmutzkampagne.

Die Schmutzkampagne, die in der Politik gerne angewandt wird, wird auch gerne bei den Wahlen angewendet, um sich gegenseitiges Fehlverhalten vorzuwerfen.
Die Hetzkampagne, oder Schmutzkampagne wird hauptsächlich in der Politik angewandt, als politischer Kampfbegriff um Kritiker in der eigenen Reihe zu lindern, oder anderer Parteigenossen, zum Schweigen zu bringen.
Das Ziel dieser Kampagne ist, die entsprechende Person, oder Partei, in ein negatives Licht in der Bevölkerung zu rücken.
Es gibt ein Sprichwort, das besagt, das hinter jedem großen Vermögen der Reichen, der Wirtschaft und der Politikerinnen und Politiker eine strafbare Handlung steckt. Nicht alle strafbare Handlung, oder der Betrug am Deutschen Volke ist Strafbar, je nach dem wie es unsere Politikerinnen und Politiker begründen, oder Auslegen, selbst strafbare Handlungen werden oftmals nicht verfolgt, wie zum Beispiel die Steuergeldunterschlagung, Steuergeldverschwendung, das verspielen der Steuergeld für Wetteinsätze, oder das Führen von Schwarzgeldkonten. Dies ist immer eine Auslegungssache unserer Politikerinnen und Politiker zumal es in der Deutschen Diktatur immer zwei Rechtsgesetze gibt, eines für das Volk und ein Rechtsgesetz für die Politikerinnen, Politiker, die Reichen und die Wirtschaft.
Was unter anderem daran liegt, dass die gesetzgebenden Regierungsparteien aus Gründen, die man erahnen, aber nicht beweisen kann, kein Interesse an einer strafrechtlichen Verfolgung hat.

Die Wirtschaft unterstützt die Politikerinnen und Politiker, die Politikerinnen und Politiker decken die Reichen, und das dieses Zusammenspiel, der Ersten Klasse funktioniert und sich von der zweiten Klasse auch distanziert, wird sich diese Diktatur, mit ihren zweiklassen Rechtsgesetzen, immer die Volksbetrügerischen Grenze überschreiten, solange das Volk still hält.
Wenn alle nach den gleichen Rechtsgesetzen bestraft werden würden, hätten wir in Deutschland keine Politikerinnen, keine Politiker und Staatsdiener mehr, aber überfüllte Gefängnisse mit politischen Häftlingen.
Der Einfallreichtum unserer Politikerinnen und Politiker, geht sogar schon so weit,
das interne Wetten abgeschlossen werde, unter der Bezeichnung:
Wer hat die beste Idee für eine Steuergeldverschwendung.
Gewonnen hat einmal Sachsens Regierungssprecher Johann - Adolf Cohausz.
Er gönnte sich eine Medienfortbildung von ca. 36.000,00 Tausend Euro, für Acht Tagen auf kosten der Deutschen Bevölkerung.
Worum es in dieser Weiterbildung geht (Medienwirksame Streitereien), ist nicht schwer zu erraten. Die Weiterbildung für Medienwirksame Streitereien unter den Parteigenossen haben auch schon andere Politikerinnen und Politiker besucht.
En teurer Zeitvertreib auf Kosten der Steuerzahler.
Nicht um sonst sind unsere Politikerinnen und Politiker eine eingefleischte Streitkultur, besonderst zur Wahlzeiten.

Selbst im Bundestag verletzen die Abgeordneten die Würde des Plenarsaals, weshalb für solchen Auffälligkeiten eine Strafe eingeführt wurde, die bei Stören bis zu 1 000,00 Euro, im Wiederholungsfalle sogar 2 000,00 Euro fällig werden. Bezahlt wird es von den Steuergeldern.
Wie Hilflos und Konzeptlos unsere Politikerinnen und Politiker sind, zeigt folgendes Beispiel aus vergangenen Jahren.
Die drastische Verschlechterung der Bundesfinanzen, durch die massive Steuergeldverschwendung, die durch unsere unerfahrenen Politikerinnen und Politiker, monatlich ansteigt, lässt sie dann auf hirnrissige Gedanken kommen wie zum Beispiel,
gegen 50 000 Privatpersonen zu ermittelte,
die im Internet Kaffee, von Versandhändlern aus anderen Europäischen Staaten den Kaffee bestellten, ohne die Kaffeesteuer zu entrichten.
Es handelte sich um Einzelbeträge zwischen 10 Cents und 10 Euro.
In einem Verfahren gegen 4000 Bundesbürger betrug die ausstehende Kaffeesteuer insgesamt 25 000 Euro, Personalkosten und Materialkosten für das Verfahren durch die Zollbehörte,
beliefen sich auf ca. 1 000 000,00 Million Euro Steuergelder.

Das kuriose dabei ist, dass das Verfahren wie immer, wenn die Politikerinnen oder ein Politiker Millionenschwere Fehlendscheidungen treffen, eingestellt wurde.

Dies ist kein Einzelfall, alle zusammen belauf sich in der Größenordnung von einigen Milliarden Euro an Steuergeldern.

Bezahlen muss diese Dummheit, berufliche Unwissenheit und die Interesselosigkeit an der eigentlichen Aufgabe, nicht unsere unerfahrenen Politikerinnen und Politiker,
die nicht imstande und auch nicht in der Lage sind, solche Aufgaben sachgerecht und ohne steuerverschwenderischen Schaden zu Bewältigen, sondern die Deutsche Bevölkerung.
Die Ausrede wir können die Steuergeldverschwendung nicht nachvollziehen, ist somit widerlegt.
Würden unsere Politikerinnen und Politiker die Steuergeldverschwendung genau Dokumentieren, würden die Milliarden Steuergeldverschwendungen ans Tageslicht kommen.
Diese Staatsangestellten, samt unseren unwissenden und unfähigen Politikerinnen und Politiker, sitzen ihre Zeit ab, um an die Hohen Pensionen zu gelangen.
Würden all diese steuergeldverschwenderischen Fehlplaner in der freien Wirtschaft arbeiten, wäre Deutschland bankrott und die Wirtschaft am Ende.
Aber solange der Steuerzahler die Billionen Euro Steuergeld an Fehlplanung, Fehlinvestition, unerfahrenen Mitarbeiter in der Politik und die unkompetenten Politikerinnen und Politiker, bezahlen muss, werden diese Billion Euro an Steuergeldverschwendungen kein Ende nehmen.
Solange diese ahnungslosen und

Berufsunerfahrenen, beim Staat arbeitenden
Steuergeldverschwender nicht nach Leistung und
Erfolg bezahlt werden und für den Angerichteten
Schaden nicht selber aufkommen müssen, wird sich
diese Steuergeldverschwendungssucht weiter
Vererben und von unserem Bundesfinanzminister
auch weiterhin gefördert, weil auch er gerne die
Deutsche Bevölkerung betrügt und die Euros in
seiner Schreibtischschublade Bungert.
Diese Marionetten der Wirtschaft und dem
Europaparlament, sind stattlich angestellten
Steuergeldbetrüger, verdienen sich dumm und
dämlich und das Deutsche Volk läst sie gewähren,
wie lange noch!
Solange es in Deutschland keine Demokratie gibt,
keine Volksabstimmung und kein Volksentscheid,
wird diese
Milliardensteuergeldverschwendungssucht unseres
Politikerinnen und Politiker, sowie deren
Angestellten nicht Enden.
Die Deutsche Bevölkerung sollte nicht zu lange,
die Machenschaften der diktatorischen Marionetten
der Wirtschaft und Steuergeldverschwendern
gewähren lassen.
Wir benötigen keine Wirtschaftsdiktatur, die
unserem Staat befiehlt und vorschreibt,
wie zu Regieren ist.
Wir benötigen auch kein Europaparlament, das uns
die Gesetze vorgibt, wenn dies doch so sein sollte,
benötigen wir keine Politikerinnen und Politiker
mehr, die nur unnötige Summen von Milliarden
Euro Steuergelder kosten.
Die Politikerinnen und Politiker müssen für das
Volk da sein, eine gerechte Demokratie führen

und dazu zählt auch die Volksabstimmung in allen Belangen.

Hat sich schon einmal ein Deutscher Bürger gefragt, warum wir in Deutschland keine Volksabstimmung oder Volksentscheid haben! Weil dann die Herrschaftssucht und Steuergeldverschwendungssucht dieser Marionetten der Wirtschaft und die Wirtschaftsdiktatur zu ende wäre.
Die Milliarden Steuergelder an Subventionen, die an die Wirtschaft und an die Reichen bezahlt werden, würde der Deutschen Bevölkerung zu Gute kommen, kein Rentner müsste mehr an der Armutsgrenze leben, alle Kinder hätten einen Kindergartenplatz und das Betreuungsgeld für Doppelverdiener, könnte man sich einsparen, um die an der Armutsgrenze lebenden Jugendlichen mit sinnvollen Ideen und Aufgaben zu Bewältigen.
Es müssten keine Statistiken gefälscht oder geschönt werden, die Arbeitslosenzahl würde sich verringern und die unbezahlbare Bürokratie der vielen unnötigen Ämter, die nur für die Schönmalerei der Statistiken und als Steuergeldverstecke erfunden wurden, könnte man sich genau so einsparen, wie die vielen unnützen und unnötigen Parteien, die nur darauf aus sind, mit nicht erfüllbaren ideenlosen und gedankenlosen Versprechungen das Deutsche Volk an die Wahlurne zu Locken.
Wir benötigen dann auch kein Nobelrestaurant im Bundestagsgebäude dass der Deutsche Bevölkerung nur Millionen Euro an Steuergeldern kostet.

Das Nobelrestaurant im Bundestagsgebäude ist das einzige Parlamentsgebäude weltweit mit solch einer Ausstattung.
Die Kosten für diesen aufschneiderischen, großkotzigen und eitlen Neubau,
bezahlte der Steuerzahler.

Eine Steuergeldverschwendung die sich nur unsere Politikerinnen und Politiker erlauben können
um sich auf kosten der Steuerzahler, blasiert und prahlerisch Präsentieren zu können.

Warum eigentlich!
Das Nobelrestaurant direkt neben der Glaskuppel bietet modernste deutsche Küche ausschließlich mit frischen, regionalen Produkten, vom Biobauernhof und mit deutschem Weine.
Die normale Bevölkerung wird nie in den Genuss kommen, in solch einem teueren, für unsere reichen Politikerinnen und Politiker,
Wirtschaftbosse und der Reichen, ausgerichtetem Restaurant, zu Speisen.
Die deutsche Bevölkerung muss sich weiterhin mit den künstlichen, farblich angepassten und mit den künstlichen Geschmacksverfeinerten süchtig machenden Lebensmitteln begnügen.
Sie werden künstlich auf lange Haltbarkeit gebracht, mit Zusätzen aus Erdöl.
Abgebackt in großen Mengen, in denen teilweise Stoffe enthalten sind, die hochkarätig Giftig für den Menschen sind. Die zugelassenen Werte, werden von unserem Gesundheitsministerium festgelegt und freigegeben.

Neben den herkömmlichen Plastikfolien verwenden viele Hersteller inzwischen auch so genannte Nanomaterialien.
Sie enthalten Substanzen, die die Haltbarkeit der Lebensmittel verlängern.
Lange gelagertes Obst oder Gemüse die in solchen Verpackungen nur die Frische und farbenprächtige Schönheit vortäuschen.
Außerdem lassen sich die chemischen Stoffe in den Nanoverpackungen, die nicht zu 100 Prozent fest gebunden sind, auf andere Lebensmittel übertragen.
Teilweise werden sie auch bewusst beigemischt.
Schon heute ist Nanotechnologie in unserem Essen.
So wie der Zusatzstoff Siliziumdioxid, der schon seit langem Kochsalz, Fertigsuppen und Instantkaffee besser rieseln lässt.
Nano- Titandioxid, das vor allem als UV-Blocker in Sonnenmilch bekannt ist, wird dem Kaugummi und den Süßigkeiten beigemischt, um dieser Produkte heller erscheinen zu lassen.
Mit Nanosilber verziert die Lebensmittelindustrie Pralinen und die Wirtschaftindustrie beschichtet mit Nanosilber die Kühlschränke und das Haushaltsgeschirr.
Bei Tierversuchen haben sich viele mit den winzigen Kunststoffpartikeln, Polystyrol- Nanopartikel, als schädlich erwiesen. Nano- Siliziumdioxid und Nano- Zinkoxid kann das Erbgut menschlicher Darmschleimhautzellen schädigten und sie zerstörten.
Nur damit die Lebensmittel farbenprächtiger aussehen, länger Haltbar sind und der Gewinn der Wirtschaft sprudeln, wird den Deutschen normal

Bürger gezwungen, Lebensmittel mit Nanopartikeln aus Polystyrol zu konsumieren, das sind täglich mehr als eine Billion Polystyrolteilchen, der ein Bundesbürger durch die Nahrung zu sich nimmt.
Niemand weis, wie groß die Gefahren für den Menschen sind und die Umwelt in der Zukunft aussieht.

Nanoteilchen gelangen über die Entsorgung in die Umwelt, auch hier ist der Schaden, der in Zukunft entstehen kann, noch ungewiss.
Durch das Migrationsrisiko und die Profitgier der Wirtschaft und der Politikerinnen und Politiker, werden die hohen Grenzwerte auch deutlich überschreiten.
Migrationsrisiko Bedeutet, Wanderung der Moleküle, von der Verpackung in den Lebensmitteln.
Dies kann zu Kontamination des Lebensmittels, mit Substanzen führen, die eine Gesundheitsgefährdung und Qualitätsverlust der verpackten Ware für Mensch und Tier bewirken.
Wanderungsrisiko der Nanoteilchen in dem Menschlichen Körper, wo Wandern sie hin, welche Schäden verursachen sie, an und in den Organen und welche Schäden entstehen in der Umwelt, zumal bei der Nanobeschichtung mit Al 2O3 brüchige Migrationsrisiken bestehen und auch kein Recycling möglich ist, da diese Teilchen zu klein sind.
Da dies Nanobeschichtung und Nanoverpackung nur die normale Deutsche Bevölkerungsschicht

betrifft und die Politikerinnen und Politiker sich
nur von teuren Bioprodukten ernähren,
ist es auch nicht nötig, ein Produkt zuerst Prüfen,
bevor man es auf den Markt schickt. Getestet wird
es dann durch die Armen Bundesbürger, die auf die
giftigen, mit Chemie voll gestopften Lebensmitteln
angewiesen ist, weil die Lebenshaltungskosten in
Deutschland zu hoch sind, die Menge immer
geringer wird und der Preis ständig steigt.

Wie schon erwähnt, für unsere Politikerinnen und
Politiker besteht da keine Gefahr, weil diese alles
auf kosten der Steuerzahler, vom BIO Bauerhof
beziehen und erst, wenn dann eine Langzeitstudie,
die an der zweiten Klassenschicht der Deutschen
Bevölkerung durchgeführt wird, feststeht das keine
Gesundheitlichen Schäden bestehen, wird sich
vielleicht eine Politikerin oder Politiker daran
Versuchen.

Ilse Aigner von der CSU, wie soll es auch anders
sein, war Landwirtschaftsministerin,
Verbraucherministerin und jungfräuliche
Ministerin die nur für die Mächtigen eintritt,
ist der Wirtschaft genauso hörig und unterstellt wie
all ihre Parteigenossen auch.
Sie vertritt nicht die Interessen der Bürger obwohl
sie Landwirtschaftsministerin
und Verbraucherministerin die Aufgabe hatte, dafür
zu Sorgen, dass die deutschen Bürger, so wie es in
einer Demokratie sein sollte, genau so in den
Genuss von Gesunden Lebensmittel kommen
sollten, wie unsere Politikerinnen und Politiker.

Sie ist seit 2013 stellvertretende Ministerpräsidentin und Bayerische Staatsministerin für Wirtschaft und Medien, Energie und Technologie im Kabinett Seehofer II, weil sie als jungfräuliche Landwirtschaftsministerin und Verbraucherministerin keine erfolgreichen Ergebnisse erbringen konnte.

Wer weist wie sie da zu Recht kommt, aber Herr Seehofer wird es schon richten.

Haben unsere Politikerinnen und Politiker jemals Dioxinverseuchte Nahrung gegessen, oder unsere Landwirtschaftsministerin und Verbraucherministerin von der CDU, bestimmt nicht.
Das Dioxin, das die Hühner zum fressen bereit gestellt bekommen, lagert sich in den Eiern ab, die kommen in den Laden oder werden weiterverarbeitet, für Kuchen, für Kekse oder für Nudeln.
Trotz aller Ankündigungen hat es Ilse Aigner nicht geschafft, gegen die Lebensmittelmafia, wirksame Kontrollen durchzusetzen, im Gegenteil, der Anteil der Verseuchten, Vergifteten und faulen nicht mehr essbaren Lebensmittel hat zugenommen.
Ein nutzloses Ministerium, das dem Steuerzahler nur Milliarden von Euros kostet,
den die vorgaben an Giftigen Grenzwerte, erstellt die Lebensmittelwirtschaft und nicht Frau Aigner.

Wie sinnlos, interesselos und ideenlos Frau Aigner und ihr Ministerium waren, zeigt auch das Infoportal Lebensmittelklarheit.de, das im Sommer 2011 von Ilse Aigner gestartet wurde, aber vom Reden alleine wird sich daran nichts Ändern und das ist das einzige was Frau Aigner beherrscht, Reden aber nicht Handeln und die Bevölkerung täuschen.

Es fehlt ihr an Maßnahmen und Ideen.

Das vom Bundesverbraucherministerium finanzierte Portal, lebensmittelklarheit.de. muss auch von den Steuerzahlern bezahlt werden.
Nach zwei Jahren hat sich an dem alltäglichen Schwindel im Supermarkt, um den Verbraucher zu schützen, nicht viel geändert.
Die umzusetzen für die gesetzliche Maßnahmen gegen den alltäglichen Schwindel
Läst auf sich warten.
Viel Reden und nichts auf die Wege bringen.

Nur ca. 360 Produktbeispiele von zig Millionen, wurden auf dem Portal nach fachlicher Prüfung und mit Stellungnahme der Hersteller veröffentlicht.
Die häufige Kritik:
Verbraucher fühlen sich durch beschönigende Produktnamen und Abbildungen getäuscht oder durch die unklare Kennzeichnung von Zusatzstoffen, Aromen und regionalen Produkten in die Irre geführt.

Vielleicht war dies auch der Grund, das Bundesinnenminister Hans-Peter Friedrich, geschäftsführend, das Verbraucher- und Agrarressort übernommen hat.

Diese Vertretung für die vorzeitig ausscheidende von Ministerin Ilse Aigner haben Kanzlerin Angela Merkel in Absprache mit dem CSU-Vorsitzenden Horst Seehofer ausgesprochen. Aigner wechselt in die bayerische Landespolitik.
Wichtig war für die CSU, dass das Verbraucher- und Agrarressort in den eigenen Reihen bleibt, damit die entstandenen Steuergeldverluste, sowie die gravierenden Fehler von Frau Aigner nicht an die Öffentlichkeit gelangen.
Drei Monate nach Amtsantritt der schwarz-roten Bundesregierung musste Hans-Peter Friedrich wegen der Edathy- Affäre gehen,
In der Affäre um den Ex-Abgeordneten Edathy, der wegen Kinderpornokauf verdächtigt wird,
darf nun gegen den Ex-Bundesminister Hans-Peter Friedrich ermittelt werden. Es geht um Geheimnisverrat.
Nach Ex-Kanzleramtsminister Ronald Pofalla und Ex-Entwicklungshilfeminister Dirk Niebel, die Lobbyisten bei der Deutschen Bahn und dem Rüstungskonzern Rheinmetall werden, wechselt auch Hans-Peter Friedrich die Seiten, für eine gut dotierte Beratertätigkeit. Der ehemalige Innen- und Landwirtschaftsminister wird Chefberater des US-amerikanischen Geheimdienstes NSA. Mit Rücksicht auf die in solchen Fällen üblichen Karenzzeiten deutscher Minister, soll Friedrich seinen Posten Februar 2015 antreten, also genau zwölf Monate nach seiner Demission als Minister.

Kommen wir zu den Grenzwerten der zulässigen Giftstoffe zurück.
Da werden hinter verschlossenen Türen mit der Wirtschaft über höhere Grenzwerte der beizufügenden Giftstoffe diskutiert, die offenen Fragen, werden hierbei aber schnell Vergessen, wie zum Beispiel:
Wo bleibt die Qualitätskontrolle bei der Einfuhr von Lebensmittel,
wo bleibt die Qualitätskontrolle bei den Zulieferfirmen,
wo bleibt die Lebensmittelkontrolle bei den Wirtschaftsbetrieben,
wo bleibt die Rückverfolgung auf den Etiketten,
wo bleibt die Definition der Giftstoffe.

Es gibt keine, erst wenn die Bevölkerung diese Giftigen Lebensmittel schon gegessen hat, Menschen erkranken oder sogar Sterben, kommt es an die Öffentlichkeit, und dann ist es zu Spät.

Diese Verbrauchertäuschen, plus der Werbung unserer Politikerinnen und Politiker, bescheren der Wirtschaft Milliarden, daher wird sich auch an den geltenden Gesetze, der zulässigen beizumischenden Giftstoffen in den Lebensmitteln, nichts ändern und somit bleibt es, mit Absprache der Lebensmittelwirtschaft, bei der Verbrauchertäuschung und Etikettenschwindel, bestehen.
Denn die Grenzwerte für die beigemischten Giftstoffe werden von der Lebensmittelwirtschaft bestimmt und von unseren Ministern genehmigt ohne Absprach mit der Bevölkerung.

Solange unsere Politikerinnen und Politiker nur gesundes und ausgewähltes Bioessen zur Verfügung gestellt bekommt, ist es ihnen auch egal, was der normale Bevölkerung in den Subermärkten angeboten wird.
Die unverständlichen und sinnlosen Aufkleber auf denn Lebensmittelverpackung, die in Hülle und Fülle darauf geklebt werden, kann man sich Sparen, zumal sie nicht über die tatsächlichen Zusatzstoffen und Beimischungen aussagen.
Dieses Ministerium, Landwirtschaftsministerin und Verbraucherministerin, kostet uns Steuerzahler Milliarden von Euros an Steuergeldern und die Lebensmittelskandale nehmen zu.

Für ihr sinnloses und Ideenloses Dasein, bekam Frau Ilse Aigner, eine monatliche Diät die der Steuerzahler aufbringen muss ca. 13 000,00 Euro an Steuergelder.
Darüber hinaus gibt es noch eine Ministerialzulage von ca. 560,00 Euro, sowie eine Abgeordnetenentschädigung in Höhe von über ca. 4 000,00 Euro.
Frau Aigner bekam somit vom Steuerzahler ca. 20 000,00 Euro monatlich.
Da sie nun in die bayerische Landespolitik abberufen wurde, wird sie sehrwahrscheinlich etwas mehr bekommen.

Beispiele was so alles von der Lebensmittelwirtschaft an Giftstoffen in die Verpackungen hineingemogelt wird.
Beginnen wir mit den Frühstücks Brötchen, damit diese länger haltbar sind, hat man den Verbotenen Zusatzstoff Propionsäure E 280 wieder zugelassen, obwohl die von Steuergeld bezahlten Angestellte, des staatlichen Gesundheitsministeriums genau wissen, das dieser Zusatzstoff Propionsäure E 280, Krebserregend ist.
Während der Gesetzgeber von der Unbedenklichkeit ausgeht, raten Verbraucherverbände von einem häufigen Verzehr ab.
Propionsäure und Propionate stehen nach einer australischen Studie im Verdacht, bei Kindern Verhaltensstörungen auszulösen, wie Hyperaktivität, Konzentrationsstörungen, Lernschwächen sowie Schlafstörungen.
Nach einer anderen Studie besteht auch ein gewisser Verdacht, Propionsäure und ihre Salze könnten den Zuckerstoffwechsel und Fettstoffwechsel stören, mithin zu Blutzuckerschwankungen und verschlechterten Blutfettwerten führen. Woran soll der Mittelstand, der auf billige Lebensmittel angewiesen ist, erkennen, wenn die ausgezeichneten Lebensmittel nicht verständlich und korrekt gekennzeichnet sind.
Propionsäure ist ein wichtiger Synthesebaustein für die Herstellung von Kunststoffen, der auch als Konservierungsmittel in dem Lebensmittel beigemischt wird

Brillantschwarz E 151 wird in industriellem Honig beigemischt und aus Erdöl gewonnen,
der Stoff kann Allergie auslösend wirken und ist damit für Allergiker, besonders für Personen mit allergischen Reaktionen auf Acetylsalicylsäure und Asthmatiker problematisch.
Mit Brillantschwarz wird zum Beispiel bei Käse der Wachsüberzug, bei Fleischprodukten, Fischersatzprodukte, Saucen, Süßwaren, Kosmetika wie Shampoos, Schaumbäder und Duschbäder sowie flüssige Seifen gefärbt.
In Fruchtgummi ist das giftige Allurarot E 129 beigemischt, was in anderen Europäischen Ländern verboten wurde. Allurarot AC wird in der Lebensmittelindustrie unter der Bezeichnung E 129 als roter bis dunkelroter Farbstoff verwendet.
Im Gegensatz zu einigen europäischen Ländern wie Belgien, Frankreich und Schweden, ist der Farbstoff in Deutschland zugelassen. Wie alle Azofarbstoffe steht auch Allurarot AC in dem Verdacht Hyperaktivität bei Kindern auszulösen und so muss seit 2010 ein entsprechender Warnhinweis auf alle Produkte, die E 129 enthalten, mit einem Vermerk gekennzeichnet werden. Allergiker sollten Lebensmittel bei dem dieser Farbstoff zugesetzt ist meiden. Insbesondere wenn eine Empfindlichkeit gegenüber Salicylsäure oder Benzoesäure bekannt ist, es kann zu Hautreaktionen und Atemwegsbeschwerden führen.
Oder der Azofarbstoff Braun HAT E 155, wird auch aus Erdöl gewonnen und steckt in den Lebensmittel.
Für den Farbstoff Braun HT E 155, der ebenfalls in alkoholfreien Getränken, Backwaren, Süßwaren,

Soßen, Würzmitteln und eingelegtem Gemüse verwendet wird, bei Tieren wurde nach Langzeitstudien in niedrigeren Dosierungen schädliche Wirkungen, festgestellt.
Cyclamat,
In den USA ist der künstlich hergestellte Süßstoff Cyclamat seit 1970 verboten, in Europa ist es für Lebensmittel zugelassen. Bei Cyclamat besteht der Verdacht, dass es krebserregend ist.
Hohe Konzentrationen von Cyclamat führten bei Tierversuchen zu Blasenkrebs, verminderter Fruchtbarkeit und Zell Veränderungen.

Cyclohexylamin ist auch als Schädlingsbekämpfungsmittel bekannt.
Im Tierversuch schädigt Cyclohexylamin Hoden und Spermien.
Die Möglichkeit ist also nicht auszuschließen, dass den Menschen, deren Organismus aus dem Cyclamat das Cyclohexylamin abbaut, nach dem Genuss des Süßstoffs, Keimzellen mit Chromosomenbrüchen wachsen. Cyclamat verbirgt sich in den zuckerfreien Getränken, in Marmelade, Puddings, Obstkonserven, Süßstofftabletten, Gelees.

Glutamate:
Gefahr im Essen, sie sind aus unseren Lebensmitteln kaum noch wegzudenken, sie verstärken den Geschmack in Tütensuppen, Fertiggerichten, Chips und sie sind in vielen Speisewürzen vorhanden,
von der Sojasoße bis zum Tomatenmark.

Glutamate werden als Geschmackverstärker verwendet, sie sind eine Gefahr für unseren Geschmacksnerven und unsere Gesundheit, Herzrasen, Schweißausbrüche, Allergien ist keine Seltenheit.
In Tierversuchen führte Glutamat zu schweren Gehirnschäden, wurde es schwangeren Ratten über die Nahrung verabreicht, so wie es die Lebensmittelwirtschaft in Kartoffelchips oder Fertigsuppen beimischt, so konnte sich beim Embryo im Mutterleib kein voll funktionsfähiges Nervensystem mehr entwickeln.
Die Neugeborenen wären wahrscheinlich in der Natur nicht überlebensfähig gewesen.

Auch bei erwachsenen Tieren traten deutliche Gehirnveränderungen auf.
Die Hersteller von Fertigprodukten Sparen somit den Einsatz von teuren natürlichen Gewürzen, mach aber auf kosten der menschlichen Gesundheit, milliardenschweren Gewinn.
Gelborange S E 110 ist ein künstlicher Farbstoff, damit die Lebensmittel eine schönere Farbe bekommen, wirdauch aus Erdöl gewonnen und ist hochkarätig Giftig
Benzoesäure kurz E 210, ist für Tiere tödlich und für den Menschen ein krebserregender Stoff der mit einer längeren Einnahmezeit zum Tot führen kann.
So wird die hälfte unserer Lebensmittel, aus Geldgier die für den normalen Verbraucher bestimmt sind, zu einem teueren Lebensmittel für die Zweiklassengesellschaft für einen vergifteten Preis angeboten.

Damit die Politikerinnen und Politiker weiterhin ruhig Schlafen können und die Schuld von sich weisen können, bekommt das Bundeslandwirtschaftsministerium, zwei neue Unterabteilungsleiter, einer davon leitet die Unterabteilung 12, der andere die Forschungsförderung, für die steuergeldverschwenderischen Angelegenheiten. Eine Steuergeldverschwendung, die sich nur unser Staat leisten kann, ohne Rücksicht auf die Deutsche Bevölkerung.

Genauso ist es auch mit der gesetzlichen Anordnung, mit der schrittweise Einführung der Energiesparlampe. Bei den Energiesparlampen handelt es sich eigentlich um nichts anderes als die bekannten Leuchtstoffröhren, die nur in eine kompakte Form mit 27er oder 14er Einschraubgewinde gebracht werden. Die Investitionskosten auf die Jahre gerechnet bleiben etwa gleich, nur die Lichtleistungen der Sparlampen können im Laufe der Jahre um bis zu 60 % abnehmen. Energiesparlampen lohnen sich erst nach 20 Minuten Brenndauer, wenn sie ständig nur für wenige Minuten aufleuchten (etwa im Gäste-WC oder Keller), lohnen sich Sparlampen auch nicht, da sie für den Startvorgang einen erhöhten Verbrauch und Verschleiß aufweisen. Bei häufigem An- und Ausschalten kann es sein, dass Energiesparlampen nicht länger halten als herkömmliche Glühbirnen und somit wären sie völlig unrentabel. Eingeschaltete Sparlampen entwickeln Hochfrequenzfelder, deren Unschädlichkeit für den Menschen noch unbewiesen ist. Man sollte sich deshalb nicht zu dicht vor eine Sparlampe setzen, sondern einen Abstand von mindestens einem Meter einhalten. Sparlampen enthalten in geringen Mengen Quecksilber und dürfen deshalb nicht in den Hausmüll, sie müssen bei den Sondermüllannahmestellen entsorgt werden. Quecksilberhaltige Energiesparlampen stellen für das Kinderzimmer eine besondere Gefahr dar. Fällt eine Lampe einmal versehentlich herunter und zerspringt in tausend Teile, wird flüssiges Gift freigesetzt (Ausgasung unter anderem von Glykol oder Phenol).

Da wir der Bevölkerung fälschlich vorgegaukelt und bewusst Angelogen, das die Energiesparlampe, auch Kompaktleuchtstofflampe genannt, Stromsparender ist, als die herkömmliche Glühlampe, was auch beim verwenden in den Haushalten zutrifft. Es wird aber nicht erwähnt, dass durch die Entsorgung, dieser mit giftigen und Krebserregenden Stoffen voll gestopfte Energiesparlampen die Stromersparnis wieder zunichte macht. Das bedeutet also, die Energiesparlampe ist, wenn man die Entsorgung mit ein Berechnet nicht sparsamer, sondern auch noch giftiger, aber für die Wirtschaft gewinnbringender.

Phenol verursacht unter anderem Kopfschmerzen, Schwindel, Schlaflosigkeit, Nervenschäden, Nierenschäden, und möglicherweise auch Leberschäden, letztendlich kann Phenol auch zu Krebs führen.

Naphthalin, kann rote Blutkörperchen beschädigt oder zerstört. Naphthalin dient in der chemischen

Industrie als Zwischenprodukt hauptsächlich für Azofarbstoffe, Insektizide, Stabilisatoren, Pharmaka, Kosmetikzusätze und Weichmacher.

Eine Idee der Wirtschaft um die alte billige Glühlampe aus dem Verkehr zu ziehen, weil daran kein große Gewinne mehr zu erzielen sind, dafür aber eine teuere giftige Sparlampe auf den Markt bringen, damit die Umsätze Sprudel.
An die Arbeiter die für die Entsorgung der giftigen Stromsparlampen zuständig sind und die Bevölkerung, die bei einem Zerbersten der Stromsparlampe diesen giftigen Stoffen ausgesetzt sind, wird erst gedacht, wenn es genügend Kranke, oder vielleicht auch Tode gegeben hat.

Aber bis dahin hat die Wirtschaft genügend Milliarden verdient und bestimmt eine passende Ausrede parat.

Wie immer geht es unserer Wirtschaft, Politikerinnen und unseren Politikern nur um Profitgier.

Die billigeren Glühlampen, kostete ca. 1 Euro, kosten der Energiesparlampen ca. 10,00 Euro. Durch die gesetzliche Verpflichtung unserer Regierung, mit Absprache der Wirtschaft, verdient die Wirtschaft kräftig an diesem neuen Gesetz Milliarden Euros, und der Staat profitiert durch die Mehrwertsteuer und Umsatzsteuer, und die Bevölkerung hat wie immer das Nachsehen, gesundheitlich und finanziell.

Ein beweis mehr dafür, das die Wirtschaft, Politikrinnen und Politiker sich um das Wohl und die Gesundheit der Bevölkerung einen Treck scheren und wenn es sein muss, über Leichen gehen würden.
Der gesetzliche höchste Anteil an den beigefügten Giftstoffen, wird dann hinter verschlossener Tür durch die Wirtschaftbossen mit unsere Politikerinnen und Politiker (stille und heimliche Absprache)
festgelegt.

Wie lange wird die Deutsche Bevölkerung noch zusehen, wie sie vom Staat und der Wirtschaft betrogen und belogen werden.

Auch das folgende Beispiel Zeigt, wie das Deutsche Volk durch unsere Politikerinnen und Politiker und der Wirtschaft bewusst und mit voller Berechnung, um ihr Steuergeld gebracht werden.

Da werden Projekte, die von den Geldern der Deutschen Bevölkerung bezahlt werden, öffentlich Ausgeschrieben, um den günstigen Anbieter zu gewinnen.
So soll der Anschein gewährt werden, dass nur der Anbieter das Angebot zugesprochen bekommt, der am billigste und günstigste sein Angebot abgibt.
In Wirklichkeit, ist diese eine abgesprochene Steuergeldverteilung die durch Vetternwirtschaft, Steuergeldunterschlagung, Steuergeldbetrug und Steuergeldverschwendung, durch unsere

Politikrinnen und Politiker, mit voller Absicht und Bewusst, am Deutschen Volk vollzogen wird.

Man müsste einmal zusammenstellen, wie viele Billionen Steuergelder, in den letzten 20 Jahren allein durch solche fehlerhaften Projektverteilung und fehlerhaften Berechnungen, der staatlichen vergrabe an Großprojekten in den Sand gesetzt wurden und wer letzt endlich dafür bezahlen hat.

Diese Projekte werden dann öffentlich billig vergeben, so heißt es dann zu mindestens in den Medien, aber im Nachhinein werden diese Projekte, durch Vetternwirtschaft, Steuergeldunterschlagung, Steuergeldbetrug, Steuergeldverschwendung, Missmanagement, Fehlkalkulation, Unfähigkeit, Dummheit und bewusst fälschlicher Berechnungen, immer um das Vielfache teuerer als diese Ausgeschrieben wurden.
Solange diese Staatsdiener mit fremden Geldern Wirtschaften können wie es ihnen in den Sinn kommt, nach Lust und Laune Vetternwirtschaft betreiben können, nicht nach Leistung bezahlt werden und nicht für den Schaden aufkommen müssen, wird sich diese betrügerischen Milliarden Steuergeldverschwendungssucht nicht ändern.
Denn sie wissen genau, dass ihnen nicht passieren kann, außer vielleicht eine Versetzung in eine andere Abteilung.

Bei einem unfähigen Steuergeldveruntreuendem Minister würde sich dies folgender lesen:

Zuerst Chef der Sächsischen Staatskanzlei,
Sächsischer Staatsminister der Finanzen,
Sächsischer Staatsminister der Justiz, Sächsischer
Staatsminister des Innern,

Sächsischer Staatsminister der Justiz, Sächsischer
Staatsminister des Innern, Bundesminister für
besondere Aufgaben, Chef des
Bundeskanzleramtes, Bundesminister des Innern
im Kabinett Merkel II, Bundesminister der
Verteidigung, und so weiter, und so weiter, nur die
Milliarden Steuergeldverschwendung bleiben an
der Deutschen Bevölkerung hängen und die
Minister wechseln und wursteln sich weiterhin
durch.
Die Deutsche Bevölkerung wird somit doppelt
bestraft.

1. muss sie nicht nur den angerichteten Schaden der
ein Minister angerichtet hat ausgeglichen.

2. die Verursacher bekommen auch weiter hin ihre
ungerechte Gehälter, Diäten und Pensionen
auf kosten der Steuerzahler weiterbezahlt.

Diese Staatsangestellte, Gutachter und Fehlplaner
sowie die gesamten zuständigen Ministerien,
und von denen gibt viel zu viele,
die nur zur Steuergeldverschleierung beitragen,
werde von der Deutschen Bevölkerung finanziert.

Bundesministerien:

Bundesministerium des Innern
Bundesministerium der Justiz
Bundesministerium der Finanzen
Bundesministerium für Wirtschaft und Technologie
Bundesministerium für Arbeit und Soziales
Bundesministerium für Ernährung, Landwirtschaft und
Verbraucherschutz
Bundesministerium der Verteidigung
Bundesministerium für Familie, Senioren, Frauen und
Jugend
Bundesministerium für Gesundheit
Bundesministerium für Verkehr, Bau und
Stadtentwicklung
Bundesministerium für Umwelt, Naturschutz und
Reaktorsicherheit
Bundesministerium für Bildung und Forschung
Bundesministerium für wirtschaftliche
Zusammenarbeit
und Entwicklung.

Die kosten für die Bundesminister belaufen sich auf ca. 4 000 000,00 Millionen Euro jährlich.

Rechnet man nun alle Berufunerfahrenen steuergeldverschwenderische Angestellte, die nur in den Bundesministerien arbeiten, und deren laufenden monatliche Kosten dazu kommt man schnell auf mehrere Milliarden Euro Steuergelder, die von den Deutschen Bürgern aufgebracht werden müssen.

Wenn man jetzt noch alle unnütze Ämter,
Staatsdiener, Politikrinnen, Politiker und externe
Angestellten dazu rechnet, kann sich die Deutsche
Bevölkerung vorstellen, für wen sie Arbeitet und
wo die Billionen Euro Steuergeldern hinfliesen.
Dieses Verhalten nennt sich auch Durchregieren,
mit oder ohne Verlust, Gedanken und Ideenlos,
den Bundestag und die Wirtschaft berücksichtigen,
keine eigene Entscheidung treffen, dadurch entfällt
auch die Verantwortung unserer Politikerinnen und
Politiker, der Wirtschaft und den Geldinstituten
freie Hand lassen,
Gesetze vom Europaparlament übernehmen, um
somit ein sorgenfreies Politikerdasein zu genießen.

Die ca. 42 Millionen Erwerbstätige, mit Wohnsitz
in Deutschland, werden für das Fehlverhalten und
die betrügerischen Machenschaften der
Steuergeldverschwendung unserer Politikerinnen,
Politiker und Staatsdiener gezwungener maßen
aufkommen müssen.

Und nun kann man sich auch vorstellen, warum die
Umstellung von der Deutschen- Mark zum Euro
durch unsere Wirtschaft, Geldinstituten,
Politikerinnen und Politiker, der deutschen
Bevölkerung hinterhältig und bewusst und mit
verleumderischen Versprechungen mit der Absicht,
die Bevölkerung auf heimtückische Art uns Weise
zu Betrügen und Abzuzocken, eingeführt wurde.

Da wurde versprochen, alles eins zu zwei
Anzupassen.

Alles was aber eins zu zwei angepasst wurde,
waren die Gehälter und die Rente der
Westbevölkerung.

Vergessen wurde aber, das man die Pensionen und
Diäten unserer Politikerinnen und Politiker,
die Lebenshaltungskosten, Lohnnebenkosten,
Verbrauchsgüter, Managergehälter, Rohstoffpreise
und vieles mehr, auch Eins zu Zwei anpassen muss.
Dies wurde aber bei der Einführung des Euros im
vorab hinter verschlossenen Türen im Kanzlramt,
zwischen der Wirtschaft, Geldinstituten,
Politikerinnen und den Politikern voraus berechnet,
wie hoch die satten Gewinn eines Tages sein
werden, wenn man eine Verrechnung von Eins zu
Eins erschleicht, indem man die Preise heimlich
erhöht und die Menge verringert,
so wie es Heute praktiziert wird.
Die Preise sind langsam gestiegen, im Gegenzug
werden die Verpackungen und die Menge kleiner.
Der Lohn der Arbeiter wird immer weniger, durch
die kalte Progression, die heimlichen
Steuererhöhungen, und der Geldbeutel der
Bevölkerung bekommen immer mehr Löcher.

Man kann es nicht oft genug erwähnen, wir
benötigen schnellst möglich eine Demokratie, mit
Volksabstimmung und Volksentscheid.
Unsere Politikerinnen und Politiker leben in einer
anderen Welt, sie sind Reich, Verwöhnt,
leben in Luxus und versuchen alles nach Außen hin
zu verschönern.
Die Realität sieht anders aus. Die Schere zwischen
der Zweiklassengesellschaft gehr immer wieder

auseinander die Anzahl der Reiche nimmt zu und die Armut in Deutschland wird immer größer.

Man muss nicht nach Afrika, Brasilien, China, oder Indien Schauen, oder in die Armenviertel der anderen Länder, in Deutschland gibt es davon auch genügend, nur werden diese noch verschwiegen.

Bei einem sind sich unsere Politikerinnen und Politiker aber immer einig, wenn es um ihre Diäten und Pensionserhöhungen gehen, da gibt es keine Streitigkeiten, kein gegenseitiges Ausspielen, keine Sticheleien und keine Beschimpfungen.
Für diese eigenmächtige Steuergeldentwendung, bedarf es auch keinen besonderen geistigen Einfall.

Was unternehmen unsere Politikerinnen und Politiker noch alles für die Wirtschaft und die Reichen!
Bei der Ausbeutung des Arbeitskräfte, beziehungsweise beim Stammpersonal, diese wurden durch billige Arbeitskräfte, mit dem Segen unserer Politikerinnen und Politiker entlassen und ersetzt.

Die Leiharbeiter sind billiger, sie bekommen weniger Lohn, weniger Urlaub, einen unbefristeten Arbeitsvertrag (die Arbeitsverträge wurden, von 12 Monaten auf 8 Monate verkürzt), haben weniger Rechte und wenn es keine Arbeit gibt, schickt man diese eben nach Hause. Was sich wiederum negativ auf die Rentenkassen auswirkt.
Aber nicht weil die Menschen immer älter werden, der Grund liegt darin, das die Gelder, die für die

Rentenkasse bestimmt sind, Zweckentfremden
wurden und auch immer noch, für andere leer
geplünderte Haushaltskassen herhalten müssen

Nur die Pensionskasse und die Diätenkassen
unserer Staatsdiener werden nicht angetastet.
Das unsere Politikerinnen und Politiker besondere
Privileg haben, sollte auch allen Deutschen
Bürgern bekannt sein, wie zum Beispiel bei der
Diäten und Pensionserhöhung.
Die Bundestagsabgeordneten können ihre Bezüge
selbst durch eine Gesetzesänderung erhöhen.

Sie müssen keine Beiträge für die Altersversorgung
zahlen, die Höchstversorgung wird nach 27 Jahren
erreicht, das wäre dann nach 27 Jahr leistungslosem
Aussitzen, eines Staatsdieners, ca. 5 200,00 Euro
an Steuergeldern monatlich.

Ein Arbeiter muss fast doppelt so viele Jahre
Arbeiten, nicht nur geistig auch körperlich, er muss
Leistung bringen. Dafür bekommt ein Westrentner
aber nur 1 000 Euro an Rente, wenn er Glück hat.

Die Probleme liegen aber seit vielen Jahren auf
dem Tisch und die etablierten Parteien haben durch
ihre betrügerische Zweckentfremdung der
Steuergelder, die für die Sozialkassen und
Rentenkassen bestimmt waren, schlicht und einfach
versagt, durch ihre Berufunerfahrenheit,
Unfähigkeit und Interesselosigkeit.
Hätte man die Verantwortlichen, die die
Sozialkassen leer geplündert haben zur
Rechenschaft gezogen und ihnen nicht das

Bundesverdienstkreuz dafür gegeben, bräuchten wir uns keine Sorge machen.
Somit wird es auch dabei bleiben, Steuergeldverschwendung, Steuergeldbetrug, Schwarzgeldkonten, Schwarzgeldbanken, Schwarzgeld Ämter und noch viele unnütze schwarze Steuergelddepots.

Durch solche Betrügereien, erfolgt dann zum Beispiel eine Jahrelange Teilrückzahlung, in die gesetzliche Rentenversicherungskasse, weil unsere Politikerinnen und Politiker die vorher entnommenen Beiträge, für versicherungsfremde Leistungen, entwendet haben, was wiederum Betrug an den deutschen Rentner ist.
Merkwürdiger weise sind die Pensionskasse und die Diätenkasse unserer Politikerinnen und Politiker immer gefüllt und es entsteht auch kein Milliardenschaden, wie in der Rentenkasse für die normale Bevölkerung.
Wenn man sich gedanklich vorstellt, dass der Steuerzahler so gesehen, also gar nichts in die Rentenkasse einzahlt, weil der Staat diese Rentenkasse bestiehlt, sobald diese gefüllt ist, um andere leer geplünderte Haushaltslöcher zu stopfen, liegt der Verdacht nahe, dass die intern gemachten Schulden unserer Politikerinnen und Politiker, eine Strafbare Handlung ist, die aber nicht verfolgt, geschweige denn Bestraft wird, und somit werden unsere Politikerinnen und Politiker weiterhin Strafbare Handlungen an der Deutschen Bevölkerung ausführen.
Auch der Bundeszuschuss für die Rentenkasse, wie es unsere Politikerinnen und Politiker gerne nennen

ist reine Irreführung und eine Lüge, um die Rentner zu beruhigen.
Warum gibt es keine Probleme mit der Beamtenversorgung und Abgeordnetenversorgung, wären dies nicht ein Grund und eine Möglichkeit, alle Renten auf die Pensionen umzustellen,
oder eine Einheitsrente mit nur eine Rentenkasse zu führen.

Es gäbe dann keine verschiedenen Rentenkassen, sondern nur eine Pensionskasse, oder keine Pensionskasse, sondern nur eine Rentenkasse und Steuergelder würde man dadurch auch Einsparen.

Gerechtigkeit und Wahrheit ist für unsere machtgierigen marionettenhaften reiselustigen und nach dem großen Europa lechzenden, Eurosüchtigen Politikerinnen und Politiker schon immer ein Fremdwort gewesen und wurde aus diesem Grunde aus dem politischen Wörterbuch gestrichen.
Dafür werden die politischen Wörterbücher mit neuen betrügerische Gesetze für neue Steuergeldbeschaffungsmaßnahmen, oder Ämter für Steuergeldverschleierungangelegenheiten neu erfunden.

Unsere Regierung steckt Milliarden Steuergelder in die Forschungsinstitute, auch bei der suchen nach Alternativen für Benzin, Windkraft und Elektroautos und wenn dann die erforschten Produkten, in denen Steuergelder der Deutschen Bevölkerung stecken, auf den Markt kommen, werden diese Produkte für die normale Bevölkerungsschicht nicht zu Kaufen sein, weil sie einfach zu Teuer angeboten werden und für die Reichen vorbehalten sind.

Allein im Jahre 2011 nahm der Staat
ca. 50 000 000 000 Milliarden Euro aus der Mineralölsteuer ein, dazu kommt noch
die 19 Prozent Mehrwertsteuer, was auch noch
ca. 800 000 000 Millionen zusätzlich in die Staatskasse spült, sowie Einnahmen aus der Lkw-Maut in Höhe von
ca. 5 000 000,00 Millionen Euro, wo ist das Geld geblieben!

Wurde dies in die leer stehenden, Landschaftsverunstalten Brücken und Straßen mit einbetoniert!

Man bedenkt, dass dies nur Einnahmen von der Mineralölsteuer ist.
Was machen unsere Politikerinnen und Politiker mit den Billionen Steuereinnahmen, die sie von der Industrie, Großunternehmen, Wirtschaftsbetrieben und Geldinstituten und den Reichen erhalten!

Unsinnige Steuergeldverschwendung soweit das Auge reicht.
Steuergeldbetrug an der Deutschen Bevölkerung.
Staatsschulden in Billionenhöhe.
Wie weit gehen unsere Politikerinnen und Politiker noch!

Die Vorratsdatenspeicherung wurde in Deutschland eingeführt, abgeschafft und soll nun wiederkommen.
So eine Vorratsdatenspeicherung ist nur für unsere gelangweilten Politikerinnen und Politiker, und für das Arbeitsamt von Interesse, zumal wieder einmal eine neue Steuergeldeinnahmequelle für unsere Staatskasse erfunden wurde.
Mehr Beamte müssen auf kosten der Steuerzahler eingestellt werden, eine neue Vorratsdatenspeicherungbehörde muss gegründet werden und die Kosten für die Büroräume (Strom, Wasser, Büromöbel, Kantine, jährliches Budget von zig Millionen Euro müssen zur Verfügung gestellt werden, Millionen Euro für Sonderausgaben, Einrichtungen für die Büros und noch vieles mehr) übernimmt in Milliardenhöhe auch der Steuerzahler.
Dass die Kriminellen nicht über das Internet agieren, sollte auch jeder Politikerin und jedem Politiker bekannt sein.
Die CDU / CSU werden das Gesetz schon durchsetzen, egal wie, und wie eigentlich immer. Vielleicht kann man dadurch, die mangelnde Arbeitslustlosigkeit unserer Staatsdiener vorübergehend wieder etwas ankurbeln.

Es ist erschreckend, wie viele der teuren Gesetze, die von unseren Berufsunerfahrenen Politikerinnen und Politiker, von dem Bundesverfassungsgericht abgelehnt werden müssen, weil diese nicht Gesetzeskonform und nur zum Nachteil der Bevölkerung sind.

Bei den Gesetzen zur Vorratsdatenspeicherung, der Online-Durchsuchungen, großer Lauschangriff, oder Hartz IV war es unseren Politikerinnen und Politiker nicht möglich grundgesetzkonforme Regelungen zu finden.
Der Grund liegt vor allem an der Berufsunerfahrenheit, fehlende Kenntnis, fehlende Praxis, fehlende Routine, fehlende Sachkenntnis, fehlendes Wissen, fehlende Übung.
Was ein Armutszeugnis für alle Politikerinnen und Politiker ist.

Trotzdem geben die Möchtegerne, marionettenhaften Hardliner (Politikerinnen und Politiker) von der CDU und CSU nicht auf und vergeuden weiterhin Zeit, halten weiter an der umstrittenen Vorratsdatenspeicherung fest, obwohl der Europäische Gerichtshof und das Bundesverfassungsgericht ausdrücklich vor dem Grundrechtseingriff warnen.

Was die Vorratsdatenspeicherung in der Vergangenheit gebracht hat, sieht man an den ständigen Pannen beim Bundesnachrichtendienst (NSA- Skandal, Spionageaffäre und noch vieles mehr).
Diese Pannen kosten dem Steuerzahler Milliarden Euro an Steuergelder.

Ein Vorratsdatenspeicherungsgesetz sollte man für unsere Politikerinnen und Politiker einführen, denn diese sind mit Steuergeldverschwendung und Steuergeldbetrug behaftet und die Freiheit der Deutsche Bevölkerung versuchen sie immer stärker einzuschränken, zumal unseren Politikerinnen und Politikern das verfassungsrechtliche Gewissen fehle.

Vorratsdatenspeicherungsgesetz bedeutet, ein ungeheuerlicher Angriff auf die Bürgerrechte, das nur einem Zeck dient, totale Überwachung der Bevölkerung, endgültiger Verlust der Privatsphäre und Verlust der Bürgerrechte.
Nachteile für jeden Bürger,
die Vorratsdatenspeicherung muss finanziert werden, die Provider müssen zusätzliche Hardware und Software erwerben, das sind
ca. 600 000 000,00 Millionen Euro an Steuergeldern, ohne die laufenden Kosten, in Höhe von mehreren Milliarden Euro Steuergelder,
die dann jährlich auf die Bevölkerung zukommt.

So gesehen wird aus der Demokratie, die es in Deutschland sowie so nicht gibt, ein diktatorischer Überwachungsstaat wie in der ehemaligen DDR.

Merkel, Gauck, de Maizière und Co, lassen Grüßen.

Dabei geht es unseren Staatsdiener ausschließlich darum, die Bürgerrechte zunehmend aufzuweichen, und die Bevölkerung noch mehr zu Kontrollieren und Überwachen, so wie es das Arbeitsamt praktiziert. Die Bundesagentur für Arbeit spielt schon seit längerem auf kosten der Steuerzahler und aus Langeweile im Internet, um Arbeitslose Auszuspionieren.

Dass der Zensus nur genutzt wurde, um in
Deutschland eine zentralen Datenpool aufzubauen,
haben unsere Staatsdiener, der Deutschen
Bevölkerung verschwiegen.
Würden die Meldebehörden,
Einwohnermeldeämter und Passämter so
professionell und Fehlerhaft Arbeiten, was in der
heutigen modernen Kommunikation eigentlich sein
sollte,
müsste dieses Zensusgesetz und das
Vorratsdatenspeicherungsgesetz, nicht nötig sein.
Der Verkauf scheint diese Meldebehörden,
Einwohnermeldeämter und Passämter besser zu
liegen.
Den Verkauf von Adressen der Bürger, an die
Adresshändlern und Werbetreibenden ist auch
wesentlich einfacher, zumal dies auch ein
lukrativeres Geschäft ist.

Wir Zahlen und Zahlen und es nimmt kein Ende.
Wie zum Beispiel an die EU.

Deutschland bezahlt pro Jahr 164 000 000 000,00
Milliarden an Steuergelder in die EU.
Erhält aber nur 78 000 000 000,00 Milliarden Euro
zurück.
Das sind pro Einwohner ca. 1 100,00 Euro im Jahr
und ca. 92,00 Euro monatlich, die dem Steuerzahler
verloren gehen.
Zahlen wir Deutsche Bürger nicht schon genug an
unsere Präsidenten, Kanzler, Kanzlerin,
Ministerinnen , Minister, Politikerinnen, Politiker,
bankrotte Geldinstituten, bankrotte Euroländer
und das Beamtenvolk im eigenen Land!

Warum müssen wir auch noch diese unerfahrenen, vom Luxusverwöhnte Steuergeldverschwenderischen, Machtgierige Europaabgeordneten unterhalten!

Daher wäre es Sinnvoller, ein Vorratsdatenspeicherungsgesetz für die marionettenhaften der Wirtschaft unterstellten, Steuergeldverschwenderischen Politikrinnen und Politiker und Europaabgeordneten zu erstellen, damit man einmal sieht,
wie verschwenderisch diese Personen mit den fremden Geldern umgehen.

Unsere Politikerinnen und Politiker machen keine Politik für die deutsche Bevölkerung, sie erfinden neue Geschäftsideen, wie man die deutsche Bevölkerung abzocken kann.
Jedes neue Gesetz (Gesetzesentwurf) verbindet eine neue Geschäftsidee, was aber nicht zum Wohle der Bürger, sonder zum Wohle der Politikerinnen, Politiker und der Europaabgeordneten ist.
Jeder neuer Gesetzesentwurf bedeutet für die Bevölkerung eine steuerliche Belastung und ein Minus im Geldbeutel.

Nicht anders zu Verstehen ist auch das Zensusgesetz, eine Steuergeldverschwendung, die dem Steuerzahler ca. 900 000 000,00 Millionen Euro kostet.
Da die Berechnung von unseren Politikerinnen und Politikern erstellt wurde, kann man aber davon ausgehen, das diese Summe überschritten wird und

womöglich eine Milliarde (1 000 000 000,00) Euro zu Lasten des Steuerzahler geht.

Das Zensusgesetz ist eine Bevölkerungs-, Gebäude- und Wohnungszählung.
Daran beteiligt sind 15 Statistische Ämter des Bundes und der Länder.
Die Kommunen mit ihren mehr als 500 Erhebungsstellen sowie rund 80 000 Interviewerinnen und Interviewer.
Der Zensus ist der zweite Datenskandal des Jahres nach dem NSA Abhörskandal.
Zu viele Fehler, zu viele Widersprüche, zu viel Steuergeldverschwendung, die das statistische Bundesamt, samt unseren Politikerinnen und Politikern vertuschen möchten.

Mit dem Zensusgesetz, auch Volkszählung genannt, wird die Verordnung in das deutsche Recht umgesetzt.

Es regelt die Erhebungsmerkmale, zum Beispiel das Alter, das Geschlecht, den Schulabschluss oder Wohnfläche des Bürgers, definiert die Auskunftspflichtigen und trifft Aussagen zu Zusammenführungen der Erhebungsstellen sowie Löschungsfristen für Hilfsmerkmale, wer sich weigert Auskunft zugeben oder die Fragen nicht beantwortet, wird mit ein Bußgeld in Höhe von bis zu 5 000,00 Euro bestraft, oder Gefängnis mit Tagessätzen, je nach Einkommen, zur Aussage gezwungen, was auch wiederum ein lohnende Geschäftsidee von unseren Politikerinnen, Politiker war um die Staatskasse zu befüllen.

Ausführendes Organ ist das statistische Bundesamt.

Aufstellung der gesamten Kosten für das Zensusgesetz.

Auf ca. 900 000 000,00 Millionen Euro Steuergelder belaufen sich die Kosten, wobei ca. 200 000 000,00 Millionen Euro Steuergelder auf die vorbereitenden Arbeiten und ca. 600 000 000,00 Millionen Euro Steuergelder auf die Durchführung des Zensus entfallen.

Von den Gesamtkosten von
ca. 900 000 000,00 Millionen Euro Steuergelder bis ca. 1 000 000 000,00 Milliarde Euro Steuergelder entstehen.
Das statistische Bundesamt kassiert für sich
ca. 100 000 000,00 Millionen Euro Steuergelder und ca. 630 000 000,00 Millionen Euro Steuergelder gehen an die Ländern.
Der Bund trägt nicht nur die Kosten des Statistischen Bundesamtes, sondern hat den Ländern einen Zuschuss in Höhe von
ca. 300 000 000,00 Millionen Euro Steuergelder zusätzlich zu ihren Kosten gewährt.

Wie unsere unerfahrene steuergeldverschwenderischen Politikerinnen und Politiker mit den Statistiken und Kostenvoranschläge verfahren, hat die Deutsche Bevölkerung schon öfters zu Spüren bekommen.

Wenn unsere Politikerinnen und Politiker einmal bemerkt haben, wie leicht es ist, an die Gelder der Bevölkerung zu gelangen, erfindet man einfach eine neue Geschäftsidee, beziehungsweise ein neues Gesetz.
Zur Erinnerung für was der Deutsche Steuerzahler Arbeitet:

Berliner Flughafen. Kostenvoranschlag
ca. 2 500 000 000,00 Milliarden Euro Steuergelder.
Nach den neuesten Berechnungen kostet er jetzt
ca. 6 000 000 000,00 Milliarden Euro Steuergelder.

Das gleich gilt auch für folgende Projekte:
Flughafen Kassel – Calden
ca. 300 000 000,00 Millionen   Euro Steuergelder,
Euro – Hawk - Projekt,
ca. 600 000 000,00 Millionen   Euro Steuergelder,
Hubschrauber-Blamage
ca. 910 000 000,00 Millionen   Euro Steuergelder,
Der NH 90 war eine Vergabe ohne Wettbewerb,
(die Kosten der möglichen Klagen der Hersteller sind darin nicht berücksichtigter).

Schlauchboote für die Bundesmarine
ca. 500 000 000,00 Millionen Euro Steuergelder
(die Boote erfüllten die Anforderungen aber nicht und sind somit nicht zu gebrauchen).
Deutsche Bahn erhält
ca. 3 000 000 000,00 Milliarden Euro Steuergelder
(für einen Zeitraum von ca. 2 Jahren).

Stuttgart 21 wurde mit
ca. 2 300 000 000 MilliardenEuro Steuergelder angegeben,
neuer Kostenstand liegt bei
ca. 7 000 000 000,00 Milliarden Euro Steuergelder,
durch politische Extrawürste und der Unfähigkeit
der unerfahrenen Politikerinnen und Politiker
wurde es zum Milliardengrab.
Durch unsaubere, geschönten Statistiken und
absichtliche Falschberechnung,
man nennt so etwas auch klein Rechnen, oder den
Bürger absichtlich Täuschen.

Die Umfahrung Oberkirch/Lautenbach,
Statt kalkulierter
ca.37 000 000,00 Millionen Euro Steuergelder,
kostet das Projekt ca. 70 000 000,00 Millionen
Euro, eine Stecke von ca. 6 Kilometer.

Da gibt es dann noch die Fledermausbrücke,
kosteten ca. 440.000,00 Tausend Euro
Steuergelder, hinzu kämen noch ca. 35.000,00
Tausend Euro Steuergelder für die Überwachung.

Noch zu erwähnen wäre, staatliche Subventionen
von ca. 16 000 000 000,00 Milliarden Euro
Steuergelder pro Jahr, die der Staat an die Kirchen
zahlt.

Solche Steuergeldverschwenderischen
Machenschaften sind nur in der Politik vorstellbar,
bei der Rechtfertigung, über die Wahnsinnigen
Mehrkosten, sind unsere Politikerinnen und
Politiker mit ihren Ausreden sehr einfallsreich,

es wird von einem auf den anderen geschoben, die verantwortlichen Minister ausgetauscht, bis es die Deutsche Bevölkerung vergessen hat und die schuldigen Verantwortlichen dürfen wieder hin, auf kosten der Steuerzahler ihr Dasein fristen.

Dies sind nur einige wenige kleine Beispiele des Steuergeldbetruges, die unsere Politikerinnen und Politiker, Jahr für Jahr an dem Deutschen Volke durchführen.

Wie betrügerisch unsere Politikerinnen und Politiker mit der Bevölkerung umgehen, zeigen auch die ca. 80 Betrugsfälle am Berliner Flughafen, die bei der europäischen Kommission, für den Luftverkehrssektor anhängig sind.

Bei ca. 60 Prozent hat sich der Verdacht auf unerlaubte Staatsbeihilfen derart erhärtet, dass ein eingehendes Prüfverfahren eingeleitet worden ist.
Bezahlen muss dies der Steuerzahler.

Ohne Subventionen sind diese Projekte nicht überlebensfähig, was wiederum bedeutet, dass die Projekte nach der Fertigstellung, mit jährlichen Subventionen, sprich Steuergeldern in Milliardenhöhe, bezuschusst werden müssen.

Man bedenke, es ist das Geld, genant auch Steuern, die der Deutschen Bevölkerung, gesetzlich weggenommen werden.

es kann nicht sein, dass die Politikerinnen und
Politiker so bewusst und hinterhältig,
die Deutsche Bevölkerung betrügt und Anlügt.

Hätten wie eine Volksabstimmung, wäre dieses
fehlerhafte Gesetze, mit solchen hohen Kosten,
von der Deutschen Bevölkerung bestimmt nicht
genehmigt worden.

Unvorstellbar ist es auch, das diese Staatsdiener
Milliarden von Steuergeldern in den Sand setzen
dürfen, ohne dafür zur Rechenschaft gezogen zu
werden, die Verluste, in Milliarden bezahlt der
Deutsche Bürger, auch dann, wenn er nicht einmal
weis, für was er die Milliarden Euro Bezahlen
muss.

Irgendwann stellt man sich dann die Frage, was
machen all diese Politikerinnen und Politiker,
für die Deutsche Bevölkerung, auser Milliarden
von Steuergelder Veruntreuen, Unterschlagen oder
Zweckentfremden, gefälschte, geschönte und
manipulierte Statistiken zu erstellen.

Was treiben unsere gelangweiten
marionettenhaften, Berufunerfahrene, Möchtegerne
Politikerinnen und Politiker sonst noch, wenn sie
nicht gerate ihrer Nebentätigkeit nachgehen, und
die Steuergelder zu verschleudern!

Sie kaufen auf kosten der Steuerzahler
Kunstschätzen, was vielen Bürgern nicht bewusst
ist,

wie zum Beispiel das Schlosses Salem am
Bodensee.

Die Kosten belaufen sich auf
ca. 60 000 000,00 Millionen Euro,
die Kunstschätze auf
ca. 15 000 000,00 Millionen Euro.
Zusammen ein Steuergeldbetrag von
ca.75 000 000,00 Millionen Euros.

Es werden aber nicht nur Schlösser aufgekauft,
auch Gemälde, Skulpturen, Bücher,
Schmuck und noch vieles mehr, auf kosten der
Steuerzahler.

Aber eher geht ein Elefant durch ein Nadelöhr,
bevor die machtbesessenen marionettenhaften
Möchtegerne Elitenpolitikerinnen und
Elitenpolitiker, wie sich unsere Staatsdiener auch
gerne sehen,
bevor sie sich demokratisch Gerecht für der
Deutschen Bevölkerung einzusetzen.

Wie die ehemalige DDR Politikerinnen und
Politiker die Steuergeldverschwenderische Art
angenommen haben, und diese auch bewusst
ausnützen, zeigt auch die Luxusreisen unserer
Reisekanzlerin Frau Merkel.
Sie haben alle die Machenschaften der neuen
Regierung vom Westen, hervorragend
angenommen wie man die Steuergelder sinnlos
vergeuden und ausgeben kann und nebenbei auch
noch dafür gesorgt, das man das eigene Land (den
Osten) besser aussehen lässt als den Westen, mit

den Steuergeldern von der Westdeutschen Bevölkerung.

Wie sehen die Reisen unserer neu eingebürgerten Reisekanzlerin aus?

Die Reisekanzlerin Frau Merkel, Jettet, auf kosten der Weststeuerzahler mit 7 Ministern nach China, für was!

Nicht nur 7 Minister hat Merkel nach China mitgenommen, sondern auch noch über 400 Wirtschaftsvertreter, die alle auf Staatskosten mitreisen und natürlich in 5-Sterne-Hotels untergebracht wurden.
Wenn es Frau Merkel so langweilig ist und die Steuergeldverschwendung nicht in den Griff bekommt, wäre es besser, sie würde sich aus der Politik zurückziehen, als der Westdeutschen Bevölkerung noch mehr finanzieller Schaden zu zufügen.

Wenn sich die deutsche Bevölkerung einmal Gedanken machen würde, in welcher Partei die größten Steuergeldunterschlager sitzen und sich Fragen würde, für was wir einen solchen diktatorischen,
Machtbesessene und Steuergeldverschwendungssüchtigen Beamtenstaat benötigen, würde keiner mehr zur Wahlurne gehen.

Wer viel Geld erhält, besitzt und die Bevölkerung betrügt ist Korrupt.

Unsere Reisekanzlerin Frau Merkel übertrifft sogar den Schuldenkaiser Herrn Kohl, ihren Lehrmeister und das will schon etwas heißen.

Nicht nur im Schulden machen, sondern auch im Betrügen, Lügen und Hintergehen, sowie bei den Statistiken, die immer so geschönt, verfälscht manipuliert dargestellt werden, ist unsere Reisekanzlerin ein Profi, auch wenn sie diese Aufgaben extern vergibt.

Unter Kohl hat Deutschland seine Erlösung in Europa gesucht und nicht gefunden. Frau Merkel macht an das Spiel weiter.
Da stellt sich die Frage, wo findet Frau Merkel die Erlösung in Europa!

Erreicht hat sie schon viel:
Von 1991 bis 1994 war Merkel Bundesministerin für Frauen und Jugend im Kabinett Kohl,
von 1994 bis 1998 Bundesministerin für Umwelt, Naturschutz und Reaktorsicherheit, wir erinnern uns sicher noch an die Castor Transporte, Angela Merkel, ehemalige Frauen- und Jugendministerin übernahm 1994 das Amt von Umweltminister Klaus Töpfer, weil sie sich für die Sicherheit der Atomenergie im Allgemeinen und der Castor-Transporte im Besonderen verbürgt hatte.
Als Ministerin und als Physikerin, hat sie schon genügend Schaden angerichtet.
Die Verunreinigung der Sondermüllcontainer nach Gorleben und deren Einlagerung, bezahlen wir Steuerzahler immer noch. Die gesundheitlichen

Schäden die auf die Bevölkerung zukommen von denen Wollen wir lieber nicht Sprechen.

Von 1998 bis 2000 amtierte sie im Kabinett Kohl als Generalsekretärin der CDU,
im Jahre 1999 gelangte die CDU Spendenaffäre in die Medien, das der amtierende CDU Ehrenvorsitzende Kohl, während seiner Zeit als Bundeskanzler, mit Wolfgang Schäuble,
Kohls ewiger Kronprinz, und Fr. Merkel, Millionenbeträge am Parteispendengesetz vorbei, entgegengenommen hatte.
Seit dem 10. April 2000 ist sie Bundesvorsitzende der CDU und seit dem 22. November 2005 deutsche Bundeskanzlerin

Sie machen da weiter, wo Herr Kohl aufgehört hat, nur auf einer anderen Art und Weise und versucht die Spendenaffäre langsam vergessen zu lassen.
Ob dies nun eine Absprache mit Herr Kohl war oder nicht, um Bundeskanzlerin zu werden, lassen wir mal dahingestellt.
Frau Merkel und Kronprinz Herr Schäuble werden auch weiterhin, mit den Steuergeldern der deutschen Bevölkerung verschwenderisch und betrügerisch umgehen.

Wann dies so wieder geht, mit den Machtbesessnen und Steuergeldgierigen Politikerinnen und Politikern werden wir von allem erlöst, was uns als Gesellschaft zusammengehalten und als Nation ausgemacht hat.
Dann sind wir ein verarmtes, verlassenes, nur aus Ausländer bestehendes Deutschland,

das vor einen politischen, hausgemachten Bürgerkrieg steht.

Wir Bürger müssen für die Dummheit, Steuergeldverschwendung, Steuergeldbetrug und für die Fehler unserer Berufsunerfahrenen Politikrinnen und Politiker gerade stehen.

Diese Unwissend, der Unerfahren, Hilflosen, Unqualifizierten, Marionettenhaften, Dilettantischen, nach Steuergeldlechzenden und nach Machtgier schreienden Politikerinnen und Politiker, sind die Wurzel allen Übels, wenn es um die betrügerischen Steuergeldverschwendungen gegenüber der Deutschen Bevölkerung geht.

Diese Politikrinnen und Politiker sind ein Produkt ihres eigenen Systems, bei dem sie den Überblick zum Bürger verloren haben, diese tragikomischen und überaus gefährlichen, überheblichen Methoden, der Steuergeldverschwendung, zeichnen sich durch ihr amateurhaftes Verhalten und Ideenlosigkeit aus, was in der freien Wirtschaft unvorstellbar wäre.

Die Steuergeldverschwendungssucht zeigt sich auch bei dem Neubau für die Zentrale des Bundesnachrichtendienstes.

Der Kostenrahmen für die Zentrale des Bundesnachrichtendienstes
beläuft sich auf über 1 500 000 000,00 Milliarden Euro Steuergelder,

obwohl nur ca. 900 000 000,00 Millionen Euro
Steuergelder vorgesehen waren,
wie ist es machbar, sich um
ca. 600 000 000,00 Millionen Euro zu verrechnen.

Finanzfiaskos auch bei dem Neubau des
Landesarchivs Duisburg.
Kostenexplosion und Korruptionsverdacht beim
Landesarchiv, bei dem die Baukosten
von ca. 30 000 000,00 Millionen Euro Steuergelder
auf ca. 200 000 000,00 Millionen Euro
Steuergelder gestiegen sind.

Politische Maßlosigkeit, Missmanagement,
Vetternwirtschaft, Dummheit,
Steuergeldverschwendung,
Vorteilsnahme, Korruption, politische gewollte
Versäumnisse und die Steuergeldgier von
Milliarden Euro Steuergeldern, werden von
unserem Bundesfinanzminister Herr Schäuble
genauso unterstützt,
wie die Milliarden ungerechter
Steuergeldzahlungen von Subvention an die
Wirtschaft.

Wie lange müssen wir diese Steuergeldbetrügereien
noch mit ansehen!
wie lange werden wir von unseren Politikerinnen
und Politiker noch Betrogen und belogen!
wie lange wird dies noch von der Deutschen
Bevölkerung geduldet!
wie lange müssen wir diese unfähigen und
Steuergeldverschwenderischen Marionetten, der
Wirtschaft von unserem Steuergeld noch bezahlen!

wie lange müssen wir uns die bewusst gefälschten und Schönmalerei von den Statistiken noch gefallen lassen!

Alleine aus diesen Gründen benötigen wir eine Volksdemokratie, mit Volksentscheid und Volksabstimmung.
Es kann auch nicht sein, dass ein Bau- und Liegenschaftsbetrieb ins Leben gerufen wird, mit dem Ziel, Steuergelder auf betrügerischer Art und Weise mit staatlicher und gesetzlich Unterstützung zu betreiben.
Der Bau- und Liegenschaftsbetrieb, ehemals Staatliche Bauverwaltung, ist ein Betrieb, mit eigener Wirtschaftsführung und Rechnungsführung und wird vom Finanzministerium verwaltet.
Er bekommt Steuergelder aus dem Landeshaushalt, für seine Schulden haftet die Deutsche Bevölkerung.
Die Aufsichtsfunktion und Beratungsfunktion unterliegt dem Finanzministerium und dem Ministerium für Bauen und Verkehr.
Neben Angehörigen der Landesverwaltung sind auch neun Mitglieder des nordrhein-westfälischen Landtages aus allen Fraktionen an den Milliarden Steuergeldbetrug beteiligt.
Dienstaufsicht und Fachaufsicht sollten durch das Finanzministerium, mit gelernten und erfahrenen Personen wahrgenommen werden.
Dieser Bau- und Liegenschaftsbetrieb ist nur für die Steuergeldverschleierung, die Steuergeldverschiebung und das verstecken der Milliarden Euro an Steuergeldern zuständig.

Wir Bürger haben in der Kohl Ära geschlafen und sind auf die verleumderischen Ausreden reingefallen, als dieser die Konto der Rentenkasse zweckentfremdete, beziehungsweise leer geräumt hatte, Milliarden Schmiergelder auf den schwarzen Konten verbuchten und die Deutsche Bevölkerung immer zur Kasse gebeten wurde, diese Machenschaften werden nun von Frau Merkel und ihrer Partei und Parteigenossen weitergeführt. Wir dürfen nicht Weiterschlafen, wir müssen endlich Aufwachen, bevor sie uns noch mehr Steuern aufbrummen.

Von unseren Politikerinnen, Politikern und Staatsdienern, wird es immer so dargestellt, als würden sie sich um das Wohl des Volkes, des Rentners und um die Zukunft der Jugend bemühen, in Wirklichkeit geht es unseren Politikerinnen und Politiker, Staatsdiener und wie sie sich auch nennen, nur darum für ihr eigenes luxuriöses, sorgenfreies Dasein zu sorgen.

Straftaten, Betrügereien, Steuergeldverschwendung und was sie noch alles dem deutschen Volk antun, wird verdrängt und die Schuld auf die Bevölkerung umgelegt.

Wir haben in unserer europäischen Wirtschaft und Staatsdiktatur so viele nutzlose Ämter, nutzlose Beamten und nutzlose Behörten, wovon die hälfte unnötig ist und nur einem Zweck dienen, die Steuergelder zu verschieben, verschleiern, Steuergeldausgaben zu manipulieren, Statistiken zu

fälschen, geschönt darzustellen, unkontrollierte Verbuchung von Steuergeldern zu tätigen, Steuergeldverschiebung von einer Staatlichen Institution zur anderen, von einem zu den anderen Ämtern, damit eine Rückverfolgung nicht mehr möglich ist.
Da hat sogar unser Bundesfinanzminister den Durchblick verloren.
Durch diese sinnlosen Machenschaften werden dem deutschen Bürger, Milliarden Euros an Steuergelder gestohlen und die Statistiken der stattlichen Steuerausgaben gefälscht und geschönt, wie es den Politikerinnen und Politikern gefällt, damit sie der Bevölkerung ein schönes Bild Zeigen können.

Wer weiß schon genau wie viele Milliarden der Staat und damit meine ich unsere Politikrinnen und Politiker, sowie die Beamten, auf diese Art und Weise verschoben, veruntreut, falsch verbucht, oder sinnlos Ausgegeben haben, wenn keiner genauen Angaben darüber machen kann.

Unnützen Ämtern haben wir zu Hauff und es kommen immer mehr dazu, die unsere Politikerinnen und Politiker nur benötigen, um die Steuergeldverschwendung zu vertuschen.

So auch das Bundesamt für Bauwesen und Raumordnung.
Das Amt hat einen Jahresetat von
ca. 210 000 000,00 Millionen Euro Steuergelder.

Das Amt für Technik und Bauwesen in der Landwirtschaft dient auch nur zur Steuergeldverschwendung, um die Statistik zu Manipulieren, kostet den Steuerzahler
jährlich knapp ca. 5 000 000 000,00 Milliarden Euro.

Die Bundesmonopolverwaltung für Branntwein, wird von den Steuerzahlern
mit ca. ca. 130 000 000,00 Millionen Euro subventioniert.

Der Deutsche Wetterdienst, ein Amt, das Wetterprognose für Medien und Wirtschaft erstellt, obwohl diese Großunternehmen genug Geld verdienen, muss der Steuerzahler
mit ca. 200 000 000,00 Millionen Euro jährlich unterstützen.

Bergamt Stralsund, das auch von den Steuerzahlern bezahlt wird, ist unnütz und dient nur der Steuergeldverschleierung.
Die höchste Erhebung der Stadt Stralsund ist der Galgenberg ca. 33 Meter hoch.

Des Bundesinstituts für Risikobewertung, bekommen Steuergelder von
ca. 60 000 000,00 Millionen Euro.

Eine weitere unbekannte Behörde, ist das Bundessprachenamt.
Der Jahresetat der Behörde beträgt
ca. 60 000 000,00 Millionen Euro Steuergelder.

Die Gesellschaft Germany Trade And Invest soll potentielle ausländische Investoren über Deutschland informieren, dieses Amt gehört zum Bundeswirtschaftsministerium und hat einen Jahresetat von ca. 30 000 000,00 Millionen Euro an Steuergelder zur Verfügung.

Auch das Amt für Technikfolgen-Abschätzung beim Deutschen Bundestag kennen nur wenige.

Mit einem Antrag im Jahre 1973 von der CDU/CSU, diese Parteien sind die größte Steuerverschwenderische Abteilung in der Geschichte der Bundesrepublik Deutschland, erwägt ein Amt zur Bewertung technologischer Entwicklungen beim Deutschen Bundestag einzurichten. Das Büro erhält jährliche Bundeszuschüsse in Millionenhöhe, Steuergelder für die, die deutsche Bevölkerung aufkommen muss.

Das Pflanzenschutzamt Berlin, kostet dem Steuerzahler auch Millionen Euro an Steuergelder.

Bundesinstituts für Kultur und Geschichte (bis 2000 hatte es die Bezeichnung Bundesinstitut für ostdeutsche Kultur und Geschichte), ist eine dem Kulturstaatsminister untergeordnete Bundesbehörde, und hat die Aufgabe, auf der Grundlage eigener, in wissenschaftlicher Unabhängigkeit durchzuführender Dokumentationen und ergänzender Forschungen, die Bundesregierung in allen Fragen zu beraten, welche die Erforschung, Darstellung und

Weiterentwicklung von Kultur und Geschichte der Deutschen im östlichen Europa betreffen.
Dem Institut steht dafür ein Etat von knapp 1 200 000 000,00 Milliarden Euro an Steuergelder zur Verfügung.

Zum gleichen Zweck für die Verschleierung von Steuergeldern, dient das Bundesinstitut für Bevölkerungsforschung. Der Steuerzahler muss dieses unnütze Amt mit Millionen von Euro an Steuergelder Mitfinanzieren.

Das Amt für die Vergabe von Studienplätzen, kostet den Steuerzahler
ca. 10 000 000,00 Millionen Euro.

Bundesamt für Kartographie und Geodäsie, die Behörde hat einen Jahresetat
von mehr als 26 000 000,00 Millionen Euro an Steuergelder zur Verfügung.

Bundesinstitut für Sportwissenschaft verbraucht allein nur für
das Personal und die Verwaltung,
ca. 3 000 000,00 Millionen Euro Steuergelder, dazu kommen dann noch
ca. 4 000 000,00 Millionen Euro Steuergeld zur Forschungsförderung.
Dem Innenministerium unterstellt sind auch das Institut für Angewandte Trainingswissenschaften in Leipzig und das Institut für Forschung und Entwicklung von Sportgeräten in Berlin.
Insgesamt gibt der Bund für die drei Institute
ca. 20 000 000,00 Millionen Euro aus.

Die Provenienzforschung (auch Provenienzrecherche oder Provenienzerschließung) widmet sich der Herkunftsgeschichte von Kunstwerken und Kulturgütern.
Im Jahre 2008 wurde die Arbeitsstelle für Provenienzforschung am Institut für Museumsforschung der Staatlichen Museen zu Berlin – Stiftung Preußischer Kulturbesitz eingerichtet. Sie hat die Aufgabe, Provenienzrecherche insbesondere materiell zu unterstützen, mit jährlich
ca. 3 000 000,00 Millionen Euro Steuergelder.

Nicht genug von dieser Steuergeldverschwenderei, auch durch die europäischen Gesetze müssen wir Milliarden Euro an Steuergelder für sinnlose und Hirnrissige Vorschriften der teuer Bezahlten unfähigen, ideenlosen und Berufsfremden Europaabgeordneten bezahlen.
Ein kleines Beispiel von Tausenden über die europäische Naturschutzrichtlinie ist unten aufgeführt.

Die Autobahn A 44, südöstlich von Kassel musste durch einen Tunnel geführt werden, damit die Autobahn nicht den Lebensraum des Kammmolchs zerschneidet. Sechs Jahre Bauzeit und
ca. 50 000 000,00 Millionen Euro Steuergelder.

In den Rhein fliesen bis zu
ca. 480 000 000,00 Millionen Euro Steuergelder, nur weil Biologen versuchen, trotz mäßigen erfolg, den Lachs anzusiedeln.

Oder die Bundesbahn, baut einen Schutzwall für ca. 5 600 000,00 Millionen Euro Steuergelder um die Großtrappe vor einem Zusammenstoß zu sicher.
Nur für Sichere Bahnübergänge, bei dem Menschen zu tote kommen könnten, wird nichts getan.

Politikerinnen und Politiker pumpen Milliarden Euro an Steuergelder in charismatische Megafauna, aber für Stabilität des Lebensgemeinschafs der Deutschen Bevölkerung haben sich nichts übrig.

Aber nicht genug dieser Arroganz und dem Steuergeldverschwendungstrieb unserer Politikerinnen und Politiker, müssen wir Bürger auch noch mit ansehen, wie in einem sehr Guten wirtschaftlichen Jahr, mit kräftig sprudelnde Gewinne, Wolfgang Schäuble,
CDU Bundesfinanzminister, und die Regierung unter Angela Merkel, CDU Reisebundesreisekanzlerin, die Rekordhöhe an Neuschulden von ca. 85.800.000.000 Milliarden Euro zu lasten des Bürgers aufnehmen.

Wenn wir nicht endlich Wach werden und uns gegen diese Steuergeldverschwendungssucht wehren, haben wir eines Tages auch Griechenland in Deutschland, denn das was die Politikerinnen und Politiker uns wegnehmen, bekommen wir nicht mehr zurück und dies könnte früher oder später in einer Deutsche Krise enden.

Wie kann man einen Finanzminister zum
Bundesfinanzminister machen,
der nicht einmal 100.000,00 DM, CDU-
Spendenaffäre, unter Kohls Regierung,
richtig abrechnen kann!
Die 100 000,00 DM, blieben im Übrigen
verschwunden, bis heute weis niemand,
wo dieses Geld hin geflossen ist.

Wie viel Steuergeld verschwindet, kann keiner
unserer Finanzminister genau sagen und wo es
geblieben ist wissen die natürlich auch nicht. Nicht
einmal in dem hochmodernen technischen Zeitalter
und in dem teuer eingerichtetem
Bundesfinanzministerium.

Bei dieser Neuverschuldung von
ca.85 800 000 000 Milliarden Euro sind nicht
einberechnet, die Schuldenaufnahme der Städte,
Länder, Kommunen, Schattenkonto,
Nebenhaushalte, schwarze Konten und Auslands
Konten, auf die auch noch kräftig Steuergeld
eingezahlt wird.
Dabei sind die Zahlen im Bundeshaushalt enorm
frisiert, betrügerisch manipuliert, und die Statistik
gefälscht oder geschönt.
Deshalb muss unser Staat die Neuverschuldung
tätigen, nicht wegen den Bürgern,
nein,
damit unsere Politikerinnen und Politiker ein
luxuriöses Leben führen können,

Man muss nur einmal genau Hinsehen, wie unsere
Politikerinnen und Politiker Leben,

wie sie die Pension genießen und wer dafür bezahlt hat.

Die Deutschen Bürger müssen endlich begreifen, das nicht sie die Schulden machen, sondern unsere Steuergeldverschwenderischen unfähigen Berufsunerfahrenen Politikerinnen und Politiker. Dieser Schuldenmacherei auf kosten der Deutschen Bevölkerung und die enorm hohe Steuergeldverschwenderei, muss endlich beendet werden.

Was nützen uns die Wahlen, denn die nächste Regierung, die an die Macht kommt, macht es genau so, wir müssen auf die Straße und dafür sorgen, das die Ordnung wieder hergestellt wird und das das Geld von den Steuerzahlern dahin kommt, wo es hergeholt wurde.
Wenn die Bevölkerung den richtigen Schuldenstand wüste und sich nicht durch die manipulierten falschen und geschönten Statistiken täuschen lassen würde, gäbe es bestimmt einen Aufstand in Deutschland und dann ist es zu Spät.

Wir benötigen Volksvertreter, die den Mut haben Schluss zu machen, mit den Verschwendungen der Steuergelder, maßlosen Baukostenüberschreitungen, teuere Beschaffungsgegenstände unsere Politikerinnen und Politiker, unnötige Politikerreisen, unsinnige Subventionen, unsinnigem Bürokratismus, das unsinnige errichten von Ämtern, unsinnige Steuergeldverteilung an das Ausland
und das belügen und betrügen bei den Wahlen.

Leider sind die Politikerrinnen und Politikerbonzen, die wir zurzeit an der Regierung haben, zu sehr mit ihrer Pöstchenjägerei und dem Gerangel um Spitzenämter beschäftigt.
Mit solchen Parteien ist kein Staat zu machen, zumal sie sich auch nicht um die Probleme der ganz normalen Deutschen Bevölkerung kümmern.

Wir benötigen schnellst möglich Volksvertreter, die die Realität, zum Deutschen Volk noch nicht verloren haben.

Wenn wir weiterhin solche unfähige Beruffremde Staatsdiener Wählen, die die Baukosten nicht richtig berechnen können, die die Steuergelderverschwendungssucht vorantreiben, dem Bürger immer mehr Schulden aufbrummen und für ihre Arbeit, für die sie vom Wähler gewählt wurden, nicht nach Leistung bezahlt werden und die Aufträgen an die externe Firmen nicht gekürzt werden, damit diese unsere unerfahrenen Politikerinnen und Politiker unterstützen, weil diese keinen Durchblick haben, was wiederum bedeutet, der Steuerzahler wird doppelt zur Kasse gebeten, einmal unsere teuer bezahlten unerfahrenen Politikerinnen und Politiker und die externen Firmen, die von unseren Politikerinnen und Politiker angeheuert werden.
Dem muss endlich ein Riegel vorgeschoben werden.

Würde man all diese unfähige Staatsdiener oder Politikerinnen und Politiker, nach Hause schicken und dafür gleich die richtigen Leute einsetzen, würde man Milliarden Euros an Steuergeldern sparen, aber dann hätten wir keine Politiker und Staatsdiener mehr und Deutschland wäre das erste Land ohne politische Führung.

Es darf nicht sein, das der Rotstift unserer Finanzminister und Bundesfinanzminister immer bei den Armen und Schwachen, bei den Rentnern und Alleinerziehenden, bei der Rentenversicherung und dem Gesundheitsfonds beim Bau von Kindergartenplätzen, bei der Lehrereinstellung angesetzt wird, damit die von unseren Politikerinnen und Politiker geplünderte staatlichen Sozialkassen für die Auffüllung der eigenen Staatskasse herhalten müssen.

Warum setzen die Politikerinnen und Politiker den Rotstift nicht bei sich selber an, Einsparmöglichkeiten gäbe es genügend, wie zum Beispiel, bei der Diätenerhöhung unserer Politikerinnen und Politiker, bei der Pension unserer Politikerinnen und Politiker und bei dem unsinnigen Ausgaben die unsere Politikerinnen und Politiker für ihr luxuriöses Leben benötigen, die Vielzahl der Parteien reduzieren, die Bürokratie halbieren, Staatsfirmen privatisieren, unnötige Ämter abschaffen und vieles mehr.

Lieber Spielen unsere Politikerinnen und Politiker Kasperles Theater, das sich Hammelsprung nennt.

Welcher Deutsche Bundesbürger kennt schon den politischen Hammelsprung!

Mit „Hammelsprung" wird ein bestimmtes Abstimmungsverfahren mit einem besonderen Trick im Bundestag bezeichnet.
In der Regel stimmen die Abgeordnete durch Handzeichen oder Aufstehen ab. Besteht Zweifel über das Ergebnis, kommt der „Hammelsprung" zum Einsatz. Dazu verlassen die Abgeordneten den Plenarsaal und betreten ihn wieder durch eine von drei Türen, die jeweils für Ja,
Nein oder Enthaltung stehen.
Schriftführer zählen die eintretenden politischen H. dabei laut.
Ablauf des Hammelsprungs
Der Geschäftsordnungstrick ist im Regelwerk vorgesehen, aber ungewöhnlich. Denn abgestimmt wird oft mit wenigen Teilnehmern, vor allem in den Abendstunden, wenn die Fraktionsreihen leere sind.
Viele Politikerinnen und Politiker gehen lieber in den Abendstunden etwas Trinken, oder tummeln sich auf den Berliner Festen.
Der Bundestag beschließt also auch Gesetze, wenn er nicht beschlussfähig ist.
Für die Deutsche Bevölkerung bedeutet dies, bei einem Hammelsprung mit nur ca. 270 der insgesamt 620 Abgeordneten, werden Gesetze auf die schnelle durchgeboxt, obwohl laut Geschäftsordnung das Parlament nur beschlussfähig ist, wenn mehr als die Hälfte der Abgeordneten anwesend sind.
Interessant wäre vielleicht einmal, zu erfahren, welche versprochenen Gesetze für die Deutsche

Bevölkerung so regelwidrig durch den Hammelsprung verabschiedet werden.

Wer ist nun der Hammel?
Die Bevölkerung oder unsere Politikerinnen und Politiker.

Der Bund der Steuerzahler veröffentlicht jedes Jahr ein Schwarzbuch, in den skandalösen Beispielen von Steuergeldverschwendung dokumentiert werden.

Die Gründe der Verschwendung sind vielfältig. Nicht nur, dass es den Politikerinnen und Politiker leicht fällt, Steuergelder fremde Leute auszugeben, als das eigene, auch ein nicht mehr zeitgemäßes Haushaltsrecht, veraltetes Dienstrecht und Besoldungsrecht, fehlende Kostenberechnungen, Leistungsberechnung, nachweise der kompletten Steuergeldausgaben von unseren Politikerinnen und Politikern und der unkontrollierte Hammelsprung tragen zur Verschwendung bei.

Vor allem müssen Steuergeldverschwender auch zur Rechenschaft gezogen, da unsere Politikerinnen und Politiker so gut wie keine Sanktionen und Bestrafungen zu fürchten haben, werden sie weiterhin mit den Steuergeldern, Lügen und der Betrügerei verschwenderisch umgehen.
Die Ausreden und Lügen, die unserer Politikerinnen und Politiker zur Verfügung haben, reicht bis zu mehrseitigen, nicht nachvollziehbaren Erklärungen.

Nehmen wir einmal das Haushaltsrecht, das Haushaltsrecht hat die Aufgabe Planung, Feststellung, Vollzug und Kontrolle des Haushalts der öffentlichen Hand zu Regeln.
Diese Haushaltsrechte wurden in der Vergangenheit auf die Machenschaften und Steuergeldverschwendungssucht unserer Politikrinnen und Politiker und deren Vorteil, neu bearbeitet und umgeschrieben.

Ein kleines Beispiel, wie so etwas funktioniert:
Wenn eine Untersuchung gegen eine Politikerin oder Politiker eingeleitet wird und der Verdacht der Steuergeldverschwendung besteht, dann wird absichtlich von den Verantwortlichen und ihren Vorgesetzten auf Zeit gespielt.
Die Strafbarkeit der Veruntreuung öffentlicher Mittel, also Steuergelder, verjährt nach fünf Jahren. Dies wird dann so lange hinausgezögert, dass bis zum Bekannt werden des Vergehens schon zwei Jahre vergangen sind.
Das ist regelmäßig dann der Fall, wenn der Rechnungshof die Haushaltsführung geprüft und Steuergeldverschwendung aufgedeckt.

Zum Beispiel:
Im Jahre 2010 hat man den Rentnern, durch die Rentenanpassungsmitteilung eine Rentenerhöhung verweigert.
Damit mehr Steuergeld in die Staatskasse fließt, um die Diätenerhöhung unserer Politikerinnen und Politiker zu sichern und zu finanzieren. Die Erhöhung der Diäten unserer Politikerinnen und

Politiker lag damals bei ca. 213,00 DM monatlich, plus Tagegeld von ca. 450,00 DM, plus Unkostenersatz ca. 300,00 DM plus ca. 600,00 DM Reisekostenersatz.

Nun mal Ehrlich, wer hätte eine monatliche Erhöhung verdient, oder bei wem wäre eine Erhöhung angebrachter gewesen, bei unseren reichen Politikerinnen und Politiker, die eine Pension von bis zu ca.15 000,00 Euro und einem Nebenjob bei dem sie nochmals über ca. 500 000,00 Euro verdienen.

Oder bei den Rentnern, die nur eine Durchschnitzrente von ca. 1000 Euro haben und nur eine kleine Nebentätigkeit aufnehmen dürfen. Darüber sollten sich die Rentner und die Bevölkerung, einmal Gedanken machen, wie unverschämt und frech, sich unsere Politikerinnen und Politiker dem Rentner und der Bevölkerung gegenüber
verhalten.

Wenn man nun einmal Bedenkt, das die Unkosten der Rentenanpassungsmitteilungen, ca. 10 000 000,00 Millionen Euro Steuergelder dem Bürger kosten ist es fraglich, ob wir wirklich die richtigen Politikerinnen und Politiker in der Regierung haben. So eine hochkarätige absichtliche Steuergeldverschwendung, um auf mehreren Seiten den Rentner darüber zu informiert, dass sich in ihrer Rentenhöhe im Verhältnis zu den steigenden Lebenshaltungskosten, nichts ändert, ist schlicht weg unverständlich, maßlos Unverschämt und eine Steuergeldverschwendung im hohen Maße.

Der Informationsgehalt ist gleich null, der Unmut groß, aber keiner hat dagegen Protestiert und solange unsere Politikerinnen und Politiker genau wissen, sie können mit den Rentner und der Deutschen Bevölkerung verfahren, wie sie Lust und Laune haben, werden die Rentner und die Bevölkerung auch ausgenützt.

Nochmals zum Nachdenken.
Für den flächendeckenden Versand der Rentenanpassungsmitteilungen entstanden inklusiv des Drucks, dem Steuerzahler einen Schaden von ca. 10 000 000,00 Millionen Euro.
Nicht mit einberechnet, die nicht bezifferbare Arbeitskosten für die betroffenen Mitarbeiter der Deutschen Rentenversicherung.
Sollte es aber dann einmal zu einer Rentenerhöhung kommen, wird zuvor erst einmal durchgerechnet, was man dem Rentner noch schnell an das doppelt, durch versteckte, heimliche Steuererhöhung, wieder wegnehmen kann.
Durch Erhöhung der Lebensmittelkosten, Benzinpreise, Strompreise, Heizölkosten, Mietsteigerung, Erhöhung der Medikamentenpreise, und so weiter.
Die Westrentner haben durch eine Rentenerhöhung nicht mehr im Geldbeutel, so wie es unsere Politikerinnen und Politiker gerne anpreisen, nein, sie haben nach jeder Rentenerhöhung weniger im Geldbeutel.

Das gleiche Problem haben aber nicht nur die Rentner, sondern auch die Arbeiter, wenn unsere Politikerinnen und Politiker, dem Bürger Steuererleichterungen versprechen.
Warum zahlen die Politikerinnen und Politiker, die auf kosten der Bevölkerung eine fette Pension beziehen, nicht in die Rentenversicherung ein, warum müssen wir, die Rentner und die Arbeiter, für die Milliarden von Euros für unsere Politikerinnen und Politiker und Staatsdiener aufkommen.
Warum bekommen immer diejenigen, die schon genug haben, dazu gehören auch unsere Politikerinnen und Politiker, immer mehr und die die nichts haben, immer weniger!

Allein die Vorstellung, was so einem Landtagspräsiden für eine Pension zugesprochen wird, wenn dieser einmal in Rente (Pension) geht, ist unvorstellbar.

Er wird von dem Geld der Rentner und Steuerzahler während seiner Amtsausübung, wie es so schön heißt, mit ca. 15 000,00 Euro von Steuergeldern, monatlich bezahlt, er erhält auf kosten der Rentner und Steuerzahler einen Dienstwagen, der Preisklasse von
ca. 100 000,00 Euro an Steuergeldern, dazu kommen noch Unkosten für einen Fahrer, Benzinkosten, ein persönliches Büro,
zahlt keine Nebenkosten, wie zum Beispiel Strom, Wasser, bekommt eine Sekretärin, kostenlose Flüge, kostenlose Bahnfahrten, kostenlose Telefonate und vieles mehr.

Das macht monatlich, wenn man alles zusammen fast, für einen Landtagspräsiden runde
ca. 40 000,00 Euro monatlich mehr Ausgaben, die der Steuerzahler aufbringen muss.
Dazu kommt dann noch Hirnrissige und Steuergeldverschwenderische neu Einstellung, wie zum Beispiel eines Geschäftsführers für die Parkraumgesellschaft Baden Württembergs, damit auch jede Politikerin und Politiker seinen eigenen Parkplatz bekommt.
Das sind dann nochmals Kosten die auf den Steuerzahler zukommen und die belaufen sich für die Einstellung auf ca. 89 000,00 Euro an Steuergelder, plus einer Vergütung von
ca. 27 000,00 Euro an Steuergelder.

Wir Haben in Deutschland alleine
16 Landtagspräsidenten:
Guido Wolf, Barbara Stamm, Ralf Wieland, Gunter Fritsch, Christian Weber, Carola Veit,
Norbert Kartmann, Sylvia Bretschneider, Bernd Busemann, Carina Gödecke, Joachim Mertes,
Hans Ley, Matthias Rößler, Detlef Gürth, Klaus Schlie und Birgit Diezel.
Einige sind noch Aktiv ander wurden ausgetauscht.
Was die alleine dem Steuerzahler monatlich kosten, kann sich jeder selber ausrechnen.

Es ist unvorstellbar, wie die Möchtegerne, nach Macht lechzenden Politikerinnen und Politiker mit den Steuergeldern um sich Schmeißen.

Müssten diese möchte gerne marionettenhaften, Machtbesessene und Steuergeldgierigen

Politikerinnen und Politiker ihre Unkosten selber
Bezahlen, würden sie sehr wahrscheinlich
sparsamer mir dem Geld umgehen.
Dann würde es auch kein traditionelles
Abschlussfest, mit einer Abschiedsreise aller
Fraktionen geben, die unsere Politikerinnen und
Politiker, auf kosten der Steuerzahler,
nach einer Legislaturperiode durchführen.
Auf all dieses Vergnügen, müssen die
Arbeitnehmer verzichten, denn der Arbeitgeber
bezahlt diese Abschiedsreise für seinen Arbeiter
bestimmt nicht, wenn er für ihn vier Jahre tätig
war.
Mann sollte sich auch einmal die Frage stellen, wo
geht eigentlich die Rente hin, von den Rentnern,
die das Rentenalter nicht erreicht haben!
Oder der Prozentuale Anteil bei den Verwitweten
Rentnern!

Aber dafür können unsere Politikerinnen und
Politiker, wenn diese in Pension (Rente) gehen
eine monatliche Altersversorgung in zig Tausenden
von Euros an Steuergelder, einstecken,
ihre hohe Pension genießen und an den jungen
Lebenspartner weiter geben.
Die Steuergeldverschwendung wird nicht nur unter
den Politikerinnen und Politikern,
sondern auch bei einzelnen Forschungsprojekten
vorangetrieben.
Forschungsprojekte von denen die meisten der
Deutschen Bevölkerung noch nichts gehört haben
sind die Erforschung von neuen Lippenstiften,
Schnittlauchsorten, Bodenchronofunktionen auf
Meeresterrassen in Süditalien zur Peso-Datierung,

Aktive On– und Off– Road– Fahrwerksregelung für landwirtschaftliche Fahrzeuggespanne mit Starrdeichselverbindung, Analyse der Finanzlage und Kreditwürdigkeit russischer Tierhaltungsbetriebe unter besonderer Berücksichtigung der Unsicherheit.
Der Einfluss von Migration Erfahrung auf die Gesundheit in Lebenslaufperspektive.
Die (In-) Stabilität von Paarbeziehungen im mittleren und höheren Erwachsenenalter, Arbeitsmarkt- und Wohlfahrtseffekte der Familienförderung – eine Mikrosimulationsstudie für Deutschland.
Mikrosimulationsanalysen zur Unternehmens- und Einkommensbesteuerung, Etablierung eines Wirtschaftstransferbeauftragten (WTB) auf dem Gebiet Anwendung - orientierten Technologietransfers.

Forschungsprojekt: die Nationale Verzehrsstudie II, Nationales Ernährungsmonitoring.
Ernährungsmonitoring:
Die Nationale Verzehrsstudie II stellte die Grundlage für eine kontinuierliche Dokumentation des Ernährungsverhaltens in Deutschland dar.
Eine fortlaufenden Ernährungsberichterstattung, sprich Ernährungsmonitoring, können zeitliche Entwicklungen und Trends der Ernährungssituation erkannt und dokumentiert werden.
Politische Entscheidungsträger sowie Verantwortliche in der Gesundheitsaufklärung können so zeitnah auf aktuelle Veränderungen reagieren.

Steuergelder in einer Dimension von unvorstellbaren 11,000 000 000,00 Milliarden Euro werden in die Forschung und Bildung gesteckt.

Aus Bundesmitteln geförderte Projekte beinhaltet Förderungen der Bundesministerien, wohingegen aus Landesmitteln geförderte Projekte die Förderprogramme des Landes sowie einiger Landesministerien bündeln.

Weitere Projekte finanzieren sich durch Stiftungsmittel, wie beispielsweise die der Volkswagenstiftung oder der Stiftung Nord/LB Öffentliche.

Zusätzlich gibt es viele Projekte, die durch die Industrie gefördert werden.
Durch diese Stiftungen, sparen die Großbetriebe, die Wirtschaftsbosse und die Industrie Steuern, die gestiftete Summe, wird von der Steuer abgesetzt, für Vermögenswerte, die an eine Stiftung vererbt oder verschenkt werden, fällt keine Erbschafts- oder Schenkungssteuer an. Auf gut Deutsch bedeutet dies, er Spendet Gelder, erhält diese gespendete Gelder aber wieder von Staat zurück, was wiederum zu Lasten der Steuerzahler geht.

Noch mehr Privilegien genießen die gemeinnützigen Stiftungen:
Sie zahlen weder Erbschaft- noch Erbersatzsteuer, und auch die Körperschaftsteuer greift nicht, weil die Beteiligung an einer Kapitalgesellschaft nicht

als unternehmerische Tätigkeit, sondern als Vermögensverwaltung gilt.
Daran sieht man auch, wie Gut unsere Politikrinnen und Politiker mit der Wirtschaftsindustrie zusammen Arbeiten.
Das nachsehen haben aber immer die Bürger, die müssen die immer höher werdenden Steuern bezahlen, davon sind die Politikerinnen und Politiker verschont, denn diese Bezahlen nichts, und die Wirtschaftsbetriebe, legen die Steuererhöhung auf den Kunden um.

Eine gesetzliche Machenschaft unserer Politikerinnen und Politikern, zum Nachteil der Bevölkerung, und zum Vorteil der Reichen.
Nicht um sonst treffen sich die Reichen und unsere Möchtegerne Marionettenpolitiker mit den Wirtschaftsbosse auf den vom Steuergeld bezahlten Festen, wie zum Beispiel
die Bayreuther Festspielen.

Wir Bürger sollten einmal Bedenken, was mit den Steuergeldern alles für betrügerische, verschwenderische und unnütze Ausgaben durch unsere Politikerinnen und Politiker getätigt werden, für was wir alles Steuern Bezahlen müssen, damit die Wirtschaft, die Reichen, die Politikerinnen und die Politiker immer reicher werden.

Beispiel Benzinpreis von 1,50 Euro pro Liter, fließen ca. 0,90 Cent in die Staatskasse,
ca. 0,60 Cent bekommt die Mineralölwirtschaft.
Der Staat kassiert alleine

ca. 50 000 000 000,00 Milliarden Euro Mineralölsteuer.

Wir bezahlen nicht nur den eigenen Benzinverbrauch, für unseren privaten Personenwagen, wir Steuerzahler müssen auch noch den hohen Benzinverbrauch für die PS starken Boliden Limousinen, unserer Politikerinnen und Politiker bezahlen.
Man bedenke, dass die Politikerinnen und Politiker auf kosten der Steuerzahler für ihre PS Starken Limousinen keinen Cent bezahlen, dazu kommt dann noch das Kerosin, für die Flugzeuge und Hubschrauber unserer Politikerinnen und Politiker, sowie die kostenlose Bahnfahrten.

Und dann besitzen diese Möchtegerne Volksvertreterinnen und Volksvertreter auch noch die Unverschämtheit, auf kosten der Steuerzahler in den Urlaub zu Fliegen und das Auto wird mit Fahrer nachgeliefert.
Das nennt man dann Geschäftsreisen, Beziehungsweise Auslandsreisen.

So gibt es viele Beispiele, wie die deutsche Bevölkerung, um ihr Steuergeld betrogen wird.

Wir haben keine Demokratie, wir haben eine Diktatur.
Der Deutsche Bürger hat in Deutschland keine Rechte, sondern nur Pflichten.

Demokratie ist eine Staatsform, in der die
Staatsgewalt vom Volk ausgeht geht und direkt von
ihm ausgeübt wird.
In Deutschland geht die Staatsgewalt von den
Politikrinnen und Politikern aus.
Wir Bürger müssen uns nach dem richten, was die
Politikerinnen und Politiker beschließen,
ob es uns gefällt oder nicht.

Wenn der Bürger, wie es in einer Demokratie
üblich ist, mitentscheiden könnte, würde die
Steuergeldverschwendungssucht unserer
Möchtegerne Politikerinnen und Politiker
von jährlich bis zu
ca. 500 000 000 000,00 Milliarden Euro
an Steuergelder oder mehr,
bestimmt nicht in dieser Höhe zustande kommen.

Kein Wunder, das die Armut in Deutschland immer
größere Dimensionen annimmt und die Zahl der
Ghettos steigt.

Die Zahl der armutsgefährdeten Menschen in
Deutschland ist, seit die Euroreisekanzlerin Frau
Merkel am Werken ist, gestiegen.
Im Jahr 2013 war fast jeder Siebte von Armut
bedroht.
Das entspricht ca. 20 000 000 Millionen Menschen.
Im Vergleich zu 2010 erhöhte sich die Zahl der
Betroffenen damit um ca. 300.000.
Wie bereits in den Vorjahren lag bei Frauen das
Armutsrisiko höher als bei Männern.

Bei den Senioren ab 63 Jahren ca. 15 Prozent der Männer, und ca. 20 Prozent der Frauen die armutsgefährdet sind.
Trotz des anhaltenden Beschäftigungsbooms in Deutschland und den Billigen Arbeitskräften, sind immer mehr Menschen von Armut bedroht, wovon die Frauen häufiger betroffen sind als Männer.
Unter den 18 jährigen bis 27 jährigen gilt jeder fünfte als armutsgefährdet. Dafür gesorgt haben die ehemalige Bundesministerin für Arbeit und Soziales, Ursula von der Leyen, davor war sie vier Jahre lang Bundesfamilienministerin.
Man kann sich da auch einmal die Frage stellen, ob dies von unseren Politikerinnen und Politikern gewollt ist, weil nachweislich die Lebenserwartung der Armen bei durchschnittlichen 70 Jahren liegt, die Lebenserwartung der Reichen bei durchschnittlichen 81 Jahren.
Wenn dies so sein sollte, wird es eines Tages nur Reiche geben.
Fragt sich dann nur, wer dann für die Treck verantwortlich ist und ihn Beseitigt.

Sie betrügen, belügen, täuschen, manipulieren Statistiken und verarscht das Volk.
Diese Herrscher über die Bürger in Deutschland, unsere Möchtegernpolitiker und Marionetten der Wirtschaft, nehmen alles, was sie bekommen können, denn reich sein bedeutet Macht und Überheblichkeit, wovon wir genug in der Politik haben.

Eine Demokratie sieht wahrhaftig anders aus.
Sie stellt einer Staatsform da, mit einer
Volksherrschaft, jeder Staatsbürger sollte und muss
mitentscheiden können.
Wie ist es in Deutschland?

Unser Politikrinnen und Politiker in Deutschland
sind diktatorisch eingestellt, der Wirtschaft
unterstellt und dem Europaparlament Hörig,
die eine uneingeschränkte Vollmacht,
durch das Alleinbestimmungsrecht,
die Deutsche Bevölkerung unterdrücken.

Ein beliebter Satz unserer Politikerinnen und
Politiker lautet:
Das ist so beschlossen, und das wird so
durchgesetzt, dafür benötigen wir keine
Volksabstimmung.

Man wird das Gefühl auch nicht los, das in
Deutschland eine Steuergeldmafia,
Beziehungsweise
eine Steuergeldmafiaartiger zustand herrscht.

Sicher ist auf jeden Fall, durch dieses Andi –
Demokratisches verhalten, sprich Diktatur, wird
unser zwei Klassenstaat immer größer und die
Grenze zwischen Arm und Reich geht jährlich
immer weiter auseinander.

Dabei wäre es so einfach die Staatsschulden zu
verringern und die Bürger zu entlasten

Einsparungen und Kürzungen bei den Beamten, den Beamtenstaat abbauen, Halbierung der Bausparprämie, Vermögenszuwachssteuer auf Immobilien, Besteuerung des 13. und 14. Monatsgehaltes, Einsparungen bei der Parteienfinanzierung durch Steuergelder, Einsparungen bei den Diäten und Pensionen, Einsparungen beziehungsweise Selbstfinanzierung der Wahlauftritte und die damit verbundene Werbungskosten durch unsere Politikerinnen und Politiker,
Einführung einer Luxussteuer und keine Steuergeschenke und Subventionen für die Milliardenschwere Wirtschaft.
Abbau der Finanzmarktstabilisierungsanstalt, die ca. 500 000 000 000,00 Milliarden verschlingt, Einführung einer Volksabstimmung, damit das Volk Endscheiten kann wofür die Steuergelder eingesetzt werden sollen.
Keine Zahlungen mehr an das Europaparlament, keine Zahlungen an die bankrotten Euroländer.

Solange unser Staat nur darauf Spezialisiert ist Billionen Euro von Schulden zu erwirtschaftet, die die Deutsche Bevölkerung Stück für Stück abbezahlen muss, werden wir in Deutschland keine Demokratie bekommen, die europäische Wirtschaftsdiktatur wird sich weiterhin Einschleichen, denn die Macht wird über den Staat, von Einzelperson, den Parteien, Geldinstituten, Europarat und der Wirtschaftsindustrie uneingeschränkt ausgeübt.

Wenn der Bürger wüste, was in unserem riesigem weltumspannenden Netzwerk, zwischen Wirtschaftsmacht, Möchtegernpolitiker und kriminellen Machenschaften zwischen Regierung, Geldinstituten, Europaparlament und Wirtschaft beschlossen wird, würde kein Bürger mehr wählen gehen.

Die Ordnung, die finanzielle Gerechtigkeit und die Demokratie müssen erst wieder hergestellt werden. Es dürfen nur Unabhängige, Neutrale und Unbestechliche Personen in die Regierung, sie dürfen keine Nebentätigkeiten ausüben, sondern sich nur mit der Politik befassen, damit eine Befangenheit auszuschließen ist, die Bestrafung muss genau so erfolgen, wie bei den Arbeiter in der normalen Wirtschaft und unter der normalen Bevölkerung.

Nach einem Vergehen gibt es keine Abfindung, keine Weiterzahlung der Pensionen und Diäten. Der Verursacher muss aus der Politik ausscheide, und die entstandenen Kosten zurückzahlen.

Der gewählte Bundespräsident und Bundeskanzler, muss einmal im Jahr, für drei Monat mit dem Gehalt eines Arbeiters und unter den Bedingungen eines Arbeiters Leben.
Damit die Realität zu der Bevölkerung nicht verloren geht.

Die Machtsucht der Wohlhabenden, dem Europarat, den Regierungschefs, Politikerinnen,

Politikern, Militärs, Geldinstituten und Wirtschaftsindustrie muss eingeschränkt werden.

Diese Steuergeldgierigen Machthaber Arbeiten nicht für den Bürger, sondern gegen die Bürger, und für ein unfähiges Europa.
Die geheimen Sitzungen müssen öffentlich und mit einer Volksabstimmung durchgeführt werden, und nicht wie es in der deutschen Politik üblich ist, das bei den geheimen Treffen, nur die Machtbesessenen, Wohlhabenden, Regierungschefs, Politikerinnen, Politikern, Geldinstituten, Militärs und Wirtschaftsbossen anwesend sind.
Bei diesen geheimen Absprachen, ohne Volksabstimmung, wird sowie so auch nur ein kleiner Teil an die Öffentlichkeit getragen und der Rest unterliegt angeblich der strengsten Geheimhaltung.

Was gibt es schon Geheimes, wenn es um das Wohl und die Steuergeldeinnahmen der Deutschen Bevölkerung geht.
Diese Absprachen betreffen die Bevölkerung genauso, wie die, die an der geheimen Besprechung teilnehmen.
Wird bei solch einer Besprechung die langfristige Gründung einer Weltdiktatur, Europadiktatur, oder der Reichen Besprochen, oder was gibt es bei solch einer Besprechung Geheimes,
was die Bevölkerung nicht Erfahren soll!

Auch die Europäische Unions Kommissaren versuchen verstärkt, oder haben dies auch schon,

bei geheimen Treffen, mit der Wirtschaft, den
Geldinstitute, zu Gunsten der Wohlhabenden,
Gesetze zu Erstellen, worin es auch um viele
Milliarden Steuergelder der Bevölkerung geht,
still und heimlich zu Genehmigen.
Diese Geheimniskrämerei, vor der Bevölkerung ist
nicht richtig, es besagt nur eines,
die Bevölkerung soll nicht erfahren, wie viel
Steuergeld wieder einmal Verschleudert und
Verschenkt wird.
Der Bevölkerung muss die Gelegenheit gegeben
werden, ob sie mit solchen Ergebnissen,
die in einer Geheimen Sitzung erlassen werden,
Einverstanden ist.
Unsere Gesellschaft wird regelrecht erpresst, wenn
es nicht so läuft, wie es unserer
Wirtschaftsindustrie, Geldindustrie und dem
Europarat gerne möchte,
und unsere marionettenhaften Politikerinnen und
Politiker, versuchen alles geschönt an die
Bevölkerung wieder zu geben.

Beispiele hierfür gibt es genügend:
Zeitarbeitsverträge von höchstens 8 Monaten,
Mindestlohn von unter 9 Euro, die Anzahl der
Geringverdiener werden immer größer und die
vielen billigen Arbeitskräfte aus den angrenzenden
Euroländer nimmt ständig zu, Geldinstituten und
Wirtschaftsindustrie und die Reichen werden
immer mächtiger und Reicher und wo wird dies
besprochen und wer lässt dies zu!
Die, die bei den heimlichen Treffen, hinter
verschlossener Tür darüber entscheiden.

Das Zeigt auch eine Statistik, wonach sich die Schuldenkrise auf die Vermögenslage der Superreichen und der Wirtschaftsindustrie, nicht ausgewirkt hat, diese Superreichen samt der Wirtschaftsindustrie, Geldinstituten, Wirtschaftsindustrie und Politikerinnern und Politiker, sind sogar noch reicher geworden.

Der Wohlstand der 600 reichsten Deutschen Kletterte auf über 700 000 000 000,00 Milliarden Euro.
Dafür Leben aber ca. 20 000 000 Millionen Menschen in Deutschland an der Armutsgrenze.
Bei den Rentnerinnen und Alleinerziehenden sieht es noch schlechter aus.

Wie ist dies möglich, in einem Land, das vor Steuergeldeinnahmen nur so Sprudelt und die Wirtschaft boomt.

Durch die Einführung der erneuerbaren Energie und Abschaffung der Atomreaktoren,
werden die Bürger nochmals kräftig zur Kassen gebeten, durch das Missmanagement von Frau Merkel selber, ihrem Bundesfinanzminister Herr Schäuble und alle anderen Politikerinnen und Politikern.

Angela Dorothea Merkel geborene Kasner, frühere Bundesumweltministerin der CDU hat uns diese milliardenschwere Atommüllendlagergeschichte aufgedrückt, was sie jetzt mit der Erneuerbaren Energie auch vorhat

Hätte sie diese Milliardenschwere Belastung für das Endlager der Atomreaktoren 1998 schon beseitigt und nicht versucht die Verursacher zu Schützen, würden diese Milliarden Euro an Steuergelder nicht zu Lasten der Deutschen Bevölkerung gehen.
Da ihr das Wissen aber über die Gefährlichkeit fehlte, keine Ahnung hatte, nichts davon wissen wollte, kann man einmal ersehen, was für immense Kosten, Angela Dorothea Merkel auf die Deutschen Bevölkerung damals schon, Bewusst verursachte.

Ihre Unwissenheit und Berufunerfahrenheit, treibt die Euroreisekanzlerin auch immer dazu, sich außerhalb Deutschland, oder im Europaparlament aufzuhalten.
Überall Mitreden, Mitmischen, anstatt das zu tun wofür sie Gewählt wurde.
Und wenn sie wieder einmal in Deutschland an einer Parlamentsitzung teilnimmt und eine Rede hält, die von externen Redeschreibern geschrieben wurden, verhält sie sich wie die Prinzessin auf der Erbse.

Nicht um sonst hatte der Gorleben Untersuchungsausschuss des Bundestages, die Befragung von Euroreisekanzlerin Frau Angela Dorothea Merkel abgelehnt, damit diese nicht im Fernsehen übertragen wurde, um eine Bloßstellung der Unterstützerin der reichen Industrie zu vermeiden.

Als frühere Bundesumweltministerin soll die CDU Politikerin, Frau Angela Dorothea Merkel, am 27. September in dem Ausschuss ihre Entscheidungen bei der Erkundung des möglichen Standorts für ein Atommüllendlager darlegen.
In dem Ausschuss sollte unter anderem geklärt werden, auf welcher Grundlage sich Frau Merkel als damalige Umweltministerin, trotz fehlender Salzrechte, fehlender Berufserfahrung und Inkompetenzkompensationskompetenzlosigkeit, dies benötigt man, um Inkompetenz zu kompensieren,
für eine Weitererkundung Gorlebens ausgesprochen hat. Versuche von politischer Einflussnahme gab es bei Frau Merkel schon zu Zeiten Herr Kohls, ihrem Ziehvater.
Denkbar wäre, dass sie damals schon als Euroreisekanzlerin auserwählt wurde.
(Da kann man nicht viel falsch machen).

Diese Milliarden Euro an Steuergelder, die Frau Angela Dorothea Merkel an der Bevölkerung verursachte, ist nicht wieder Gut zu machen und trotzdem wurde sie zu Kanzlerin gewählt, wie ist dies möglich.
Vetterliswirtschaft?
Wahlbetrug?
Oder war es doch die Mehrheit der Ostwähler?

Kosten übernehmen jetzt die Steuerzahler, bei der Beseitigung des Atommülls und für die Suche eines neuen atomaren Endlagers.
Auch die Kosten für die Erneuerbare Energie werden der Bevölkerung auferlegt.

Zuerst Verdienen die Atomreaktorenbetreiber Milliarden von Euros, werden mit Milliarden Euros Steuergelder Subventioniert, deren Atommüll wird bewusst und mit Zustimmung der damaligen Bundesumweltministerin Frau Angela Dorothea Merkel, in unsichere Zwischenlager abgestellt und bezahlen muss den ganzen Müll die Deutsche Bevölkerung.

Die Stromindustrie wird von Steuergeldern gefördert und Subventioniert, erhöht dafür die Strompreise für den Verbraucher, also für die Bevölkerung, die dann wieder einmal
Doppelt und dreifach zur Kasse gebeten wird.
Bezahlen der Subvention,
erhöhte Strompreise,
erhöhte Mehrwertsteuer,
sowie anteile der Umsatzsteuer,die auf den Kunden umgelegt wird.

So auch bei der Kirchensteuer, der Amtskirchen die vom Staat jährlich
über 16 000 000 000,00 Milliarden Euro Steuergelder beziehen, lassen die Gänzehaut auf dem ganzen menschlichen Körper zu dicken Pickel wachsen.
Oder ist dies die christliche Einstellung von Herr Gack!

Ob Kirche, oder Staat, alle haben über Jahrhunderte ein riesiges Vermögen angehäuft,
über dessen Größenordnung nur spekuliert werden kann. Die Kirchen zu Beispiel, sind in Deutschland

die größten nichtstaatlichen Grundbesitzer und Arbeitgeber.

Was sich die Politikerinnen und Politiker und Amtsträger alles einfallen lassen, wenn es um Geld und Macht geht, hat die deutsche Bevölkerung schon öfters zu Spüren bekommen.
Wie unverschämt verschwenderisch, die Politikerinnen und Politiker mit den Steuergeldern der Deutschen Bevölkerung umgehen, zeigt auch der Kanzlerbungalow.

Man sollte sich einmal Fragen, für was wurde dieser eigentlich gebaut und für was wird dieser mit Steuergeldern unterhalten, wenn doch keiner darin Wohnen möchte.
Kiesinger war nur vom Pool begeistert,
Kohl mochte die Fliesenanordnung,
und Herr Schröder mag den Kanzlerbungalow überhaupt nicht, er zog sofort wieder aus.

Der Bau des Kanzlerbungalows kostete dem Steuerzahler damals ca. 2 000 000,00 Millionen D - Mark.
Die Instandsetzung des Kanzlerbungalows in der Eurozeit kostet ca. 2 200 000,00 Millionen Euro.

Oder der Tiergarten-Tunnel, für unsere scheuen Politikerinnen und Politiker, der unter der Wilhelmstraße hindurch führt, um eine Verbindung zum Jakob-Kaiser-Haus, mit einem neuen Bürogebäude auf Kosten der Steuerzahler errichtet wurde. Damit unsere Politikerinnen und

Politiker von einem Büro zum andern schreiten können,
ist 50 Meter lang,
die kostet für die der Steuerzahler belaufen sich auf ca. 7 500 000,00 Millionen Euro.

Dies alles nur, damit die Politikerinnen und Politiker ihre Ruhe haben, vor der Bevölkerung und dem Autolärm abgeschirmt sind, wenn sie von einem Büro zum andern laufen, lautet ihre Aussage.

Eine andere Aussage lautet, wenn wir oben auf der Strasse laufen und von einer Sitzung zur anderen spazieren, sind die Akten vor Wind und Wetter nicht geschützt, damit diese Akten, in denen sowie so nichts geistreiches steht, die Wetterkapriolen überstehen, muss ein solch irrsinniger, teurer Steuergeldverschwenderischer Tunnel gebaut werden. Bei einer Volksabstimmung hätte man diese 7 500 000,00 Millionen Euro Steuergelder sicherlich nicht genehmigt.

Müssten unsere Politikerinnen und Politiker diesen Tunnel selber finanzieren, hätten sie ihn bestimmt nicht gebaut, aber dafür haben sie ja die Steuerzahler.
Wie viele Unsinnige vom Steuergeld bezahlten Luxus benötigen unsere Politikerinnen und Politiker noch, damit die Steuergeldverschwendung endlich aufhört!

Für solche Steuergeldverschwendung haben unsere Politikerinnen und Politiker immer Zeit

und scheuen auch keine Müh, diese eingetriebene
Steuergelder auszugeben.
Aber für die Bevölkerung etwas zu Tun, fällt ihnen
sehr schwer, da wir nichts modernisiert,
oder nichts Renoviert, es wird keine Einheitsrente
angestrebt, es wird keine Kinderarmut beseitigt,
es gibt nicht genügend Kindergartenplätze, nicht
genügend Lehrer, es Leben immer mehr Rentner an
der Armutsgrenze und die Armut in der
Bevölkerung nimmt ständig zu.

Da wird alles beim Alten gelassen, solange es zum
Vorteil der Politikerinnen und Politiker und zum
Nachteil der Bevölkerung ist.
Renoviert gehören auch einmal die Regelsätze. Seit
1974 wurden die Regelsätze nicht mehr, mit dem
wahren Preisen in der Eurozeit abgeglichen.
Verglichen mit anderen Ländern in Europa, mit
Schweden, mit Niederlanden, oder mit Dänemark,
liegen unsere Sätze für Sozialhilfeempfänger nur
halb so hoch. Ist dies nicht eine Schande für
Deutschland?

Wenn unsere Politikerinnen und Politiker für sich
eine Erhöhung oder Anpassung für ihr Luxusleben
tätigen, sei es die Diätenerhöhung, oder die
Erhöhung ihrer Pension, Renovierung ihrer Büros,
geht dies in die Milliarden von Euro, die der
Steuerzahler aufbringen muss.
Alleine die planungs- behindernde
Vergabepraktiken und Förderpraktiken,
sowie Manipulationen und verschönern der
Kostenprognose unserer unfähigen und Ideenlosen

Staatsdiener, kosten dem Steuerzahler Milliarden von Euros an Steuergeldern.

Auch das Bundesbildungsministerium kostet dem Steuerzahler Milliarden an unterhalt und was die für Steuergeldverschwendung durchführen ist nicht nur eine Frechheit, es ist Betrug dem Steuerzahler gegenüber.
Da eröffnen die Beamten im Internet eine Praktikantenbörse, für wahnwitzige
4 000 000,00 Millionen Euro, obwohl die Erfolgsbilanz niederschmetternd ist.
Und die Steuergeldverschwendung nimmt kein Ende, wie die 7 unnützen Gebäude.
Kanzleramt, Finanzministerium, Bundestags Plenarsaal, Sächsischer Landtag, Preußischer Landtag, Pinakothek der Moderne und Kammerspiele, alleine diese Gebäude,
die Renoviert werden, kosten dem Steuerzahler mehrere 100 000 000 000,00 Milliarden Euro,
und was hat der Steuerzahler davon, Nichts.
Es ist ja nicht das Geld der Politikerinnen und Politiker und der Beamten die darin Hausen, beziehungsweise der Ministerien, die diese Gebäude in Anspruch nehmen, nein es ist das schwer erarbeitete Geld der Steuerzahler, zu denen die Politikerinnen und Politiker das Verhältnis schon lange Verloren haben, durch ihr diktatorisches Verhalten.
Egal von wo unsere Politikerinnen und Politiker kommen, ob aus dem Osten oder Westen.
Die, die aus dem Westen kommen, kennen das Spiel mit dem Abzocken der Bürger schon,

und diejenigen die aus dem Osten neu dazu gekommen sind, haben dieses Spiel, wie man schnell Reich wird, durch Steuergelder, schnell kapiert, die besten Lehrmeister kommen aus der CDU und CSU.

Schließlich haben die Politikerinnen und Politiker aus dem Osten Nachholbedarf, damit ihre Konten schnell aufgefüllt werden. Da spielt es auch keine Rolle, was diese früher einmal Verdient haben, an das Betrügen, Verarschen und Abzocken, gegenüber dem Deutschen Bürger im Westen haben sie sich dann schnell gewöhnt.
Egal in welchem Jahrhundert, wir auch Leben, es sind immer die, die vom Volk gewählt werden, die dann nach der Wahl versuchen das Volk zu beherrschen, ob Könige, Kaiser, Prinzen und wie sie sich alle nannten, es hat sich nicht viel geändert, nur das es früher eben die Könige, Kaiser und Prinzen waren und in der heutigen Zeit die Staatsdiener, die Politikerinnen und Politiker, Bundeskanzlerinnen oder Bundeskanzler, Bundespräsident, Finanzminister und Bundesfinanzminister sind.

Auch in der Zeit der Könige, Kaiser, Prinzen, und Diktatoren musste das Volk, beziehungsweise, wurde das Volk gezwungen immer höheren Abgaben, für die Verschwendungssucht, dieser herrschsüchtigen Obrigkeiten, die über das Volk bestimmen, aufzukommen und in der neuen heutigen Zeit muss das Volk für die höheren Abgaben der Verschwendungssucht unserer Politikerinnen und Politiker aufkommen.

Früher haben sie ein höfisches Leben auf den
Burgen geführt und heute führen unsere
Staatsdiener ein höfisches Leben in der Politik.

In der Zeit der Könige, Kaiser und Prinzen wurden
den guten Freunden die Ämter zugeschachert
und die abtrünnigen, gehängt gefoltert oder
heimtückisch Umgebracht.

In der heutigen Zeit wird eben durch das
gegenseitige Beschimpfen und gegenseitige
Fehlerzuweisung, die unliebsamen Politikerinnen
und Politiker, öffentlich im Bundestag,
so beschimpft, was wiederum in der öffentlichen
Presse breit getreten wird, das der Staatsdiener,
den man loswerden möchte, freiwillig sein
politisches Amt aufgibt, damit die guten Freunden
der Parteikollegen platz nehmen können.

Oder sie werden nicht wie in der früheren Zeit
gehängt gefoltert oder heimtückisch Umgebracht,
in der heutigen Zeit werden sie Versetzt, vom
Parteivorsitzenden zum Außenminister, vom
Finanzminister zum Europaabgeordneten, vom
Ministerpräsident zum Bundespräsident
oder mit einer Dicken und Fetten Abfindung
entlassen.
Aber dafür Überleben sie.
Und das ganze Spiel wiederholt sich alle vier Jahre
wieder,
Unsere gewählten Ideenlosen, Berufunerfahrenen
Staatsdiener müssen die vier Jahre für die sie das
Volk gewählt hat, irgendwie absitzen, und dies ist

für unsere Politikerinnen und Politiker auch kein Problem.
Die meiste Zeit, unsere Politikerinnen und Politiker, verbringen sie mit den Wahl und Wahlvorbereitungen.
Da gibt es zum Beispiel die Bürgerschaftswahl, Landtagswahl und Kreistage, Stadtverordnetenversammlungen, Gemeindevertretungen, Ortsbeiräte Bürgschaft (Landtag),
Stadtbürgschaft (Beiräte),
Stadtverordnetenversammlung mit dem Kreistag, Stadträte, Gemeinderäte, Samtgemeinderäte, Stadtbezirksräte, Ortsräte, Regionsversammlung, Abgeordnetenhauswahl, Bezirksverordnetenversammlung, Gemeinderäte, Bezirksbeiräte,
Ortschaftsräte, Regionalversammlung, Bundeskanzler, Bundespräsident, und so weiter und so weiter.

Danach kommen die internen Querelen, Beschimpfungen, Empfängen, Feiern und Feste für den Sieg,
die Auslandsreisen, das Büro muss neu Eingerichtet werden, das Einstellen der neuen Mitarbeiter,
das Interview, die Fernsehauftritte, Fototermine, Staatsempfänge, Nebentätigkeiten, Nebenjob, eigene Firma, eigener Betrieb, der Urlaub, Debatten und Gespräche über neue Gesetze.

Hier nur einige Beispiele von Politikerinnen und Politikern, die eine eigene Firma,
oder einen Nebenjob haben oder hatten:
Riester, Walter (SPD)
Westerwelle, Dr. Guido (FDP)
Scheer, Dr. Hermann (SPD)
Thierse, Dr. h. c. Wolfgang (SPD)
Riesenhuber, Dr. Heinz (CDU/CSU)
Merz, Friedrich (CDU/CSU)
Lammert, Dr. Norbert (CDU/CSU)
Schily, Dr. Konrad (FDP)
Schirmbeck, Georg (CDU/CSU
Pfeiffer, Dr. Joachim (CDU/CSU)
Christian Lindner, FDP
Man kann davon ausgehen, dass die meisten und reichsten aus der CDU / CSU kommen.
Abgeordnete mit den höchsten angegebenen Nebeneinkünften:
Riester, Walter (SPD) – mindestens 144.500 € Nebeneinkünften
Brandner, Klaus (SPD) – mindestens 129.500 € Nebeneinkünften
Hübner, Klaas (SPD) – mindestens 120.000 € Nebeneinkünften
Fuchs,
Dr. Michael (CDU/CSU) mindestens 109.500 € Nebeneinkünften
Müller,
Dr. Gerd (CDU/CSU) – mindestens 96.000 € Nebeneinkünften
Glos,
Michael (CDU/CSU) – mindestens 91.000 € Nebeneinkünften

Kramme, Anette (SPD) – mindestens 89.000 € Nebeneinkünften

Böhmer,
Dr. Maria (CDU/CSU) – mindestens 84.000 € Nebeneinkünften

Hintze,
Peter (CDU/CSU) – mindestens 84.000 € Nebeneinkünften

Heinen,
Ursula (CDU/CSU) – mindestens 84.000 € Nebeneinkünften.

Auch der Altkanzlers Helmut Kohl.
Nach seiner Abwahl schloss der CDU-Ehrenvorsitzende einen Beratervertrag mit dem Medienunternehmer Leo Kirch.
Dafür erhielt er zwischen 1999 und 2002 umgerechnet rund 400.000,00 Euro.
Wenn man jetzt noch seine Diäten und Pensionen dazu rechnet, kann man sich vielleicht vorstellen, wie schnell so ein Staatsdiener zum Millionär wird, auf kosten der Deutschen Bevölkerung.
Wie viel Schmiergeld er in seiner Dienstzeit als Kanzler erhalten hat, weis bis Heute keiner

Und dafür Zahlt die Bevölkerung Milliarden von Euros an Steuergeldern, für ihre überhöhten Diäten und Pensionen, gezwungener maßen versteht sich.

Die Steuereinnahmen steigen, aber Einsparungen im Haushalt der Politikerinnen und Politiker werden nicht vorgenommen. Die treibende Kraft ist wie immer die CDU / CSU,
die Partei mit den meisten Betrügern und Abzockern in der Regierung.

Auch im Waffengeschäft steht die CSU an erster Stelle, wie viele Milliarden da geflossen sind, werden wir Bürger wohl nie erfahren.

So war es Früher, so ist es Heute und so wird es auch immer bleiben.

Ein höfisches, luxuriöses Leben für unsere Staatsdiener, Politikerinnen und Politiker, bezahlt von der Bevölkerung.
Egal was ist und was kommt, die Zeche Zahlt immer die Bevölkerung und die Könige, Kaiser, Prinzen, Staatsdiener, Politikerinnen und Politiker, schert sich ein Treck um die Bürger.

Was es früher allerdings nicht gab, dass Spätaussiedler, die aus der ehemaligen Sowjetunion kamen
und die vor 1946 geboren wurden, eine einmalige Eingliederungshilfe von ca. 3 000,00 Euro bekamen. Wer zwischen 1946 und 1956 geboren wurde, erhält ca. 2000,00 Euro.
Und dies von den Steuergeldern der Deutschen Bevölkerung.
Warum eigentlich?

Wurden sie vielleicht gezwungen Deutschland zu verlassen, oder gingen sie Freiwillig!

Da braucht man sich nicht Wundern, wenn die Staatsschulden immer größer, die Deutesche Bevölkerung immer ärmer wird, und die Gettos in Deutschland zunehmen.

Unsere Reichen die Wirtschaft, Politikerinnen und Politiker, haben da keine Probleme.
Sollte einmal zu wenig Steuergeld für unsere Politikerinnen und Politiker zur Verfügung stehen, um ihren hohen Lebensstandard zur Finanzieren, wird einfach gekürzt, wie zum Beispiel bei den Langzeitarbeitslosen, Schule, Kindergarten, Rentner und anderen Sozialen Einrichtungen.

Nur bei der Steuergeldverschwendung und den überhöhten Diäten und Pensionen, sowie an der überteuerten und veralteten Bürokratie wird nicht gespart.

Die Staatsschulden in Deutschland haben 2013 einen geschönten Rekordwert
von ca. 2 200 000 000,00 Milliarden Euro.
Um ca. 1 600,00 Tausend Euro, erhöhen sich die deutschen Staatsschulden pro Sekunde.

Deutschland und ihre Gebietskörperschaften müssen heute im Schnitt jeden siebten Euro, den sie durch Steuern einnehmen, für Zinsausgaben aufwenden.
Dieses Geld fehlt dem Staat, um seine eigentlichen Aufgaben, die unsere Politikerinnen und Politiker bei den Wahlen der Bevölkerung immer versprechen.
Deshalb wird es auch nie eine Steuererleichterung für die Bevölkerung geben.

Alleine im Jahre 2013 musste der Bund
ca. 40 000 000 000,00 Milliarden Euro für Zinszahlungen ausgeben.

Die Schulden von heute sind die Steuern von morgen.

Noch schneller stiegen die Schulden der Länder, sie erhöhten sich um ca. 24 000 000 000,00 Milliarden auf ca. 630 000 000 000,00 Milliarden Euro, was einem Plus von vier Prozent entspricht.
Die Schulden der kommunalen Zweckverbände werden in der Statistik nicht aufgeführt.
Man nennt dies Schattenhaushalt.
Der Schattenhaushalt der bis zu
ca. 50 000 000 000,00 Milliarden Euro Steuergelder umfassen,
soll ca. 45 000 000 000,00 Milliarden Euro Steuergelder über mehrere Jahre an die Bundesagentur für Arbeit überweisen, dies ist eine neue Idee in der es um finanzpolitischer Trickserei, und einer verdeckten Bilanzfälschung geht, um die Nachverfolgung der
Steuergeldverschwendungssucht zu erschweren.

Das ist der größte haushaltspolitische Betrug von vielen Betrügereien, durch unserer Politikerinnen und Politiker, in der deutschen Geschichte, wie die CDU/CSU die Schuldenbremse umgehen wollen.

Mit äußerst schmutzigen Tricks, die unsere Politikerinnen und Politiker in ihrer langjährigen Tätigkeit gelernt haben, und für diese Betrügereinen und Straftaten auch nicht belangt werden.

Schulden dürfen nicht verschleiert werden, die
Regierung sollte dazu stehen,
schließlich wurden die Schulden nicht durch die
Bevölkerung verursacht, sondern von unseren
unfähigen Politikerinnen und Politikern.
Mit dem Zwangshebel der niedrigen Zinsen werden
die Sparer brutal enteignet.
Die Umverteilung ist eine eiskalte Enteignung der
privaten Vermögen der normalsterblichen
Bevölkerungsschicht.
Bundesfinanzminister Wolfgang Schäuble brüstet
sich, dass Deutschland weniger Schulden machen
muss.
Die Wahrheit ist ein simpler Trick:
Denn die Sanierung der Staatsschulden erfolgt
wegen der niedrigen Zinsen der Europäischen
Zentralbank, auf Kosten der Sparer.

Die Neuverschuldung für das Jahr 2014 beläuft
sich auf ca. 7 000 000 000,00 Milliarden Euro.

Es darf nicht sein, dass die Verfassung durch
unsere Koalitionäre einfach ignoriert wird,
durch eine Kürzung der Ausgaben und eine
Eindämmung der Steuergeldverschwendungssucht,
ist es durchaus möglich, Steuern zu senken und
gleichzeitig die Schuldenbremse zu betätigen,
aber nicht auf kosten der Deutschen Bevölkerung.

Der geplante Schattenhaushalt, ob
Sondervermögen, oder Nebenhaushalt, wie es
unsere Politikerinnen und Politiker gerne
Benennen, dient nur dazu, um die Aufnahme neuer

Schulden zu vertuschen, weil diese im normalen Haushalt nicht auftauchen.
Unsere Politikerinnen und Politiker lügen das Volk bewusst an, wenn es um die Neuverschuldung geht, zumal sie uns nur von den öffentlichen Schulden erzählen, aber nicht wenn es um die Sondervermögen, die dem Bund zur Finanzierung besonderer Aufgaben zur Verfügung steht.

Zum Beispiel:

Der Bund hat ca. 50 000 000 000,00 Milliarden Euro Schulden, diese werden über das Jahr hinaus weiter geführt und der Bund haftet dafür in den nächsten Jahren oder Jahrzehnten ebenso wie für Zinsen und Tilgung, was aber nicht im öffentlichen Haushalt mit Einberechnet wird.

Unsere Regierung hat mehrere solcher schwarzen Kassen, die der deutschen Bevölkerung bewusst unterschlagen werden.
Das Schwarzgeld von schwarz/gelb?
Es wird also Vermögen vorgetäuscht und der Bevölkerung auch fälschlich dargelegt,
unsere Regierung sei Kreditwürdig was aber in Wahrheit nicht der Fall ist.

Verbindlichkeiten kommunaler Zweckverbände, über die unsere Politikerinnen und Politiker nicht sprechen, werden der Bevölkerung nicht mitgeteilt, plus verdeckte Schuldenlast,
von ca. 6 000 000 000 000,00 Billionen Euro aus unserem Sozialsystem entspricht ehr den

Staatsschulden, als dass was von unseren
Politikerinnen und Politikern angegeben wird.

Wenn ein Großbetrieb, oder ein Wirtschaftsbetrieb,
so verfahren würden, wie unsere Politikerinnen und
Politiker mit den Steuergeldern, müsste dieser
Insolvent beantragen und bekäme noch eine
Anzeige wegen Kapitalverschleppung.

Man schafft sich durch Täuschung einen
Vermögensvorteil.
Sie belügen und hintergehen das Volk, wo es nur
möglich ist, sie umgehen die Schuldenbremse
mit äußerst schmutzigen Tricks, umgehen die
verfassungsrechtlich festgelegte Schuldenbremse,
um dem Bürger gegenüber den Eindruck zu
erwecken, sie hielten ihre großmäuligen
Versprechen
aus dem Wahlkampf auch wirklich ein.

Das ist Wählerbetrug und so wird es auch bei den
nächsten Wahlen sein.
Wenn die Wähler wüssten, was ihre
steuergeldsüchtigen Wirtschaftsmarionetten, auch
Politikerinnen und Politiker oder Staatsdiener
genannt, da im Schilde führen und wie sie die
Statistiken verfälscht und geschönt darstellen, hätte
ein großer Teil der Wähler, sich den Gang zur
Wahlurne bestimmt erspart.

Worte von Frau Merkel am 16. Juni 2005 in Berlin,
dass die Westdeutschen keinen immerwährenden
Anspruch auf Demokratie und soziale
Marktwirtschaft besäßen.

Will Frau Merkel eine Diktatur wie in der DDR!

Daran erkennt man auch, mit welchem Hintergedanken unsere Politikerinnen und Politiker, insbesondere Frau Merkel, uns in Zukunft führen möchten.

Oder:
Die Deutsche Bevölkerung darf gern mitdiskutieren, solange sie nicht erwartet, dass die Politikerinnen und Politiker sich nicht tatsächlich nach den Bürgern richten.

Man erinnere sich bitte, an die Finanzierung der Deutsche Einheit.

Die Wahrheit ist nun mal, dass die Finanzierung der Deutschen Einheit in diverse Schuldentöpfe und Schattenhaushalte oder wie immer man es nennen mag, versteckt wurden, zum Nachteil der Westdeutschen Bevölkerung, diese muss dafür mit ihrem schwer Verdienten Steuergeld,
das ihnen die Politikerinnen und Politiker per Gesetz wegnehmen, doppelt und dreifach Bezahlen.

Wir haben zu viele Hochbezahlte Beamte, Politikerinnen und Politiker, die ihre Leistung nicht bringen, deren Verfehlung und somit Verschuldung, die Bevölkerung bezahlen muss.
Es ist nämlich längs Mode in der Deutschland Politik, Schulden auszugliedern.

Teilweisen sind die ausgegliederten Schulden, auf der gleicher Höhe wie die offiziellen Schulden, gleiches gilt natürlich auch für die Gesellschaften von Bund und Ländern.
Das wiederum bedeutet, wir haben wesentlich mehr Schulden, als uns die Politikerinnen und Politiker vorgaukeln.

Gesellschaften von Bund und Ländern sind Öffentliche Unternehmen, auch Staatsunternehmen genannt, das sind öffentlich-rechtliche oder privatrechtliche Organisationen im Eigentum des Staates zur Wahrnehmung von Teilaufgaben.
Darin sind solche Politikerinnen und Politiker angestellt, die einen Kostenvoranschlag machen, der dann um das vielfache teurer wird, als berechnet, Bezahlen muss dies dann der Bürger mit dem Steuergeld.
Wir Bezahlen auch für die jährlichen Schulden, die der Bundesfinanzminister aufnimmt,
weil unsere Politikerinnen und Politiker in einer Hochkonjunktur nicht Sparen.

Wenn die Konjunktur nachlässt und dies wird sie bestimmt, wird in Deutschland eine große Eurokrise angestimmt, dann wird es sich rächen, dass Deutschland entgegen seinen vollmündigen Erklärungen in Zeiten der Hochkonjunktur nicht gespart hat.

Wo ist denn das Geld in Zeiten der Hochkonjunktur hin geflossen, jedenfalls nicht in die versprochenen Steuererleichterungen und zum Abbau der Staatsschulden.

Man könnte Tausende von Beispielen nennen, wie der Staat die Steuergelder und dies mit Zustimmung der Finanzminister und der Unterschrift des Bundesfinanzministers, verschwenden, verschleiern, oder auf die Schwarzkonten verbuchen darf, muss, oder auch soll, damit man eine verfälschte Bilanz, dem Bürger präsentieren kann.

Wir sollten uns einmal daran Erinnern, wie viel der Bevölkerung vor Einführung des Euros Versprochen wurde und was davon noch übrig geblieben ist.

Die Einführung des Euro am 1. Januar 1999 war ein fataler Fehler, allein das Versprechen,
das der Euro zu der D – Mark,
1 Euro = 1,95583 DM, also 1:2 aufgerundet, verrechnet würde,
war von vorne herein eine Lüge.
Leider ist das politische Lügen, Betrügen und die totale politische Bürgerverdummung, nicht strafbar, sonst müssten alle Politikerinnen und Politiker, angesichts des finanziellen Schadens, denn sie der Deutschen Bevölkerung angetan haben, bestraft und verurteilt werden, sie müssten ihren luxuriös teuer eingerichteten, von Steuergeldern, bezahlten Arbeitsplatz räumen und die Schulden begleichen.

Dass Schulden nicht ewig mit Schulden bezahlt werden können, so wie es bei unseren Politikerinnen und Politikern üblich ist, dürfte wohl der Deutschen Bevölkerung klar sein und somit ist

auch der Untergang des Euros und Europas vorprogrammiert.
Denn noch werden die Bankrotten Eurostaaten, von den Steuergeldern der Deutschen Bevölkerung unterstützt, und diese Gelder werden die Bürger auch nie wieder zurückbekommen.

Es gab damals genug Experten, die vor der Einführung des Euro gewarnt haben,
aber unsere Machtbesessenen Politikerinnen und Politiker, werden immer das durchsetzen,
was sie im Kopf haben, ob Richt oder Falsch und deshalb wird es höchste Zeit, eine Volksabstimmung für alle Belange einzuführen.

Sollte es einmal zu einer Inflation kommen, sind die Opfer der Inflation, die kleinen Leute, Rentner, Jugendliche, Arbeitnehmer, Hartz IV Bezieher, allein erziehende Mütter, Arbeitslose,und Sozialhilfeempfänger.
Man sollte auch bedenken, das Europa kein ganzes Europe in dem Sinne ist, wie man es sich eigentlich vorstellt, Europa ist eine Ansammlung, von Staaten mit eigenen Haushaltsgesetzen,
Europa hat keine gemeinsame politische Amtssprache, aber einen gemeinsamen Geldbeutel.

Frau Merkel und ihre Partei, stellen dies nach Außen hin, um ihr Ansehen zu bewahren,
immer so da, als sei dieser Steuergeldgefüllte Geldbeutel immer prall gefüllt, auch wenn er leer ist.

Das ist der Weg, der Deutschland in eine Krise führen wird, aber nicht aus der Krise heraus.

Da Kohl und Merkel einmal eins waren und unsere Politikerinnen und Politiker nie einen Fehler eingestehen, halten sie an Europa und dem Euro unbeirrbar fest, auf kosten der Menschheit.

Die größten Geldprobleme haben im Moment Griechenland, Portugal, Irland, Spanien, Slowenien Frankreich, Italien und Zypern.

Die Einführung des Euros in Europa, sollte auch nur einem Zeck dienen, Überwachung, Niedriglohn, Abschaffung des Mittelstandes, totale Abgrenzung zwischen Arm und Reich, Entrechtung, Globalisierungsterror, Kriege, um die Rüstungsindustrie an zu Kurbeln und Abschaffung der Demokratie.

Sie Ukraine, die Politikerinnen, Politiker und Europaabgeordnete Reden und Reden, sterben müssen die Kinder und die Alten Menschen, ändern tut sich nichts.
Dies geht dann so lange, bis sich alles von selber Regelt, und dann kommen sie wieder, die Politikerinnen und Politiker und lassen sich Feiern, obwohl sie nichts dafür getan haben.

Das ganzer gezeterte und die ständigen Auslandreisen in den Griesengebieten unserer Politikerinnen und Politiker, ist nur ein Arbeitsbeschaffungsmaßnahme, weil sie mit den eigenen Probleme, die in Deutschland herrschen,

nicht klar kommen, und die Wahlversprechen in Vergessenheit geraten lässt.
Man nennt dies auch Ablenkungsmanöver.

Das beste Beispiel hierfür sind unsere Politikerinnen und Politiker und deren Parteien, die Parteiendiktatur. Da geht es auch nur um die interne Macht und über die Kontrolle der Bevölkerung.

Aber nirgendwo wird so gnadenlos mit Geldern der Bevölkerung getrickst, um an Reichtum und Wohlstand zu kommen, wie in der Politik und Wirtschaft.

Allein der Trick mit der Abwrackprämie bescherte der Wirtschaftindustrie einen Umsatzgewinn von ca. 25 Prozent.
Diese hinterhältige Ankurbelung der Wirtschaft, beziehungsweise, der Automobilindustrie und das Auffüllen der Staatskasse, war denen gegenüber, die sich solche manipulierten Geldgeschenke, nicht leisten konnten, Ungerecht.
Welch Schicht der Deutschen Bevölkerung hat von der Abwrackprämie nichts abbekommen und muss trotzdem Steuern Bezahlen?

Die Mittelschicht, die Armen, die Rentner, die Arbeitslosen, und viele, die es sich nicht leisten konnten.

Der Steuerzahler Bezahlt und Bezahlt, so auch bei den Nachfolgenden aufgeführten Beispielen.

Allein die Forschungs- Einrichtungen der
Bundesrepublik verschlingt Billionen an
Steuergeldern, ohne nutzen für die Bevölkerung.

Forschung Lebenswissenschaften
913 000 000,00 Millionen Euro an Steuergeldern,
Forschung Naturwissenschaften
572 000 000,00 Millionen Euro an Steuergeldern,
Forschung Ingenieurwissenschaften
500 000 000,00 Millionen Euro an Steuergeldern,
Forschung Geisteswissenschaft
und Sozialwissenschaften
366 000 000,00 Millionen Euro an Steuergeldern.

Wohin genau, und wie viel Genau die Deutsche
Forschungsgemeinschaft die Billionen Euro
Steuergelder fliesen lässt, erfährt man jedoch nicht.

Ein Beispiel mehr, wie unser Staat mit dem Geld
der deutschen Bevölkerung um sich Schmeißt,
in die dunkle Kanäle verschwinden läst, oder still
und heimlich die eigene Parteikasse auffüllt.

Alles geschieht in geheimer Absprache.
Stille und heimliche Absprache, zwischen den
Ölkonzernen, Pharmaindustrie, Geldinstituten
Europaparlament und der Wirtschaftsindustrie
müssen abgeschafft werden.

Die politischen Wirtschaftsmarionetten,
unerfahrene und Ideenlosen Staatsdiener müssen
aus der Regierung entfernt werden.

Die Bürger müssen daran teilnehmen können und erfahren was Besprochen wird.
Schließlich betrifft dies ja auch hauptsächlich die Deutsche Bevölkerung.

Denn wir Bürger bezahlen die Preiserhöhung, die Staatsdiener, Politikerinnen und Politiker Europaabgeordneten, bankrotte Euroländer, und unser Staat kassiert dafür Milliarden von Euros an Steuergeldern.

Wir Verbraucher müssen immer tiefer in die Tasche greifen vor allem für die immer steigenden Lebenshaltungskosten.

Zuletzt lag die Inflationsrate in Deutschland bei ca. 1,5 Prozent, Lohnerhöhungen werden quasi sofort wieder aufgefressen, weil diese wesendlich geringer sind, gegenüber der Lebensmittelerhöhung und Lebenshaltungskosten.

Die Durchschnittsrente hat ein Fünftel ihrer Kaufkraft verloren, Speisefette und Speiseöle wurden um 15,4 Prozent teurer, der Preis für Butter lag im Vergleich zum Juli 2012 sogar um 30,8 Prozent höher. Für Gemüse mussten die Verbraucher 11,7 Prozent mehr Geld hinlegen, Kartoffeln waren 44,4 Prozent teurer als ein Jahr zuvor.

Die Preise für Molkereiprodukte und Eier legten insgesamt um 6,1 Prozent zu.

Die Energiepreise erhöhten sich binnen Jahresfrist um 2,9 Prozent. Erheblich teurer war dabei wie schon in den Vormonaten Strom mit einem Preisplus von 20 Prozent. Zeitungen und Zeitschriften verteuerten sich um 4,1 Prozent, Tabakwaren um 3,6 Prozent, was auf eine verspätete Weitergabe der Tabaksteuererhöhung zum Jahresbeginn 2013 zurückzuführen ist, was wiederum der Staatskasse zu Gute kommt.

Das Bundeskartellamt sollt die Preistreiberei der Politikerinnen und Politiker, Ölmultis, Gaskonzerne, Stromkonzerne und
vor allem die der Lebensmittelindustrie und Wirtschaftindustrie beaufsichtigen und kontrollieren.

Aber da das Bundeskartellamt eine Zweigstelle unseres Staates ist und unsere Politikerinnen und Politiker dieses Amt beeinflussen können, wie zum Beispiel bei den ständig steigenden Steuererhöhungen, Benzin, Gas, Diesel, Lebensmittelpreisen sowie die Strompreise und diese Wirtschaftskonzerne, mit unseren Politikerinnen und Politikern spielen können wie sie wollen und der Staat nur auf die Milliarden einnahmen der Mehrwertsteuer, Umsatzsteuer, Spenden der Ölkonzerne aus ist, wird sich daran auch nichts ändern.
Im Gegenteil da kommen die Hilflosen und Ideenlosen Politikerinnen und Politiker auf teuere, mit Steuergeld bezahlten unüberlegte Gedanken wie zum Beispiel die Placebo-Behörde,

die über Smartphone- Apps und
Navigationsgeräten für die Bevölkerung ein
Programm zur Verfügung stellt, um die billigste
Tankstelle die in 100 km Entfernung liegen,
anfahren zu können.
Obwohl unsere Politikerinnen und Politiker, und
ins besondere das Bundeskartellamt,
genau wissen, das die wirklichen Gewinne schon
vor dem Verkauf an der Tankstelle,
in den Raffinerien abgeschöpft wird.
Alles nur Augenwischerei der Bevölkerung
gegenüber.
Denn die Raffinerien gehörten vielfach auch den
Tankstellenketten.
Hier entstehen die Preisaufschläge, die man oft zu
Ferienbeginn sieht.
Und genau dort verschließt die neue Behörde vom
Bundeskartellamt die Augen.
Da werden Steuergeld für eine Placebo-Behörde
rausgeschmissen, die sinnlos und aus reiner
Hilflosigkeit und Ideenlosigkeit unserer
Politikerinnen und Politiker ins Leben gerufen
wurde,
Wobei das Autogas und Erdgas nicht bei der
Meldestelle erfasst wurden.

Die Produktionskosten für Kraftstoffe erhöhen sich
sowie so, weil Biodiesel etwa doppelt so teuer wie
Diesel aus Mineralöl ist und Ethanol drei Mal so
teuer wie Superbenzin.

Alles billige Ausreden, der Deutschen Bevölkerung
gegenüber, um den Anschein zu erwecken, sie

würden sich für die Bevölkerung einsetzen, dabei sollte auch jedem Bürger klar sein,
das unsere Politikerinnen und Politiker dem Deutschen Mittelschichtbürger und dem Arbeitendem Volke nichts Schenken.
Oder werden die Billionen Euro Schulden, die unsere Politikerinnen und Politiker gemacht haben, von ihren Überhöhten Pensionen und Diäten Bezahlt!

Der Staat verdient Milliarden durch die Benzinpreiserhöhung, Umsatzsteuer und Mehrwertsteuer, und da wird er bestimmt nicht daran Drehen.
Aber eine Placebo-Behörde ins Leben rufen, dass von dem Steuerzahler zusätzlich auch noch bezahlt werden muss, ist für unsere Politikerinnen und Politiker eben einfacher, als auf 30 Cent von Umsatzsteuer und Mehrwertsteuer der Benzinpreise zu verzichten.

Somit wird die Deutsche Bevölkerung wieder einmal hinter das Licht geführt und die Steuergeldverschwendungssucht in das Unermessliche getrieben, denn die Placebo-Behörde finanziert die Deutsche Bevölkerung.

Dem Bürger muss endlich bewusst werden, das der Staat, der Deutschen Bevölkerung nichts Schenkt, es wird keine Steuersenkung geben, dafür nehmen die stillen und heimlich eingeführten Steuererhöhungen in Deutschland drastisch zu.

Man stellt sich das folgender maßen vor, der Staat ist eine große Firma, die als Unterhändler für die Wirtschaft agiert, die die Aufgabe hat, den Steuerzahler ruhig zu Halten und als verlängertes Sprachrohr der Reichen, in der Öffentlichkeit auftritt.

Es ist wie ein Geheimbund, zwischen unseren Politikerinnen und Politikern und der Wirtschaftsindustrie, sie treffen sich hinter verschlossenen Türen und besprechen gemeinsam wie man am besten der Bevölkerung das Geld aus der Tasche locken kann.

Warum streicht unser Staat den bestand der Betriebsprüfer, beziehungsweise, warum, wurden diese reduziert, damit die Wirtschaftindustrie für das die Betriebsprüfer eigentlich gedacht sind, noch mehr Macht bekommen und entsprechende Kontrollen nicht mehr durchgeführt werden können.
Aber dafür gibt es mehr Finanzbeamte, und neue Behörten die den Rentnern, Arbeitslosen, den Armen, die sowie so nichts haben, eine Steuererklärung zusenden, mit der bitte, diese genau Auszufüllen.

Wäre es nicht sinnvoller, die Reichen und Mächtigen, zu Überprüfen.

Aber es war schon immer so, die, die nichts haben, denen wird alles genommen und die die zu viel haben, denen wird es noch nachgeschmissen.

Was unser Staat von den Großen nicht holen kann,
hol er sich von den Kleinen.
Man hat das Gefühl, dass das Finanzamt nichts
anderes zu tun hat, als die Steuererklärung
von der Mittelschicht, also Arbeitern, Rentnern,
Arbeitslosen, den Armen, anzufordern
um ein bar Euros einzutreiben, damit unsere
untätigen Finanzbeamten überhaupt eine
Beschäftigung haben.
Diese Finanzämter, das auch von den Steuerzahlern
unterhalten wird, kostet schließlich ja auch einige
Milliarden von Euros und ist auch eine gute
Institution wohin man Steuergelder
verschieben kann um eine geschönte Statistik zu
Erstellen.

Wofür haben wir so viele Ämter, damit die
Steuergelder so lange verschoben werden können,
bis keiner mehr genau weis, wo wie viel
hingekommen ist.

Unsere Politikerinnen und Politiker sind
geschickten Tricks, Täuscher, und
Statistikmanipulierter.

Der Staat zweige zu viele Steuergelder für seine
Zwecke ab und belaste den Bürger wiederum zu
sehr mit Steuern und Abgaben.

Allein die Einnahmen von 2012 an Steuern
Belaufen sich auf
ca. 600 000 000 000,00 Milliarden Euro,
das sind über eine halbe Billion Euro.

Sehr wahrscheinlich, dürfte es aber um ein vielfaches mehr sein, denn nachprüfen können und dürfen wir Steuerzahler dies nicht, wir müssen das Glauben, was die Politikerinnen und Politiker uns in den verschönten, Statistiken vor Mahlen und die werden immer so erstellt, das dies zum Vorteil unserer Politikerinnen und Politiker und zum Nachteil der Bevölkerung ist.
Wie viel und wo hin die Steuergelder eigentlich verschoben und untergebracht werden weis eigentlich keiner so genau. Egal was unser Politikerinnen und Politiker sich auch Ausdenken es geht nur um Macht, und Geld.

Wer wurde in der Wirtschaftskrise 2008 gezwungen zum Sparen!
Die Deutsche Bevölkerung.
Aber für die Politikerinnen und Politiker war der begriff Wirtschaftskrise ein Fremdwort.
Sie hatten genau so viele Steuergelder verschwendet wie in dem Jahr zuvor.
Unser Politikerinnen und Politiker hat in dieser Wirtschaftskrise auf nichts verzichtet,
auf keinen Cent ihrer Diäten auf keinen ihrer unnötigen Auslandreisen und schon gar nicht auf ihr Luxusleben.
Nach dem Motto, Umschuldung, statt Schuldenabbau, Steuergeldverschwendung, statt Steuergeldeinsparung.
Unsere Politikerinnen und Politiker, die es hätten eigentlich vor machen sollen, wie man spart, lebten in dieser Zeit ihren luxuriösen Standart weiter, auf das sie bis Heute nicht Verzichten.

Diejenigen die aber dafür sorgen, dass die Steuergelder erwirtschaftet werden, wurden bestraft.
Die die es sich leisten konnten, Politikerinnen, Politiker, Reiche, Geldinstituten und die Wirtschaftsindustrie, wurden belohnt.

So ist es und so bleibt es auch immer, so lange wir keine unparteiischen Politikerinnen und Politiker haben, solange unsere Politikerinnen und Politiker sich mehr Zeit nehmen für ihre Nebentätigkeit und das gemeinsame Europa, solange die Politikerinnen und Politiker im Vorstand eines Wirtschaftsbetriebs oder Geldinstituts sitzen, solange die Politikerinnen und Politiker Gesetze erfinden, die nicht richtig durchdacht sind, solange unter den Politikerinnen und Politikern keine geschlossenen Einigungen über die neuen Gesetze besteht, solange die Politikerinnen und Politiker sich gegenseitig erpressen, du stimmst für mich ich stimme für dich, du stimmst für meinen Gesetzesentwurf, ich für deinen, solange es keine Volksentscheidungen gibt, solange unsere Politikerinnen und Politiker die Steuergeldverschwendungssucht nicht ablegen und solange es keine Volksabstimmung für alle Belange gibt, wird sich an der schleichenden Diktatur nichts ändern.

Wir benötigen endlich Politikerinnen und Politiker, die für das arbeitende Volk da sind die die Belangen der Bevölkerung ernst nehmen, für das sie Gewählt wurden.
Politikerinnen und Politiker die gerecht zu ihrem Volk sind und auch das einhalten,

was sie der Deutschen Bevölkerung Versprechen. Solange unsere Politikerinnen und Politiker aber den zwei Klassenstaat bewusst und absichtlich fördern, Milliarden Steuergelder an das Ausland verschenken, noch mehr Ausländer und Asylanten nach Deutschland holen, damit die Wirtschaft billige Lohnarbeiter einstellen, wird es in Deutschland keine Gerechtigkeit und Demokratie geben.

Deutschland ist ein Überwachungsstaat, der sich darauf Spezialisiert, die Bevölkerung zu Beherrschen, zu Unterdrücken, die ältere Generation zu missachten und die Kinder und Jugendlichen links liegen lässt.

Gefördert werden nur die Reichen, die Wirtschaftindustrie, Geldinstituten, das gemeinsame Europa und die bankrotten Euroländer.

Ist dies in einer Demokratie normal, dass die die sowie so nichts haben, die Mittelschicht, die Angestellten, die Arbeiter und die Rentner immer für die, die es im Überfluss haben, aufkommen müssen und die Reichen, die Politikerinnen und Politiker, die Geldinstituten und die Wirtschaftindustrie, immer Wohlhabender werden! bestimmt nicht.
Was nützt den Arbeitslosen oder einem Hartz IV Empfänger eine Erhöhung um einen Euro,
den Westrentner eine Rentenerhöhung um 1 Euro, die Abschaffung der Arztgebühren von 10 Euro, wenn der Staat diese hinterhältigen

Steuergeschenke, wieder einmal durch eine Hintertür, doppelt und dreifach, zurückholt.

Seit die Politikerinnen und Politiker das Verhältnis und die Realität zu der deutschen Bevölkerung verloren haben, geht es mit Deutschland nur Berg ab.

Was nützen uns Abgasnormen und neue Elektroautos mit entsprechenden Abgasvorschriften, und Steuervergünstigungen, wenn sich nur die Reichen solche neue Autos leisten können und nur unsere Staatsdiener mit diesen Autos, auf kosten der Steuerzahler ausgestattet werden.
Was nützen uns die teuren Bio Lebensmittel, wenn diese nur von den Politikerinnen und Politiker und Reichen verzehrt werden können.

Was nützen uns die Solaranlagen auf den Eigenheimen, die alle Steuerzahler mitbezahlen müssen, aber nur für die Wohlhabenden zur Verfügung stehen.
Warum werden nicht alle Vermieter von Wohnungen, in denen die normale Bevölkerung zur Miete wohnt, gesetzlich gefördert und aufgefordert eine Energie Sparende Anlage auf ihre Mietwohnungen zu Bauen!
Warum bekamen nicht alle, die Verschrottungsprämie, sondern nur die die es finanziell nicht nötig hatten!
Was nütz uns die Markttransparenzstelle das neue Kosten verursacht, aber nicht dafür sorgt,

das die Benzinpreise purzeln, beziehungsweise
Verringert werden.

Alles nur faule, hinterhältige
Bevölkerungsverarschende Ablenkungstaktiken,
damit die Unfähigkeit der Politikerinnen und
Politiker nicht all zu stark im öffentlichen Licht
Erscheint.

Ein kleines Beispiel, wie die deutsche Bevölkerung
verarscht und für dumm verkauft wird,
sind die Milliardenschweren Energiezertifikate.
Es handelt sich um ein System, das Personen, die
Projekte zur Optimierung der Energieeffizienz
durchführen, sich wirtschaftliche Vorteile sichert.
Für die durch die Energieeffizienzmaßnahme
eingesparte Energie wird eine genau Anzahl an
weißen Zertifikaten zugeteilt, ein Zertifikat
entspricht einer Tonne Erdöläquivalent.
Das Zertifikat wird an einer eigenen Börse
gehandelt, kann aber auch bilateral an Interessierte
verkauft werden.
Erdöläquivalent ist die Öleinheit, auch
Rohöleinheit genannt, ist eine Maßeinheit für die in
Form von Heizstoffen vorhandene Energie,
beziehungsweise den Energieverbrauch, bei der
Stromerzeugung oder Verbrennungsprozessen.

Stromerzeugung: einer der größten Treibhausgas
Produzent, ist der Stromlieferant RWE.
Mit ihrem Braunkohlekraftwerk, werden jährlich
Milliarden Tonnen Kohlenstoffdioxid CO_2 in die
Umwelt geblasen.

Kohlenstoffdioxid CO2 wird als Klimagift bezeichnet, weil es im übertragenen Sinne Gift für das Klima ist, es absorbiert die Wärmeabstrahlung von der Erde und heizt so die Atmosphäre auf.

Mit Absprache unserer Politikerinnen und Politiker, dürfen diese Stromproduzent, durch Aufkaufen von Verschmutzungsrechten, faulen Zertifikaten, genaue Bezeichnung ist Emissionszertifikaten, Emissionshantel betreiben, das nicht nur für den Staat ein Milliardengeschäft ist,
sondern auch für die Stromproduzent, wie zum Beispiel die RWE.

Solche wirtschaftliche Milliardenverdiener, werden dann noch auf kosten der Steuerzahler Subventioniert.
Durch den Ankauf der Emissionszertifikate, sorgen sie zwar dafür, das in einem fernen Land, zum Beispiel Afrika oder China, der Kohlenstoffdioxid CO2 verringert wird, durch Neubau von Stauseen, oder der Kauf eines, Energiesparkochers, der dann nach Sambia verschickt wird.
Das bedeutet, die Holzkocher in Sambia, haben eine jährliche Einsparung von ca. 130 000 Tonnen Kohlenstoffdioxid CO2, und dafür wird im Kohlekraftwerk von RWE diese Menge von ca. 130 000 Tonnen Kohlenstoffdioxid CO2 in 36 Stunden in die Umwelt geblasen.

Durch den Ankauf von diesen faulen Emissionszertifikaten, wurde von unseren Politikerinnen und Politikern festgelegt, wie viel

verschmutzte Luft, in die Umwelt geblasen werden darf.
Unser Staat betrügt nicht nur die Bevölkerung, er verdient auch kräftig, an diesen faulen und betrügerischen Emissionszertifikaten und der Umweltverschmutzung.

Alleine 3 400 000 000,00 Milliarden Euro Mehrwertsteuer, kassiere der Staat 2013 durch die Strompreiserhöhung zusätzlich, wie viel er an den Emissionszertifikaten verdient, kann man sich dann Vorstellen und wie viel Schmiergeld, oder Parteispenden, dann die einzelnen Parteien dafür bekommen, wird man sehr wahrscheinlich nie genau erfahren.

Wie lang braucht die deutsche Bevölkerung eigentlich noch, um zu Verstehen, das sie von den Politikerinnen und Politikern nur ausgenützt wird!

Genau so ist es mit der Postenschacherei unserer Politikerinnen und Politikern.
Beispiel:
Da wird eine neue Stelle geschaffen, die Millionen Euro an Steuergeldern kosten,
für einen Politiker, der nicht die Mehrheit bekommen hat, um in einer Großstadt,
Bürgermeister zu werden,
wie zum Beispiel die Stelle als Stabsstellenleiter
für Bundesratsangelegenheiten,
ist nichts anderes als parteipolitische Günstlingswirtschaft in bislang unbekanntem Ausmaß auf kosten der Steuerzahler.

Fakt ist auch, dass unsere Politikerinnen und
Politiker kein Interesse an der Politik für die
Deutsche Bevölkerung haben, nur Europa zählt und
ihrer Privaten Ambition wie zum Beispiel eigene
Firma, oder Vorstandposten.

Beispiele von Politikerinnen und Politikern die eine
eigene Firma betreiben, oder betreiben lassen:

Der CDU-Bundestagsabgeordnete Frank Steffel
besitzt eine Raumausstatterfirma.

Firmenbesitzer,
wurde im Februar 2011 zum Vorsitzenden
der Landtagsfraktion
von Bündnis 90/Grünen in den Bayerischen
Landtag gewählt.

Herrn Lux,
Vorsitzende des Verfassungsschutz-Ausschusses
im Abgeordnetenhaus,
ist in einer Anwaltkanzlei nebenbei noch tätig.

Europaabgeordnete Klaus-Heiner Lehne CDU,
ist als Partner einer internationalen Großkanzlei
tätigen.

Europaabgeordnete Elmar Brok CDU,
aus Nordrhein-Westfalen gehört zu den
Volksvertretern mit einem gut bezahlten Nebenjob,
Berater bei der Bertelsmann AG.

Burkard Balz CDU,

der niedersächsische Abgeordnete ist
Beiratsmitglied der MuP - Holding.

Markus Ferber CDU,
auch Europaabgeordnete aus Bayern,
Mitglied im MuP – Beirat.

Andreas Schwab CDU,
ist als Anwalt für die Kanzlei CMS Hasche Sigle
tätig.

Anja Weisgerber CDU,
ist bayerische EU-Abgeordnete bezieht als
Rechtsanwältin
nebenbei noch ein hohes Gehalt.

Hans - Gert Pöttering CDU,
der frühere Präsident des Europäischen Parlaments
bezieht als Aufsichtsratsvorsitzender der Johann
Bunte Bauunternehmung GmbH Nebeneinkünfte.

Werner Kuhn CDU,
der EU - Abgeordnete aus Mecklenburg –
Vorpommern
verdient als selbstständiger Unternehmensberater
Nebenbei.

Auch Thomas Ulmer – CDU
Reimer Böge und Karl-Heinz Florenz – CDU
Manfred Weber – CSU
gehen einer Nebentätigkeit nach.

Die, die keine Nebentätigkeit haben, Reisen auf
kosten der Steuerzahler um die Welt,

so wie Europareisekanzlerin Frau Merkel, die sich nur um Europa und den Euro kümmert und die Deutsche Bevölkerung nur als Mittel zum Zweck benützt.
Sie Sorgt sich mehr um die Belange anderer Staaten, als um die eigene Deutsche Bevölkerung.

Die Ungerechtigkeit und Steuergeldverschwendungssucht wird bei den Ausgedienten Politikerinnen und Politiker weitergeführt.
Auch im hohen Alter, wie zum Beispiel Herr Kohl, einer der größten Steuergeldbetrüger Deutschlands, werden die Steuergeldverschwendungssucht und der Steuergeldbetrug nicht abgeschafft.
Er verfügt über drei bequeme Mercedes 600 SEL, Neupreis für einen ca. 105.337,90 Euro, macht für 3 Mercedes 316 013,70 Euro, dazu kommen dann noch für Herr Kohl drei kleinere Mercedesmodelle, kosten ca. 300 000,00 Euro hinzu, die Unkosten für die Altkanzlerflotte von ca. 1 300 000,00 Millionen Euro, für Instandsetzung, Reparatur, und Unterhaltung, wird alles mit Steuergeldern bezahlt.
Man stelle sich vor, wie viele Bundeskanzler noch Leben, und wie viele noch in den Ruhestand gehen.
Zu der Bundeskanzlerflotte kommt dann noch die Bundespräsidentenflotte, der ausgedienten Bundespräsidenten.
Dann ist es besser, man stelle sich dies doch nicht vor, was da an Steuergeldmissbrauch und Steuergeldverschwendung inklusive Steuergeldbetrug getrieben wird.

Auch für die Wirtschaftsbetriebe, werden solche
hirnrissige Gesetze erfunden, wie zum Beispiel,
teuere Dienstfahrräder, für die Firmenbesitzer,
Manager, gut bezahlte Angestellte,
die diese auf kosten der Steuerzahler, steuerlich
Absetzen können.
Diese Dienstfahrräder, werden genauso verrechnet,
wie zum Beispiel die teueren Dienstfahrzeuge,
die die Reichen von der Steuer, teilweise absetzen
können.
Nach drei Jahren, können dann diese Teueren
Gefährte, Fahrrad und PKW,
mit gewinn verkauft werden.
Der Arbeiter, der mit seinem alten Fahrzeug, Tag
täglich zur Arbeit fahren muss,
kommt nicht in diesen steuerlichen Genuss.

Wie lange schaut das deutsche Volk noch zu!
Wo ist da die Gerechtigkeit.
Worin liegt da der Sinn.
Wo ist da die Demokratie.

Sind es nicht die Politikerinnen und Politiker, die
es einem vor machen, wie man zum
Gauner, Verbrecher oder Dieb wird,
Der einzige Unterschied, besteht nur darin, dass die
Politikerinnen und Politiker nicht eingesperrt
werden, sondern in Saus und Braus weiter Leben
können.

Sind wir Bürger Menschen zweiter Klasse, oder
haben die Politikerinnen und Politiker einen
Heiligenschein!

Warum werden die Politikerinnen und Politiker
vom Gesetz her anders behantelt als die normalen
Deutsche Bevölkerung!
Warum werden die Politikerinnen und Politiker,
wenn sie eine Straftat begehen, Unterschlagung,
Steuergeldverschwendung, Steuergeldverschiebung
oder bewusst die Bevölkerung anlügt,
Statistiken bewusst geschönt darstellen und noch
vieles mehr belohnt und nicht bestraft!
Politikerinnen und Politiker gehören nicht in die
Politik, wenn sie in irgendeiner Art und Weise,
in der freien Wirtschaft, oder in irgendeiner Firma,
im Vorstand sitzen und das geschehen dort
beeinflussen, zum Nachteil der Bevölkerung.
Dies gilt auch für die Bürgermeister und
Bürgermeisterrinnen die in ihrem Nebenjob noch
als Aufsichtsratvorsitzende in einem E- Werk,
Bankinstitut, oder in einer anderen Institution
fungieren.

Sie können dadurch keine eigen, neutrale und
unabhängige Meinung für die Bürger abgeben,
auch wenn sie immer wieder behaupten, nicht
beeinflussbar zu sein.

Würde man eine olympische Ausrichtung für
unsere Politikerinnen und Politiker erstellen,
hätten wir nur Weltmeister in den folgenden
Disziplinen:

Weltmeister bei den Auslandausflügen,
Weltmeister bei der Steuergeldverschwendung,
Weltmeister bei der Manipulation der Statistiken,
Weltmeister beim belügen der Bevölkerung,

Weltmeister beim betrügen der Bevölkerung,
Weltmeister beim erstellen von geschönten Statistiken,
und vielem mehr und dafür bekämen unsere Politikerinnen und Politiker bestimmt auch noch eine Goldmedaille.

Was ist eigentlich eine Steuer?
Abgabe von den Bürgern an den Staat, die Gemeinde, Kommunen und vor allen dingen an die Politikerinnen und Politiker damit diese ihr luxuriöses Leben führen können.

Was für Steuerarten gibt es:

Abgeltungssteuer
Alterseinkünfte Gesetz für Rentenversicherungsbeiträge
Baulandsteuer
Beförderungssteuer
Bettensteuer   (wie zum Beispiel Freiburg, mit Millionen Euro an Einnahmen)
Biersteuer
Benzinsteuer
Börsenumsatzsteuer
Branntweinsteuer
Brennelementesteuer in Bearbeitung
Einkommensteuer
Erbschaftsteuer
Ergänzungsabgabe - Steuer
Essigsäuresteuer
Feuerschutzsteuer
Gassteuer
Gesellschaftsteuer

Getränkesteuer
Gewerbesteuer
Grunderwerbsteuer
Grundsteuer
Hundesteuer
Hypothekengewinnabgabe - Steuer
Investitionssteuer
Jagd- und Fischereisteuer
Kaffeesteuer
Kapitalertragsteuer
Kraftfahrzeug - Steuer
Kinosteuer
Kirchensteuer
Körperschaftsteuer
Konjunkturzuschlag - Steuer
Leuchtmittelsteuer
Lohnsteuer
Lustbarkeitssteuer
Mineralölsteuer
Notopfer Berlin - Steuer
Ökosteuer - Stromsteuer
Rennwettsteuer
Rentensteuer
Riesterrente
Salzsteuer
Schankerlaubnissteuer
Schaumweinsteuer
Schenkungsteuer
Sexsteuer
Solidaritätszuschlag
Speiseeissteuer
Spendensteuer
Spielbankabgabe
Spielkartensteuer

Stabilitätszuschlag
Steuerberatung
Strafbefreiungserklärungsgesetz
Süßstoffsteuer
Tabaksteuer
Tanzsteuer
Teesteuer
Ticketsteuer
Tonnagesteuer
Umsatzsteuer
Vermögensabgabe
Vermögensteuer
Verpackungssteuer
Versicherungssteuer
Wechselsteuer
Wertpapiersteuer
Zuckersteuer
Zündwarensteuer
Zweitwohnungssteuer

Das sind 68 Staatsunternehmen, Firmen oder Gesellschaften, die unser Staat unterhält.

Eine Firma ist im Rechtssinne der Name, unter dem ein Politikerin und Politiker, Geschäftsmann, oder Kaufmann seine Geschäfte betreibt.

Die Wahl der Firma, die Rechtsform und die Firmenzusätze zählen zu den strategischen Grundsatzentscheidungen bei der Unternehmensgründung.

Firma und Firmenzusätze stellen für Handelsbetriebe ein interessantes Mittel zur psychologischen Segmentierung dar.
Die Bedeutung der Psychologischen Segmentierung:
Segment, Abschneiden, Aufteilen, Behandlung der gestörten.

Der Hauptsitz
beziehungsweise die übergeordneten Bezeichnungen sind die Parteien
Die Bedeutung der
Parteien:
Gruppe, Gleichgesinnter, politische Gleichstrebender

Alle Staatsgewalt geht vom Volke aus,
so steht es in Artikel 20 des Grundgesetzes.

In Wirklichkeit aber liegt die Macht nicht mehr beim Volk, sondern bei den großen Parteien, Europaparlament, der Wirtschaftindustrie und den Geldinstituten.
Schon der frühere Bundespräsident Richard von Weizsäcker hat deshalb von einem Parteienstaat gesprochen und den Parteien Machtversessenheit vorgeworfen.
Daran hat sich bis Heute nichts geändert, im Gegenteil, es wird immer schlimmer.

Die Lasten dieser Politikerinnen und Politik trägt die Deutsche Bevölkerung.
Immer höhere Steuern und Abgaben auf der einen, Leistungskürzungen auf der anderen Seite.

Mehr können unsere Politikerinnen und Politiker nicht.
Sie werden den Aufgaben nicht mehr gerecht und Wirken Ideenlos und Hilflos.
Das Wohl des deutschen Volkes interessiert sie nur noch am Rande.
Und das Interesse am deutschen Volke benötigen sie nur bei den Wahlen, damit sie ihre Parteikassen mit den Steuergeldern füllen können.
Dazu kommen noch die Staatliche zugaben, das sind Steuergelder die von der Bevölkerung abgezweigt werden.

Damit man einmal eine Vorstellung bekommt,
wo die Milliarden von Steuergeldern zum größten Teil verschwinden,
gibt es hier eine kleine Auflistung einiger Parteien.

CDU	44.641.547,45 Euro
CSU	10.411.577,43 Euro
SPD	42.407.424,88 Euro
Grüne	13.814.822,36 Euro
FDP	13.588.556,74 Euro
Die Link	12.130.761,23 Euro
Piratenpartei	578.219,55 Euro
Ökologisch-Demokratische Partei	732.948,94 Euro
NPD	1.323.547,81 Euro
REP Die Republikaner	1.424.273,83 Euro
Familien-Partei Deutschlands	121.083,14 Euro
BP Bayernpartei	110.099,80 Euro
Tierschutzpartei	131.280,19 Euro
Bürgerbewegung pro NRW	126.728,08 Euro
FW Freie Wähler Partei	45.760,72 Euro
Südschleswigsche Wählerverband	83.410,20 Euro

Freie Wähler in Thüringen	30.633,14 Euro
Bundesvereinigung FREIE WÄHLER	17.150,98 Euro
Pro Deutschland	35.000,45 Euro
Rentner Partei Deutschland	12.872,73 Euro

Dies sind nur einige Parteien, die Steuergelder von der Bevölkerung nachgeschmissen bekommen, darin sind die Mitgliedsbeiträgen und die regelmäßigen Beitragszahlungen nicht mit eingerechnet.

Finanzierungen aus Mitgliedsbeiträgen sind eine wichtige Einnahmequelle für Parteien.

In Deutschland finanzieren sich die Parteien zu mehr als 20 % durch Parteispenden,
sowohl natürliche als auch juristische Personen, als juristische Personen werden in der Regel Vereine, Organisationen, Gesellschaften, Unternehmen und Wirtschaftsbetriebe bezeichnet, die ihre Millionen in unbegrenzter Höhe spenden.

Spenden sind in bestimmtem Umfang steuerlich absetzbar, was wiederum bedeutet,
das sie einen Teil, von der Steuer absetzen können. Die Parteien erhalten jährlich staatliche Mittel, Steuergelder von der Bevölkerung,
gemessen an den bei Europawahlen, Bundestagswahlen und Landtagswahlen erzielten Stimmen, der Summe ihrer Mitgliedsbeiträge und Mandatsträgerbeiträge, sowie der Höhe der durch sie eingenommenen Spenden.
Ca. 150 800 000,00 Millionen Euro.

Einnahmen von Steuern und Spenden.

ca. 600 000 000 000,00 Milliarden Euro Steuern,
ca.   500 000 000,00 Millionen Euro Spenden

Ausgaben an Pensionen und Diäten.

ca. 30 000 000 000,00 Milliarden Euro
Pensionen.
ca. 370 000 000 000,00 Milliarden Euro Diäten.
Das ist zusammen
ca. 400 000 000 000,00 Milliarden Euro jährlich,
nur für unsere Politikerinnen und Politiker.
Mit einem Teil der erzielten Steuereinnahmen von
der Bevölkerung, werden die überhöhten Diäten
bezahlt.

Noch ein kleines Beispiel ist die Atomkraftsteuer.

Die Nutzung der Atomenergie von 1950 bis 2010
hat mindestens 204 000 000 000,00 Milliarden
Euro,
jährlich 3 400 000 000,00 Milliarden Euro, an
staatlichen Fördermitteln gekostet.
Weitere 100 Milliarden Förderung kommen künftig
noch hinzu auch ohne die von der Regierung
beschlossene Laufzeitverlängerung.

Die Bevölkerung wird damit bestraft, dass sie die
Unsicheren Atommüll-Endlager,
dies sind noch Altlasten von unserer
Euroreisekanzlerin Angela Dorothea Merkel,

und deren Entsorgung bezahlen muss, als Dank gibt es dafür verseuchtes Trinkwasser.

Fördermittel von 204 000 000 000,00 Milliarden Euro setzen sich zusammen aus direkten Finanzhilfen des Bundes wie Forschungsförderung, den Kosten für die Sanierung der Atommüllendlager Asse II und Morsleben. Hinzu kommen Steuervergünstigungen in der Energiebesteuerung und durch die Regelungen bei den Entsorgungsrückstellungen, der Atomkraftwerkbetreiber. Für die Stilllegung und Rückbau kerntechnischer Anlagen notwendigen Ausgaben werden
ca. 20 000 000 000,00 Milliarden Euro
auf den Bund an Steuergeldausgaben zu kommen.

Atomkraft ist nicht nur die gefährlichste, sondern auch die teuerste Form der Stromerzeugung, Die Bürger werden von den Betreibern der Atomkraftwerke gleich doppelt abkassiert, über die Stromrechnung und ihre gezahlten Steuern.
So ist es auch mit der erneuerbaren Energie, die Betreiber verdienen sich dumm und dämlich und die Bevölkerung wird Abgezockt wo es nur geht. Strompreiserhöhung um bis zu 20 Prozent. Die Steuerzahler, also die Deutsche Bevölkerung, haben die Atomkraft bereits mit
über 160 000 000 000,00 Milliarden Euro
Subventioniert.
Wenn man jetzt noch die anderen Wirtschaftsbetriebe, Geldinstituten und Industriebetriebe dazu nimmt, die durch den

Steuerzahler subventioniert wurden kann sich manch ein Bürger vorstellen,
wie viele Billionen Steuergelder die Deutsche Bevölkerung schon bezahlt hat und in der Zukunft auch noch Bezahlen muss.
Dies alles beruht auch auf der Fehlplanungen, Kostenexplosionen, Mängel im Beschaffungswesen, Gedankenlosigkeit, unfähige Politikerinnen und Politiker, unfähigen Beamten, Interesselosigkeit, Dummheit und Berufsunerfahrenheit.
Allein der Bundesnachrichtendienst kostet dem Steuerzahler schon ca. 500 000 000,00 Millionen Euro jährlich und wie hilflos und Chaotisch es da zugeht, kann jeder Bürger aus der Zeitung erfahren, diese Zentrale, schlägt erst zu, wenn die Katastrophe passiert ist.
Auch für die fehlerhafte sinnlose Staatsbürokratie, in der nicht einmal unsere Politikerinnen und Politiker einen durchblick haben bezahlt die Deutsche Bevölkerung.

Genauso unverschämt ist es das sich Bundestagsabgeordnete sich großzügig auf Kosten der Steuerzahler, mit schmucken und teuren Büroluxus Utensilien, wie zum Beispiel Füllfederhalter mit 14 Karat Goldfeder, Korpus und Kappe aus schwarzem Edelharz Clip und Ringe vergoldet, kosten ca. 500,00 Euro ausschaffen.

Wer wird immer Reicher, auf kosten der Steuerzahler.
Nur die Wirtschaft, Geldinstituten, die Industrie, die Politikerinnen, Politiker und das

Europaparlament und alle die, die schon genug haben.
Aber die Armen werden immer ärmer was auch durch die Statistiken belegt und bewiesen ist.

Was könnte man alles nur alleine mit den Geldern der Steuergeldverschwendungssucht unserer Politikerinnen und Politiker, von jährlich
ca. 60 000 000 000,00 Milliarden Euro,
gutes für die an der Armutsgrenzenlebenden Deutsche Bevölkerung tun!
Und wie steht es mit der Korruption!
Korruption ist der Missbrauch eines öffentlichen Amtes zu privaten oder parteipolitischen Zwecken durch die Verletzung von Rechtsnormen.

Wie viele Politikerinnen und Politiker fallen darunter!

Die Reichen produzieren ca. 70 Prozent mehr Umweltzerstörung als die Armen, die sind nur mit ca. 30 Prozent daran beteiligt, obwohl es sechsmal so viel arme gibt, wie reiche.
Unter den Reichen sind auch unsere Politikerinnen und Politiker, die zu der Umweltzerstörung beitragen.

Europa macht uns nicht glücklich, Europa macht uns Arm.

Helmut Hasenohr